"211工程"三期重点学科建设项目

《西部大开发与区域发展理论创新》

国家开发银行资助项目

《西部大开发重大战略问题研究基金》

West 西部大开发研究丛书

西部地区

教育均衡发展的资源统筹和制度创新研究

Resource Integration and System Innovation for an
Equitable Development of Education in the Western Region

周谷平 吴华 等 著

ZHEJIANG UNIVERSITY PRESS
浙江大学出版社

图书在版编目（CIP）数据

西部地区教育均衡发展的资源统筹和制度创新研究 /
周谷平等著. —杭州：浙江大学出版社，2012.10
ISBN 978-7-308-10673-3

Ⅰ.①西… Ⅱ.①周… Ⅲ.①地方教育－教育事业－
研究－西北地区②地方教育－教育事业－研究－西南地区
Ⅳ.①G527

中国版本图书馆 CIP 数据核字（2012）第 232989 号

西部地区教育均衡发展的资源统筹和制度创新研究

周谷平　吴　华　等著

丛书策划	袁亚春　陈丽霞
责任编辑	樊晓燕
封面设计	春天书装
出版发行	浙江大学出版社
	（杭州市天目山路 148 号　邮政编码 310007）
	（网址：http://www.zjupress.com）
排　　版	杭州中大图文设计有限公司
印　　刷	浙江省邮电印刷股份有限公司
开　　本	710mm×1000mm　1/16
印　　张	20.5
字　　数	368 千
版印次	2012 年 10 月第 1 版　2012 年 10 月第 1 次印刷
书　　号	ISBN 978-7-308-10673-3
定　　价	52.00 元

西部大开发研究丛书

总　序

2011 年是"十二五"规划的开局之年,也是西部大开发新 10 年的起始之年。过去的 10 年是西部地区经济社会发展最快、城乡面貌变化最大、人民群众得到实惠最多的 10 年,也是西部地区对全国的发展贡献最突出的 10 年。西部地区经济年均增长速度达到 11.9%,主要的宏观经济指标 10 年间都翻了一番以上。基础设施建设取得突破性进展。青藏铁路、西气东输、西电东送等标志性工程投入运营。生态建设规模空前,森林覆盖率从 10 年前的 10.32% 提高到现在的 17.05%,提高了 6.7 个百分点。社会事业取得长足进步,"两基"攻坚计划目标如期完成,卫生、社会保障、就业等基本公共服务能力大大增强。人民生活水平得到明显提高,城乡居民的收入分别是 10 年前的 2.7 倍和 2.3 倍。改革开放深入推进,东、中、西部地区互动合作的广度和深度不断拓展,对内对外开放的新格局初步形成。广大干部群众开拓创新意识不断增强,精神风貌昂扬向上。

站在新的起点上,我们也清楚地看到,目前东西部发展的差距仍然较大。2009 年,西部人均生产总值、城镇居民可支配收入、农村居民纯收入分别只有东部地区的 45%、68%、53%,依然是我国区域协调发展中的"短板"。按照党中央、国务院的部署,深入实施西部大开发战略将放在区域发展总体战略的优先位置,给予特殊的政策支持,推动西部地区的经济综合实力上一个大台阶,人民群众的生活水平和质量上一个大台阶,生态环境保护上一个大台阶,基本建成全面小康社会。

浙江大学中国西部发展研究院(简称西部院)是在 2006 年 10 月由国家发展改革委员会和浙江大学共建成立的,其目的是围绕西部大开发的全局性、综合性、战略性问题开展理论和应用研究,形成促进东西部地区互动合作、共同发展的重要科研交流和人才培训基地,为国家有关部门和地方政府制定发展规划和政策提出建议,为各类企业、社会团体和组织提供咨询服务。

西部院成立迄今，作为一个创新科研实体，本着"跳出西部思考西部，跳出西部发展西部"的新视角，一直以"服务西部经济社会发展"为己任，以建设"科学研究基地、科技服务基地、人才培养和培训基地、国际合作与交流基地"为目标而努力奋进。先后承担了大量国家战略层面的项目研究，并对西部大开发中的前瞻性问题进行了一系列的学术探索，成果斐然，如先后参加了《关中——天水经济区发展规划》、《"十二五"时期促进基本公共服务均等化规划思路研究》、《呼包银重点经济区发展规划》、《"十二五"完善基本公共服务体系规划》等国家重大规划编制的相关研究，开展了《西部大开发与区域发展理论创新》、《西部大开发重大理论问题研究》等重大课题的研究，形成了有价值的成果，这些研究成果既为西部大开发提供了理论基础，对实践活动也具有积极的指导作用，体现了西部院作为西部开发智库的重要作用，体现了一个学术机构的社会责任。

此次西部院编辑出版的这套《西部大开发研究丛书》，是西部院自 2008 年始，针对西部大开发中的热点和难点问题，组织国内专家学者开展深入研究形成的一批重要成果，内容涉及西部地区政策评估、东西部差异变动分析、产业发展、生态环境保护、能源资源开发和利用、基本公共服务均等化、人才开发、文化发展及财税体制等与西部经济社会发展密切相关的多个领域，具有较高的理论意义和现实价值。我相信，这套丛书的出版发行将有助于把西部大开发问题的研究引向深入。

2011 年 10 月

内容提要 为推进西部地区教育均衡发展,中央和地方各级政府在统筹区域教育均衡发展、统筹城乡教育均衡发展、统筹经济社会与教育协调发展等多个领域开展了以资源统筹为特征的广泛的政策实践,并取得了积极的成效。本书通过对"西部两基攻坚与学校布局调整"、"教师流动与学校合作"、"教育移民"、"流动人口子女与留守儿童教育"、"大力发展民办教育"等典型政策案例的分析,对教育均衡发展的分析框架和资源统筹政策的功能与模式进行了系统的梳理,并在进一步发挥资源统筹政策的"资源动员"、"资源整合"和"优化资源配置"三大基本功能方面提出了"建立民办教育与公办教育基于学生人数分享公共教育资源政策框架"、"建立国家义务教育凭证制度"和"建立多层次、多样化义务教育优质教育资源共享结构(平台)"等政策建议。

关键词:西部地区,教育政策,资源统筹,教育均衡发展

Abstract In order to promote an equitable development of education in the western region, the central and local governments have carried out extensive resource integration oriented policy reforms in the fields of a balanced development of regional education, between urban and rural education, and between socioeconomic and education. These policy reforms have made great accomplishments. Based on the case studies of "Action Plan for Two Basic Programs and School Layout Adjustment in the Western Region", "Teacher Circulation and School Collaboration", "Educational Resettlement", "Education of Migrant and 'Left-Behind' Children", and "Rapid Development of Private Education", this book systematically categorized the analytical frameworks for equitable development of education and resource integration policies. In order to fulfill the three fundamental functions of resource integration policies, namely 'resource mobilization, integration and optimization', this book proposed a series of policy recommendations such as 'to establish a policy framework for the sharing of public education resources between public and private education based on student numbers'; 'to establish voucher schemes in the compulsory education system'; 'to establish a multi —level and diversified platform for the sharing of high quality compulsory education resources', and etc.

Keywords:western region, educational policy, resource integration, equitable development of education

目　录

导　论　关注西部地区教育均衡发展 ……………………………… 1

第一章　西部教育发展现状概述 ……………………………………… 16
　　第一节　西部教育发展取得显著成就 ……………………… 17
　　第二节　西部教育发展存在的突出问题 …………………… 26
　　第三节　西部教育均衡发展面临的挑战 …………………… 34

第二章　教育均衡发展的逻辑和资源统筹分析框架 …………… 50
　　第一节　公共产品理论和公共治理理论的视角 ………… 50
　　第二节　动态演进:从机会均衡走向质量均衡 ………… 55
　　第三节　问题透视:导致教育非均衡状态的基本原因 … 58
　　第四节　资源统筹政策的基本功能 ………………………… 68
　　第五节　资源统筹政策的主要模式 ………………………… 69

第三章　统筹城乡教育发展 ………………………………………… 73
　　第一节　学校布局调整 ……………………………………… 74
　　第二节　教师流动 …………………………………………… 85
　　第三节　学校合作 …………………………………………… 91
　　第四节　城乡统筹的区域实验 …………………………… 110

第四章　统筹经济社会和教育发展 …………………………… 129
　　第一节　教育扶贫移民 …………………………………… 129
　　第二节　流动人口子女教育 ……………………………… 136
　　第三节　留守儿童教育 …………………………………… 143

第五章　统筹公办和民办教育发展·············· 150

　　第一节　西部民办教育存在的问题·············· 151

　　第二节　吸引民间资金的分析模型·············· 154

　　第三节　民办教育地方主导模式·············· 157

　　第四节　民办教育区域发展典型案例·············· 161

　　第五节　吸引民间资金发展西部民办教育·············· 167

第六章　继续推进资源统筹制度创新的政策建议·············· 174

附录　西部地区教育资源统筹专题研究报告·············· 179

　　专题一　"西部两基攻坚计划"政策方案评估·············· 179

　　专题二　寄宿制学校政策分析·············· 208

　　专题三　西部地区实施《国家中长期教育改革和发展规划纲要》义务
　　　　　　教育均衡发展改革试点工作进展·············· 219

　　专题四　西部各省区中长期教育改革和发展规划纲要中关于义务
　　　　　　教育均衡发展的相关内容·············· 300

后　记·············· 306

参考文献·············· 308

Contents

Introduction   **Equitable Development of Education in the Western Region**

·· 11

Chapter Ⅰ   **Summary of Educational Development in the Western Region**

·· 16

Section Ⅰ   Achievements of Educational Development in the
Western Region ·· 17

Section Ⅱ   Problems of Educational Development in the
Western Region ·· 26

Section Ⅲ   Challenges of Educational Development in the
Western Region ·· 34

Chapter Ⅱ   **Logics of Equitable Development of Education and
Analytical Framework for Resource Integration Policies** ······ 50

Section Ⅰ   The Public Goods Theory and Public Governance
Theory ··· 50

Section Ⅱ   A Dynamic Evolution: From Equitable
Opportunity to Equitable Quality ···················· 55

Section Ⅲ   Perspectives on the Fundamental Causes of
Imbalanced Education ······························· 58

Section Ⅳ   Basic Functions of Resource Integration Policies

·· 68

Section Ⅴ   Principal Modes of Resource Integration Policies

·· 69

Chapter Ⅲ   An Integrated Development of Urban and Rural Education ·················· 73

Section Ⅰ   Adjustment of School Layout ················· 74
Section Ⅱ   Circulation of Teachers ················· 85
Section Ⅲ   School Collaboration ················· 91
Section Ⅳ   Regional Experiment ················· 110

Chapter Ⅳ   A Balanced Socioeconomic and Educational Development ·················· 129

Section Ⅰ   Educational Resettlement for Poverty Alleviation ··· 129
Section Ⅱ   Migrant Children Education ················· 136
Section Ⅲ   Left-Behind Children's Education ················· 143

Chapter Ⅴ   A Balanced Development of Public and Private Education ·················· 150

Section Ⅰ   Problems of Private Education in the Western Region ················· 151
Section Ⅱ   Analytical Models for Private Investment Attraction ················· 154
Section Ⅲ   Formation of Local-Led-Models of Private Education ················· 157
Section Ⅳ   Classic Cases of Regional Development of Private Education ················· 161
Section Ⅴ   Attracting Private Investment for Private Education in the Western Region ················· 167

Chapter Ⅵ   Policy Recommendations for System Innovation in Resource Integration ················· 174

Appendices   Special Reports on Educational Resource Integration in the Western Region ················· 179
Report Ⅰ   Policy Plan Evaluation on "Action Plan for Two Basic Programs in the Western Region" ········· 179
Report Ⅱ   Analysis of Boarding School Policies ················· 208

Report Ⅲ   Progress in the Pilot Reform of an Equitable Development
of Compulsory Education in the Western Region,
as an Implementation of the "Outline of National
Medium and Long Term Educational Reform and
Development Program (2010—2020)" ····················· 219

Report Ⅳ   Equitable Development of Compulsory Education
Related Content in the regional and provincial Medium
and Long Term Educational Reform and Development
Program Outlines in the Western Region ············ 300

Postscript ·· 306

References ·· 308

关注西部地区教育均衡发展

一、均衡发展是尊重差异、承认差距基础上的成长性均衡

2001年,我国基础教育工作会议宣布,截至2000年年底中国基本实现了普及九年义务教育的目标。"普九"目标的基本实现,一方面反映出我们对保障公民基本受教育权利等方面的认识与实践提高到了一个新的水平,另一方面则预示着中国教育改革与发展的重心将自此发生历史性转换。于是,原本虽有零星关注,但并未引发全社会普遍关注、高度聚焦的教育公平问题开始变得越来越尖锐。具体到中国当前的社会发展阶段和教育发展现实,教育公平的核心问题又集中体现为教育均衡发展问题。从我国的教育体系结构来看,应当说,基础教育、职业教育、高等教育、继续教育四大类别,均涉及教育均衡发展的问题。但是,就涉及的广度、深度、民众关注度,以及当前工作推进的紧迫度而言,基础教育无疑是教育均衡发展的重点领域,其中,义务教育的均衡发展构成了当前阶段中国教育改革与发展的战略重心。

诚然,当前就中国教育发展的过程中在教育公平方面表现出的问题来说,未必是新中国成立以来最严重的时期,甚至也未必是改革开放以来最严重的时期。相反,目前恰是国家日益重视缩小教育差距,从关注基础性公平延伸到讨论更深层次教育公平的时期。20世纪90年代以来,针对教育领域,尤其是基础教育领域中广泛存在的区域差距、城乡差距和校际差距,从中央到地方都针对性地制定了相关政策和制度,并采取了相应的策略,许多政策和举措取得了明显的成效。尤其是许多地方性的教育改革创新实践,对于在一定区域内推进教育均衡发展产生了积极的影响。但是,由于基础教育发展过程中长期存在的教育公平问题已经造成了一定的累积效应,兼之制约教育公平的诸多制度、政策、文化因素尚未得到有效解决,因此,教育不公平问题依然突出。更重要的是,随着我国经济社会的发展,居民生活水平和品质逐步提升,家庭对孩子受教育问题的关注,已经不简单限于是否有学可上,而是希望孩子能够享受到优质的教育。这种对"上好学"的强烈意愿和伴随收入水平提高而逐渐增

强的教育投资能力,使得家长对优质教育资源的渴求日益强烈。而与此同时,伴随着构建和谐社会、贯彻科学发展观等一系列新的发展理念的提出,困扰教育发展的教育公平问题越来越成为和谐社会建设和落实科学发展观中涉及民众切身利益的民生"瓶颈"。在这样的背景下,教育发展中的不公平问题更容易引起人们的关注与热议,成为涉及民生问题的舆论焦点。于是,不断缩小城乡之间、区域之间、校际之间的教育差距,推进教育均衡发展,日益成为中央与地方政府领导层、学术界和普通民众的共识。

2005年,教育部出台《进一步推进义务教育均衡发展的若干意见》,对促进城乡之间、区域之间和学校之间义务教育的均衡发展提出了纲领性意见。2006年,全国人大常委会新修订的《中华人民共和国义务教育法》首次以法律的形式明确要"促进义务教育均衡发展"。2007年10月,党的十七大报告中也明确提出"优化教育结构,促进义务教育均衡发展"。这是党的政治报告中第一次明确提出义务教育均衡发展思想。2010年1月4日,教育部颁布《关于贯彻落实科学发展观,进一步推进义务教育均衡发展的意见》,提出"按照《义务教育法》要求,将推进均衡发展作为义务教育改革与发展的重要任务"、"以提高教育质量、促进内涵发展为重点,推进义务教育均衡发展"、"加强制度建设,建立推进义务教育均衡发展的有效工作机制"的三条意见。其后颁布的《国家中长期教育改革和发展规划纲要(2010—2020年)》则明确提出,"均衡发展是义务教育的战略性任务。""建立健全义务教育均衡发展保障机制。推进义务教育学校标准化建设,均衡配置教师、设备、图书、校舍等资源"。"切实缩小校际差距,着力解决择校问题。加快薄弱学校改造,着力提高师资水平。实行县(区)域内教师、校长交流制度"。

一系列从最高决策层传递出来的信息,足以让我们得出这样的判断:在当前以及今后相当长的一段时间内,推进义务教育的均衡发展将成为我国教育改革与发展的核心任务之一。考虑到我国义务教育发展的现实基础和实现目标的可能性,《纲要》对未来十年我国义务教育均衡发展目标的勾画无疑兼顾了前瞻性和务实性。"基本实现区域内均衡发展"的目标设定,意味着至少在未来十年我国推进义务教育均衡发展的突破口是"区域内"。强调"区域内",并不意味着要阻断区域之间的交流、互动,它真正要突出的是,我们所追求并推进的均衡发展,是在承认差距[①]、尊重差异基础上的动态性、差异性、成长性

---

① 承认差距,尊重差距,并不意味着我们视一切差异、差距为合理的存在。我们真正想要表达的是,从对差异、差距的研究入手,审慎地确定目标,有针对性地作出政策选择并付诸实践。

均衡。① 在区域内推进教育均衡发展,一方面与区域政府和教育行政部门对教育的思想认识和施政理念、热情、责任心等密切相关,另一方面则受到区域经济、文化社会发展水平的制约。由于历史的、现实的原因,我国义务教育发展中的区域失衡表现得相当严重,而义务教育领域中的区域失衡,一方面是我国经济社会发展的区域差距在教育领域中的具体表现,另一方面则是由于我国公共教育资源总量不足,而有限的公共教育资源又进行非均衡配置所导致。由此造成的不均衡,既表现在东部、西部地区之间在教育发展基础和办学水平的巨大差距,也表现在同一地区内部经济发达或较发达地区与经济欠发达或贫困地区之间在教育发展基础和办学水平上的巨大差距。与中、东部地区相比,目前我国西部地区 12 个省、市、自治区的义务教育发展水平还较低,应当成为我国义务教育均衡发展的攻坚所在。例如,在我国东部一些经济发达地区,基础教育的发展得到比较好的财力支持,其硬件设施建设已经达到或超过了一些发达国家学校的水平;而在我国西部一些边远贫困地区,学生还在破旧的危房里上课;当东部地区的很多区域提出区域内基础教育优质均衡发展的目标,很多学校提出高水平现代化和向世界一流办学水平迈进时,西部地区的部分区域却还在为维持基本的教育发展水平而努力,一些学校还存在有小学生徒步十几里甚至几十里拿着板凳去上学的现象。② 其间的巨大反差是我国东西部基础教育发展失衡的重要写照。地区差异和差距的存在,对于教育均衡发展的区域推进是一种无法回避的现实。正因为如此,推进教育均衡发展一方面不可能不从这些地区差异、差距出发来思考对策;另一方面,不同地区基于自身发展现状和发展需求而已经采取的区域推进教育均衡发展的具体策略和经验等,也很难完全超越区域文化和经济发展水平的深刻影响,而是或多或少地刻上了区域文化、经济发展的特征。因此,以区域为推进教育均衡发展的行动单位,以区域内的整体策划、全局联动为推进机制,在区域推进的过程中积聚力量,凝练经验,并且在条件适当的时候扩大经验和资源的辐射范围,可能是当前社会条件下推进教育均衡发展较为务实的政策选择。

正是基于上述认识,当我们在思考西部地区教育均衡发展的相关问题时,首先需要明确的,是西部地区在推进教育均衡发展问题上面临的特殊性问题。

---

① 杨小微主编,《中国基础教育改革报告:区域研究 2007》,桂林:广西师范大学出版社 2008 年版,第 10 页。

② 翟博著,《教育均衡论:中国基础教育均衡发展实证分析》,北京:人民教育出版社 2008 年版,第 251 页。

二、西部地区教育均衡发展的特殊性

从内涵上讲,义务教育的均衡发展,既包括办学条件上的均衡,也包括办学水平(教育质量)的均衡。二者既可以理解为推进教育均衡发展前后相继的两个阶段,也反映着均衡发展水平和"品质"上的差异。[①] 如果说,我国东部经济发达地区在极大缩小了办学条件上的差距之后,已经开始追求区域内"全民优质教育均衡发展"或所谓"高水平的教育均衡",那么,对于我国大部分的西部地区,尤其是西部农村地区而言,义务教育的均衡发展,因为受到诸多基础性条件的限制,因而面临更艰巨的任务,且表现出更复杂的发展特征。

(一)基础性条件构成了均衡发展的"瓶颈"

在推进教育均衡发展的基本立场上,我们主张克服外在条件决定论,立足于研究自身发展基础,寻找和自我培育突破现状的力量。但是,对于我国广大的西部地区而言,投入不足,办学的基础条件差,的确已经成为制约基础教育、影响义务教育均衡发展重要的、甚至是决定性的因素。2003 年教师节前后,新华社曾发表题为《北京的示范校让农村教师看了难过》的报道,真切反映了城乡之间、尤其是东西部地区之间办学条件上的巨大反差。值"全国农村中小学优秀教师座谈会"期间,作为会议的议程之一,组织者安排农村教师代表参观北京优质学校。来自西部的几位教师代表在参观了一所学校后便不想再继续参观了。"看了,反倒觉得难受,心里不是滋味,"青海省玉树县藏族自治州民族综合学校校长吉格勒说,"因为和我们农村学校、民族地区学校的差别实在太大了,根本没法相比,可能永远也赶不上。"[②]在这里,一方面能够较为充分地反映出我国东西部基础教育发展水平上存在的巨大差距;另一方面也能够品味出,办学的基础条件差将在很大程度上挫伤西部地区学校领导者和教师深化教育改革的信念和决心。

近几年来,通过国家先后推行的"义务教育工程"、"2003—2007 年'两基'攻坚计划"等针对性强的项目,加上各种各样的海外援助项目、东部地区对口支援项目等,西部地区教育的基础设施得到了极大的改善。但是,由于历史"欠账"太多,目前西部地区基础教育的发展基础仍然薄弱。例如,2000 年,我国九年义务教育普及率达到了 85%,如期实现了"基本普及"的既定目标。但

---

① 吴华、吴长平、闻待著,《从"差距合作"到"差异合作"》,济南:山东教育出版社 2010 年版,第 1 页。

② 翟博著,《教育均衡论:中国基础教育均衡发展实证分析》,北京:人民教育出版社 2008 年版,第 252 页。

没有普及的 15% 的县主要在西部地区和中部地区，尤其是在全国 410 个未实现"两基"的县中，有 309 个少数民族县和 51 个边境县均处在西部地区。[①]

西部地区办学基础性条件的薄弱，在诸如学校固定资产、校舍面积、图书资源和仪器设备等诸多方面均有体现。[②] 以生均公用经费水平为例：2007 年云南初中生均公用经费为 307.88 元，小学生均公用经费为 217.85 元；而上海初中生均公用经费为 3 863.61 元，小学生均公用经费为 3 027.97 元。两地初中与小学生均公用经费水平上的差距分别达到了 11.55 倍和 12.9 倍。再以初中校园网建设的比例为例：到 2008 年，西部地区建网的初中学校平均占26.8%，而这一比例在东部地区则为 61.8%，比西部地区高出一倍多。[③] 虽然从年均增长率来看，西部地区和东部地区相比并没有很大的差距，甚至在诸如固定资产总值、校舍面积和年末图书册数等指标上的年均增长率略高于全国年均增长率，但是由于西部地区历史欠账太多，发展基数薄弱，因此在大多数指标上的绝对数量差距不是缩小了，而是扩大了。而这些指标上的薄弱与落后，一个最核心的问题是教育经费投入短缺。因为一个地区教育经费投入的多少是决定其基础教育基础性办学条件的最重要因素。由于自 1986 年以来的很长一段时间内，基础教育经费投入很大程度上都由县、乡镇级别负责，而西部地区各级地方政府本身经济发展就较为落后，特别是分税制和税费改革后，地方政府财权锐减，因此根本更加无力保障基础教育经费的投入。此后，虽然中央政府也加大了对西部地区基础教育投入的力度，但西部地区由于地方政府长期以来主体或配套资金落实困难造成的基础教育经费总投入不足已经成为制约教育改革与发展的瓶颈。与教育经费投入不足密切关联，但又更能凸显西部地区办学基础性条件薄弱的问题是西部地区基础教育的经费历史欠账问题。在实现"普九"、强化基础教育办学条件改善的过程中，东部及中部很多地区虽然也面临撤并、新建等任务，但其面临的主要问题是"改造"和"升级"。而西部地区由于可直接利用资源少，因此必须花更大的代价重新修建校舍等资源，发展负担更为繁重。在这种背景下，西部许多地区不得不举债进行

---

① 陈至立：《巩固"两基"成果，开创农村义务教育工作新局面——在国家西部地区"两基"攻坚总结表彰大会上的讲话》，《中国教育报》2007 年 12 月 3 日。

② 关于西部地区在办学基础性条件方面与东部地区及全国平均水平的差距，许多学者已经做了较为翔实的实证研究，提供了许多鲜活的案例和详细的数据。例如，陈燕燕：《西部地区义务教育均衡发展研究》，广西师范大学 2006 年硕士论文。吴开腾：《西部地区义务教育资源配置情况问卷调查分析》，《继续教育研究》2010 年第 6 期。"民生问题与和谐社会建设"课题组：《西部民族地区教育公平的现状、问题与对策——以贵州省为例》，《当代教育与文化》2010 年第 1 期。祝果毅、唐志坚、赵东：《西部义务教育均衡发展问题研究》，《天府新论》2008 年第 12 期。

③ 国家教育发展研究中心：《2009 年中国教育绿皮书——中国教育政策年度分析报告》，北京：教育科学出版社 2009 年版，第 14 页。

学校建设,提升办学基础性条件。这使得西部基础教育除了拖欠教师工资的状况久拖难治之外,又增加了大量的建校债务。相关资料显示,西部地区50个县2001年底基础教育负债为23.84亿元,2002年底上升为31亿元,增长30％;到2003年6月底,仅半年时间又增长了25.7％,达38.98亿元,负债增长速度大大高于同期教育经费投入的增长速度。有些地区负债总额相当于其一年财政收入的80％,最高的四川省小金县负债达到地方财政收入的6倍多。西部地区教育经费基础的薄弱及历史欠账过多直接影响了西部地区基础教育经费的收入水平和增长速度,从而影响到西部地区基础教育办学条件的建设。

在教育经费投入不足的情况下推进教育均衡发展,其可利用、调度的资源极为有限,容易导致区域内的所谓"均衡"成为现有条件基础上"削峰填谷"式的"均衡",极易造成实现了表面的"均衡"却遗忘了更为重要的"发展"。因此,对于西部地区推进教育均衡发展而言,当前最紧要的工作是确立"以发展带均衡"的思路,增加教育投入,并适当向农村地区、薄弱学校倾斜,在整体提升区域教育办学水平、质量的过程中,实现区域内教育的渐进均衡、动态优化。

(二)地方政府教育施政专业化水平有待提升

教育推进的现状,不但与各地的"资源禀赋"有关,而且与地方各级政府对执政责任感的认同有关,与对科学发展观的认识水平和政策水平有关,与对义务教育对于学生个体、地域经济社会发展、乃至民族文化素质的理解深度、高度及相应的执政水平有关,与对教育均衡发展在建构和谐社会、满足民生需求等方面的价值的认识有关。西部地区的很多校长、教师都反映,地方政府和教育行政部门对学校管理和教育教学工作的干预过多、过细,对学校办学水平的评价指标简单粗暴,是阻碍学校发展动力、教师创新需求不足的重要原因。由于教育效益具有一定的滞后性,西部地区很多地方政府的负责人往往只看到当前的短期利益,看不到教育对于经济发展、地区建设长期性的推动和促进作用。因此对发展基础教育重视程度不够,甚至挪用本来就很短缺的教育经费来填补财政空缺,在领导与管理教育时往往凭一己喜好来施政。例如,在对西部地区某市的基础教育信息化建设进行调研时发现,因为地方政府缺乏正确的教育信息化的观念,认为信息技术是个花把戏,可有可无,作用不大,不愿意加大在信息教育方面的经费投入,即使为了达标而建设,也只重视硬件环境,而忽略信息化学习系统和学习资源的应用和开发。再如,2004年春,我国西北地区某地级市新任市委书记多次公开讲话说"我不管它什么素质教育,我就要升学率";下属某区委书记说"啥素质教育,把你大(孩子)认不下字,考不上大学看你咋办";下属另一区的区委区政府认为高考升学率下滑的原因是跟素质教育跟得紧了,现在要贯彻"严抓、严教、严学严考"的传统办法和"苦抓、苦教、苦学"的三苦精神;下属某县县委书记说"都说教育周期比较长,我看就不长,一抓就灵"。实行"以县为主"政策之后,教育的"指挥权"几乎都集中在县区党政一把手身上。县委县政府用高考升学率压教育局,教育局不敢怠慢,转身把指标分到学校,校长又分解给老师,老师再转嫁给学生……新市委书记上任后两年,市区两级教育局长差不多都换成了党政部门干部,"加强行政力量"以利于用"行政手段"管教育。[①] 以这样的政策水平和思维方式来思考教育问题,进行教育施政,将对区域教育产生非常不良的影响。当前,在部分地区中,不乏行政人员缺乏基础性的教育学素养,却又乐于、敢于对教育问题发表见解,发布"指示","自以为有权说出来的话就都是真理,下属必须照办"[②]。这在一定程度上造成了对教育改革的干扰甚至误导。在区域推进教育均衡发展的过程中,这种单纯依靠经验甚至个人喜好来指挥改革的做法,必须引起足够的警惕。要改变这种状况,一方面需要教育决策者本人具有足够的民主、法治观念和一定的研究意识,另一方面则需要提升地方政府和教育行政人员领导和管理教育的专业化水平,这是义务教育均衡发展在区域层面不断深化的重要保障。

当前,地方教育局长、中小学校长专业化已成为现代教育发展的一个趋势。作为区域教育政策的制定者与直接执行者,教育局长和校长在区域推进教育均衡发展的过程中起着极为关键的作用。然而,我国目前的教育局长、中小学校长任职资格制度尚不健全,在任职标准上存在笼统、不具体、随意性空间较大等问题。尤其是在教育局长队伍中,有大量的教育局长既无教育教学经验,又没有过教育管理经历。在这种情况下如果又缺乏学习动力,仅凭经验和一己之好恶来领导区域教育事业,决策和施政的风险是非常大的。教育改革的深化和发展,不仅需要地方教育局长、校长具有很强的执行力,而且要求他们具有清晰的决策意识和很强的策划能力。近年来,无论是理论界还是实践领域,均发出了对"教育家办学"的强烈呼吁。《国家中长期教育改革和发展规划纲要(2010—2020 年)》也明确提出了"造就一批教育家,倡导教育家办学"的发展方向。这对地方教育局长和校长领导和管理区域学校的教育改革、推进教育发展的能力提出了严峻挑战。基于此,需进一步推进地方教育局长和校长的专业化建设和培养,提升他们的决策力、领导力和执行力。只有这

---

① 素质教育调研组编著,《共同的关注——素质教育系统调研(续)》,北京:教育科学出版社 2006 年版,第 43 页。

② 素质教育调研组编著,《共同的关注——素质教育系统调研》,北京:教育科学出版社 2006 年版,第 247 页。

样,才能为区域推进教育均衡发展创造更有力的政策环境。

(三)学校变革意识与发展能力有待进一步优化

在研究西部地区义务教育均衡的问题时,有一股力量是不应被忽视的:以国外或海外合作项目(或援助项目)促进学校办学条件的改善,实现学校管理理念和教师教育教学理念的革新,近年来逐渐成为西部地区基础教育改革与发展中的一股不可忽视的力量。例如,甘肃的中英基础教育项目、欧盟基础教育远程培训项目;广西的英国政府义务教育扶持项目、香港对百色地区的扶贫项目、联合国儿童基金的女童项目;云南的福特基金会少数民族教育项目、联合国教科文组织的农村妇女学习项目等。这些项目主要采取政府主持、国际机构提供经费援助、国内外专家参与咨询指导等方式。合作项目的介入,一定程度上在有些区域或学校则是明显改善了参与地、参与校的办学条件。而且,许多附带教师培训、校长培训的项目,还对学校发展、校长和教师发展等发挥了一定影响。① 有研究者通过对比项目学校和非项目学校学生学业成绩情况,发现项目学校两年之间学业成绩的增量大于非项目学校,尤其是项目学校来自教学点的学生、学校办学条件较差的学生两年间学业成绩的增值大于非项目学校。项目实施对于弱势群体学业成绩发展的净效应已经显现。②

但是,由于这些项目往往是阶段性的,而且项目惠及的区域、学校非常有限,在有限的时间内,想要通过有限的几个"点"的短暂革新来实现"以点带面"、"辐射引领"的价值,这多少是有些理想主义色彩的。根据项目参与专家的感受,这类合作项目(或援助项目),"'点'显得有些孤单,也就是说尚未形成学校整体的或区域推进的氛围;'片'则略为表浅,即培训的收获往往停留在话语和观念而未真正转化为课堂教学、学校管理或教育行政的日常行为"。而且,或许更严峻的问题在于,项目以及随项目而引进的资金的介入,在培育参与地、参与校自力更生、激发它们的变革欲望、培育起变革能力等方面的效果不尽如人意,甚至在一些学校还滋生出了过度依赖项目资金的心态。例如,对参与校校长的调查研究表明,超过半数的校长认为,国际项目结束后学校需要继续争取新的国际项目,而表示愿意走自力更生之路的校长还不足半数。③ 这一极为特殊的现象带给我们的启示是:推进区域内教育均衡发展,如果仅仅

① 素质教育调研组编著,《共同的关注——素质教育系统调研(续)》,北京:教育科学出版社2006年版,第37页。
② 胡咏梅、卢珂:"教育资源投入对学生学业成绩的影响力评价——基于西部地区基础教育发展项目的研究",《教育学报》2010年第6期。
③ 素质教育调研组编著,《共同的关注——素质教育系统调研》(续),北京:教育科学出版社2006年版,第37页。

依靠政策扶持和资源配置,而不能很好地培植起区域内各学校自身的发展需求和变革力量,由此产生的"均衡发展"依然可能是一种遗忘了"发展"的畸形"均衡"。事实上,区域内教育的均衡发展,并不等同于千校一面,同步发展。均衡发展的"均衡"是一种蕴含社会发展伦理的政策取向;而"发展"则是"硬道理"。推进区域内教育均衡发展,不是让一部分发展暂时领先的学校、区域停下来等待,或者搞"劫富济贫"式的利益再分配,而是通过必要的政策调控,在资源统筹、重组和优化配置的基础上,推进区域内教育办学水平和教育质量的整体提升。从资源统筹与资源优化配置的角度而言,区域内各子区域之间、学校之间办学条件上的均衡是可望实现的;但是,各区域、各学校之间办学水平、办学质量上的所谓"均衡"是不可能真正实现的。因为,决定学校办学水平和质量高低的,除了办学条件(即硬件设施)方面的差异之外,很重要的是校长的领导水平与能力、学校的文化传统与内在变革力、教师个体的专业素养与专业团队的"战斗力"等所谓"软性因素"的差异。尽管我们可能通过政策的调控实现资源的优化配置,推进办学条件的均衡化,但却不可能模塑出一群相同的校长、相同的教师、相同的学校文化传统等"软性因素"。只要教育政策不是强行要求所有学校停止发展,维持原状,那么,即便是办学条件完全均等化,即便学校之间在办学水平和质量上果真能达到暂时的均衡化,但是不同的学校在各自的发展过程中,由于校长领导力的差异,由于教师专业素养、性格特征、合作精神等方面的差异,由于学校历史文化传统和现实发展生态的差异……经过一段时间的发展,学校之间依然会在办学水平和质量方面出现差异,并"制造"出新的差距。在特定条件下,办学水平和质量的差异和差距,又可能反过来影响学校的办学条件[①],从而演化出新的差异与差距。对于教育政策而言,学校办学水平与教育质量方面的优势,只要不是由政策的"特别关照"带来的,就不应当过度干预。在这种情况下,教育决策者需要思考的,是如何通过有效的政策,激发更多的学校、更多的校长、更多的教师,更好地发挥自身的主观能动性,创造更大的发展空间。从这个意义上讲,在基本的办学条件得到保障的情况下,校长和教师是影响办学水平和教育质量的最关键因素。

(四)西部地区教育均衡发展面临"迟发展效应"

迟发展效应(Effect of the Late Comer)原是国外发展经济学者在现代化

---

① 例如,同样的资源配置,可能由于学校之间在资源的使用、转化、开发、集聚等方面意识、能力的差异,因而产生不同的资源效益,并进而影响后续的资源生成与获得。

理论研究中提出的一个重要概念①,最初指现代化起步较晚的国家由于其起步晚而面临的与现代化起步较早国家不同的制约条件和发展模式。后来,迟发展效应作为一种具有普遍解释力的概念框架,不再仅仅局限于分析后发展国家现代化进程中面临的发展境遇,而是被用来泛指起步较晚的后发展地区在初始条件及区域经济再发展面临的环境发生变迁的情况下,所产生的一系列不利或有利的影响及发展模式。② 就我国西部地区的教育改革与发展而言,由于历史、地理与政治经济等诸多原因的综合作用,它与我国其他地区,尤其是东部地区的教育发展水平有着显著的差距,这是当前西部地区教育发展必须面对的现实问题。尽管在教育公平理念的推动之下,各级政府可能采用多种政策来调控、干预,力图加快西部地区的教育发展。但是,这种干预与调控却不可能让东部地区的教育停滞不前,等待西部地区奋起直追;更不可能以"劫富济贫"的逻辑来"削弱"东部地区教育发展的力量,人为地制造"一进一退"的格局来消弭差距。"发展是硬道理"。西部地区既要立足于自身基础,寻找和培育自身优势以尽快缩小与东部地区的差距,但又同时需要应对东部地区不断发展而带来的新挑战。新与旧、先进与落后等各种带有历时性的因素急剧地簇积于一处,造成了历时态的共时化效应。这种特殊的迟发展效应,再融合进政策倾斜和区域交流所带来的诸多冲突与碰撞,制造出的是一幅"全体同时到场"现象。它使得西部地区在教育改革与发展中需要面对的问题变得更加复杂,甚至自相矛盾。③

首先,作为迟发展的地区,我国西部地区的教育均衡发展之所以特殊,是因为它需要直面由"迟发展"而带来的"双重发展效应"。④ "双重发展效应"的存在,逼迫西部地区在谋划教育均衡发展时,不仅要认真研究,致力于追赶东部地区在办学条件和办学水平上业已达到的均衡状态,而且还不得不密切关注其当前及未来的发展趋向和可能达到的水平,以确定自己的后续行动计划。因为,作为先行者的东部地区,推进教育均衡发展的行动并未停止,而是在不断发展。而且,由于它已经积累了很好的发展基础,因此其推进均衡发展的速度、深度和创新度可能是西部地区无法想象的,因此对西部地区教育均衡发展所造成的压力是双重的。

---

① 罗荣渠:《现代化新论:世界与中国的现代化进程》,北京:北京大学出版社1993年版,第201页。

② 吴玉鸣、李建霞、徐建华:"迟发展效应的后发劣势与后发优势——对西部大开发的启示",《人文地理》2005年第3期。

③ 参阅赵汀阳著,《长话短说》,北京:东方出版社2001年版,第106—107页。

④ 褚宏启:"论教育的迟发展效应",《北京师范大学学报(社会科学版)》1999年第3期。

其次,西部地区教育均衡发展的启动和推进,还面临着由迟发展所带来的"示范效应"。示范效应的存在,可能表现为发展优势,因为一方面,中、东部地区在推进教育均衡发展的过程中所积累的早期经验、遭遇的问题和提炼出的教训,都可能转化成为迟发展地区可资借鉴和利用的财富。另一方面,先期的探索和经验的积累,其更重要的潜在价值,可能会有助于人们深化对发展过程的理解、思考和把握。这种对人"智识"上的提升,可能转化为后续发展的强大力量。但同时,示范效应的广泛存在,在特定的条件下,也可能转化为迟发展劣势。例如,由于示范效应的存在,西部地区的学生及家长对区域间教育不均衡的现状更为不满,对缩小区域差距、区间差距的希望、对享受优质教育的渴求更加强烈。"问题的关键在于,期望本身的增长比转变中的社会在满足这些期望方面的能力的提高要快得多。因此,在人们的期望与现实可能之间以及需求的形成与需求的满足之间,形成了一个差距"。① 这种差距如果长期得不到应有的重视和合理的缓解,可能引发民众和社会舆论的质疑和批判,甚至演化成为影响、制约和谐社会建设的消极因素。

最后,西部地区的教育均衡发展,还可能因为暂时处于不利地位,而争取到政策的扶持,并获得东部地区的智力、财力与物力的"反哺"。从宏观上讲,我国的西部大开发战略,是在政策层面上对西部地区的"迟发展"而做出的积极应对;从微观上讲,或者作为西部大开发的构成要素,或者以独特形态而存在的各种东西部学校之间的合作共建项目、校长互访项目、教师培养与名师支教项目等,如果实施得力,保障有力,监督与评价到位,都有可能在推进西部地区教育均衡发展方面发挥非常积极的作用。

三、西部地区教育均衡发展典型案例研究的价值

我国人口众多、幅员辽阔。即便单就西部地区而言,城乡之间、省域之间、县域之间在区域经济和文化上也存在着巨大差异。与此相关,不同区域之间、城乡之间在教育发展基础、发展取向、发展动力与内在需求等方面上也表现出极大差异。这是推进教育均衡发展时必须面对的基础性问题。因此,在推进教育均衡发展的过程中,如果管理重心过于上收,一方面可能会忽略各自推进教育均衡发展时在基础性条件、发展资源、面临的问题等方面的差异;另一方面则可能在一定程度上压抑地方政府在探寻教育均衡发展有效路径中的创造力。基于此,推进义务教育均衡发展,宜更多地鼓励不同层次、不同地域的地方政府和教育行政部门,以自身现有的基础条件为出发点,因地制宜地确立适

---

① 褚宏启:"论教育的迟发展效应",《北京师范大学学报(社会科学版)》1999年第3期。

合自身发展水平、切合区域发展定位、适应当地经济社会发展需要的均衡发展目标系统。通过放权、赋责、增能,激活区域行政推进教育均衡发展的责任感和创造力,这是促使教育均衡发展由国家层面的政策倡导逐渐转化为一种区域政策实践的关键环节。在这个意义上,发现地方政府和教育行政部门在推进义务教育均衡发展探索中创造出的独特经验和典型案例,并适当地加以提炼、培育和推广,这可能是在更大范围、更深层次上推进教育均衡发展的有效途径。正因如此,本书对我国西部地区教育均衡发展的研究,采取的就是一种案例研究的路线,即通过聚焦和透析典型案例,达到深化认识、培育经验的目的。

首先,对西部地区教育均衡发展典型案例的研究,目的在于通过深度剖析该"典型案例"得以发生的特定条件及其在这些条件下发生的机制,在对其所蕴含的共性与个性复杂关系的分析中,既抽取出其值得珍视的独特性,也注重提炼其有外推价值的经验,以利其在更大的范围内产生辐射作用。从社会科学方法论的角度讲,案例研究的价值并不体现为"代表性",而是体现为"典型性"。即它不是"'再现'总体的性质,而是集中体现了某一类别的现象的重要特征"。作为案例研究对象的典型个案,"具有共性和个性,是共性和个性的统一。在个案中,共性通过个性而存在,并通过个性表现出来。如果一个个案能较好地体现某种共性,那么,对于这个共性来说,这个个案就具有了典型性。但是,并非个案的所有个性特征都是共性的表现,有些个性特征可能是为该个案所独有的。因此,个案研究,既是通过个性研究来寻找共性(即典型性),又是通过个性研究来揭示个案的独特性。个案因而具有典型性和独特性这双重属性"。① 如果说,案例研究对独特性和个性的剖析,一定程度上体现了其对差异的尊重,那么,它对典型性、共性的寻求,则是为了突出经验的共享性。因为,承认个案的独特性,并不等同于否定其开放性与可沟通性。依照社会学家罗伯特·斯特克的观点,个案是一个"有界限的系统"(bounded system)②,这里的所谓"界限",指的是个案与其他个案及其环境的区别;而"系统",既体现着个案内部各要素之间的共存与交融,亦暗示出任何个案都不是封闭的,而是与其外部平行系统及母系统之间发生着信息交流与能量转化。具体而言,西部地区某些地方政府和教育行政部门自主展开的推进教育均衡发展的制度创新尝试,既是立足于区域独特性而展开的创新性制度变革实践,同时也是在开

---

① 王宁:"代表性还是典型性?——个案的属性与个案研究方法的逻辑基础",《社会学研究》2002 年第 5 期。

② Robert E. Stake:"Qualitative Case Studies", in Norman K. Denzin and Yvonna S. Lincoln (eds.): *The Sage Handbook of Qualitative Research*, Sage Publications, 2005, p. 444.

放的环境中合理地吸收、开发和创造性使用系统外部资源的结果。由此创造出的经验,不仅对区域自身进一步深化教育均衡发展具有重要的基础性参考价值,而且不可忽略的是,不同区域之间,如果建立起有效的经验共享机制,将有可能相互启发,将彼此之间的梯度差异、水平差异等转化成为重要的后续发展资源。这也提醒我们,各个区域在"向内看"、深入研究自身现状、基础、优势,制定适合自身特点的区域推进计划时,千万不能忘记"向外看",从其他区域的经验中汲取智慧,以促进自身实践合理性的提升。

其次,对典型案例的研究,有助于在一定意义上凸显地方性制度创新的"可能性"。就宏观教育管理体制而言,区别于美国的地方分权制,我国采用的教育管理体制是中央集权制。许多大规模的教育改革沿用的基本上都是自上而下的政策路线。这一路线尽管有利于提高政策效率,但却极易在政策推进过程中忽视地方差异,压抑地方政府的创造性。因此,受习惯性思维的影响,许多地方政府和教育行政部门习惯于以"行政逻辑"来思考区域教育政策与发展,弱化乃至放弃了制度创新的欲望与内在需求。随着教育改革的深入,中央政府已经在很多问题上释放了一定的政策空间,鼓励地方政府、教育行政部门、学校积极开展教育改革研究。但是,相当多的地方政府和教育行政部门、学校依然没有走出"等、靠、要"的思维方式,认为在中央政府统筹管理的机制下,自己无需创新,也无法创新。这样一种思维方式和施政习惯,已经成为阻碍教育改革深入发展、制约地方政府创造力发挥的瓶颈。在这种背景下,对西部地区教育均衡发展典型案例的研究,以及建立在研究基础上的宣传推广,具有独特的"榜样示范"的价值。这里的"榜样示范",其要义并不在于强调让后来者"跟着学",而在于以成功的典型经验宣示:即便在相对于东部地区而言经济发展暂时落后的情况下,西部地区依然有可能在推进教育均衡发展方面创造出独特的地方经验。在特定的情况下,由现实经验而确证的"可能性",可能转化为强大的号召力,进而激发出制度创新的热情、信念和行动。

尚需特别提出的是,实践,尤其是变革性实践,不是一个"被给予的事实",而是一个创生性的"事情"。它往往有着比设定的轨迹更多的性质,即所谓创造性和建设性。[①] 因此,即便是有了成功的探索,那也只是证明走出这条路是可能的,也是可行的,但却无法承诺一种普遍适用性。正如没有人能够替"我"走路一样,既有的尝试,行进中的探索,充其量也只是提供了重要的参照和启示。作为教育均衡发展推进单位的地方政府和教育行政部门,在地方制度创新的具体案例中,得到的不应该是现成的模式和可以直接套用的万灵药方,而

---

① 参阅赵汀阳著:《论可能生活》,北京:生活·读书·新知三联书店1994年版,第7页。

是一种智慧资源,以及由"可能性"的存在而获得的自我积极暗示和行动探索。

最后,对典型案例的研究也隐含着呼吁更大的制度创新空间的立意。"宏观层面的政策支持是微观层面教育创新健康发展的必要条件,特别是,当这种政策支持不是以限制微观主体的创新活力为代价时,微观层面创新活力的激发几乎就是一个必然的结果。"①综观我国近年来教育领域内地方制度创新的成功案例,几乎无一不是在主动地探求、开发、甚至自觉"创造"政策空间的基础上发展起来的。这些地方制度创新的成功案例,对教育决策系统而言具有重要的启示意义。如何合理地调整政策取向,在维护宏观发展方向和把握大局的基础上,释放更大的政策空间,鼓励地方、学校通过内部挖潜,开发与集聚社会资源以确立更好的发展基础,营造更好的自我发展生态,这是未来宏观教育管理体制和教育决策系统实现变革的发展方向。这意味着,各级政府和教育行政部门,应当适时、适度地从对次级区域具体教育事务、学校的教育教学的干预中抽离出来,实现自身角色和功能的重建。从原来替代地方教育行政部门和学校思考、策划、管理,转变为权力下放、责任下放、利益下放。由原来的管理、决策重心上收,逐渐走向权力适度下放,管理重心下移,这是解放区域和学校创造力,激发变革内在动力,实现地方制度创新和学校自主研究性变革的重要举措。这也同时意味着,区域教育均衡发展,不仅要突出区域整体策划和统一行动,更要尊重区域内次级区域的独特性和创造性。从这个角度上讲,区域推进教育均衡发展,要以整体策划和统一行动为制度保障,以创建良好的区域教育生态,激活次级区域和每一所具体学校的创新活力为内在动力,在推进区域教育跨越式发展的基础上探索多模式渐进均衡、动态优化的发展道路。

四、西部地区教育均衡发展的研究方法

(一)案例研究

本书对西部地区教育均衡发展的研究,最重要的研究工具是案例研究。作为一种历史悠久的质性研究方法,案例研究是"从具体经验事实走向一般理论的一种研究工具",是"社会科学以及其他科学研究中的一种独立的研究方法……这种研究方法综合运用多种收集数据和资料的技术与手段,通过对特定社会单元(个人、团体组织、社区等)中发生的重要事件或行为的背景、过程的深入挖掘和细致描述,呈现事物的真实面貌和丰富背景,从而在此基础上进

---

① 吴华、吴长平、闻待著,《从"差距合作"到"差异合作"》,济南:山东教育出版社 2010 年版,第 1 页。

行分析、解释、判断、评价或者预测。"①由于案例研究选取的研究对象明确、集中，且提倡将案例置于真实情境中进行深度解析，因此案例研究"非常适合对现实中某一复杂和具体的问题进行深入和全面的考察"。② 依照案例研究方法专家罗伯特·K.殷(Robert K. Yin)的观点，案例研究"需要通过多种渠道收集资料，并把所有数据资料汇合在一起进行交叉分析。"③因此，其要义重在对案例本身进行精细解剖和深度阐释。本书即是选取西部地区推进教育均衡发展的若干地方制度创新案例作为研究对象，力图通过精细的解析，阐明这些制度创新案例的背景、实施绩效等。或许，正如社会学家所指出的，案例研究本身由于案例数量有限，因此它不具有强代表性，但是案例本身的典型意义，足以引发教育决策者、教育变革的责任主体以及教育研究者关注和思考。这也是本书的立意之一。

（二）文献法

文献法是一种应用广泛的传统的学术研究方法。在本研究中，研究者所选取的文献，包括地方制度创新的政策文本，中央与地方政府、教育行政部门的相关文件，报纸杂志和网络对地方制度创新的报道、反响，以及与本研究相关的已有研究成果等。在运用文献法的过程中研究者力求做到：全面客观地搜集、引用和分析相关文献，避免断章取义，不随意夸大或隐匿；在对文献进行分析的时候力图将不同的文献结合起来，所运用的文献应该能够互证，不存在内在的矛盾；在文献分析基础上进行推论的时候，努力掌握适当的限度，不做无限度推论。

（三）问卷调查与访谈法

为了更好地评估政策绩效，除了解析政策文本，多渠道搜集间接资料、数据之外，研究者还通过现场调研、问卷调查和深度访谈等形式，获取更多的数据和信息。这不仅是为了从总量上补充相关信息，在一定程度上也是为了避免因信息渠道类型过于单一导致对案例"误读"、"误判"，从而做出错误的阐释和结论。

---

① 王金红："案例研究法及其相关学术规范"，《同济大学学报(社会科学版)》2007年第3期。
② 孙海法、朱莹楚："案例研究法的理论与应用"，《科学管理研究》2004年第1期。
③ ［美］罗伯特·K.殷：《案例研究：设计与方法》，重庆：重庆大学出版社2004年版，第16页。

第一章

西部教育发展现状概述

　　国家实施西部大开发战略以前,西部地区教育发展基础薄弱,城乡教育发展水平差距巨大,(县级)地方政府财力难以保障充足的财政性教育经费需求,教育均衡发展是西部教育面临的严峻挑战。[①] 西部大开发战略实施十年来,虽然上述问题还没有得到根本解决,但西部教育发展总体状况已经显著改善。推动西部教育产生这种变化的根本原因是西部地区经济社会发展的全面进步,同时,中央和地方各级政府在推动西部教育发展中贯彻科学发展观,创造性地开展资源统筹的制度设计和政策实践,也发挥了积极的甚至是关键性的作用。

---

　　① 在《国家西部地区"两基"攻坚计划(2004—2007年)》(国办发〔2004〕020号)中,对当时西部地区的教育状况有如下的描述:"西部地区经济社会发展落后,地方财政困难,教育投入严重不足,教育基础薄弱,义务教育远远落后于全国平均水平。到2002年,西部地区未实现"两基"的372个县(市、区)中有国家扶贫开发工作重点县215个,占58%;农村中小学的办学条件普遍简陋,必备的学生寄宿条件严重不足;现有教师不适应及合格师资短缺的矛盾日益凸显;在少数地区还保留着较为原始的生产和生活方式,教育得不到应有的重视。""人民群众贫困面大、贫困程度深,适龄少年儿童就学面临困难,普及义务教育任务艰巨。全国尚未脱贫的3000万人中,绝大部分生活在西部,农村人均纯收入约为全国平均水平的70%左右。一些地区刚刚解决温饱,相当一部分地区尚未完全脱贫,加之西部农村家庭大多都有两个或更多的子女,人民群众难以承担基本的教育支出。据2002年统计,西部地区小学适龄儿童入学率、小学五年保留率、小学毕业生升学率等指标,大都低于全国平均水平。即使是已通过"两基"验收的县,其普及程度也是低水平、不稳定的,一些地方初中辍学率高达10%以上。""西部大部分地区为少数民族聚居地,少数民族教育成为"两基"攻坚的难点。截至2002年,西部372个未实现"两基"的县(市、区)中少数民族聚居县占83%。西部农村地区一些习俗和宗教观念在一定程度上影响了学生家长送子女上学的积极性;双语教学的环境对教师的数量和质量提出了更高的要求。加快少数民族义务教育的普及已经成为各民族共同发展的紧迫要求。""西部地区特殊的地理环境和办学形式使教育成本居高不下,低水平的教育投入难以保证基本的办学条件和教育质量。西部地区地广人稀,有一师一校点约9万个,占全国校点的80%以上;人口分布极不均衡,在一些高山、高原、高寒及牧区、半农半牧区和荒漠地区,80%左右的初中生、50%左右的小学生需要寄宿;特殊的办学形式使得学校布局分散、校舍建设成本普遍较高,原本短缺的教育经费难以满足基本的教育需求,适龄少年儿童"进不来、留不住"成为"两基"攻坚的难点。"

第一节　西部教育发展取得显著成就

大力发展教育事业是西部大开发战略的重要组成部分。2000 年 10 月，国务院发布实施西部大开发若干政策措施，把教育和人力资源开发作为西部开发的四大重点领域之一，明确要求"继续实施贫困地区义务教育工程，加大国家对西部地区义务教育的支持力度，增加资金投入，努力加快实现九年义务教育。对西部地区高等学校建设予以支持，扩大东、中部地区高校在西部地区的招生规模。加大实施东部地区学校对口支援西部贫困地区学校工程以及西部地区大中城市学校对口支援农村贫困地区学校工程的力度。建设西部地区远程教育体系。加强对农村基层干部和农民的科学文化知识教育培训。"①，由此拉开了西部教育大发展的序幕。2001 年 9 月，国务院办公厅转发的国务院西部开发办《关于西部大开发若干政策措施的实施意见》（2001 年 9 月 29 日国办发〔2001〕73 号），进一步落实了增加西部教育投入的"增加资金投入"、"扩大招生规模"、"实行教育对口支援"和"加快教育信息化建设"等四项政策措施。西部大开发战略实施十年来，中央和西部省份各级地方政府加大对教育事业的投入，西部教育事业取得了巨大的进步。

西部大开发十年间，国家实施了两期"国家贫困地区义务教育工程"，共新建小学 5380 所，改扩建小学 27197 所；新建初中 2466 所，改扩建初中 8035 所。小学校舍方面，新建 431.82 万平方米、改扩建 1336.44 万平方米；初中校舍方面，新建 527.89 万平方米、改扩建 929.29 万平方米。"工程"共购置小学和初中课桌凳 857.5 万单人套、图书 13252.81 万册、教学仪器及信息技术教学设备价值 88957.16 万元，培训校长和教师 117.23 万人次。"工程"第二期，年均资助贫困学生 150.3 万人，资助资金 2.1 亿元。

国家西部"两基"攻坚计划实现了西部"普九"的突破：农村寄宿制学校建设新增校舍面积近 1200 万平方米，"两免一补"政策广泛实施，农村中小学现代远程教育工程覆盖中西部 36 万所农村中小学校，使广大农村学生能够"进得来"、"留得住"并"学得好"。

据统计，1999 年至 2008 年，西部地区累计培养高中阶段及以上教育的毕业生达 3275 万人，其中高中阶段毕业生 2408 万人，高等教育毕业生达 867 万人。扫除文盲 1400 多万人。每 10 万人口拥有普通高校学生数由 2001 年的

---

① 《国务院关于实施西部大开发若干政策措施的通知》（国发〔2000〕33 号）

422 人增加到近 1200 人。①

广西中等职业学校建设经费 3 年超过前 10 年总和

从广西壮族自治区教育厅了解到，广西自 2008 年至 2010 年开展职业教育攻坚。3 年中，投入中等职业学校建设经费 75 亿元，力度超过前 10 年的总和。

截至 2010 年底，广西共有中等职业学校 409 所，在校生 91.7 万人；高职院校 41 所，在校生 30.6 万人。目前，广西职业院校年均输送毕业生 30 多万名，承担各类培训超过百万人次；其中仅柳州市 3 年新增的 10 万产业工人中，来自职业院校的近 7 万人。

广西在全面实施国家中职资助政策的基础上，拓展了对少数民族聚居区、边境地区和库区学生的资助范围，中职学校特定专业学生全面享受生活资助和学费减免，28 个国家扶贫开发工作重点县的中等职业学校学生全部享受免费职业教育。攻坚 3 年来，广西累计投入中等职业学校学生资助经费达 19.1 亿元，惠及 90% 的在校生。

（来源：新华网广西频道，2011-6-17）

甘肃省二十年建成五百多所希望小学　建校资金达 1.5647 亿

20 年来，全省共有 81 个县（区）建成希望小学 549 所，建校资金达 1.5647 亿元，有力地改善了贫困地区办学条件。

希望小学建设是甘肃省希望工程实施的重点公益项目。自 1991 年兰州石化公司团委捐建甘肃第一所希望小学——通渭县兰渭希望小学后，上海、北京、广东、天津、香港等地及海外社会团体、知名跨国公司都积极在甘援建希望小学。团省委、省青基会也广泛争取各类社会捐助，希望小学建设呈现勃勃生机。2008 年，省希望工程第一次筹集到单笔最大一笔捐款，即省电力公司捐资 800 万元建设 10 所希望小学。2009 年，全省希望工程筹资首次超过 3000 万元。希望小学建设标准也逐年提高，硬件设施更加完善，教学设备和图书更加齐全。2008 年，新东方教育科技集团捐款 300 万元在舟曲建设 1 所希望小学，成为甘肃省单个项目投资最

---

① 以上数据根据国家发展改革委员会网站（http://www.chinawest.gov.cn/web/index.asp）和教育部网站（http://www.moe.edu.cn/）相关专题文献整理。

大的希望小学。

省希望工程办有关负责人表示,将以希望工程实施 20 周年为新起点,积极适应中小学布局结构调整,通过量减质增,进行优化升级,将符合援建条件的乡村学校(含教学点)建设成希望小学,直至全部建完。

(来源:甘肃日报,2011-4-25)

链接 1-3

支持中西部教育　国家 7000 万支持青海省农村学前教育

从(甘肃)省发展改革委获悉,近日,国家发展改革委向我省下达农村学前教育推进工程试点项目建设投资 7000 万元,以支持湟中等 8 个试点县的 32 所乡村两级幼儿园建设基础设施。

国家发展改革委去年确定在全国选择 10 个省试点,启动实施中西部农村学前教育推进工程,重点支持中西部贫困地区改扩建或新建乡镇和村幼儿园,我省被纳入试点省,并获得首批国家发展改革委安排的 5500 万元中央专项资金,主要用于建设共和、化隆、刚察、乌兰、湟中等 5 县 46 乡、村两级幼儿园。

在此基础上,国家发展改革委今年再次下达 7000 万元,主要建设湟中、湟源、乐都、循化、海晏、刚察、兴海、贵南等 8 个试点县的 32 所乡、村两级幼儿园生活、服务等设施。这批项目的建设将加快推进我省农村学前教育发展,扩大学前教育资源,改善办园条件。

(来源:西宁晚报,日期:2011-11-30)

链接 1-4

西藏"十一五"教育事业发展综述:筚路蓝缕奠基崛起

十年树木,百年树人。"十一五"期间,西藏教育事业取得了跨越式发展:"两基"攻坚目标全面实现,基础教育办学条件显著改善;职业教育迅速发展;高等教育进入大众化

义务教育暖民心

拉萨市堆龙德庆县羊达乡益西曲珍小朋友的家距学校大约 5 公里路程。一个周日的下午,记者和益西曲珍一起来到羊达乡中心小学学生宿舍。小女孩高兴地给我们介绍,她们平常在学校用的很多东西都是学校发的,包括牙膏、牙刷等。据了解,像益西曲珍这样的小学生,除了享受"三包"经费外,还享受国家为寄宿制学生免费提供的生活用品。

"十一五"期间,自治区先后 4 次提高"三包"经费标准,小学生每生每

学年由原来的 1100 元提高到 1750 元,初中生每生每学年由原来的 1250 元提高到 1850 元。边境县、乡小学、初中生每生每学年均在以上基础上增加 100 元。2009 年,全区财政投入"三包"经费达 4.2 亿元。"三包"政策的全面落实,有效调动了广大农牧民群众送子女上学的积极性,极大地促进了西藏义务教育发展。

2003 年,西藏"两基"攻坚序幕拉开。2009 年,全区所有县(市、区)全部通过自治区"两基"评估验收,"两基"目标全面实现。截至目前,全区"普九"县(市、区)由 2005 年的 40 个增加到 74 个,"普九"人口覆盖率由 2005 年的 59.99% 提高到 100%,人均受教育年限达到 6.8 年。

职业教育快速发展

日前,记者来到当雄县职业技术培训中心采访。在机修职教班里,十几个孩子正在老师指导下学习摩托车维修技术。

当雄县职业教育的蓬勃发展,只是西藏县级职业教育发展的一个缩影。2006 年,自治区启动了县级职业教育基地建设项目。目前,全区职业教育自我发展功能逐步完善,服务经济社会的能力逐步增强。

各级教育部门高度重视职业教育基础能力建设,围绕西藏主导产业和特色产业的发展要求,加强重点专业和特色专业的培育和建设,优化整合职业教育资源,加强实训基地建设;改革中等职业学校招生办法,办学规模逐年扩大,中等职业教育在校生占高中阶段在校生总数的比例逐年提高。截至目前,全区 6 所中等职业学校校舍总面积达到 19.5 万平方米,在校生 22613 人,普职比例达到 6.43∶3.57。

深化农牧区教育综合改革,积极推行"一校两牌"办学模式和"双证书"制度,初级职业教育健康发展。全区各县中学在完成国家规定的义务教育课程计划的同时,积极开展职业技能教育,努力使学生做到"升学有基础,就业有技能,回乡能致富"。同时,进一步加大农科教结合力度,以服务为宗旨,依托县中学(即县级职教中心),实施基础教育、职业教育和成人教育,大力开展农村劳动力实用技术培训和职业技能培训,年培训人数接近 3 万人次。

高等教育稳步发展

"十一五"期间,自治区党委、政府坚持"稳定规模、调整结构、提高质量"的工作方针,采取有力措施,深入实施"高等学校教学质量和教学改革工程",努力提高高等教育质量和人才培养水平。

全区各高等院校立足西藏实际,寻求特色发展,深化教育教学改革,注重人才培养质量,以一批重点学科、重点实验室建设为依托,加强高校创新平台、创新队伍建设,强化自主创新意识,提高创新能力和水平,高校整体科研实力不断增强,服务经济社会的能力不断提高。高等教育已形成了综合大学、专业院校和高职高专层次分明、优势互补、文理交融、整体提升的办学格局。

2009年,西藏大学进入国家"211"工程重点建设行列,全区3所本科院校顺利通过了教育部本科教学水平评估,标志着西藏高等教育办学水平迈上了一个新台阶。

目前,全区高校有本科专业108个、专科126个、硕士授予单位3个、硕士授予点18个,其中,建设国家级特色专业10个、教学团队2个、人才培养模式创新试验区1个、自治区级特色专业20个、教学团队10个、精品课程60门。据相关数据显示,截至目前,全区本专科院校6所,在校学生总数达30000多人,比2005年增加了1万多人,其中研究生718人,比2005年增加了600人,高等教育毛入学率达到23.4%。高等教育已形成了研究生教育、普通本专科教育、职业教育、远程教育、继续教育等多层次、多形式、覆盖11个学科门类的办学体系。

(来源:西藏日报,日期:2010-12-17)

链接 1-5

四川2011年508多亿元投入教育

继2005年全省一般预算支出1082亿元后,在实施"十一五"规划的最后一年,四川全年一般预算支出突破4000亿元大关,较2005年增长292%,支出规模位居全国前列,已实现了"五年翻两番"。

在省十一届人大四次会议上,省财政厅厅长黄锦生在财政报告中介绍了2010年财政预算执行情况及2011年财政预算草案,根据今年的财政预算草案,2011年年初全省一般预算支出总额将达3218.35亿,其中教育类支出增长最大,增长12.5%。

2010年支出突破4000亿大关

省财政厅厅长黄锦生的报告显示:"2010年,全省一般预算支出完成了4242.52亿元,为预算的88.5%,增长18.2%。"

目前,四川赤字额在上年基础上减少1.2亿元。"全省地方一般预算收入1561.01亿元,加上中央各项补助、财政部代理发行地方政府债券收入等2768.4亿元,以及上年结余、调入资金等525.01亿元后,全年总收入为4854.42亿元。"黄锦生介绍,总收入减去当年支出、上交中央支出、调入资金等后,年终滚存结余560.32亿元,按政策规定,应结转下年继续安排使用的项目结余 562.32 亿元,累计赤字 2 亿元。

黄锦生表示,2010 年全省赤字规模有所减少,部分赤字县已全面消赤。

2011 年向民生保障和产业发展倾斜

在新的一年中,全省支出安排将向民生保障和产业发展倾斜。按照收支平衡原则,2011 年全省一般预算支出为 2873.63 亿元,加上中央预通知 2011 年部分专项转移支付补助 344.72 亿元,2011 年年初全省一般预算支出总额将达到 3218.35 亿元。

2011 年,四川将继续落实民生保障政策。其中,地方自有财力 2873.63 亿元主要支出在一般公共服务 385.23 亿元,公共安全 199.42 亿元,社会保障和就业 501.45 亿元,医疗卫生 206.79 亿元……教育 508.63 亿元,增长幅度最大,增长 12.5%。

四川将落实教育发展规划纲要,确保 2012 年按可比口径计算的全省各级各类财政性教育支出占全省财政支出的比例达到 18%,促进教育优先发展。

(来源:四川在线——华西都市报,2011-1-20)

链接 1-6

贵州省全面实现"两基"攻坚目标

冬日清晨的阳光,照耀着苍茫的雷公山,贵州省黔东南苗族侗族自治州雷山县桃江乡掌雷村掌雷小学明净的教室里,回荡着孩子们的朗朗书声。掌雷小学改建于贵州省"两基"攻坚期间,学习生活条件的改善,给山里的孩子带来了知识和希望。

2009 年,在国家的大力支持下,贵州省经过五年攻坚和近三年的提高巩固,通过了"国家教育督导团检查组"检验,全面实现贵州省委、省政府确定的"两基"攻坚目标,成为西部地区第二批全面实现"两基"的省份。

"2000 年,在全国已基本实现'两基'目标的情况下,贵州'两基'却不容乐观。当时,全省 88 个县中仍有 55 个未实现'两基','两基'人口覆盖率只有 35%。在此背景下,贵州省委、省政府提出了'两基'攻坚战略。"贵州省教育厅副巡视员皮俊林说。

贵州山区交通不便,少数民族众多,经济社会长期处于"欠发达、欠开发"状态。2001 年,贵州省初中和小学的生均公用经费仅为 30.25 元和 10.54 元,只相当于全国平均水平的 36.27% 和 23.33%;农村中小学危房率高达 11.6%;由于山高路远、条件艰苦,边远乡村学校引进并留住一个老师很困难。

掌雷小学所在的掌雷村是一个传统的苗族村寨,坐落在雷公山深处,2005 年以前完全不通车。由于村寨分散,大部分孩子都住校,家远的孩子每周要背着铁锅、柴火和口粮上学,翻越五六个山头,才能到校,学习和生活环境十分艰苦。

"由于缺老师,掌雷小学的老师每星期都要上近 30 节课,嗓子疼得厉害了就喝两口水,为了不耽误学生上课,生病了也几乎不请假。"掌雷小学校长任福成说,最让他心痛的是许多农村孩子小学还没毕业就因贫辍学,外出打工。

贵州不少地方就是在这样的情况下开始了"两基"攻坚。教育部、国家发改委、财政部等有关部门,从政策、资金、项目等方面对贵州"两基"工作给予了大力支持。据统计,2001 年至 2008 年,国家共安排贵州农村义务教育经费保障新机制资金 102 亿元,占贵州该项资金总额的近六成。同时,国家为贵州安排的贫困地区义务教育工程建设资金和农村寄宿制学校建设项目资金均居全国首位。教育部和国家教育督导团还多次派督学深入贵州边远乡镇和基层学校,对"两基"工作进行督导检查。

"为了破解资金紧缺的难题,贵州除了积极争取国家支持外,还在财力十分有限的情况下,想尽一切办法筹集办学资金。"皮俊林说。

国家关于义务教育经费"三个增长"的规定成为考核地方党政"一把手"及相关领导干部的硬指标;省政府明确规定,农村税费改革转移支付资金中用于农村义务教育的比例不得低于 50%;一些财政困难的"两基"攻坚县,还在明确还款来源和制订还款计划的前提下,通过"贷、借、垫"的方式,"用明天的钱办今天的教育"。据统计,2001 至 2008 年,贵州省"两基"攻坚共投入专项资金 234.6 亿元。

社会各界也对贵州教育予以极大的关心和帮助,近三年来捐助办学资金就达 2.1 亿元,捐建农村学校 1473 所。

贵州在解决教师的问题上也下足了功夫。为了加强农村中小学师资力量、充实教师队伍,贵州采取了扩大师范专业招生规模、组织省内人员和引进省外人员支教等措施,并连续实施了三年"特岗教师计划",仅 2008 年就为农村学校补充近 1.5 万名教师。

同时,通过实施中小学教师继续教育工程,全省 30 多万中小学教师几乎全部得到了培训。为了让农村教师安心执教,贵州还实施了绩效工资制度,千方百计提高教师待遇,2001 年以来从未发生过拖欠教师工资现象。

如今,贵州省"两基"人口覆盖率已达到100%。经过"两基"攻坚,在农村许多地方,新教学楼已成为当地最好的建筑,学校有了平整的篮球场,有了可供一个班学生上课的电脑室;孩子们可以在食堂里吃到一日三餐,不必再背着锅和柴火上学。学生住宿条件明显改善,整齐的双层床、统一发放的床单、被套,让深山里的学校也俨然有了现代气息。

"最让我们感到欣慰的是,农村孩子都可以免费接受九年义务教育,不会再有孩子因贫辍学了。"掌雷小学校长任福成感叹道。贵州省大多数农村学校都像掌雷小学一样,在"两基"攻坚中焕然一新。

（来源:新华网贵州频道,2010-1-21）

链接 1-7

云南多举措推动职业教育发展

从云南省职业教育工作领导小组获悉,今年,云南省确定从国家代发地方债券中安排5亿元,推进职业教育发展。

云南省还要求各州市及县区也要安排相应经费并纳入财政预算,逐步增加公共财政对职业教育的投入,有计划地支持职业学校更新实习设备、改善教学实验设施,改善办学条件。

同时,云南省将进一步提高职业教育教师水平。在去年聘请1200多名特聘老师的基础上,继续实施中等职业教育特聘教师计划,从今年起每年安排3000万元设立2000名特聘教师岗位,解决专业课教师紧缺问题。并将逐年增加中等职业学校教职工编制,以解决师资不足这一制约中等职业教育发展的瓶颈问题;还要进一步加强职业教育师资培训基地建设,建立教师到企业实践制度,鼓励专业课教师向"双师型"、"一专多能"方向发展;采取更加灵活的方式支持企事业单位工程技术人员、能工巧匠担任职业院校专业教师或实习指导教师。

此外,云南省将进一步加快职业教育资源整合步伐,规划建设一批集学历教育、实习培训、技能鉴定、就业服务等功能为一体的区域性职教中心或职教基地,提高职教整体实力和竞争力。目前,昆明市、曲靖市、楚雄彝族自治州、大理白族自治州、红河哈尼族彝族自治州等已启动职教中心和公共实训基地建设。

云南省还将进一步调动企业参与办学的积极性,建立健全教育与产业对话协作机制,推动职业教育校企一体办学;严格实行就业准入制度,督促企业从取得职业院校学历证书、职业资格证书或职业培训合格证书的人员中优先招录员工,引导企业主动地与职业学校合作。并将鼓励支持合作办学,促进形成公办、私立、股份制等多种形式平等竞争、共同发展的职教格局。

近年,云南省职业教育规模迅速扩大。2009 年,全省中等职业教育在校生达 56.19 万人,高职高专院校在校生达 13.87 万人,分别比 2005 年增长 71%、131%。据悉,从 2006 年起,云南省级财政每年安排 1.5 亿元中等职业教育专项经费和 3000 万元的贴息资金,加强职业学校基础能力建设、实训基地建设和师资队伍建设等,带动了各地改善职业教育办学条件的积极性。如,过去 4 年间,全省 40 个职业学校实训基地项目建设仅设备采购投入就达 1.202 亿元。

（来源:新华网云南频道,2010-4-16）

链接 1-8

深化留守儿童教育管护工作　全面推进义务教育均衡发展

石泉县位于陕南中部,全县辖 15 个乡镇,18.2 万人,现有中小学 62 所,在校学生 26764 人。我县是一个劳务输出大县,2007 年全县留守儿童 1.18 万人,占义务教育阶段 2.46 万学生总数的 48.4%。自 2007 年开始,我县以留守儿童教育管护工作为切入点,全面推进义务教育均衡发展并取得了显著成效,顺利实现了"双高普九"和创建教育强县两大跨越。

自 2007 年起,我县将解决留守儿童问题提上党委、政府重要议事日程,探索建立了"党政统筹、部门联动、学校为主、家庭尽责、社会参与、儿童为本"的"六位一体"留守儿童教育管护长效工作机制,努力让留守儿童"学业有教、安全有保、亲情有护、生活有帮、困难有助",逐步形成了农村留守儿童教育管护工作的"石泉模式"并享誉全国。一是建设三大中心,构筑关爱平台。即两年投资 3100 万元在全县农村初中和乡镇中心小学建成了 26 所留守儿童教育成长中心,有效解决留守儿童在校课外活动、生活服务与管理;依托社区建设了一批留守儿童校外活动中心和留守儿童托管中心,妥善解决留守儿童校外活动管理和不同需求层次留守儿童的教育管护问题。二是培育四支队伍,构建管护网络。即在学校内部构建了校长负责、班主任和辅导教师主抓、科任教师密切配合的 70 名学校教育管护工作队伍;建立了 2477 名代理家长队伍,弥补留守儿童的亲情缺失和生活抚育、教育管护方面的缺位;建立了 300 名留守儿童工作志愿服务队伍,为留守儿童提供健康保健、心理辅导、心理抚慰、经济扶助等方面的志愿服务;建立了留守儿童教育管护专家队伍,为留守儿童工作提供智力支撑。三是坚持儿童为本,促进全面发展。相继建立健全了经济救助、卫生保健等系列留守儿童资助机制,广泛开展系列主题关爱和教育活动,促进全体留守儿童协调发展。

在深化留守儿童工作的同时,我们从创新机制入手,全面推进义务教育均衡发展。一是均衡发展规划。依据《石泉县城乡一体化建设规划》,制定了《石泉县城乡一体化教育均衡发展规划》,按照"一轴、两心、三区"经济社会发展、人口空间布局和生源流向特点,确立了"三区两心设初中,乡乡办强中心校,集中财力促双普"的学校布局和发展思路,三年累计撤并学校106所。二是均衡学校建设。在城乡学校建设上,统一规划、统一实施,在教学设备配备上,统一配备、统一管理。三年来,多渠道筹措资金近2亿元,完成了全县义务教育阶段中小学标准化建设,使城乡学校办学条件基本均衡。三是均衡师资配置。近年来先后招聘教师149人,充实全县中小学教师队伍,招募了30名师范院校毕业生担任留守儿童辅导老师;建立完善城乡中小学教师及校长交流长效机制,三年累计对30名正副校长和150余名教师进行了轮岗交流试点,有力促进了校际之间师资均衡和教师业务水平提升。

(来源:教育部,2011-8-15)

第二节 西部教育发展存在的突出问题

尽管西部地区教育发展已经取得了令人瞩目的巨大成绩,但是,与同期全国其他地区教育发展状况比较,西部教育发展仍然处于较低水平。2008年,西部十二省区高等教育毛入学率除陕西(30%)、内蒙古(25%)、重庆(25%)外,其余均低于全国23%的平均水平,其中四川22%,青海22%,新疆20%,宁夏18%,甘肃18%,云南16%,广西16%,西藏15%,贵州12%;高中教育普及率高于全国2008年74%平均水平的只有内蒙古(93%)、青海(85%)、陕西(79%)三省区,约占西部人口19%,其余占西部人口81%的宁夏(72%)、四川(69%)、甘肃(65%)、广西(63%)、新疆(59%)、重庆(56%)、云南(51%)、贵州(48%)、西藏(47%)等九省区均低于全国平均水平;义务教育虽然已经在西部十二省区全面普及,但办学条件还相当薄弱;中等职业教育、学前教育也普遍低于全国平均水平。①

---

① 相关数据根据国家统计局网站(http://www.stats.gov.cn/)、教育部网站(http://www.moe.edu.cn/)2008年度统计报告整理;

　　与东部地区的教育发展水平比较,西部大开发之前已经存在的教育发展差距并没有明显缩小,特别是在资金投入方面,2003年到2008年之间财政预算内生均经费(生均事业费、生均公用经费)差距都呈现明显扩大的趋势。2008年,东西部生均预算内教育事业费差距除普通高校变化不明显以外,其余均比2003年又扩大1～2倍以上,其中,普通小学1.6倍(916.83元,2380.29元);普通初中2.1倍(899.51元,2790.95元);普通高中1.4倍(1188.66元,2910.29元);职业高中0.9倍(900.53元,1725.22元);普通高校15%(2345.52元,2690.2元);义务教育阶段的东西部全域极差更是从2003年的4756.79元(小学)、4715.44元(初中)扩大到2008年的11163.14元(小学)、13162.77元(初中)。(见表1-1—表1-4)[1]

表 1-1　东部地区预算内生均事业费(2003 年)　　　　单位:元/生

东部地区	普通小学	普通初中	普通高中	职业中学	普通高校
上　海	5340.96	5386.37	6335.55	4162.95	8971.22
北　京	3348.24	3680.72	4845.39	4092.39	15806.43
天　津	2385.77	2328.44	4026.17	3029.66	8457.20
江　苏	1239.67	1256.39	1938.89	1956.36	4237.67
广　东	1117.70	1485.94	2803.76	3048.13	10235.16
浙　江	1780.40	2084.86	2688.22	2240.64	5824.74
山　东	964.63	1095.19	1278.56	1813.48	3857.63
福　建	1127.49	1152.00	1799.09	1688.57	4365.44
河　北	857.92	856.44	1317.17	1291.12	2920.51
海　南	783.28	944.68	1589.99	2177.31	4012.67
平　均	1894.61	2027.10	2862.38	2550.06	6868.87
极　差	4557.68	4529.93	5056.99	2871.82	12885.92

表 1-2　西部地区预算内生均事业费(2003 年)　　　　单位:元/生

西部地区	普通小学	普通初中	普通高中	职业中学	普通高校
内蒙古	1281.79	1187.35	1444.29	1487.51	3253.28

　　[1]　表 1-1—表 1-9 的数据根据教育部网站相关年份全国教育经费执行情况统计公告整理(http://www.moe.edu.cn/)

续表

西部地区	普通小学	普通初中	普通高中	职业中学	普通高校
新　疆	1258.62	1381.82	1972.89	2174.85	2396.79
重　庆	608.17	797.29	1116.84	1241.78	3691.92
陕　西	697.56	748.07	976.59	1112.50	3289.19
宁　夏	815.51	1102.05	1401.84	1739.75	4370.37
广　西	774.89	825.65	1281.65	1651.35	4269.11
四　川	661.82	726.05	1100.44	1243.79	2040.77
青　海	1296.64	1459.90	1960.42	2578.20	4893.76
云　南	1059.39	1153.51	2124.13	1806.18	6375.39
西　藏	1952.22	2649.62	4172.57		12810.96
甘　肃	742.54	829.28	1360.00	1817.73	3619.62
贵　州	584.17	670.93	1171.78	1291.18	3230.42
平　均	977.78	1127.59	1673.62	1649.53	4523.35
极　距	1368.05	1978.69	3195.98	1465.70	10770.19
东西部地区均差	916.83	899.51	1188.66	900.53	2345.52
东西部全域极差	4756.79	4715.44	5358.96	3050.45	13765.66

表 1-3　东部地区预算内生均事业费(2008 年)　　　　单位:元/生

东部地区	普通小学	普通初中	普通高中	职业中学	普通高校
上　海	13016.1	15473.6	14964.9	10078.47	15349.20
北　京	10111.51	13224.8	13870.4	11127.10	24380.40
天　津	6850.83	7779.00	7944.79	6031.94	9826.92
江　苏	4306.54	4464.21	3744.45	3386.71	8156.83
广　东	2470.06	3206.87	4311.32	4260.22	10622.18
浙　江	4528.11	5710.27	5035.15	5599.48	8771.40
山　东	2908.50	4389.46	3207.91	3832.18	5459.48
福　建	3240.22	3524.78	3538.48	3783.47	6311.90
河　北	2981.05	3523.64	2916.65	3326.89	5008.76
海　南	2616.89	3040.01	3087.50	6243.14	6085.64

续表

东部地区	普通小学	普通初中	普通高中	职业中学	普通高校
平　均	5302.98	6433.66	6262.16	5766.96	9997.27
极　差	10546.04	12433.59	12048.25	7800.21	19371.64

表 1-4　西部地区预算内生均事业费(2008 年)　　　　单位:元/生

西部地区	普通小学	普通初中	普通高中	职业中学	普通高校
内蒙古	3799.54	4517.27	3329.76	5392.14	6728.42
新　疆	3652.78	4577.56	4366.14	5110.91	5984.27
重　庆	2167.47	2802.17	2840.84	3006.39	5583.69
陕　西	3072.04	3402.69	2593.25	3211.43	5448.21
宁　夏	2956.19	4415.22	4848.88	4776.95	12310.86
广　西	2329.63	2990.60	2469.04	3333.70	6139.38
四　川	2230.71	2690.64	2055.55	3053.07	4000.78
青　海	3395.54	4052.02	3976.48	4640.27	8916.98
云　南	2077.32	2894.71	2908.78	3983.80	7554.00
西　藏	5061.95	5965.68	5305.38	4979.89	13794.79
甘　肃	2476.17	3093.11	2754.14	3930.91	5979.94
贵　州	1852.96	2310.83	2774.66	3081.38	5243.47
平　均	2922.69	3642.71	3351.87	4041.74	7307.07
极　差	3208.99	3654.85	3249.83	2385.75	9794.01
东西部地区均差	2380.29	2790.95	2910.2	1725.22	2690.2
东西部全域极差	11163.14	13162.77	12909.35	8120.71	20379.62

值得注意的是,在最近三年(2008 年、2009 年、2010 年)中,尽管中央政府持续加大对西部教育的财政资助,但东西部之间在基础教育(普通小学、普通初中、普通高中)领域的生均预算内教育事业费的投入差距并没有呈现出明显的缩小趋势。而且西部地区内部省际公共财政教育投入差距也表现出继续扩大的趋势(见表 1-5—表 1-9)。在这两个层面上同时显现出来的差距扩大的

趋势,对于如何缩小区域之间的教育发展差距形成了更加严峻的挑战。[①]

表 1-5　东部地区预算内生均事业费(2009 年)　　　　单位:元/生

东部地区	普通小学	普通初中	普通高中	职业中学	普通高校
上　海	14792.6	18224.2	16853.7	10825.45	16423.87
北　京	11662.02	15581.0	16312.0	13123.39	29772.87
天　津	9131.43	11083.16	10222.4	7422.35	10858.31
江　苏	5820.20	5903.74	4391.55	3645.61	8352.23
广　东	2896.53	3418.71	4834.38	4888.52	10914.96
浙　江	5611.99	6886.53	5674.83	5998.75	9423.45
山　东	3221.62	4907.13	3948.69	4367.89	5539.03
福　建	4023.47	4501.61	4366.44	4276.02	6179.36
河　北	3343.17	4257.98	3385.12	3589.56	5148.06
海　南	3891.90	4333.22	4185.10	4797.47	5778.16
平　均	6439.49	7909.73	7417.42	6293.50	10839.03
极　差	11896.07	14805.49	13468.58	9533.83	24624.81

表 1-6　西部地区预算内生均事业费(2009 年)　　　　单位:元/生

西部地区	普通小学	普通初中	普通高中	职业中学	普通高校
内蒙古	5278.61	6130.16	4416.94	5999.45	7072.47
新　疆	4420.89	6341.59	5828.23	5664.94	7169.94
重　庆	2963.17	3559.90	3011.78	3135.36	5241.45
陕　西	4247.65	4798.54	3441.39	4313.26	5468.89
宁　夏	3029.88	4608.13	5231.43	4048.96	10083.40
广　西	2672.80	3364.14	2723.16	3898.69	6228.73
四　川	2824.93	3438.86	2247.42	3326.84	4766.95
青　海	4126.95	5366.32	5221.28	4217.79	8165.93
云　南	2773.42	3716.27	3897.78	4264.97	8551.99

---

① 最近三年来,东西部之间只有在职业中学的生均预算内教育事业费的投入水平上差距是缩小的,而这主要是得益于中央财政对全国中等职业教育在校学生统一的财政资助政策和对西部地区落实该政策提供的财政转移支付制度。

续表

西部地区	普通小学	普通初中	普通高中	职业中学	普通高校
西　藏	6302.33	7157.09	6127.22	6672.89	14275.98
甘　肃	2832.06	3636.33	3097.27	4136.69	5944.18
贵　州	2302.56	2698.18	2830.25	3070.90	6834.87
平　均	4377.53	5481.55	4807.42	5275.07	8980.48
极　差	3999.77	4458.91	3879.8	3601.99	9509.03
东西部地区均差	2061.96	2428.18	2610.00	1018.43	1858.55
东西部全域极差	12490.04	15526.02	14606.28	10052.49	25005.92

表 1-7　东部地区预算内生均事业费（2010 年）　　单位：元/生

东部地区	普通小学	普通初中	普通高中	职业中学	普通高校
上　海	16143.85	19809.98	20346.58	12609.79	21258.08
北　京	14482.39	20023.04	20619.66	15583.79	34546.43
天　津	11505.42	14819.48	13233.87	10322.84	12395.91
江　苏	7252.39	8385.89	5595.47	4314.28	10089.18
广　东	3487.02	3920.97	5312.93	4815.30	11200.22
浙　江	6732.41	8382.49	6415.40	6643.12	10508.34
山　东	3936.26	6137.13	5076.80	5436.04	6913.92
福　建	4785.85	5715.61	5221.83	4433.29	6666.99
河　北	3783.13	5227.19	3997.89	4195.75	5238.50
海　南	5578.47	5801.61	6421.43	4903.97	8877.30
平　均	7768.72	9822.34	9224.19	7325.82	12769.49
极　差	12656.83	16102.07	16621.77	11388.04	29307.93

表 1-8　西部地区预算内生均事业费（2010 年）　　单位：元/生

西部地区	普通小学	普通初中	普通高中	职业中学	普通高校
内蒙古	6691.86	7684.29	5611.80	8231.72	10147.22
新　疆	5868.61	7788.66	7249.22	7996.67	13194.92
重　庆	3633.96	4297.92	3606.59	3666.64	7135.63

续表

西部地区	普通小学	普通初中	普通高中	职业中学	普通高校
陕　西	4723.88	5256.90	4491.15	4607.49	7106.90
宁　夏	3819.14	6009.40	6672.23	4426.93	10741.24
广　西	3355.57	4299.73	3428.11	5278.65	6902.44
四　川	3372.56	4076.96	2590.74	3792.69	6481.06
青　海	5011.76	7423.16	7983.63	6496.27	10944.41
云　南	3286.24	4349.07	4315.79	4728.43	8515.23
西　藏	8164.32	7242.81	7245.76	7618.66	17155.04
甘　肃	3306.41	4129.87	3798.17	4347.86	6868.73
贵　州	2758.61	3204.20	3317.10	3974.26	8823.65
平　均	5399.29	6576.30	6031.03	6516.63	11401.65
极　差	5405.71	4584.46	5392.89	4565.08	10673.98
东西部地区均差	2369.43	3246.04	3193.16	809.19	1367.84
东西部全域极差	13385.24	16818.84	18028.92	11917.15	29307.93

表 1-9　东西部地区预算内生均事业费动态比较(2003/2008/2009/2010)

单位:元/生

2003 年	普通小学	普通初中	普通高中	职业中学	普通高校
东部平均	1894.61	2027.10	2862.28	2550.06	6868.87
西部平均	977.78	1127.59	1673.62	1649.53	4523.35
东西部地区均差	916.83	899.51	1188.66	900.53	2345.52
2008 年	普通小学	普通初中	普通高中	职业中学	普通高校
东部平均	5302.98	6433.66	6262.16	5766.96	9997.27
西部平均	2922.69	3642.71	3351.87	4041.74	7307.07
东西部地区均差	2380.29	2790.95	2910.29	1725.22	2690.2
2009 年	普通小学	普通初中	普通高中	职业中学	普通高校
东部平均	6439.49	7909.73	7417.42	6293.50	10839.03
西部平均	4377.53	5481.55	4807.42	5275.07	8980.48
东西部地区均差	2061.96	2428.18	2610.00	1018.43	1858.55

续表

2010 年	普通小学	普通初中	普通高中	职业中学	普通高校
东部平均	7768.72	9822.34	9224.19	7325.82	12769.49
西部平均	5399.29	6576.30	6031.03	6516.63	11401.65
东西部地区均差	2369.43	3246.04	3193.16	809.19	1367.84
2003 年	普通小学	普通初中	普通高中	职业中学	普通高校
东部极差	4557.68	4529.93	5056.99	2871.82	12885.92
西部极差	1368.05	1978.69	3195.98	1465.70	10770.19
东西部全域极差	4756.79	4715.44	5358.96	3050.45	13765.66
2008 年	普通小学	普通初中	普通高中	职业中学	普通高校
东部极差	10546.04	12433.59	12048.25	7800.21	19371.64
西部极差	3208.99	3654.85	3249.83	2385.75	9794.01
东西部全域极差	11163。14	13162。77	12909。35	8120.71	20379。62
2009 年	普通小学	普通初中	普通高中	职业中学	普通高校
东部极差	11896.07	14805.49	13468.58	9533.83	24624.81
西部极差	3999.77	4458.91	3879.8	3601.99	9509.03
东西部全域极差	12490.04	15526.02	14606.28	10052.49	25005.92
2010 年	普通小学	普通初中	普通高中	职业中学	普通高校
东部极差	12656.83	16102.07	16621.77	11388.04	29307.93
西部极差	5405.71	4584.46	5392.89	4565.08	10673.98
东西部全域极差	13385.24	16818.84	18028.92	11917.15	29307.93

与东西部地区之间存在明显的教育发展差距相比,西部地区本身存在的区域、城乡和学校之间的教育发展差距对于实现西部地区教育均衡发展是一个更加现实的难题。据《国家教育督导报告 2008》提供的数据,2007 年,全国小学中高级职务教师比例为 48.2％,城市高于农村 9.5 个百分点以上。贵州、陕西农村小学中高级职务教师比例均低于 30％,城市高于农村 15 个百分点以上。全国初中中高级职务教师所占比例为 48.7％,城市高于农村 19.2 个百分点。贵州、甘肃、陕西三省农村初中中高级职务教师比例均低于 30％,城市高于农村 25 个百分点以上。据中西部 4 个省区(黑龙江、河南、广西、云南)小学、初中 2006 年的统计,省域内小学中级及以上职务教师比例最高的前

20％学校与最低的后 20％学校分别相差 24.5、27.7、30.8 和 32.6 个百分点。省域内初中中级及以上职务教师比例最高的前 20％学校与最低的后 20％学校分别相差 21.3、22.9、27.7 和 29.2 个百分点。校际中高级职务教师比例差距过大是造成义务教育发展不均衡和择校问题难以解决的重要原因。

外语、音乐、体育、美术和信息技术等学科教师严重不足、相关课程难以开齐。2006 年，全国有 508 个县每县平均 5 所小学不足一名外语教师；西部山区农村小学平均 10 所才有一名音乐教师；中西部贫困地区、少数民族地区农村初中音乐、美术、信息技术三门学科教师平均每校都不足一人，致使部分学校无法正常开设规定课程。所学专业与所教课程不对口的现象亦较为突出。初始学历合格的初中语文、数学、外语、美术、音乐、艺术和体育教师，约有三分之一学非所教，其中城市约为 20％，农村则超过 40％；而初始学历不合格的教师，取得合格学历的专业与所教课程对口率更低。抽样调查表明，初始学历不合格的初中教师，取得合格学历的专业与所教课程对口率为 58.2％，农村低于城市，语文为 58％、外语为 50.7％、数学为 20.2％、体育为 8％、艺术类为 5.6％。取得合格学历的途径主要是自学考试、函授、业余或广播电视大学，占 87％，全日制成人高等教育占 11％，普通高等教育占 2％。

农村学校教学条件不能满足需要。据抽样调查，53.1％的教师认为学校实验仪器设备不能满足教学要求。2006 年全国城市小学校均拥有计算机 71 台，而农村小学平均只有 6 台；全国城市初中校均拥有计算机 102 台，而农村初中平均只有 38 台；西部农村小学的建网学校比例为 3.1％，农村初中建网学校比例仅为 18.4％，无法满足教师利用现代教育信息的要求，制约了优质教育资源共享。学校大班额问题严重，对教师工作环境不利。2007，全国初中每班 56 人以上的大班额比例为 44.8％，每班 66 人以上的超大班额比例为 19.6％。[①]

第三节　西部教育均衡发展面临的挑战

自 20 世纪 90 年代中期开始，国家在教育领域的政策重点逐渐转向教育公平，均衡发展成为实现教育公平的基本政策框架。在教育领域全面实施反差距政策以后，西部地区教育均衡发展状况得到改善。目前面临的问题和挑

---

① 上述关于西部地区教育发展状况的数据均引自《国家教育督导报告 2008（摘要）》，见教育部网站（http://www.moe.edu.cn/publicfiles/business/htmlfiles/moe/moe_914/201001/81660.html）

战主要集中在以下两个方面。

第一个问题,如何增加教育投入。

教育资源匮乏依然是西部教育均衡发展面临的主要问题。在基础教育,特别是义务教育阶段,解决教育资源匮乏主要依靠政府增加教育投入,包括中央和地方两级财政。但是,作为地方教育事业管理主体的西部地方政府,保障其公共财政对当地教育事业投入基础的地方财政收入受经济发展水平限制依然比较脆弱。国家统计局发布的《中国统计年鉴2010》表明,2009年,在全国GDP排名中,西部12省区中只有四川省进入前十名,另有内蒙古、陕西和广西进入前二十名,其余8省区均在二十名以后;财政收入排名中,四川进入前十名,内蒙古、陕西、云南进入前二十名,其余均在二十名以后;人均财政收入只有内蒙古进入前十名,重庆、陕西、新疆、宁夏、青海、云南进入前二十名,其余四川、广西、贵州、新疆、西藏5省区在二十名以后(见表1-10和表1-11)。因此,在地方财力不足的现实面前,中央财政继续增加对西部教育的投入是一个必然选择。除此以外,西部教育如果能够在一定程度上共享全国教育资源,比如在高等教育领域的各种省际和学校之间的对口支援、中等职业教育领域的东西部合作、义务教育阶段地区之间各种形式的支教等政策实践,也相当于是增加了公共财政对西部教育的投入。

表 1-10　全国各省区生产总值、财政收入(2009 年)

地　区	常住人口(万人)	地区生产总值(亿元)	排　名	一般预算收入(亿元)	排　名	人均财政收入(元)	排　名
北　京	1755	12153.03	13	2026.81	6	11548.77	2
天　津	1228	7521.85	20	821.99	15	6693.73	3
河　北	7034	17235.48	6	1067.12	10	1517.09	21
山　西	3427	7358.31	21	805.83	17	2351.42	10
内蒙古	2422	9740.25	15	850.86	13	3513.05	8
辽　宁	4319	15212.49	7	1591.22	7	3684.23	7
吉　林	2740	7278.75	22	487.09	24	1777.70	17
黑龙江	3826	8587.00	16	641.66	21	1677.10	18
上　海	1921	15046.45	8	2540.30	3	1323.84	1
江　苏	7725	34457.30	2	3228.78	2	4179.65	4
浙　江	5180	22990.35	4	2142.51	5	4136.12	5

续表

地 区	常住人口（万人）	地区生产总值（亿元）	排 名	一般预算收入（亿元）	排 名	人均财政收入（元）	排 名
安 徽	6131	10062.82	14	863.92	12	1409.10	24
福 建	3627	12236.53	12	932.43	11	2570.80	9
江 西	4432	7655.18	19	581.30	23	1311.60	26
山 东	9470	33896.65	3	2198.63	4	2321.68	11
河 南	9487	19480.46	5	1126.06	9	1186.95	28
湖 北	5720	12961.10	11	814.87	16	1425.98	23
湖 南	6406	13059.69	10	847.62	14	1323.17	25
广 东	9638	39482.56	1	3649.81	1	3786.90	6
广 西	4856	7759.16	18	620.99	22	1278.81	27
海 南	864	1654.21	28	178.24	28	2062.96	13
重 庆	2859	6530.01	23	655.17	20	2291.61	12
四 川	8185	14151.28	9	1174.59	8	1435.05	22
贵 州	3798	3912.68	26	416.48	25	1096.58	29
云 南	4571	6169.75	24	698.25	19	1526.56	20
西 藏	290	441.36	31	30.09	31	1037.58	31
陕 西	3772	8169.80	17	735.27	18	1949.28	14
甘 肃	2635	3387.56	27	286.59	27	1087.63	30
青 海	557	1081.27	30	87.74	30	1575.22	19
宁 夏	625	1353.31	29	111.58	29	1785.28	16
新 疆	2159	4277.05	25	388.78	26	1800.74	15

（资料来源：《中国统计年鉴 2010》）

表 1-11　全国各省区生产总值、财政收入与财政预算教育经费（2010 年）

地 区	生产总值（亿元）	同比增长（％）	地区财政收入（亿元）	同比增长（％）	公共财政预算教育经费（亿元）	同比增长（％）
东部地区						
北 京	13777.94	10.2	2353.93	16.1	505.78	17.34
天 津	9108.83	17.4	1068.81	30.0	225.28	25.27

续表

地　区	生产总值 （亿元）	同比增长 （%）	地区财政收入 （亿元）	同比增长 （%）	公共财政预算 教育经费（亿元）	同比增长 （%）
河　北	20197.09	12.2	1330.76	24.7	543.70	18.99
辽　宁	18278.29	14.1	2004.83	26.0	464.99	16.15
上　海	16872.42	9.9	2873.58	13.1	435.75	16.18
江　苏	40903.34	12.6	4079.86	26.4	877.82	23.63
浙　江	27226.75	11.8	2608.47	21.7	639.27	17.53
福　建	14357.12	13.8	1151.49	23.5	378.99	19.83
山　东	39416.20	12.5	2749.31	25.0	773.66	25.78
广　东	45472.83	12.2	4515.72	23.7	1033.70	14.40
海　南	2052.12	15.8	271.06	52.1	107.74	28.40
中部地区						
山　西	9088.06	13.9	969.66	20.3	341.34	18.10
吉　林	8577.06	13.7	602.41	23.7	270.18	14.79
黑龙江	10235.00	12.6	755.58	17.8	302.69	13.23
安　徽	12263.36	14.5	1149.40	33.0	437.84	23.42
江　西	9435.01	14.0	777.87	33.8	311.04	15.96
河　南	22942.68	12.2	1381.01	22.6	674.56	15.07
湖　北	15806.09	14.8	1011.30	24.1	373.51	12.40
湖　南	15902.12	14.5	1081.69	27.6	443.55	12.02
西部地区						
重　庆	7894.24	17.1	1018.30	49.4	280.66	21.73
四　川	16898.59	15.1	1561.01	32.9	661.86	10.05
贵　州	4593.97	12.8	533.89	28.2	307.03	15.75
云　南	7220.14	12.3	871.19	24.8	442.58	19.66
西　藏	507.46	12.3	36.65	21.8	63.35	9.77
陕　西	10021.53	14.5	957.92	30.3	370.44	8.90
甘　肃	4119.46	11.7	353.56	23.4	258.97	10.76
青　海	1350.43	15.3	110.21	25.6	97.30	34.60

续表

地 区	生产总值 (亿元)	同比增长 (%)	地区财政收入 (亿元)	同比增长 (%)	公共财政预算 教育经费(亿元)	同比增长 (%)
宁 夏	1643.41	13.4	153.64	37.7	81.97	22.00
新 疆	5418.81	10.6	500.58	28.8	316.62	23.67
内蒙古	11655.00	14.9	1069.98	25.8	351.37	32.35
广 西	9502.39	14.2	772.30	24.4	386.88	29.67

近年来,西部地区经济发展水平加快,财政收入大幅增长,地方财力支撑当地教育发展的实力大大加强。2011 年全国共有 25 个省份的人均 GDP 超过 4000 美元大关,其中天津、上海、北京等地的人均 GDP 均已超过 8 万元人民币,按当年平均汇率(1 美元＝6.45 元人民币计算)计算,折合为 1.2 万美元,接近富裕国家水平(见表 1-12)。

表 1-12　全国各省区生产总值、财政收入(2011 年)

省 市	常住人口 (万)	GDP (亿元)	排 名	人均 GDP (元)	财政收入 (亿元)	排 名	人均财政 收入(亿元)	排 名
天 津	1294	11190.99	20	86496	1454.87	24	11243.2	5
上 海	2302	19195.69	11	82560	3429.8	4	14899.2	3
北 京	1961	16000.4	13	80394	3006.3	6	15330.4	2
江 苏	7866	48000	2	61022	4123.52	2	5242.2	15
浙 江	5443	31800	4	58791	3150.8	5	5788.7	14
内蒙古	2471	14000	15	56666	2200	16	8903.3	7
广 东	10430	52673.59	1	50500	13668	1	13104.5	4
辽 宁	4375	22025.9	7	50349	2640.5	10	6035.4	12
福 建	3689	17500	12	47433	2596.12	11	7037.5	9
山 东	9579	45000	3	46976	3455.71	3	3607.6	21
吉 林	2746	10400	22	37870	850.1	26	3099.4	24
全 国	133972	471564		35198.57				
重 庆	2885	10011.13	23	34705	2908.8	7	10082.5	6
湖 北	5724	19594.19	10	34233	1470	23	2568.1	26
河 北	7185	24228.2	6	33719	2776.5	9	3864.3	18

续表

省 市	常住人口（万）	GDP（亿元）	排 名	人均GDP（元）	财政收入（亿元）	排 名	人均财政收入（亿元）	排 名
陕 西	3733	12391.3	17	33197	2550	12	6831.0	10
宁 夏	630	2060	28	32692	371.4	29	5895.2	13
黑龙江	3831	12503.8	16	32637	1620.3	21	4229.4	17
山 西	3571	11000	21	30802	2260.57	14	6330.4	11
新 疆	2181	6600	25	30257	1646.9	19	7547.9	8
湖 南	6568	19635.19	9	29893	2460.7	13	3746.5	19
青 海	563	1622	29	28827	1000	25	17762.0	1
河 南	9402	27000	5	28716	2851	8	3032.3	25
海 南	867	2515.29	29	29012				
江 西	4457	11583	19	25988	1645	20	3690.8	20
四 川	8042	21026.7	8	26147	2044.38	17	2542.1	27
广 西	4603	11714	18	25449	1542.49	22	3351.1	23
安 徽	5950	15110.3	14	25395	2026.9	18	3406.6	22
西 藏	300	605	30	20152	54.7	30	1823.3	29
甘 肃	2558	5020	27	19628	450.4	28	1760.8	30
云 南	4597	8750.95	24	19038	2258.2	15	4912.3	16
贵 州	3475	5600	26	16117	773.2	27	2225.0	28

（注：数据由国家统计局网站、各地统计局网站及各省区市2012年政府工作报告综合整理）

发展民办教育是增加教育投入的另一条重要途径。但西部民办教育除了中等职业教育占比超过东部和中部以外，在学前、小学、初中、普通高中和高等教育阶段均远低于东部和中部。虽然这种差距与地区经济发展水平有一定的关系，但相关研究表明与地方民办教育政策之间的关系可能更为密切。①（见表1-13，表中学前、高等教育缺地区数据，但也显著低于东部和中部，可比照浙江省的相关数据）

---

① 吴华："我国民办教育改革与发展的区域特征分析"，《教育发展研究》，2009年第8期。

表 1-13　全国分地区民办教育在校学生占当地在校学生总数比例（2008 年）

单位：%

	学　前	小　学	初　中	普通高中	职业高中	高等教育
全　国	39.68	4.65	7.67	9.70	17.30	19.86
东　部		7.74	8.89	10.60	13.48	
中　部		4.15	9.75	11.88	19.36	
西　部		2.64	3.90	5.64	20.23	
浙江省	63.7	9.3	11	21.5	15.6	32.9

（资料来源：中国民办教育研究院编《中国民办教育发展报告（2003—2009）》，上海人民出版社，2010.6）

第二个问题，如何合理配置教育资源。

在西部城乡之间、学校之间教育发展与办学条件差距普遍存在、不同社会群体的教育权利得不到平等对待的现实背景下，合理配置教育资源的政策逻辑并不复杂，就是反差距，或者可以更直观地比喻为"削峰填谷"。目前的政策实践主要是"填谷"："西部两基攻坚"是填区域教育发展差距之谷；"农村薄弱学校改造"、"校网调整"、"教师流动"等是填城乡教育发展差距之谷；"名校集团化"等则是填学校发展差距之谷。作为对过去的重点学校政策和城市教育优先发展政策的一种纠错，"填谷"政策已经取得了积极成效，但这种成效主要体现在缩小学校办学条件的硬件方面，而对于教育均衡发展更为本质的要求——教育质量均衡而言，如何实现教师资源的均衡配置，依然是一个没有解决的难题。即便如目前被大力提倡的"教师流动"，其实际效果仍然需要观察。[①] 目前流行一种观点，就是在反差距政策设计和政策实践中鼓吹所谓的"扬峰填谷"，希望单纯依靠"填谷"缩小差距。这种观点既不合乎逻辑，也不可能实现真正的教育均衡发展。因为扬峰只能导致差距拉大，这也是现实中差距扩大的普遍事实。但迄今为止，人们对"削峰"政策的研究还相当不成熟，既缺乏行之有效的"削峰"政策实践，也是西部地区教育均衡发展中还没有引起

[①]　如果基于优质教育资源均衡配置的考虑，一般需要中级以上职称教师才能产生这种效应，再结合流动教师的年龄限制和学校中流出教师比例限制，则每年参与流动的中级职称以上教师不会超过教师总数的百分之五，从数量上就限制了"教师流动"在区域教育均衡发展所能发挥的作用。如果从优质学校占学校总数不超过 30% 的现状考虑，则可流出支援薄弱学校的教师应该也在 5% 以下。以浙江省为例，浙江省一直把教师流动作为推进教育均衡的重要政策来抓，但直至 2008 年年底，"全年有 4400 余名中小学教师参加了长期支教，6000 余名教师参加了短期支教。"（刘希平在 2009 年全省教育局长会议上的讲话）这个数量还不到当年浙江省中小学教师 37.65 万人的 3%。（《2008 年浙江省教育事业发展统计公报》）（http://www.zjedu.gov.cn/gb/articles/2009-02-26/news20090226103408.html）

足够关注的问题。

最近接二连三发生的"校车事件",对于西部教育均衡发展政策实践中一项普遍措施——"校网调整"的合理性又提出了新的质疑,对于在增加教育投入和合理配置教育资源时,如何统筹协调各项政策设计和政策实践提出了更高的要求。

链接 1-9

消逝的生命

2011 年 11 月 16 日 9 时 40 分许,榆林子镇西街道班门口发生一起交通事故,一辆大翻斗运煤货车与一辆榆林子镇幼儿园接送校车迎面相撞。

甘肃省政府应急办提供的消息显示,据报告,该校车共载 64 人(司机、幼儿园教师各 1 人,幼儿 62 人),事故造成 5 人(1 名校车司机和 4 名幼儿)当场死亡,13 名幼儿和 1 名教师受重伤经医院抢救无效死亡,其余 45 名受伤幼儿(重伤 13 人,轻伤 32 人)正在庆阳市医院和正宁县医院接受治疗。

截至发稿时的消息显示,死亡人数上升至 20 人。

本报记者从相关渠道获悉,这是一家私立幼儿园,在县教育局有备案。

目前,运煤大货车司机已被公安机关控制。

正宁县位于甘肃东部,和陕西相邻。相对这个县里的其他镇,榆林子镇比较富裕,人口也比较多。

据一名当地人介绍,昨天早上开始,街上警笛声不断。本地人相互打听,外地的亲朋好友也从四面八方打电话询问事故情况。

据与榆林子镇相邻的永和乡的一名当地人介绍,在正宁县,每个乡镇都有幼儿园,有公办的也有私立的。一般乡镇幼儿园有三四十个孩子,大多是早上从各乡村将孩子接到幼儿园,中午在幼儿园吃饭,晚上再用校车挨家挨户送回去。

有消息称,在这个县,一些校车都是改装的,就是将车里的座椅拆除改用小凳子,甚至有的仅仅是拉了两根绳子让孩子一前一后挨着坐。

一名参与救援的人士告诉本报记者,昨天上午 9 时 55 分许,他开车路过发生事故的路段,当时雾气很大,伤者被及时转运。

他说,事故校车所在的幼儿园已经开办近 10 年了,他家亲戚中有孩子上这个幼儿园,校车经常是这么挤的。

据其介绍,县城的幼儿园有大的校车,座位比较齐全,乡村的幼儿园没有见过有正规的校车。这几年,农村孩子上幼儿园的多了,所以一些私人幼儿园自己购车改装。

目前,伤员救治、善后处置和事故查处工作已经展开。

庆阳市也开始对全市所有学校校车进行全面检查,排除安全隐患。

（来源:胥辉、黎闵功,第一财经日报,2011-11-17）

链接 1-10

校园安全陷困境 事故后仅两地区财政补贴校车

在甘肃庆阳校车事故发生 20 天后,据新华网报道,12 月 5 日,甘肃省人大常委会公布了新出台的《甘肃省道路交通安全条例》(简称《条例》),首次明确了校车在道路行驶过程中享有的种种"特权",并对校车管理作出细化规定。

近年来,校车事故不断进入社会大众的视野,甘肃省 11 月发生的一起死伤惨重的校车事故更是刺痛了整个社会的神经。11 月 16 日 9 时许,因为在大雾天气下逆向超速行驶,甘肃庆阳市正宁县榆林子小博士幼儿园一辆核载 9 人、实载 64 人的校车与重型自卸货车正面相撞,造成 21 人死亡,其中幼儿 19 人,另有 43 人受伤。

事实上,甘肃的这起事故绝非孤例。据《中国经济周刊》不完全统计,2010 年 10 月到 2011 年 9 月这一年内,全国各地共发生校车事故 22 起,死亡人数达到 47 人,平均每月有 4 名儿童惨死在上下学的路上。

11 月 28 日,国务院总理温家宝在第五次全国妇女儿童工作会议上说,已经责成法制办在一个月内制订出校车安全条例,把校车安全问题真正纳入法制的轨道。

据《新京报》报道,教育部新闻发言人续梅 11 月 22 日对媒体公开发言时表示,教育部主张校车在路上享有优先权。中国之声《新闻纵横》11 月 29 日报道公安部交管局秩序处处长李哲证实,将会赋予校车在城市里享有跟公交车同等的路权。

众多分析指出,缺乏校车安全管理的法律制度只是事故频发的原因之一,经费不足可能是校车运营不能规范化的另一个主要原因。如果没有财政补贴的投入,不仅学校"养不起"校车,可能学生也"坐不起"。

据《南方日报》12 月 1 日报道,信孚教育集团董事长信力健就表示:"校车运营困难,主要还是钱的问题,民办学校校车都是学校和家长承担费用,经费来源不足导致校车长期亏本,所以有的学校就不愿意也没能力购买或多买符合安全标准的专用校车,就会出现校车安全不合格、超载现象严重等安全隐患。"

《新京报》一则报道援引甘肃庆阳出事校车所属小博士幼儿园的一名女教师说法称,之所以校车超载,一方面是民办幼儿园穷,买不起那么多校车,另外一个方面"也是家长为了省点钱","如果多收点车费,家长也交不起"。据介绍,小博士幼儿园的车辆接送费仅为每人每学期50元。

不过,与纷纷加强校车的安全管理相比,愿意响应民意,用财政经费补贴校车费用的政府则寥寥无几。

在2011年秋季开学前,根据教育部的要求,6个地方已经开展中小学校车运营管理试点,将校车购置、运营维护等各项费用列入地方财政预算。这6个地方分别是浙江德清县、山东威海市和滨州市无棣县、辽宁本溪市桓仁县、黑龙江鸡西市、陕西西安市阎良区。

而在庆阳事故发生后,截至目前,仅重庆市渝北区、广东省佛山市等几个地方新提出将用财政补贴校车经费。

《重庆晨报》11月23日报道称,重庆市渝北区政府年内将采购20辆校车,明年内投入3000万元,采购80辆校车,对辖区内中小学、幼儿园学生的乘车进行统一安排和调度。校车将执行公交车的学生票价,每个学生每次支付的票钱大约是0.22元。

据前述《南方日报》报道,佛山公办学校的校车成本政府要出大头,2012年的财政预算将预留此块。但是,占佛山市校车总数四分之三的民办学校校车却不在财政预算的补贴范围内。

"目前佛山校车最大的问题是民办学校的校车管理。"佛山市教育局主管校园安全工作的助理调研员侯德安承认。

目前看来,中央政府尚没有"动作"要在全国范围内确定校车的财政投入制度。据前述《中国经济周刊》报道,曾在2010年两会期间提交实施全国校车工程议案的全国人大代表、华中师范大学教育学院教授、长江教育研究院院长周洪宇表示,校车议案提交后,他收到了教育部一份4000多字的回复,教育部在回复中表示,财政投入不足是开展校车工作的一个很重要的问题。如果在全国范围内的学前和义务教育阶段购买校车,政府需要投入3000亿的预算,且一年的运行、维护费用为1500亿,最后的结论认为,4500亿的政府买单费用太大。

(来源:南方周末,2011-12-08)

链接 1-11

专家:农村"撤点并校"是校车事故频发诱因

与甘肃幼儿园校车事故相距不到 1 个月的时间,国务院法制办紧急颁布的《校车安全条例(草案征求意见稿)》还在征集意见,我国近日又接连发生多起校车事故:

12 月 12 日下午,江苏丰县首羡镇中心小学校车发生的侧翻事故共造成 15 名学生死亡,8 名伤者幸存。

就在同一天,12 月 12 日 6 时 40 分许,广东佛山顺德一辆载有 59 名学生的校车与一辆货车相撞,37 名学生受伤入院治疗,其中 1 人进了重症监护室。

12 月 13 日 8 时许,河南省驻马店市古城中学一运载学生进行拓展训练的车辆与货车发生碰撞,两名学生当场死亡,20 多人受伤,其中 7 人重伤。

为什么出事的总有校车?为什么受伤的总是孩子?人们在痛惜之余,不禁发出质问。

北京师范大学教授、农村教育问题研究专家袁桂林认为,在校车车体本身不达标、超载现象突出、司机素质较低而导致安全事故迭出的背后,是校车运营混乱、监管不力以及校车立法空白的制度缺位。更根本的则是农村撤点并校导致"上学远",以及政府在解决"上学远"问题上疏于校车系统建设。

从 2002 年起,为了整合农村教育资源配置,我国农村开始了大规模的"撤点并校",将临近村落的学校进行合并,发展成中心学校。据统计,我国农村小学校数量从 1997 年的 51 万多所减少到 2009 年的 23 万多所,减幅达 54.9%。

北京大学中国教育财政科学研究所的王蓉教授在接受中国青年报记者采访时表示,应客观看待"撤点并校"。

王蓉说,"撤点并校"的一个主要原因,是我国农村适龄儿童大幅度减少。据统计,1998 年到 2007 年间,全国适龄入学人口减少了 24.30%。"这是一个最客观的背景,确实给我们的农村义务教育提出了非常大的挑战。"

部分地区由于学生太少,无法开设很多课程,仅有 10 个到 20 个孩子的学校,也存在难以配备老师和开设课程的难题。

另一个原因是,原来主要由乡村两级办学造成的农村学校经费普遍困难、教师工资拖欠等问题,导致农村孩子不能接受到较好的教育服务。"'撤点并校'和以县为主的管理体制,避免了上述问题,所以应该肯定它所起到的历史性作用。"王蓉说。

王蓉告诉中国青年报记者,各地老百姓对"撤点并校"的反应也不相同,有的坚决要跟孩子在一起,反对"撤点并校";有些父母则看重让孩子接受更加全面的教育,有一个较高的起点。长期以来,我国农村偏远地区的学校,特别是村小、教学点,不能开全课程的问题一直存在,特别是没有英语课、音乐课、美术课等,孩子们的教育受到严重影响,家长们为此感到很焦虑。在这种现实约束下,家长们可能就采取了支持"并校"的做法。

"毕竟孩子们到中心学校上学后,这方面好一些。但是,这也可以说是一种被动接受'撤点并校'的态度。以往,农村的学校是由那些年纪较大的老师在那里撑着的,在很多地区,找不到替换他们的人。年轻教师不愿到偏远、落后的地方去,甚至多给他们一些工资也还是没人去。"王蓉说。

农村中小学撤并之后,教育硬件或许确实有所提高,不过,它导致了一个直接难题,就是孩子们如何从家门口到校门口。动辄几十里的山路,仅仅靠孩子们步行显然并不现实,而家长们也很难承受更高的交通费用,"黑校车"于是应运而生。大范围的学校撤并,使得农村孩子就近入学变得困难。安全校车的缺乏,又使得上学的路不仅漫长,而且充满危险。

袁桂林认为,农村"撤点并校",撤并学校越多,需要搭车上学的学生就越多,而他们的乘用车几乎都是农用车,即使是客车,不少也没有达到安全要求。于是,校车事故发生频率近来很高。

袁桂林说,按照国际经验,解决上学远的问题一般有两条路径:一条是开通校车,另一条是在不能通车的地方"寄宿"。2002年以后,我国把寄宿制推到首要地位,校车系统的建设却行动甚少,这表现在校车事故责任不明、政府投入不足、校车立法迟迟不到位等方面。

我国于2010年制定了《专用小学生校车安全技术条件》的校车标准,但是,校车的现状却不容乐观。

由于大部分校车是社会车辆,归私人拥有,在运营过程中,司机为了减少成本,往往不顾孩子们的安全,违章驾驶,缺乏责任意识。袁桂林说,在我国,每天有数百万学生乘坐存在安全隐患的校车上下学,因车体不达标而引发的校车事故比比皆是。

另外,农村路况太差也是事故频发的原因之一。在不少农村地区,校车行驶路段还是颠簸的土路,雨天陷车,雪天打滑,路边就是河道和深沟,稍不小心就会发生致命的交通事故。

据袁桂林研究统计,仅 2010 年 10 月至 2011 年 9 月,媒体报道的校车事故就已造成 41 名学生死亡,130 多名学生不同程度地受伤。

为破解校车安全问题,袁桂林提出,政府要将校车系统建设作为基本公共服务体系的一部分,同时,校车要纳入学校后勤保障系统,教育部门要承担责任主体的地位,有权协调公安、运营公司等部门。校车运营体制则采用政府和市场相结合的模式,将运营业务进行公开招标,审核有资质的公司和政府配合运作,政府在整个过程中起引导、管理、监督和检查的作用。

(来源:中国青年报,2011-12-15)

链接 1-12

学校调整百姓说了算

庆阳市位于陕甘宁三省区交会处,总面积 2.7 万平方公里。当地的学校布局调整其实从上世纪 80 年代的"普初"就开始了,但是当时的调整幅度不是很大,主要是以解决村村办学、部分学校办学水平过低的问题。但是到了本世纪初,进行布局调整的压力骤然变大。据统计,从 2002 年起,庆阳市小学入学人数平均每年减少 5000 多人。到 2012 年,小学生人数将下降到 20 万人,初中生人数将下降到 14 万人,整个义务教育阶段学生将比 2008 年减少 12 万多人,有 700 多所中小学将成为"空壳"学校。

当然,如果每一所学校都任其自然撤并,就很难实现区域义务教育均衡发展,难以满足加快建设教育强市的时代要求。庆阳市委、市政府同样深知,对于高原丘壑密布、人口居住相对分散的地区而言,把握不好这个"度",就会带来一系列社会问题,甚至引起群众上访,形成不稳定因素。为此,庆阳市委、市政府按照加快城镇化发展和新农村建设的战略部署,决定在学校布局调整中坚持让百姓说了算。正是因为有着清醒的认识,当地布局调整从一开始就明确并一直遵循这样一个原则:充分尊重群众意愿,自下而上研究制定布局调整规划。在此基础上,市委、市政府再组织各县(区)根据人口变化、地理环境、经济水平和教育中长期发展需求,将中小学布局调整与撤乡并镇结合,与薄弱学校改造结合,与统筹农村社会事业发展结合,走统筹协调、科学发展之路。

在庆阳,布局调整方案这样制定:各县(区)先以乡镇为单位制定布局调整规划,然后提交村民小组会议讨论,公开征求社会和家长的意见。待群众基本没有意见后汇总制定县区规划,经县区政府常务会议讨论,送请政协听取意见,上报人大表决通过后,以政府文件上报市政府召开专题会议审批,并监督其进展情况。在实施过程中,如果待撤并学校有部分群众甚至一个家长有困难,不愿意,就先保留这所学校,让各方面条件成熟的学生先到并入学校就读,暂时不具备到并入学校读书的学生就在原学校继续上学,直到每一个家长和学生都愿意到新学校去,才能撤并这所学校。正如市教育局局长卢化栋说:"教育布局调整不是一哄而起,一蹴而就的,要充分考虑群众实际,绝不能搞一刀切、闹一阵风。"

原陕甘宁边区苏维埃政府所在地的华池县山庄乡一所只有 1 名老师、7 个学生的尚湾村小让我们为这里的决策者尊重、体谅老百姓而感动。2008 年前,该村有六年制小学 1 所,三年制村小 2 所。但随着学生人数锐减,两所村小几乎没有了学生。面对这种现状,该县按照全市教育布局调整的总体要求,先后撤掉了已无学生的两所三年制村小,将原来的尚湾六年制小学改办为现在的二年制教学点。虽然仅有 7 名学生,但并未一撤了之。因为当时剩下的几位学生家庭特殊,经济贫困,住在距离学校相对较远的山沟里,到中心校寄宿确实有困难,学校一撤就面临失学。此外,县乡政府还利用富余校舍举办幼儿园,建学生实践基地,改造乡村卫生所、文化广场等,盘活利用闲置教育资源,让布局调整的路越走越宽广。

像这样规划撤并却在实际实施过程中因群众观念一时难以转变或各方面条件尚未成熟而推迟撤并进度的学校不在少数:西峰区因为城区学生剧增,学位短缺而整体放缓了教育城市化步伐;宁县计划合并新庄、米桥等一个乡镇两所都不足千人的初中,至今觉得并入学校的后勤保障难以满足群众的要求还在努力。这样看起来决策落实的时间长了点,但在自下而上"磨合"的过程中,最终赢得了群众的理解和支持,确保了庆阳市实现"高中阶段学校向县城集中,初中向中心乡镇集中,教学点向中心村集中,新增教育资源向城镇集中"的调整目标。近 5 年,全市没有因撤并学校发生一起群众群体性上访事件。国家教育部 2010 年的第 80 期简报以《甘肃省庆阳市因地制宜做好中小学布局调整工作》为题,向全国进行了推广。

教育公平驶入快车道

庆阳属于黄土高原沟壑区,一半以上的乡镇在山区,有的自然村方圆几十里,孩子上学要走十几里甚至几十里路,确实需要就近上学。但是另一方面,许多家长为了让孩子上好学校,举家迁到乡镇或县城,让老人在学校周围租借民房陪读,或自己在城镇务工供养子女读书,不少群众渴望城区学校扩大规模。

根据庆阳市布局调整思路,各县(区)围绕"学校总数减少一半、一半以上学生在县城、县城一半人口是学生"的总体目标,一方面,撤并农村规模较小、学生数量大幅度减少的教学点(50人以下)和小学(100人以下),消除农村"小小班"和"复式班"。另一方面,在市区、县城和中心镇扩建、新建寄宿制学校,使农村学校布点更加合理,城镇学校数量和规模稳步扩大。

2006年,庆阳市加快城市化进程,老城区向南扩展两倍多。在新城区建设规划中,学校成为政府提供公共服务资源的"开门红",占地130多亩,总投资达1.5亿元的庆阳六中在南区率先开工建设,这为全市教育布局调整树起了样板。同时,庆阳市把庆阳师范学校改制为完全中学,把地处庆阳师范附属小学隔壁的庆阳财校老校区无偿划拨给庆师附小扩大优质教育资源,把地处庆阳四中后面的庆阳工校无偿划拨给西峰区扩大庆阳四中办学规模。西峰区也加快了教育城市化进程,3年投入资金3.6亿元,集中改扩建城区区属10所中小学和3所幼儿园,最大限度、最快速度满足城市人口剧增带来的上学需求。今秋开学,庆阳市区的多数中小学基本上把班额控制在了规定标准以内。据市、区教育局统计,近3年,庆阳市区新建改扩建学校20多所,新增学位1.5万个,城市化助推了教育布局调整,规模不断扩大、体系日趋完备的市区教育新格局也很好地服务了这座西部高原小城的迅速崛起。

各县区也在因地制宜、积极行动。自然条件极差的环县近5年无偿划拨土地364多亩,投入资金达2亿多元,连续在县城新建了4所学校,在县城学校上学的学生达到2.6万名,成了名副其实的"教育城";人口小县合水年财政收入不足3000万元,县政府斥资9000多万元在县城新建乐蟠初中,相继撤并了地处乡村、规模较小的6所农村初中;国家扶贫开发工作重点县镇原为了满足学生上高中的强烈愿望,在县城划拨土地140亩,投资1.5亿元新建的镇原二中正加紧施工……市、县区坚持"建一所、成一所"的基本要求,加快推进学校标准化建设进程。

锦上添花风景更好,雪中送炭更显可贵。庆阳市教育局基础教育科张建军科长介绍,在加快教育发展的进程中,庆阳没有放松对地处山区、规划保留、规模较小的乡村学校的扶持与建设。市上出台的《关于加强薄弱学校建设的意见》,列出了每个县区近3年完成改造的薄弱学校具体名单。这份文件不单从硬件建设方面对农村薄弱学校提出了保障措施,更从学校管理、教师配备、课程改革等方面设计了配套策略。据了解,西峰区今年拿出 3000 多万元,为每所乡村学校统一配备了标准化教学设施。目前,庆阳乡村几十个人的小学校或者教学点,都没有危房校舍,远程教育已经覆盖了所有学校,优质教育资源正在惠及乡村每个农家孩子。

4 年来,全市先后撤并布点不合理、学生数量少的中小学及教学点 801 所,建成标准化寄宿学校 120 多所,近 10 万名学生告别了不规范的"麻雀"学校,走进规模较大的学校享受优质教育。初步构建起了城区寄宿、川塬接送、山区陪读、强弱联合等寄宿制办学模式,缩小了区域教育差距。市教育局项目办主任毛小军告诉记者,"十一五"期间,全市投入校舍建设资金 22.3 亿,生均校舍面积由 2005 年的 4.3 平方米提高到 7.2 平方米。2010 年,庆阳市被教育部评为"全国推进义务教育均衡发展工作先进地区"。今年,庆阳市又被国家确定为促进义务教育均衡发展 38 个试点市之一。

(来源:中国教育报,2011-11-07)

西部大开发十年来,西部教育均衡发展取得的巨大进步有目共睹,但由于原有的教育基础薄弱,财政资源匮乏,同时又囿于传统发展观念的成见和体制性障碍,教育均衡发展的现状还不能令人满意,距离广大人民群众和社会发展对于教育均衡发展的要求还有很大的距离。从上面对教育均衡发展所面临的问题分析可以看到,无论是解决资源不足还是解决资源配置不合理的问题都需要一种资源统筹的政策思想,需要通过制度创新,充分发挥资源统筹政策的资源动员、资源整合和优化资源配置的基本功能,在进一步总结经验的基础上,发现问题,找出原因,破解难题,克服阻碍西部教育均衡发展的体制和机制障碍,坚持科学发展,坚持统筹兼顾,发挥政府主导作用,才能实现西部教育均衡发展的更高目标。

第二章

教育均衡发展的逻辑
和资源统筹分析框架

当一个区域的经济社会发展还处于较低水平时,教育均衡发展的目标将受到教育资源总量不足的制约。随着经济社会发展水平的提高,越来越多的社会资源被用于教育活动,但如果没有进行合理的资源配置,教育均衡发展的目标也不会自然而然地实现。因此,增加教育资源总量和合理教育资源配置就成为实现区域教育均衡发展的基本任务。对于西部地区来说,如何增加教育资源供给又是首先需要解决的问题。

第一节　公共产品理论和公共治理理论的视角

分析西部地区教育均衡发展的制度创新和资源统筹问题,可以借助公共产品理论和公共治理理论。公共产品理论帮助诠释基础教育作为公共产品的体制属性和独特性,从而说明制度创新和资源统筹的必要性。公共治理理论则提出基础教育的管理主体可以不仅仅是政府,倡导一种政府、社会和市场共同参与的公共治理格局,为制度创新和资源统筹揭示多种可能性。

一、基础教育属于公共产品,但是又具有自身的独特性

根据公共产品理论,社会产品分为公共产品、私人产品和介于两者之间的混合产品,即准公共产品。区分公共产品和私人产品的三个特征分别为效用的不可分割性、消费的非竞争性和受益的非排他性。具体来说,效用的不可分割性指的是私人产品可以被分割成许多可以买卖的单位,谁付款,谁受益。公共产品是不可分割的,国防、外交、治安等最为典型。受益的非排他性指的是任何人消费公共产品不排除他人消费(从技术加以排除几乎不可能或排除成本很高)。消费的非竞争性指边际生产成本为零,也就是说在现有的公共产品供给水平上,新增消费者不需增加供给成本,如灯塔等。

　　按照上述理论,教育是较为典型的兼有个人受益和社会受益的"混合产品",并且具有随着教育层次的不断升高,个人受益明显增强的特征。对于教育的功能,美国教育家杜威认为,教育的功能主要是:(1)人的社会化,即社会整合的功能,因为"教育是生活的社会延续手段";(2)促进社会平等化的职能,通过免费的公立教育能够改善处于不利地位人群的状态;(3)促进人的身心发展、自我完善的功能。[①] 在社会客观存在经济、社会地位等方面巨大不平等的情况下,教育给人提供公平竞争、向上流动的机会,帮助弱势者摆脱他出身的那个群体的局限,能够显著地改善人的生存状态,减少社会性的不公平。因而,现代社会的教育,既是经济发展的"加速器"、科技进步的"孵化器",同时,又被视为社会发展的"稳定器"和"平衡器"。被称为美国"公立学校之父"的贺拉斯·曼这样宣称:"教育是实现人类平等的伟大工具,它的作用比任何其他人类的发明都伟大得多。"[②]

　　承担推进社会公平职能的基础教育,必然要求缩小同类教育产品之间的品质差异,这是教育均衡发展政策的合理逻辑。就我国而言,实现教育的均衡发展具有如下显著的正外部性:(1)教育均衡发展缩小了区域、城乡、学校和人群之间的教育差距,保障每位公民接受公平的基本公共教育服务,极大地消除了因受教育差异因素而导致的个人能力发展差异,使所有儿童不论区域、性别、家庭、地位等条件的差异,都有了迈向同等成功的发展条件,有利于所有儿童共同进步。(2)教育均衡发展有利于保障全体公民的基本能力。促进公民品德、智力、体质等方面的发展,为社会培养足够数量合格的、高质量的劳动者,有利于保障全体公民的基本能力,促进人力资源的开发。在我国贫困人口中,大多数是失业型贫困,而失业的重要原因之一是劳动力素质低下,不能适应现代经济发展水平的要求。特别是我国大量的贫困人口在农村,受教育程度低成为农村劳动力向城镇非农产业转移的重要障碍。推进基础教育均衡发展,保障所有公民的基本受教育权,尤其是充分保障西部地区、贫困地区、革命老区、边远地区公民的教育权利,为每位公民基本能力和技能的培养提供了充分的可能性和基本质量保障,从而为每位公民一生的成功奠定了发展基础。(3)教育均衡发展有助于消解社会群体间的受教育不公平矛盾,为每个渴望通过接受教育改变自己命运的社会成员提供了相对公平的受教育机会,使尽可能多的成员站在了同一起跑线上,也有助于不同社会阶层、不同社会团体之间

---

　　① 　S. 鲍尔斯,H. 金蒂斯:《美国:经济生活与教育改革》,上海:上海教育出版社 1990 年版,第 28 页。

　　② 　J. S. 布鲁贝克:《高等教育哲学》,杭州:浙江教育出版社 1987 年版,第 66 页。

的良性互动,从而有助于推进社会主义和谐社会建设。同时,在知识经济时代,社会成员的经济收入与其受教育多寡及质量具有"正相关关系",充分保障所有公民尤其是处境不利群体享受基本均等的教育,对于发展全社会所有个体的生存能力、提高自我成就感、培养每位公民工作和创造财富的基础能力等,具有奠基性作用,有利于共同致富、缩小不同群体间的收入差距、促进社会财富更为公正公平分配、避免社会发展两极分化趋势。全体公民基本能力和素养的提升,有利于推动社会文明,培养更多高素质人才,也有利于更好化解社会发展矛盾,促进社会长治久安,共同推进和谐社会建设。

基础教育与"灯塔"等纯公共产品所不同的是,其在消费上具有的非竞争性,更多的是一种制度选择,而不是其本身所固有的经济属性。公共物品在消费上的非排他性,指的是任何人都可以消费,任何消费者对公共产品的享受,不排斥、不影响其他人对同一公共产品的同时消费,也不会因此而减少其他人享用该产品的质量和数量。这就隐含着公共产品是边际生产成本为零和品质无差异的意思。但是,基础教育的边际生产成本并不为零,每增加一名消费者,就需要增加一定的教育投入。同时,现实存在的基础教育服务也不是无差异的,正是学校之间的差异和这种差异对学生发展不可忽视的影响,才使得均衡发展成为必要。因此,为了保证基础教育作为公共产品的体制属性,政府需要保障教育投入和缩小教育差距,如此才能保障所有适龄儿童少年平等的受教育机会。

二、优质教育资源的稀缺性,需要建立一种政府、社会和市场 共同参与的教育治理格局

我国受教育人口规模庞大,拥有世界上最大规模的受教育群体总量,承担着世界上四分之一左右的受教育人口。然而,我国经济发展不均衡,经济增长方式还较为落后,在如此巨大的受教育人口规模面前,发展教育的资源压力可想而知。随着人民群众对教育的需求不断上升,教育资源、尤其是优质教育资源将持续处于稀缺状态。新中国成立 60 年来的实践表明,单纯依靠政府财政支撑,无法满足社会发展对多样化的优质教育的需求,也无法满足受教育者差异化的教育需要。因此,不断增加教育投入,调动政府、社会和市场共同参与教育治理的积极性成为必然选择。这也正是公共治理理论在当今世界风行的原因。公共管理学家杰索普(Bob Jessop)曾经感慨,"过去 15 年来,它在许多

语境中大行其道,以至成为一个可以指涉任何事物或毫无意义的'时髦词语'"。[①] 在治理理论的范式下,政府组织不再被认为是公共管理的唯一主体,政府的社会角色以及政府与市场、政府与公民的关系都在发生着变化。各国都把放松规则、简化程序、公民参与等组织形式作为公共行政改革的方向。各国地方政府职能转变的途径主要有三种:一是通过出售的方式将原来由政府承担的职能直接交由私人来承担;二是基于购买和生产、掌舵与划桨的区分,地方政府将所要提供的公共产品和服务通过公开竞争或委托方式承包出去;三是将一部分地方政府职能交由准自治的、非政府组织去承担;四是设立最基层的、自治性的邻里或社区机构,将地方政府部分服务职能下放给它们去行使。[②]

　　第二次世界大战以后,"政府如何有效干预公共教育"成为一个世界性话题。西方国家为了治愈战争给社会带来的创伤,希望通过教育来培养公民的社会意识和恢复经济所需要的人力资源,开始全面干预公共教育事业,即"福利国家"理念在教育领域的实施。大多数西方国家形成了由政府举办并向社会提供公共教育服务的教育体制,国民基本上是无条件接受由政府举办的公立学校提供的教育服务。但是进入 20 世纪 90 年代以来,人们对教育质量有了更高、更个性化的要求,对公办学校教育管理的效率、效果和效益提出了质疑,要求改变政府垄断教育的状况,还公民选择权,赋予公民参与权。公共治理理论的盛行,直接影响到教育行政职能的转变和教育行政能力的提升,直接推进了"更少的统治、更多的治理"的世界教育管理改革的发展趋势。如在英国,"更小的政府、更好的服务、更广泛的参与、更公平和更有效的教育"是人们对教育提出的新要求。英国政府提出了两个重要概念:"社会责任"和"家长选择"。除了扩大社会和家长在教育事务方面的选择权、监督权、参与权,促进校际竞争,实现教育服务多样化,满足公众多样化的教育需求外,还鼓励符合条件的多方主体提供教育公共服务,包括各种志愿团体、按市场机制运行的各种教育机构等,政府在学校和学生及家长之间充当中间人的角色。政府、社会组织、市场、学校、家长都在为改善教育的绩效和质量而努力,由此形成了一种国家与公民社会、政府与非政府组织、公共部门与私营机构共同组建的教育公共

---

　　① 鲍勃·杰索普:"治理的兴起及其失败的风险:以经济发展为例的论述",载:俞可平主编,《治理与善治》,北京:社会科学文献出版社 2000 年版,第 55 页。
　　② 赫尔穆特·沃尔曼等编,王锋等译,《比较英德公共部门改革——主要传统与现代化的趋势》,北京:北京大学出版社 2004 年版,第 2 页。

治理格局。①②

在教育走向公共治理的全球化浪潮之中,我国的政策实践具体体现在两个方面③:一是在政府和学校的关系上,我国开始逐步简政放权,强调学校的独立地位。《教育法》在第 31 条中规定:"学校及其他教育机构具备法人条件的,自批准设立或者登记注册之日起取得法人资格。学校及其他教育机构在民事活动中依法享有民事权利,承担民事责任。"《2003—2007 年教育振兴行动计划》第 31 条要求"规范教育行政部门在政策制定、宏观调控和监督指导方面的职能,依法保障地方教育行政部门的教育统筹权和学校办学自主权……""建立现代学校制度……逐步形成'自主管理、自主发展、自我约束、社会监督'的机制"。最新发布的《国家中长期教育改革和发展规划纲要(2010—2020)》更加明确要求:"推进政校分开、管办分离。适应中国国情和时代要求,建设依法办学、自主管理、民主监督、社会参与的现代学校制度,构建政府、学校、社会之间新型关系。适应国家行政管理体制改革要求,明确政府管理权限和职责,明确各级各类学校办学权利和责任。"(第三十八条)"落实和扩大学校办学自主权。政府及其部门要树立服务意识,改进管理方式,完善监管机制,减少和规范对学校的行政审批事项,依法保障学校充分行使办学自主权和承担相应责任。"(第三十九条)全国各地纷纷开始进行现代学校制度、校本管理、校本课程、校本研训等实践与探索。二是在政府和社会中介组织的关系上,1993 年中共中央、国务院在《中国教育改革和发展纲要》中明确指出:"为保证政府职能的转变,使重大决策经过科学的研究和论证,要建立健全社会中介组织,包括教育决策咨询研究机构、高等学校设置和学位评议与咨询机构、教育评估机构、教育考试机构、资格证书机构,发挥社会各界参与教育决策和管理的作用。"在国家的鼓励和推动下,一批承担教育督导评估、决策咨询、信息管理、考试认证、资格评审等功能的教育中介机构相继成立。《国家中长期教育改革和发展规划纲要(2010—2020)》明确提出教育公共治理的理念:"培育专业教育服务机构。完善教育中介组织的准入、资助、监管和行业自律制度。积极发挥行业协会、专业学会、基金会等各类社会组织在教育公共治理中的作用。"这是我国第一次在重大政策中使用"教育公共治理"概念,意味着我国的教育公共治理已经正式起航。在这种形势下,中央政府和西部地区政府如何进一步动

---

① 刘孙渊、马超:"治理理论视野下的公共教育治理",《外国教育研究》,2008 年第 6 期。

② 转引自上海市浦东新区社会发展局:《中国教育改革前沿报告——浦东新区教育公共治理结构与服务体系研究》,上海:上海教育出版社 2009 年版,第 75 页。

③ 胡伶:"我国教育行政职能变革:趋势、难点和对策——透析上海浦东新区'管办评'分离与联动改革的实践",《教育实践与研究》2008 年第 11 期 B 辑。

员和利用社会各界力量,增加教育资源供给,统筹教育资源配置,充分发挥有限教育资源的效用,已经成为保障西部地区教育均衡发展的一项重要议程。西部地区在这方面进行的制度创新和资源统筹的改革实践,为探索经济发展滞后、教育基础薄弱地区的区域教育均衡发展提供了许多可资借鉴的宝贵经验。

第二节　动态演进:从机会均衡走向质量均衡

教育均衡是一个动态发展的过程。伴随着时代发展,教育基本发展背景将随之发生相应变迁,加上人们对教育均衡也将随着时代发展进行新的界定,导致教育均衡的内涵外延也将发生相应变化。通常,教育均衡往往会经历教育机会均衡、教育条件均衡和教育质量均衡三个阶段。但是这三个阶段往往不是简单的递进关系,而是在递进中相互包含。目前,我国东部经济发达地区已基本普及了高中阶段教育,进入了我们所说的初级教育均衡阶段,有的正在努力向高级的教育均衡阶段迈进。与此同时,在我国西部一些地区目前还没有普及九年义务教育,不少西部农村还存在着儿童“入园难”、高中学习成本过高等问题,全面保障适龄儿童少年的受教育机会仍是一个难题。西部地区,尤其是西部农村地区的学校办学条件相对落后,教育教学质量不尽如人意,与东部地区、城市地区学校差距甚大。可见,西部地区需要同时克服机会均衡、条件均衡和质量均衡这三个发展困境。

首先,在教育机会均衡方面,教育起点公平要求每个人享有入学权利的平等。到 2009 年年底,全国实现“两基”验收的县(市、区)累计达到 3052 个(含其他县级行政区划单位 207 个),占全国总县数的 99.5%,“两基”人口覆盖率达到 99.7%。但是,从总体上来看,城市人口平均受教育年限仍远远超过农村人口平均受教育年限;东部某些地区的教育水平已接近发达国家的水平,而西部贫困地区仍未完全普及九年义务教育;各地禁而不止的重点学校制度,使得“择校热”愈演愈烈,人为地拉大了学校之间的差距,加剧了教育起点的不公平;同时社会贫富分化以及身份和户籍制度对流动人口的限制也导致了教育起点的不公平,集中表现为教育弱势群体(包括原有的贫困地区农村儿童特别是女童,还包括新出现的下岗职工的子女、农民工子女、流浪儿童等群体)仍然存在,家庭教育负担超重的情况日益严重,低收入家庭已不堪重负,农村贫困家庭和城镇下岗职工的子女因为经济原因辍学或勉强接受教育,这部分人也沦为教育公平的“边缘人”。因此,西部地区需要不断完善贫困学生资助政策、流动人口子女受教育政策等,尤其需要加强农村地区学前教育和县一级高中阶段教育的发展。

其次,西部地区在办学条件方面也存在较为突出的不均衡现象。办学条件均衡状况反映了公民受教育过程的均等对待和公平程度,主要可从生均校舍面积、危房率、生均仪器设备值、生均图书册数等四个指标进行衡量。我国教育资源配置不均衡主要表现在四个方面:一是重城市教育,轻农村教育。我国对教育的投入主要用于城市地区,教育部门在办学条件、教育经费、师资配备等资源配置上,实行城乡不同标准,有限的教育资源在配置时明显地向城市倾斜,阻碍了教育公平的实现。二是重发达地区,轻欠发达地区。据统计,我国中西部地区的人均教育经费仅为东部地区的一半多,经费投入的失衡造成了办学条件的显性失衡。三是重少数重点学校,轻多数普通学校。一段时期以来,各级政府都在大、中、小学校乃至幼儿园,人为地扶持了一批重点学校,而重点学校独享优质教育资源,享受特殊教育政策,导致学校间的差距拉大,并造成不正常的竞争。四是重高等教育,轻基础教育。目前,在我国有限的教育经费中,对基础教育的投入没有跟上社会的发展需求,导致教育投入结构不合理。轻基础教育的现实,过早地剥夺了许多人享受平等受教育的权利,严重损害了教育公平。这里仅以小学、初中生均校舍面积差距、危房率、生均仪器设备值等指标为例。(见表2-1)2008年,小学生均校舍面积整体差距较小,东、中、西部之比分别为1.19:1.06:1,其中最高的是福建省8.37平方米,最低的是贵州省3.70平方米,最高是最低的2.26倍。初中生均校舍面积存在一定差距,东、中、西部之比分别为1.40:1.24:1,其中最高的是上海市12.36平方米,最低的是甘肃省4.08平方米,最高是最低的3.03倍。小学、初中危房率东、中、西部地区差距较大,西部地区小学危房率分别是东部、中部地区7.02与2.15倍;相较于上海、江苏等省市已全面消除小学危房,云南、甘肃两省的危房率均超过20%,省际差距较大。西部地区初中危房率分别是东部、中部地区的6.65与2.04倍(其中甘肃省危房率仍高达17.16%)。小学、初中生均仪器设备值差距较大,东、中、西部之比分别为2.5:1:1与2.36:1.29:1,小学生均仪器设备值最高的是上海市2239元,最低的是贵州省128元,最高是最低的17.5倍。初中生均仪器设备值最高的是上海市3641元,最低的是云南省192元,最高是最低的19.0倍。在图书配置方面,2008年,小学、初中生均图书册数差距较为明显,东、中、西部之比分别为1.68:1.22:1与1.71:1.36:1。小学生均图书册数最高的是北京33.05册,最低的是四川8.61册,最高是最低的3.84倍。初中生均图书册数最高的是上海市35.14册,最低的是重庆7.72册,最高是最低的4.55倍。

表 2-1 2008 年义务教育办学条件区域比较

指　标		2008 年			
		平　均	东　部	中　部	西　部
小　学	生均校舍建筑面积(m²)	5.60	6.15	5.45	5.16
	危房率(%)	4.35	1.24	4.04	8.70
	生均仪器设备值(元)	319	525	210	212
	生均图书册数(册)	14.31	18.39	13.37	10.92
初　中	生均校舍建筑面积(m²)	7.22	8.24	7.32	5.90
	危房率(%)	3.27	1.03	3.35	6.85
	生均仪器设备值(元))	484	734	373	311
	生均图书册数(册)	16.35	20.96	16.64	12.23

(来源:2008 年全国教育事业发展简明统计分析.北京:教育部发展规划司编,2009 年)

其三,在教育教学质量方面,不同区域也存在着较为明显的差距。目前,我国各地区教育发展程度按教育发展水平从高到低依次排列为京津沪、东部地区、中部地区和西部地区。以教师学历状况为例,以教师学历合格率、高一级学历比例和中级职称以上教师比例等指标进行衡量(见表 2-2)。从总体上看,小学、初中高一级学历比例存在一定差距,西部地区中级以上职称比例明显偏低。2008 年,全国小学、初中教师学历合格率差距大幅缩小,全国平均分别为 99.27% 和 97.79%,小学、初中教师的学历合格率在东、中、西部之间差距基本在 1.5 个百分点内。小学、初中教师高一级学历比例存在一定差距,小学东部分别高于中、西部 8.3 和 5.5 个百分点,初中东部分别高于中、西部 14.6 和 10.6 个百分点。小学、初中教师中级以上职称比例,东、中部之间差距不大,但西部地区明显偏低,小学分别低于东、中部 14.5 和 10.6 个百分点,初中分别低于东、中部 13.3 和 11.2 个百分点。

表 2-2 2008 年分地区教师高学历、中级以上职称比较　　　　单位:%

指　标		2008 年			
		平　均	东　部	中　部	西　部
小　学	高一级学历比例(%)	70.88	75.41	67.12	69.60
	中级以上职称比例(%)	50.47	56.18	52.31	41.71
初　中	高一级学历比例(%)	53.21	61.15	46.54	50.56
	中级以上职称比例(%)	51.06	55.54	53.42	42.24

(来源:2008 年全国教育事业发展简明统计分析.北京:教育部发展规划司编,2009)

同时,西部地区教师学科结构性矛盾突出,外语、音乐、体育、美术和信息技术等学科教师严重不足,相关课程难以开全。2006年,全国有508个县每县平均5所小学不足一名外语教师;西部山区农村小学平均10所才有一名音乐教师;中西部贫困地区、少数民族地区农村初中音乐、美术、信息技术三门学科教师平均每校都不足一人,致使部分学校无法正常开设规定课程。农村边远地区教师数量不足,难以满足当地义务教育的需要。据中西部9个省(自治区)的学校数据统计,2006年,3万多所村小的班师比平均仅为1∶1.3,4万多个教学点的班师比平均仅为1∶1,均远低于全国小学1∶1.9的平均配置水平。这些地区学校的教师严重不足,进不去、留不住问题突出。

第三节　问题透视:导致教育非均衡状态的基本原因

一、资源不足导致教育发展的不均衡

随着国家财力的加强,我国对教育的投入也呈现持续增长的趋势(见表2-3):全国教育经费从1998年的2949.06亿元上升到2008年的14500.74亿元,国家财政性教育经费占国内生产总值比例从1998年的2.55%上升到2008年的3.48%,国家财政性教育经费从1998年的2032.45亿元上升到2008年的10449.63亿元,中央和地方各级政府预算内教育拨款(不包括教育费附加)从1998年的1565.59亿元上升到2008年的14500.74亿元。[①]

---

① 2010年,全国教育经费为19561.85亿元,比上年的16502.71亿元增长18.54%。其中,国家财政性教育经费(主要包括公共财政预算教育经费,各级政府征收用于教育的税费,企业办学中的企业拨款,校办产业和社会服务收入用于教育的经费等)为14670.07亿元,比上年的12231.09亿元增长19.94%。《教育部 国家统计局 财政部关于2010年全国教育经费执行情况统计公告》(http://www.moe.edu.cn/publicfiles/business/htmlfiles/moe/s3040/201112/128871.html)

表 2-3　1998—2008 年我国教育投入情况一览表

年度	全国教育经费		国内生产总值		国家财政性教育经费		中央和地方各级政府预算内教育拨款（不包括教育费附加）	
	总额（亿元）	比上年上升比例（%）	总量（亿元）	国家财政性教育经费占国内生产总值比例（%）	总额（亿元）	比上年上升比例（%）	总额（亿元）	比上年上升比例（%）
1998	2949.06	16.48	79553	2.55	2032.45	9.12	1565.59	15.31
1999	3349.04	13.56	81911	2.79	2287.18	12.53	1815.76	15.98
2000	3849.08	14.93	89404	2.87	2562.61	12.04	2085.68	14.87
2001	4637.66	20.49	95933	3.19	3057.01	19.29	2582.38	23.81
2002	5480.03	18.16	105172	3.32	3491.40	14.21	3114.24	20.60
2003	6208.27	13.29	117252	3.28	3850.62	10.29	3453.86	10.91
2004	7242.60	16.66	159878	2.79	4465.86	15.98	4027.82	16.62
2005	8418.84	16.24	183084.8	2.82	5161.08	15.57	4665.69	15.84
2006	9815.31	16.59	210871	3.01	6348.36	23.00	5795.61	
2007	12148.07	23.77	249529.9	3.32	8280.21	30.43	7654.91	32.08
2008	14500.74	19.37	300670	3.48	10449.63	26.20	9685.56	26.53

（资料来源：教育部、国家统计局、财政部发布的历年"全国教育经费执行情况统计公告"。）

　　尽管从总量上来看，我国教育投入有了明显增长。但是随着受教育人口规模的增大，以及对优质教育资源需求的增加，经济社会发展和人才自身发展对教育教学质量的需求日益提高，当前的教育投入还有待进一步提高，和世界众多国家相比，我国的教育投入还明显不足。

　　根据 2009 年出版的《中国教育竞争力报告》，中国人均公共教育支出为42 美元，美国为 2684 美元，是中国的 63.9 倍。如果考虑到人口因素，我们以人均 GDP 来比较，中国人均公共教育支出仅为人均 GDP 收入的 0.82%，美国为 6.10%，是中国的 7.44 倍。日本为 4.28%，韩国为 3.01%。俄罗斯为1.87%，是中国的 2.28 倍，巴西为 2.29%，是中国的 2.79 倍。所以中国不仅与发达国家有很大差距，即使在金砖四国，中国的教育投入也排在末位（如表 2-4 所示）。

表 2-4　主要发达国家与金砖四国的教育投入情况 (2009 年公布) ①

国　家	排　名	人均公共教育支出	排　名	公共教育支出占GDP 的百分比 (%)	国民生产总值（百万美元）	人均 GDP（美元）
美　国	6	2684.00	7	6.20	13453	43987
法　国	12	2161.00	10	6.11	1997	32382
英　国	14	2100.00	17	5.61	2064	33908
德　国	19	1422.00	38	4.00	2729	33175
日　本	20	1396.00	40	3.91	4176	32609
韩　国	25	726.00	31	4.41	1169	24119
俄罗斯	38	267.00	41	3.90	2020	14208
巴　西	41	216.00	30	4.51	1786	9431
印　度	52	24.00	49	2.90	2978	2592
中　国	50	42.00	51	2.41	6786	5136

（资料来源：国务院发展研究中心信息网）

在教育财政供给方面，浙江大学教育学院吴华教授曾经做过一个初步测算，即以全国义务教育阶段 33 万所学校（2009 年统计数）测算，如果其中 30 万所学校平均每所额外增加 100 万元投资改善办学条件，总投资就需要 3000 亿元；如果平均每所额外增加 200 万元投资，总投资就需要 6000 亿元；如果平均每所额外增加 300 万元投资，总投资就会高达 1 万亿元人民币！相对于同期公共财政 5000 亿元左右的年度义务教育经费，这笔巨额的均衡发展资金还完全没有着落。② 受经济发展基础较为落后和政府投入偏好的影响，我国教育投入不足的状况将在相当长的时间里持续存在。

我国教育资源在总量上的不足导致优秀教师不足以均衡分配到每一所学校、办学条件不可能完全分解后平均配置到每一所学校等必然结果。而且，受经济发展基础较为薄弱和政府投入偏好等因素的影响，我国的教育，尤其是西部地区的教育在相当长时间内还将继续存在政府投资紧张问题，这就需要各级政府，尤其是西部地区政府积极拓展教育领域内"公私合作"的空间，建立有效的教育资源统筹平台，调动社会力量投资兴办教育事业的积极性，大力支持民办教育发展，扩大教育资源供给，并通过制度创新实现教育资源的优化配置。

---

① 中国教育竞争力报告：中国综合排名第 29 位，国务院发展研究中心信息网：http://www.drc-net.com.cn/DRCNet.Common.Web/DocView.aspx? docId＝2085016＆leafId＝3164＆chnId＝&version＝Integrated＆viewMode＝content

② 吴华："义务教育均衡发展需要新思维"，《科学时报》，2009-11-20，A3 周末评论。

二、政策导向造成教育发展的不均衡

教育政策是一种有目的、有组织的动态发展过程，是政党、政府等政治实体在一定历史时期，为了实现一定的教育目的和任务而协调教育的内外部关系所规定的行动依据和准则。作为利益的权衡工具，教育政策日益成为一种重要的行政管理工具，发挥着教育资源配置的作用。三类政策在影响教育均衡发展中起着关键作用，具体影响如下：

（一）基础教育"分级办学、分级管理"的教育财政政策影响教育均衡发展

我国财政管理体制经历了若干阶段，建国初期为"统分统支"，改革开放前实行"统一领导、分级管理"，20 世纪 80 年代至 90 年代中期"分级包干"，1994年以后采取"分税制"。经过"分税制"改革，我国初步建立了中央和地方以分税为基础的财政管理体制，明确了中央和地方的支出责任。随着财税改革的不断推进，我国教育管理体制改革也不断深入。在实行"分灶吃饭"的财政管理时代，基础教育财政开始实行"分级办学、分级管理"的体制。1985 年颁布的《中共中央关于教育体制改革的决定》确定了"基础教育地方负责、分级管理"的原则。1986 年《义务教育法》颁布之后，地方政府成为筹措义务教育经费的主要责任者，县、乡、村三级办学，县乡两级管理的农村义务教育管理格局基本形成，财政性教育经费主要由县、乡财政承担。这样造成了"分税制"后财权层层上移、地方政府财政支出责任却在不断增大的不协调局面。比如中央的财政收入比重从 1993 年的 22.0% 上升到 1994 年的 55.7%，但是地方的财政支出比重则在财政包干和分税制改革期间一直处于稳步上升的状态（从1981 年的 45% 上升到 2005 年的 74.1%），一些欠发达省份的财政能力难以支撑教育发展的责任。1999 年农村税费改革更是加大了农村义务教育的资金缺口。为了解决义务教育经费保障问题，国家先后出台《国务院关于基础教育改革与发展的决定》（2001 年）、《关于完善农村义务教育管理体制的通知》（2001 年）、《国务院关于进一步加强农村教育工作的决定》（2003 年）等，确定了"由地方政府负责、分级管理、以县为主"的义务教育管理体制。该体制在一定程度上缓解了乡镇一级政府的办学压力。然而，一个很普遍的问题是，多级政府都同时对教育负有责任，但是却没有明确的指导方针对教育的供给责任进行划分。由于没有明确规定支出职责，这就为上级政府往往在不提供足够资金支持的情况下向下委派支出任务提供了空间。无资金保障的行政任务和问责性的缺失反过来又诱使地方政府乱收费和政策"正义性"的缺失。基于这种情况，2006 年我国按照"明确各级责任、中央地方共担、加大财政投入、提高保障水平"的原则，逐步将农村义务教育全面纳入公共财政保障范围，建立中

央和地方分项目、按比例分担的农村义务教育经费保障机制。在资金的总体安排上,体现了"中央拿大头"的原则。2006—2010年,全国财政已累计安排农村义务教育经费保障机制改革资金4588亿元,其中中央财政2510亿元,地方财政2078亿元。但是,即使在中央不断加大教育转移支付的情况下,县一级财政压力并没有得到有效的缓解,导致在许多贫困地区,一些原本有助于推进基本公共教育均衡发展的政策无法贯彻,例如"校安工程"、危房改造和校舍扩建常常由于资金匮乏而搁置。浙江大学中国西部发展研究院的调查显示,以推进义务教育学校标准化建设为例,贵州省实现全部义务教育学校标准化建设,尚缺资金约580亿,相当于2009年贵州省财政总收入779.58亿元的74.4%,短期内解决所有义务教育学校标准化建设面临巨大财政压力。

(二)城乡二元发展制度导致城乡教育发展不均衡

新中国成立以来,国家为尽快实现工业化和现代化,实施了城乡二元分治结构,资源配置实施高度集中模式,这种非均衡发展模式对推动城市经济发展,提高国家经济效率起到了重要作用,但也造成了巨大的城乡经济社会发展差距。城乡义务教育差异源于城乡二元结构,是二元社会结构差异在教育上的反映。首先,自计划经济以来,我国长期实施城乡差异化发展模式,出现了一条城乡泾渭分明的分界线,城乡在教育上同样差异较大,采用了迥然不同的义务教育经费投入机制。在农村,国家长期实施"人民教育人民办"、"农村教育农民办"的思路,乡镇及农民成为义务教育办学经费的投入主体,在农村人均收入远远低于城市的现实下,绝大部分农村义务教育学校的经费投入水平不是太高,大部分情况下经费保障水平很低,经费短缺可以说是农村学校的普遍现象。而在城镇地区,义务教育办学经费主要由政府负担,办学经费短缺的情况比农村要相对少得多。其次,由于城乡经济的二元分化事实,城乡有别的教师政策,使城市地区更易集聚优质师资。相对于农村地区,城市生活条件更为方便、快捷、优越,教师各方面待遇更好,大部分师范生更愿意留在城市工作,这使得城市学校更容易招聘到优秀教师,吸引并留住好教师,而在农村地区因生活条件相对恶劣等原因,不仅难以留住优秀教师,许多地区还面临教师短缺,代课教师大量存在的事实。整体而言,城市地区教师水平优于农村地区。此外,城市地区学生在学习机会、学习资源等许多方面的教育条件也优于农村地区。尽管,近年来我国政府不断加大对农村地区的义务教育经费投入,从2006年开始实施农村义务教育经费保障新机制,农村地区的义务教育经费得到了更为有效的保障,城乡生均预算内教育经费、生均预算内公用经费的差距不断缩小,但是城乡之间的教育投入差距依然存在(见表2-5)。2008年,全国普通小学生均预算内事业费城镇是农村的1.125倍,初中生均预算内事业费城镇是农村的 1.115 倍。小学生均预算内公用经费城镇是农村的 1.139 倍,初中生均预算内公用经费平均城镇是农村的 1.079 倍。虽然从年份上看,城乡财政性教育投入在逐步缩小。但在现实中若考虑到其他非财政预算内经费投入,城镇和农村的实际差距要更大些。

表 2-5 城乡义务教育生均经费投入差距 单位:元

	年 份	小 学			初 中		
		城 镇	农 村	农村低于城镇	城 镇	农 村	农村低于城镇
生均预算内 事业费	2008	2946	2618	11.1%	3684	3303	10.3%
	2004	1379	1035	25.00%	1457	1101	24.40%
生均预算内 公用经费	2008	663	582	12.2%	962	892	7.3%
	2004	154	95	38.30%	164	126	23.20%

(来源:根据 2005 年和 2009 年《中国教育经费统计年鉴》数据换算。)

在办学条件方面,西部地区城乡义务教育学校办学条件仍存在一定差距。2008 年,小学、初中生均仪器设备值城乡之比分别为 2.7∶1 和 1.9∶1,差距较大。在教育信息化方面城乡差距同样较大。2008 年,全国农村小学、初中建网学校比例为 9.8% 和 35.3%,分别比城市小学、初中低 48.3 和 30.5 个百分点,全国农村小学、初中每百名学生拥有计算机台数分别比城市少 4.5 台和 2.6 台。小学、初中生均校舍建筑面积城乡已基本相当。通过实施"农村寄宿制学校工程"、"校舍安全工程",农村学校危房面积已大幅下降,农村小学危房总面积由 2004 年的 2229.2 万平方米下降到 2008 年的 2024.1 万平方米,但是农村危房比重高,小学农村危房率是城市的 4.21 倍,初中农村危房率是城市的 2.88 倍(见表 2-6)。

表 2-6 2008 年义务教育办学条件城乡比较

	指 标	2008 年		
		平 均	城 市	农 村
小 学	生均校舍建筑面积(m²)	5.60	5.25	5.67
	危房率(%)	4.35	1.18	4.97
	生均仪器设备值(元)	319	668	245
	建网学校比例(%)	12.5	58.04	9.76
	百名学生拥有的计算机台数(台)	4.28	7.96	3.50
	生均图书册数(册)	14.31	16.45	13.86

续表

	指　标	2008 年		
		平　均	城　市	农　村
初　中	生均校舍建筑面积(m²)	7.22	6.93	7.29
	危房率(%)	3.27	1.29	3.72
	生均仪器设备值(元)	484	781	414
	建网学校比例(%)	39.3	65.75	35.27
	百名学生拥有计算机台数(台)	6.53	8.62	6.04
	生均图书册数(册)	16.35	15.26	17.22

(来源:2008 年全国教育事业发展简明统计分析.北京:教育部发展规划司编,2009)

在师资水平方面也存在较为明显的城乡差距。2008 年,农村小学大专及以上、初中本科及以上学历的教师为 67.49％和 47.65％,分别比城市低 20 和 28 个百分点。农村小学、初中中级职称以上比例的教师为 49.27％和 48.15％,分别比城市低 7 个和 15 个百分点(见表 2-7)。在贵州、陕西,农村小学中高级职务教师比例均低于 30％,城市高于农村 15 个百分点以上。贵州、甘肃、陕西三省农村初中中高级职务教师比例均低于 30％,城市高于农村 25 个百分点以上。

表 2-7　2008 年城乡普通初中和普通小学教师学历对比

	学历合格率		高学历比例		中级职称以上比例	
	城　市	农　村	城　市	农　村	城　市	农　村
小学	99.83％	99.16％	87.96％	67.49％	56.56％	49.27％
初中	99.24％	97.44％	75.93％	47.65％	62.97％	48.15％

(资料来源:2008 年全国教育事业发展简明统计分析.北京:教育部发展规划司编,2009)

各地城乡及校际中高级职务教师的比例差距较大,配置不均衡。2007 年,全国小学中高级职务教师比例为 48.2％,城市高于农村 9.5 个百分点以上。全国初中中高级职务教师所占比例为 48.7％,城市高于农村 19.2 个百分点。

(三)重点学校制度造成校际发展的不均衡

我国目前的教育制度是在 20 世纪 50、60 年代的计划体制下建立的。围绕迅速实现工业化的赶超战略,形成了国家功利主义的教育价值观,建立了以"重点学校制度"为核心的城乡二元、重点和非重点二元的等级化的学校制度。

其中,渊源已久的"重点校"政策是造成校际不均衡格局的主要原因。1952 年
6 月教育部发布了《关于有重点地办好一些中学和师范学校的意见》,1962 年
12 月教育部发出了《关于有重点地办好一批全日制中小学校的通知》,"重点
校"政策初步形成。1978 年 1 月,经国务院批准,教育部颁发了《关于办好一
批重点中小学试行方案》。1980 年 10 月,经国务院批准,教育部颁发了《关于
分期分批办好重点中学的决定》。1983 年,教育部在《关于进一步提高普通中
学教育质量的几点意见》中,重申了办好重点中学的必要性。1995 年,教育部
颁发的在全国评价验收 1000 所示范性普通高中的政策,在相当程度上助长了
各地变相建设重点学校、扩大学校差距的做法。至此,基础教育阶段"重点校"
政策最终形成。全国各省市自治区乃至县都先后形成了一大批重点小学、重
点中学。重点中小学分布集中于县及县以上的大中城市。"重点校"政策的初
衷可以概括为"快出人才"、"出好人才"。因此,在有关建立重点中小学的政策
文件中,都对重点学校的人员配置、教育经费投入、办学条件、教育教学管理等
做出了十分明确的"倾斜"性规定。在我国实施赶超战略的过程中,许多学者
认为,只要是符合"卡尔多—希克斯标准"的改革,政府都应该推进。关于福利
经济学中的"卡—希标准",美国著名经济学家鲍莫尔曾这样理解,无论是卡尔
多提出的所谓的"合意的革新"还是希克斯提出的"可容许的改革",其实就是
指这样一种状态:这种革新或改革给全体社会成员带来的总收益,在补偿改革
给全体社会成员带来的总成本后,还有净收益。但也正如鲍莫尔分析指出的
那样,这种"合意的、可容许的"改革标准,说到底是一个"集体效率的目标",简
单地说,是"总成本与总收益相抵后还有净收益",而显然没有考虑"净收益在
不同成员之间的分配问题"。因此,真实世界的改革,可能符合"卡—希标准",
即能够增进生产力与全社会的财富;但同时却往往是使得一部分人福利得到
增进,一部分人福利受到相对损失。

　　可以说,"重点校"政策在我国教育资源匮乏、人才短缺的历史背景下,集
中稀缺教育资源办好一批重点学校,培养经济建设急需人才,使得一部分适龄
儿童和青少年受到了较高质量的教育,为上一级重点学校输送了一批"精英",
对推动社会经济和教育发展都发挥了重要作用。但是,该政策在推动部分学
校教育质量提高的同时,也不可避免地扩大了城乡间、校际间在资源配置和教
育质量上的差距,导致了教育公平的缺失。正如北京师范大学王善迈教授所
言,"基础教育中的'重点校'政策,扩大和加剧了公立学校校际之间资源投入、
教育条件、教育质量的不均衡,与政府公平地分配公共教育资源提供均等化教
育服务的基本职能相违背,是基础教育群体间入学机会不公平,尤其接受优质

教育不公平的制度原因。"①长期以来推行的重点学校制度,客观上已形成了学校之间的实质性差距,表现在经费、师资、办学条件和教学质量上存在较大差距,致使义务教育阶段"择校风"愈演愈烈。在生均教育经费上,重点学校普遍比非重点学校高出 15%～20%。重点学校教职工工资通常占经常性经费的 60%左右,而非重点学校教职工工资通常占到 80%左右。在校际师资水平上同样存在较大差距,重点学校在教师学历、师生比、中级以上职称比例、获得进修机会等方面,存在更大的优势。据对中西部 4 个省区(黑龙江、河南、广西、云南)小学、初中 2006 年教师职称情况的统计,省域内小学中级及以上职务教师比例最高的前 20%学校与最低的后 20%学校分别相差 24.5、27.7、30.8 和 32.6 个百分点。省域内初中中级及以上职务教师比例最高的前 20%学校与最低的后 20%学校分别相差 21.3、22.9、27.7 和 29.2 个百分点。学校之间中高级职务教师比例差距过大,已成为义务教育发展不均衡和择校问题难以解决的重要原因。与此同时,在我国广大地区薄弱学校普遍大量存在。据调查,即使是在城乡教育发展处于领先地位的北京,72.2%的农村小学、62.5%的农村初中和几乎所有的农村完全中学都属于薄弱学校。

三、城市化进程中资源在空间上的非均衡积聚加速教育发展 的不均衡

一个地方经济、社会和文化的发展往往是历史的产物,资源的供给往往和资源供给可能取得的回报有关,因此造成各种社会生产要素在空间上呈现非均衡的"分层积聚"现象。②我国自改革开放以来,GDP 取得了快速增长,但是由于历史、地理、人口基础等方面因素的影响,我国地区之间、城乡之间的经济发展差距日益明显。国务院发展研究中心副主任李剑阁曾言:"这种不平衡体现在两个方面:从地域来讲,各地的经济发展并不平衡,各地区之间经济差距客观存在;从社会群体来讲,由于社会经济结构在转型,农民负担越来越重,农民收入增长速度下降很快甚至趋于停滞,城市下岗或提前退休的职工人数在不断增长。在这样的情况下,就会出现东部及沿海地区包括北京、上海等大城市在全面建设小康社会的基础上,已经提出'迈向更加宽裕的小康社会',率先实现现代化,而中部和西部地区,由于条件差、困难多,现有小康社会的水准客观上要低一点,还有一个保持和加快发展、迎头赶上的问题。"胡鞍钢的研究成

---

① 王善迈:"专家:'重点校'政策影响教育公平",《中国教育报》,2007-3-9(01)。
② 社会资源在空间分布上按"首都、省会、市治、县府、镇所、乡村"的递减顺序分层积聚,是中国社会的普遍现象,这种现象虽然凸显了中国社会中央集权的政治特色,但也是世界各国在城市化进程中必然发生的结果。

果表明:如果将中国放在国际背景中比较,中国地区发展差距最突出的特点是
"一个中国,四个世界",即"第一世界"是上海、北京、深圳等高收入发达地区;
"第二世界"是大中城市和沿海上中等收入地区;"第三世界"是下中等收入地
区;"第四世界"是中西部贫困地区。这种差距带来三个特点:第一,中国东西
部之间存在三大发展差距,即经济发展差距、人类发展差距和知识发展差距,
其中知识发展差距明显高于经济发展差距。第二,投资于人力资本、社会资
本、无形资本的收益大大高于投资于自然资源开发、物质资本和有形资本的收
益。第三,不同的发展战略和政策会导致不同的经济发展结果。经济发展的
差距也造成了人均收入的差距。根据国际经验,基尼系数应该在 0.3～0.4 之
间。我国的基尼系数 2009 年在 0.5 左右。不同地区、不同行业和不同群体之
间收入分配差距的加剧已经严重影响到社会和谐。

　　教育是社会系统中的一部分,教育的发展必然受当地经济、社会和文化发
展的约束。这种由资源的空间积聚规律导致的教育非均衡是一种"空间约束
型"的非均衡。比如西部地区由于受到经济发展差距较大等因素的影响,教育
投入与东部地区差距甚大。在沿海发达地区,政府、社会团体和个人的教育资
金要比内陆地区更加充裕,沿海地区只拥有全国 41.4% 的人口总量,却占有
55.8% 的教育财政预算,并拥有占全国 67.2% 的非公共教育收入。中国三个
经济高度发达的省份,广东、江苏和浙江,来自公共和非公共教育收入的总额
分别为 865 亿元、684 亿元和 631 亿元,占据了全国教育资金的四分之一。然
而,三个经济欠发达省份,青海、西藏和宁夏,只得到了全国 1% 的教育资金。
公共和非公共资金在不同地区的分配显然是不均衡的,三个富裕省份政府提
供的公共资金是三个贫困省份的 15 倍,而在非政府资金方面,前者更是后者
的 62 倍(见表 2-8)。

表 2-8　2006 年部分省份的教育资金分布　　　　　单位:百万元

地　区	广　东	江　苏	浙　江	青　海	西　藏	宁　夏	全国总额
政府资金	52902.33	39489.91	36112.75	3311.29	2634.22	3150.42	634836.47
非政府资金	33641.26	28968.98	27037.76	428.58	134.99	836.76	346694.39
总　　额	86543.59	68458.89	63150.51	3739.87	2769.21	3987.18	981530.86
百分比	8.82%	6.97%	6.43%	0.38%	0.28%	0.41%	100%
	22.22%			1.07%			

(资料来源:国家统计局. 2008 中国统计年鉴. http://www.stats.gov.cn/tjsj/,2010-8-11。)

　　尽管随着国家不断加大财政转移支付力度,对西部地区教育发展的公共
财政投入也不断加大,但是西部地区自身积聚社会财富的能力相对东部地区

而言仍有明显差距,这是一种基本不受教育政策左右的社会发展背景性因素。因此,在促进西部地区教育均衡发展的过程中,需要全面深刻理解影响教育均衡发展的历史和现实原因。

第四节　资源统筹政策的基本功能

资源统筹是政府对管辖范围内的自然、经济、社会、文化、教育等各类资源进行统筹规划和统一安排的政策活动。在这个意义上,政府税收是资源统筹,财政转移支付也是资源统筹;集中财力重点投资是资源统筹,提供均等化的基本公共服务也是资源统筹。一般而言,当社会发展目标因资源约束不能全面推进时,优先领域和重点领域选择是无法回避的问题,这些看似功能相反的政府行为,其本质都是政府对资源的统筹安排,是统筹主体(政府)通过改变资源自发运动的路径和方式,建立起资源与发展目标之间的新联系,从而实现社会整体效益的最大化。把这种分析应用到教育领域的资源统筹,就是政府对自然、社会、经济等资源在教育领域的合理配置,是力图用科学发展观指导教育实践的具体体现。当然,这种配置的现实合理性还需要通过实践来检验。

教育领域的资源统筹突出体现在"学校布局调整"、"教师流动"、"学校合作"、"留守儿童教育"、"流动人口子女教育"、"教育移民"、"民办教育"和"东西部教育合作"等政策实践之中。这些政策实践的共同特点是政府根据教育均衡发展的需要,在全国和区域层面对管辖范围内的教育资源进行统筹安排,以实现全国和区域教育均衡发展的整体目标,因此都可以在资源统筹的概念框架中做统一分析。在推进义务教育均衡发展的政策实践中,基于资源统筹的制度创新和政策设计在国家和地方的各个层面、教育内部以及教育与社会协调发展的各个方面都有着广泛的实践探索,并取得了积极的成效。从理论上对资源统筹的功能、机制、模式等进行深入、系统的梳理,提炼、概括资源统筹的政策模式,建立资源统筹的一般分析框架,对于丰富和发展义务教育均衡发展的理论与推进西部地区教育均衡发展的实践都有重要的意义。

一、资源动员功能

动员社会资源积极参与经济建设和发展社会事业,始终是政府一个重要的公共政策目标。为了实现这一目标,政府可以利用宏观调控或微观规制或同时使用这两种手段,诱导或强行要求资源拥有者按照政府意图采取相关行动,从而实现资源动员的政策目标。但是,强制性的资源动员不可持续,且会带来巨大的政策风险和长期的后遗症,比如上个世纪苏联的"战时共产主义政策"和我国的相应政策实践等。所以,上个世纪 80 年代以后在西方发达国家的公用事业领域逐渐盛行起来的"公私合作伙伴关系"(Public-Private-Partnership,PPP,亦称公私合作制),通过政府与民间风险共担、利益分享,就成为政府实现资源动员的一种更为合理也更为有效的典型制度设计。国内的民办教育,可以看成是政策层面的 PPP,以区别于通常理解的项目层面的"公私合作"。在这一类政策实践中,通过公共部门介入所形成的风险规避和风险锁定功能,对民间资源产生了极大的吸引力,可以有效发挥资源动员的作用。

二、资源整合功能

资源统筹政策最一般的表现是采用行政手段将原本分散的资源组织起来,以实现某个特定的公共政策目标。这种通过要素积聚克服资源分散、单一、数量不足或要素缺乏的作用,就是资源统筹政策的资源整合功能。在上面列举的政策实践中,学校布局调整、寄宿制学校建设等都是发挥资源统筹政策的资源整合功能的典型表现。

三、资源优化配置功能

资源统筹作为政府的一种理性选择行为,理论上必须至少满足以下两个条件之一:或者能够产生资源自然配置状态所不具有的新功能,如国家层面的战略新兴产业布局等;或者能够比资源自然配置状态发挥更高的效率,如通过提高产业准入门槛以提高产业集中度和淘汰落后产能等。在教育领域,教育移民、流动人口子女教育的"两为主"政策等都较好地体现了资源统筹政策的优化配置功能。

第五节　资源统筹政策的主要模式

根据统筹对象结合方式的特征,可以将教育领域的资源统筹实践划分为以下几种主要的政策模式:

一、空间模式

当资源统筹涉及同类资源的空间布局时,相关的政策实践就体现了资源统筹的空间模式。西部与东部和中部、西部之间等跨区域资源统筹也包括西部各省内部所进行的教育资源统筹。比如,"学校布局调整"、"西部两基攻坚"

等,都是资源统筹空间模式的典型案例。我国在促进西部地区教育均衡发展的过程中,也先后采取了一系列的"教育补偿"政策,如通过"东部地区学校对口支援西部贫困地区学校工程"、"大中城市学校对口支援本省(自治区、直辖市)贫困地区学校工程"等项目。同时通过城市教师支援农村教育等政策,缩小城乡之间的教育发展差距。

二、时间模式

当时间成为影响资源配置的主要因素时,相关的政策实践就体现了资源统筹的时间模式。比如,"教育优先发展"是在教育发展的资源需要与其他领域资源需要之间在优先顺序上的时间模式;"整体规划,分步推进"、"义务教育区域均衡战略"等,则是教育内部确定资源需要优先顺序的时间模式。

三、体制模式

当资源统筹涉及不同体制属性资源时,相关的政策实践可以用资源统筹的体制模式加以分析。比如,大力发展民办教育、积极开展"公私合作伙伴关系"政策实践等,都是资源统筹体制模式的典型案例。2009 年,全国共有各级各类民办学校(教育机构)10.65 万所,比上年增加 0.56 万所,各类学历教育在校生达 3065.39 万人。其中:民办幼儿园 89304 所,在园儿童 1134.17 万人;民办普通小学 5496 所,在校生 502.88 万人;民办普通初中 4331 所,在校生 433.89 万人;民办职业初中 4 所,在校生 0.1 万人;民办普通高中 2670 所,在校生 230.13 万人;民办高校 658 所(含独立学院 322 所),在校生 446.14 万人,其中本科生 252.48 万人,专科生 193.66 万人,另有自考助学班学生、预科生、进修及培训学生 19.39 万人;民办的非学历高等教育机构 812 所,各类注册学生 85.22 万人。[①] 我国民办教育经过多年的发展,已经成为"教育事业发展的重要增长点和促进教育改革的重要力量"。[②] 根据 2008 年的数据测算,由此形成的学校固定资产超过 3000 亿人民币,每年吸纳的学杂费超过 1000亿人民币,按财政性教育经费占全口径教育经费 65% 的比例测算,相当于每年增加财政性教育经费 650 亿元人民币以上。[③]

毫无疑问,继续增加各级政府对西部教育的财政投入仍然是保障西部教育发展的主要途径,但如果在此同时,通过合理的制度设计吸引更多的民间资

---

① 教育部:《2009 年全国教育事业发展统计公报》(http://www.moe.edu.cn/publicfiles/business/htmlfiles/moe/moe_633/201008/93763.html)
② 《国家中长期教育改革和发展规划纲要(2010—2020)》第四十三条
③ 中国民办教育协会:《中国民办教育改革和发展调研报告》,2009 年 3 月。

金投资西部教育事业,显然比单纯依靠政府财政资金具有更加积极的意义。在这方面,浙江省通过大力发展民办教育促进教育事业全面发展的实践提供了一个成功范例。2008年,浙江省高等教育毛入学率超过40%,位于除北京、上海、天津三直辖市外全国省区第一名;早在2006年,浙江省就在全国率先实现普及十五年教育(学前三年加高中);2008年,全省民办教育提供的教育机会相当于增加财政性教育经费64亿,约为当年财政性教育经费的14%(以上计算尚未包括学前教育,如果将学前教育计算在内,则民办教育对当年财政性教育经费的贡献将超过20%),相当于增加财政性教育经费约100亿。[①] 浙江省能够取得如此令人瞩目的教育发展成就是与当地政府大力支持民办教育发展有着不可分割的。[②]

在实践中,西部地区也在不断摸索公私合作的空间和有效模式,如上海新纪元教育集团通过教育托管的方式,支持贵州省毕节地区纳雍、织金等地的教师教育与学校发展,在四川、重庆等地兴办学校等,又如上海方略教育集团与云南省数十个县市合作,指导和实施当地的教师教育工程等都是大量同类实践中的成功案例。

四、社会模式

当资源统筹涉及社会不同领域资源及其复杂关系时,相关的政策实践可以用资源统筹的社会模式加以分析。比如,"三教统筹"、"教育移民"、"产学研合作"、"学习型社会建设"等,都是资源统筹社会模式的典型案例。

实现教育均衡发展存在很多现实困难,这些困难既有观念上的认识局限,也有经济上的发展不足,但随着社会经济发展水平的提高,制度上的问题已经成为主要障碍。为了克服阻碍基础教育均衡发展的体制性障碍,中央和地方各级政府在资源统筹的政策实践中开展了许多卓有成效的制度创新,发现和挖掘了具有典型意义的制度创新案例,对于深刻理解教育发展与教育改革之

---

① 《2008年浙江教育事业发展统计公报》(http://www.zjedu.gov.cn/gb/articles/2009-02-26/news20090226103408.html)

② 2009年,浙江省共有独立设置的民办普通高校12所,独立学院22所。民办普通本专科(含高职)在校生为28.52万人,在校生各占全省普通本专科在校生总规模的32.9%,其中独立学院本科在校生数16.97万人,占全省普通本科在校生数的34.2%。

全省有民办普通高中180所,在校生18.64万人,占普通高中在校生总数的21.8%;民办中等职业学校120所,在校生9.83万人,占中等职业教育在校生总数的15.7%。民办普通初中186所,在校生19.97万人,占普通初中在校生总数的11.3%。民办普通小学197所,在校生30.85万人,占普通小学在校生总数的9.5%。民办幼儿园8086所,在园学生108.4万人,占在园幼儿总数的65.8%。

《2009年浙江教育事业发展统计公报》(http://www.zjedu.gov.cn/gb/articles/2010-03-18/news20100318155602.html)

间的关系,鼓励地方创新实践具有重要意义。在实现基础教育均衡发展的制度设计中,资源统筹是一种重要的政策理念,在系统论的意义上也是一种政策设计的方法论。资源统筹最一般的意义在于解除人们强加于各类资源的观念和制度束缚,是一种建立资源与发展目标之间的新联系,通过资源的优化配置,实现系统整体效益最大化的社会发展思路。[①] 在推进教育均衡发展的政策实践中,基于资源统筹的制度创新和政策设计在国家和地方的各个层面、教育内部以及教育与社会协调发展的各个方面都有着广泛的实践探索,并取得了积极的成效。深入、系统地梳理这些卓有成效的实践,提炼、概括资源统筹的政策模式,对于丰富和深化教育均衡发展的理论与实践都有重要的意义。

---

① 政府设计和实施资源统筹政策时必须十分注意调动和保护其他社会主体参与社会发展的积极性,否则就有可能适得其反,全球计划经济国家都在这方面提供了惨痛的教训。

第三章

统筹城乡教育发展

城乡教育差距是西部教育均衡发展存在的主要问题,也是中央和西部各级政府推进西部教育均衡发展的主要着力点。在第一轮西部大开发期间,为从根本上解决西部偏远、贫穷地区孩子上学难问题,中央决定,从 2004 年起,用 4 年左右的时间,开展西部"两基"攻坚,实施"农村寄宿制学校建设工程"和"中小学现代远程教育工程"。到 2007 年,西部地区全部完成"两基"。通过《国家西部地区"两基"攻坚计划(2004—2007 年)》的"农村寄宿制学校建设工程"和"中小学现代远程教育工程",显著地改变了西部农村教育发展现状,特别是农村义务教育的办学条件,朝着教育均衡发展的目标迈进了一大步。①②③④

2005 年底,新疆生产建设兵团通过"两基"评估验收,成为西部地区第一个实现"两基"的省级单位。广西将农村税费改革转移支付的 65% 用于农村义务教育。云南、四川加大投入,实施"基础教育振兴行动计划"和"民族地区教育发展 10 年行动计划",为完成"两基"攻坚打下坚实基础。

作为西部"两基"攻坚两大工程之一的中小学现代远程教育工程也取得重大进展。中央和地方为中小学现代远程教育工程已投入 80 亿元共配备教学光盘设备 35 万余套、卫星教学收视系统 19 万余套及计算机教室和多媒体设备 3.5 万余套,基本覆盖了中西部 80% 以上的农村中小学,使 1 亿多中西部农村中小学生受益。

寄宿制学校建设已经成为西部新农村建设的一大亮点。仅在青藏高原上,平均海拔超过 4000 米的项目县就有 61 个,海拔 3500 米以上的项目学校

---

① 《国务院关于深化农村义务教育经费保障机制改革的通知》(国发〔2005〕43 号)

② 陈至立在全国农村义务教育经费保障机制改革工作电视电话会议上的讲话(http://www.jyb.com.cn/jyzl/ldhd/czlhdbdzj/zyjh/t20060828_32392.htm)

③ "2006 年寄宿制工程项目公布 3 年已下达中央资金 90 亿元"(http://www.jyb.cn/cm/jy-cm/beijing/zgjyb/1b/t20060701_22667.htm)

④ 《教育部关于进一步推进义务教育均衡发展的若干意见》(教基〔2005〕9 号)

有403所。

《国家西部地区"两基"攻坚计划(2004—2007年)》是中央政府发挥主导作用,利用中央财政的引导和激励作用,在国家层面统筹区域教育均衡发展的典范。

统筹,顾名思义即是统一筹划。"统一筹划"很容易被简单地等同于"统一",甚至被错误地理解为"同一"。事实上,"统一"只是城乡统筹的表层形式,相比而言,"筹划"蕴含着更为丰富的内涵和阐释空间。在区域教育发展问题上强调城乡统筹,实际上是强调在教育政策过程中要注重总揽全局、全面规划、整合资源、兼顾各方、协调发展和综合运筹,也就是强调教育领域的科学发展观。它不是将农村教育作为没有前途的、弱势的、需要"洗礼"和"彻底改造"的一方;也不是一般意义上的通过城市给予农村资金、人才等简单做法来支持农村教育加快发展;更不是为了纠历史之偏而主张削峰填谷,简单拉平,通过一刀切来弥合差距,消解差异,而是把城乡教育放在平等的地位加以对待,将农村教育所具有的城市教育不具备的优势与特色,作为实行统筹城乡教育的基本出发点,通过加大城乡资源整合和对接力度,充分发挥城乡教育双方的优势,"构建良性互动的教育体系和机制",实现"城乡教育资源共享、优势互补","推动城乡教育相互支持、相互促进",最终促成城乡教育"双强共荣"。[①] 统筹城乡教育,一方面可以理解为建构和谐社会的题中应有之意,即和谐社会的理念与实践向教育这一重要的民生领域的自然延伸和推进;但另一方面,从教育与社会发展关系的角度,我们也可以把城乡教育统筹视为建构和谐社会的重要支撑。就其核心关切而言,统筹城乡教育就是要破除制约城乡教育均衡、协调发展的关键障碍和瓶颈,实行城乡教育资源的合理配置,打破城乡教育的"二元"结构,缩小城乡教育差距,为城乡居民提供均衡化的教育服务,彰显教育公平。

第一节　学校布局调整

2001年,国务院出台《国务院关于基础教育改革与发展的决定》(国务院国发〔2001〕21号),其中第十三条"因地制宜调整农村义务教育学校布局"要求"按照小学就近入学、初中相对集中、优化教育资源配置的原则,合理规划和

---

① 褚宏启:"城乡教育一体化:体系重构与制度创新——中国教育二元结构及其破解",《教育研究》2009年第11期。

调整学校布局。农村小学和教学点要在方便学生就近入学的前提下适当合并，在交通不便的地区仍需保留必要的教学点，防止因布局调整造成学生辍学。学校布局调整要与危房改造、规范学制、城镇化发展、移民搬迁等统筹规划。调整后的校舍等资产要保证用于发展教育事业。在有需要又有条件的地方，可举办寄宿制学校。"大规模的学校布局调整自此拉开序幕。

西部农村地广人稀，学校分散，规模狭小，资源短缺，极大地限制了西部农村教育发展水平的提升。为了在"穷国办大教育"的国情约束下，最大限度发挥有限教育资源的办学效益，西部各省区积极开展中小学布局调整，根据当地经济社会和人口分布状况重新调整学校布局，达到扩大学校办学规模，改善学校办学条件，提高学校教育教学质量的目的。目前基本形成了"高中进县、初中进镇、小学进行政村"的学校布局。2000—2009 十年间，西部 12 省区学校数从 193597 所调整为 106854 所，成为西部地区统筹城乡教育发展最重要也是最有效的政策措施之一（见表 3-1）。①②③④

表 3-1 2000 年、2009 年西部地区小学学校数变化

西部地区	2000 年	2009 年	减少(所)	减少比例(%)
内蒙古	10147	3605	6542	64.5
新　疆	6718	4159	2559	38.1
重　庆	14730	7575	7155	48.6
陕　西	33336	14185	19151	57.4
宁　夏	3267	2202	1065	32.6
广　西	16109	14590	1519	9.4
四　川	43326	13993	29333	67.7
青　海	3429	2556	873	25.5
云　南	22151	16573	5578	25.2

---

① "宁夏调整学校布局初显效益——五年学校减少 900 所，在校生增长 17.3 万人"，《中国教育报》2006 年 11 月 10 日 1 版。

② "透视中小学布局大调整"，《中国教育报》2001 年 11 月 25 日 4 版。

③ 在国务院 2004 年启动的《国家西部地区"两基"攻坚计划（2004—2007 年）》中明确强调了推进学校布局调整的政策目标："新建、改扩建一批以农村初中为主的寄宿制学校，保障'两基'攻坚县扩大义务教育规模的需要，安排好西部地区新增 130 万初中生和 20 万小学生的学习和生活条件；加大对西部地区现有学校的改造力度，使确需寄宿的山区、牧区、高原和边远地区学生能进入具备基本办学条件的寄宿制学校学习。"

④ 教育部《关于大力推进城镇教师支援农村教育工作的意见》（教人〔2006〕2 号）。

续表

西部地区	2000 年	2009 年	减少（所）	减少比例（%）
西　藏	842	885	−43	−5.1
甘　肃	21557	13424	8133	37.7
贵　州	17985	13107	4878	27.1
西部合计	193597	106854	86743	44.8
全国总数	553622	300854	252768	45.7

对于以"撤点并校"为突出特征的学校布局调整，学术界也一直存在不同声音。[①] 特别是 2011 年"庆阳校车事故"发生以后，人们对该项政策的认识进一步深化，一方面认识到农村学校布局调整的必要性和必然性，另一方面认识到，在以往农村学校布局调整中存在的问题也必须纠正。

2011 年 12 月 30 日十一届全国人大常委会第二十四次会议召开联组会议上就国务院关于实施《国家中长期教育改革和发展规划纲要（2010—2020年）》工作情况的报告开展专题询问，教育部长袁贵仁在回答农村中小学布局调整的质询时，对相关问题作了详细回答：农村中小学布局调整是最近一段时间来社会关注的一个热点。特别是最近几起校车安全事故发生后，更加引起人们的重视。要解决好这个问题，前提是要了解这个问题出现的起因和过程。一是全面了解和把握布局调整的原因。这里可以概括为"一少"、"一多"、"一高"。"一少"，就是农村学生数量减少，学龄人口减少。全国 6～14 岁义务教育阶段学龄人口从 2000 年的 2.05 亿减少到 2010 年的 1.58 亿，减少了 4700多万。"一多"，就是随着城镇化进程的加快，进城务工人员随迁子女增多，除了人口减少之外，又走了一部分。全国进城务工人员目前约 2.4 亿，他们的子女要么留守，要么随迁。2010 年随迁进城读书的义务教育阶段学生约 1200万。"一高"，就是对高质量教育需求提高。农村学校的规模小了，老师就少了，家长担心质量难以保证，也导致了学生向城镇学校流动。从 2000 年到 2010 年十年间，由于上述的原因，我们的小学减少了一半，从 55 万所减少到26 万所。初中减少了六分之一，从 6.4 万所减少到 5.5 万所。二是必须正视布局调整带来的新情况。布局调整整合了农村教育资源，提升了教师配备水平，提高了教育质量和办学效益，总体上是应当肯定的。但一些学校的撤并中，也存在工作简单化、程序不规范以及撤并后办学条件没有跟上的问题，这

---

①　邬志辉："农村学校撤并决策的程序公正问题探讨"，《湖南师范大学教育科学学报》，2010 年 11 月，第九卷第 6 期。

是应当予以改进的。学校撤并后,要么住宿,要么不住宿。对住宿的学生来说,学校撤并后一些学生到离家较远的学校住宿,学校不仅要解决教和学的问题,还要解决吃、住、玩、卫生、安全的问题,以及家庭经济负担。而不住宿的学生上学,要么步行或骑自行车,占到了64%,要么乘坐交通工具,包括校车、公交车、租用车、私家车等,这也带来了交通风险。三是要努力解决布局调整后存在的问题。这里包括几点:一要明确学校撤并的思路原则,要慎重对待学校的撤并,要充分考虑学生上下学的方便、交通安全、寄宿学校条件等多种因素。不具备条件的不予撤并,对需要保留的教学点要坚持办下去,而且要办好。二要明确学校撤并的工作程序,要建立学校布局调整的听证和公示制度,充分听取学生家长和村民自治组织的意见,对经过科学论证和严格程序予以撤并的学校,也要先建后撤,解决好不住宿学生的交通问题,解决好住宿学生的生活保障问题。三要应对学校撤并带来的新情况。要改善寄宿学校的办学条件,加大学生的宿舍、食堂以及厕所等生活设施的建设力度,解决好家庭经济困难学生的生活补助。要办好有需求的教学点,目前全国有近7万个教学点,要努力改善它们的办学条件,配备合格的教师,特别是采用信息技术,以及教师走教和志愿者服务等方式提高这些教学点的教育教学质量。在各方面的努力下,建立校车制度,规范校车的运营管理,解决好学生的上下学交通安全问题。

链接 3-1

布局调整是农村教育发展必然选择

最近一段时间,由于几起校车安全事故,引起人们对农村中小学布局调整的关注和热议,其中一些观点将校车事故归咎于学校布局调整,批评甚至否定农村学校的布局调整。校车事故与布局调整虽然有关联,但并没有因果关系。因为校车事故而否定布局调整是不合理、不科学的。

近年来开展的布局调整,是我国农村教育发展到一定阶段的必然选择。其必然性表现在以下几个方面:

第一,是学龄人口变化的必然选择。随着我国经济社会的发展和计划生育政策的实施,我国人口出生率不断下降,中小学特别是农村中小学的学龄人口不断减少,学校规模不断缩小,很多农村学校的学生人数大幅度下降。这就要求必须调整学校的布局,根据适龄儿童的人数合理布局学校。

第二,是人口流动的必然选择。随着城市化的发展以及农村外出务工人数的增加,子女随父母流动的比例大大增加。人口流动都是从农村流向城市,从偏远地区流向发达地区,从交通不便的地方流向交通便利的地方,其中很多流动到乡镇、县城等。学校是为学生服务的,人口的流动特别是学龄人口的流动,要求学校布局也要相应调整,以满足儿童的就学需要。

第三,是提高教育质量的必然选择。当前我国基础教育发展已进入到以提高质量为核心的新的历史阶段。家长对高质量教育的渴望日益迫切,但以往那种分散的学校布局,既难以改善办学条件,也难以吸引和留住高水平教师,大大影响了农村学校的办学质量。通过学校布局调整,不仅能够促使政府加大投入,改善农村学校的办学条件,也有利于学校留住和吸引高水平教师,为提高教育质量提供保障。

第四,是教育均衡发展的必然选择。实现教育均衡发展、促进教育公平是当前和今后一个时期我国教育改革与发展的重点。教育均衡发展既要求办学条件的均衡,也要求教育起点、教育过程乃至教育结果的均衡。通过布局调整,使得学校的布局更加合理,学校的办学条件达到国家或地方规定的标准,并使得学校与学校之间的办学条件基本均衡,从而促进教育公平。

第五,是学生健康成长、全面发展的必然选择。在布局调整之前,由于学校分散,校舍破旧现象严重,危房比例较高,文艺体育器材难以保证,甚至冬季的取暖、学生喝水等都难以保证,音乐、体育课程难以开设。通过布局调整,不仅可以解决危房问题,改善学校的办学条件,也有利于文艺体育器材的配备,能够较好地解决供暖、供水问题,保证学生的健康成长和全面发展。特别是一些地方实行寄宿制教育,还可以为农村留守儿童提供良好的教育、学习和生活环境,减轻外出务工家长的后顾之忧,保证了学生的健康成长。

可见,农村中小学必要的布局调整,符合经济社会发展的规律,符合人口变化流动规律,符合教育改革发展规律,有利于学生的健康成长和全面发展,满足了人民群众接受优质教育的期望。

当然,在布局调整中有些问题也需要进一步关注。比如在价值取向方面要以学生发展为主,而不能单纯讲办学效益;在规划中要因地制宜,而不能"一刀切";在程序上要认真论证,甚至召开听证会,而不能凭长官意志。下一步,布局调整应审慎开展,注意解决存在的问题,避免再出现上学远或上学不便的情况。

(王嘉毅(西北师范大学校长、教授、博士生导师),中国教育报,2011-12-30,第1版)

链接 3-2

农村中小学布局调整的误区

近年来,我国中小学布局调整取得了很大成绩,对于优化教育资源,提高教育质量,促进基础教育规模发展发挥了很大作用。但也出现了一些值得重视的问题:过多地撤并农村学校引发了新的"上学难"、"上学贵",引起了一些地方人民群众的上访和抵触,理论界与舆论界对布局调整有一些不同的看法,在一些地方撤并校点酿成了社会关注的热点问题。究其原因,在于对中小学布局调整存在诸多观念性特别是政策性误区。

——"教育县镇化"。一是把学校向城镇集中当做带动人口向城镇集中的工具,实行初中、小学过度城镇化、超前城镇化,使大量农村学生的父母到城镇陪读,引发诸多问题;二是把"教育城镇化"演绎为"教育县城化"。在一些人口少、人口密度小的边疆地区和牧区,实行中学集中到县城来办的办法是可行的。但对于一般内地来说,必须考虑城乡教育协调发展,布局调整中应审慎对待"教育县城化"问题。三是弱化乡村教育的倾向。一些人认为,人口城镇化必然带来教育城镇化,乡村学校撤并是早晚的事,因此对乡村学校不再作为关注和建设的重点。四是简单化地认为缩小城乡教育差距的治本之策是减少农村教育,主张把乡村学校尽可能建在县城。这种做法容易带来不顾条件的"学校进城风",进一步加剧城镇入学难、班容量过大问题。

——"片面的教育成本论"。办教育要讲成本,但成本包括公共投入和个人投入两种成本。一些地方片面地理解降低教育成本,不讲条件地调整学校布局,甚至提出实行全寄宿目标。这样一来,尽管公共投入成本降低了,但却增加了学生饮食、交通、安全以及家长陪读等方面的费用,大幅度提高了学生家长承担的教育成本。因此,在推进中小学布局调整中,必须全面把握教育成本问题,充分考虑学生家长的经济承受能力,以免造成总成本增加,引发新的"上学难"、"上学贵"。

——"规模越大越好"。办学校需要一定的规模,但不是规模越大越好。一些地方在布局调整中不适当地提出办大规模学校。规模决定服务半径,在一定人口密度情况下,规模越大,服务半径就越大,学生就近入学也越加困难。上学路途变远,增加交通费用,带来安全隐患。此外,小学低年级学生上寄宿制学校,远离父母,不利于儿童心理、生理健康成长。

——"乡村学校功能的单一化"。学校是多种功能的综合体。在农村特别是在边远农村地区,学校是文化人集中的地方,是义务教育、学前教育、成人继续教育的阵地,又是农村社区的文化、科学、体育中心。一所乡中撤走了,就等于这个乡的文化、科技、体育中心也相应消失了。一所小学撤掉了,所举办的学前班、公办附属幼儿园也办不下去了,乡村成人社区继续教育中心也消失了,农村的终身教育体系建设也就失去了依托。

——"县里说了算"。布局调整需要大额资金投入。在分级办学体制下,依靠乡村投资办学,布局调整没有乡村和当地群众的同意和支持是很难进行的。在以县为主的体制下,学校基本建设主要依靠县以上财政拨款,在布局调整中往往出现"县里说了算"的现象,不征求或不听取乡村和当地群众意见,容易引起群众上访,乃至引发事端。

我国是人口大国,又是一个以小农经济为基础的传统农业大国。农村教育必须坚持为"三农"服务的基本方向,承担培养新农村建设者和为各行各业服务的专门人才的双重任务。这是我国的基本国情和教情。农村中小学不能都搬到城镇来办,必须有相当数量的学校扎根农村,坚持就近入学,创造学生接触农业、接触农村、接受农业劳动实践的环境,培养他们热爱农村、建设农村的情感和志向。农村中小学布局调整要坚持为"三农"服务的基本方向,要充分考虑其多种功能和综合效益,把农村中小学调整与农村学前教育、社区成人继续教育和乡村文化、科技、体育建设统筹考虑,建立和完善以政府为主导,乡政府、村委会和村民代表共同参与的民主化调整决策机制。

(韩清林(中国教育学会农村教育分会理事长),中国教育报,2011-09-29,第3版)

链接3-3

民进中央关于制定《农村学校布局调整若干规定》的提案

2001年国务院《关于基础教育改革与发展的决定》(以下简称《决定》)提出要"因地制宜调整农村义务教育学校布局"。

近年来的布局调整,整合了农村教育资源,提高了教育质量和办学效益,总体上是应当肯定的。但在撤并中存在工作简单化、程序不规范以及撤并后办学条件没有跟上的问题。不少地方不顾客观实际,提出"小学进镇"、"初中进城",有的地方甚至提出要"消灭农村教育"。从2000年到2010年十年间,我国农村的小学减少了一半,从55万所减少到26万所(平均每天消失56所农村小学),初中从6.4万所减少到5.5万所。

在《决定》中,对"撤点并校"是提出了明确要求的:"在交通不便的地区仍需保留必要的教学点,防止因布局调整造成学生辍学。"但事实上,许多地方在执行《决定》时,偏离了布局调整的初衷,以整合教育资源为借口,把撤并当成了唯一的目的。其实质是为了方便地方教育主管部门对学校的管理并减少教育投入。现实情况是,越"在交通不便的地区",撤并的力度越大,甚至发生过强行撤并事件。

乡村小学的撤并导致乡村文化氛围、适宜居住度严重降低,公共生活空间减少,学校与乡村社区关系疏离,引发新的教育不公平,同时成为诱发学生辍学的新影响因素。长远看,还将严重影响新农村建设、城乡社会和谐发展和国家粮食安全。

为规范农村学校的布局调整与建设,我们建议国家教育主管部门尽快出台《关于农村学校布局调整若干规定》。在该规定中要对以下方面做出明确的规定:

一、明确规定调整的重点与补偿机制。农村学校布局调整的主要矛盾在小学,应重点对小学布局调整的原则作出明确规定,并阐明保留村小和教学点的重要意义。对因农村学校布局调整导致的弱势群体上学成本增加,政府为由此产生的额外负担进行补偿,建立相应的补偿机制。

二、明确因地制宜撤并学校的政策因素。因地制宜的布局调整政策给了基层政府较大自主裁量权的同时,没有明确基层政府应怎么因地制宜。实际上,农村学校布局调整受三大类12个因素的制约,即物质性约束条件(自然地理状况,交通状况)、社会性约束条件(人口,民族,宗教文化,社会治安,家庭生存形态,地方政府资金供给,百姓教育意愿)、教育性约束条件(学生身心发展,学校与农村社区关系,学校自身历史文化,学校功能发挥)等。农村义务教育学校布局调整,要全面考量这些因素。

三、明确规定农村学校撤并的标准。考虑到全国各地具体情况的不同,农村学校撤并可实行"底线+弹性"的标准进行综合评价。

"底线标准"包括:该乡镇只有一所小学;跨越不同民族、宗教群体的学校,或邻近宗族之间存在矛盾冲突;邻近学校的交通道路存在重大安全隐患,如泥石流、山体塌方、江河决堤、野兽出没等;学校建筑历史超过一百年以上;60%以上社区居民强烈反对等。应明确,只要符合上述任何一条,原则上就不宜进行撤并。

"弹性标准"包括:在校生人数、学生学业测试成绩、居住地到学校的距离、可用的交通方式、学校历史、学校与农村社区关系、社区的学龄人口结构、地方政府年度资金投入、原校区用途、社会治安安全感率等。

四、明确规定恢复、扩建农村学校的标准。在该《规定》中应明确提出,确因客观需要,可适当恢复一些村小和教学点,扩建一些农村学校。

恢复和扩建学校的标准应按服务半径、服务人口、学校规模、资源配置、占地面积(建筑面积)等五大指标全面考量。小学和初中应区别对待,边远山区和丘陵平原地区应区别对待。例如:边远山区新建扩建的小学服务半径以 1.5~2.5 公里为宜;丘陵平原恢复、扩建小学的服务半径一般应为 2~3 公里;边远山区新建扩建的初中服务半径应为 7~12 公里;丘陵平原恢复、扩建初中的服务半径一般应为 10 公里左右。寄宿制学校服务半径可适当扩大。

五、明确规定村小和教学点支持性举措。在《规定》中,应建立学区中心校总法人制度,实行村小和教学点教师"中心校管、统一使用"的政策;实行教学点教师和偏远村小教师特殊岗位津贴制度和专项培训制度,鼓励教师到村小和教学点任教的积极性,提高实施小班化教学和复试教学的能力;加强教学点和村小网络平台和远程信息平台建设,促进优质教育资源的共享。

六、明确规定农村学校撤并的基本程序。农村学校撤并程序不民主、不公正已成为影响农村社会不安定的重要甚至直接原因。为保障做到学校撤并的信息公开、多方参与、过程民主、决策科学,(1)要保障受到决策影响的主体实质性地参与撤并过程,建立受决策影响主体的利益表达机制和行政部门的意见听取机制,要有"听"有"取";(2)建立撤并过程的科学论证机制,要全面收集与整理相关事实、数据和意见等信息,应有对事实数据的分析、对决策方案的讨论、对不同意见的评议、对教育政策的解读等环节,公布决策结果并说明理由;(3)撤并全过程要公开。实行学校撤并决策依据、过程和结果的公开,推进事关农民切身利益的重大教育问题决策的科学化和民主化。

(全国政协十一届五次会议提案第 0006 号,http://www.cppcc. gov.cn/zxww/2012/03/06/ARTI1331008892843215.shtml)

在所有对"撤点并校"政策的质疑和批评中,北京理工大学杨东平教授关于学校撤离对农村社会健康发展产生负面影响的意见提供了评估该政策综合社会影响的一个新的视角。

链接 3-4

快速城市化与撤点并校

温家宝总理刚刚结束的两会所作的《政府工作报告》,前所未有地提到农村撤并学校问题:"农村中小学布局要因地制宜,处理好提高教育质量和方便孩子们就近上学的关系。"农村教育的这一问题,因去年频频发

甘肃农村学校的奶奶"陪读大军"（转自《兰州晨报》）

生的校车悲剧而凸显。校车事故的后面，就是农村学生上学的路越来越远。而农村学生"上学难、上学贵、上学远"的现象背后，则是持续了十年之久的农村学校布局调整，俗称"撤点并校"的政策。

这一政策的初衷，是针对农村学龄人口大幅下降的现实，通过集中资源办学以提高农村教育质量，其合理性是毋庸置疑的。但是，它在实施过程中逐渐走样变形，出现了"一刀切"和过度撤并的问题。例如，广西柳州市的鹿寨县，全县239所学校撤并后只保留33所，即撤并84%的学校。各乡镇原则上只保留一所寄宿制小学，在县城建设一个教育集中区。山西吕梁市石楼县原有349所中小学，撤并的规划是保留42所，即撤并88%的学校。陕西省吴起县2005年有185所小学，目前仅剩10所，撤并的规模达95%。"学校进城"成为许多地方的共同口号。在地广人稀的内蒙古，许多地方苏木（乡）、嘎查（村）的学校全部没有了，所有初中小学都合并到旗，牧民只能到旗里买房或租房陪读。

学生"上学远"增加了安全隐患，并产生新的流失辍学，这是过度撤并学校最外显的问题。大规模"学校进城"造成农村教育"城挤、乡弱、村空"的局面。当农村学校日益荒芜凋敝之时，城镇的学校人满为患，出现前所未有的"大班额"现象。有的小学班额就超过100人，教师资源严重匮乏，无法保证教育质量。

寄宿制学校是解决学生上学远的主要方案。然而，低龄儿童过早寄宿，意味着对他们正常的家庭生活、家庭教育的剥夺。由于经费投入不足，许多农村寄宿制学校缺乏食堂、开水房、洗澡间等基本条件，造成学生营养不良、身体和心理健康、情感、安全等诸多问题。进城陪读是另一个解决方案。但是，无论上寄宿制学校还是家长进城陪读，都大大增加了农民家庭的经济负担，抵消了义务教育免费的好处。

学校进城还导致农村学校的集中化程度和重心越来越高，正在改变农村的教育生态。由于层层"掐尖"，优秀的学生和教师资源不断向上流动，从农村流入乡镇和县城，再流入地级市和省会城市。具有垄断性的巨型学校、超级中学主要设立在省会城市和地级市，致使农村学生进入优质高中和名牌大学的机会逐渐降低。

将学校从农村"连根拔起"，对农村社会的影响远远超越了教育自身。家长进城陪读，不仅影响生产劳动、老人赡养，而且导致离婚率上升和家庭破裂，这在内蒙古牧区相当突出。牧民的孩子进城上学后，不但吃不到肉，学习母语变得困难，并且将来难以回到草原。如同农民说的"生产荒了，婆姨荒了，老人荒了，孩子荒了"。

可以看到，各地推进撤点并校有两种不同的动机。一种是顺应农村学生人数减少而适当撤并学校；另一种情况则是人为地加剧撤并农村学校，其动机往往是非教育的。这一政策之所以获得强有力的行政推动，学校撤并的规模越来越大，是由于学校撤并可以明显减少地方政府的教育经费支出；另一方面，它正在演变为一项新的政绩"运动"。在地方政府"城市化率"的攀比中，撤点并校成为拉动县镇人口增长和经济发展的有力工具。当前不少地方的"大手笔"，是将乡镇学校大多撤销，在县城集中建立"教育园区"，从而拉动县城的房地产，聚集人口，以追求"撤县建市"等目标。这使我们看到了上世纪90年代"效率优先"的"教育产业化"路线在新形势下的复活。

今天，在快速城市化进程中，农村教育正面临巨大的困惑和危机。尚未撤并的农村学校也笼罩在不知明天的惶惑不安之中，人心浮动。无论是校长、教师还是地方政府，都无力回答这样的提问：新农村还需要学校吗？农村教育的现代化难道就是取消农村教育？

过度撤并农村学校之风必须降温和刹车，国家主管部门的意见发出了明确的信号。但更重要的，是需要破解农村教育的危局，探索新形势下农村教育的科学发展之路。山西晋中市通过均衡教育资源、教师流动、示范校高中指标下放等"好政策"救活了农村学校。吉林省通榆县通过提升农村教育质量,出现了县城学生回流农村、返乡就读的现象。这一事实证明,如果不是抽血拔根,而是培土施肥,固本强基,农村学校完全可以恢复生机,而不是"将就木"。当然,真正克服危机,还需要探索兼顾公平、质量的农村教育资源配置方法,需要探索真正适合农村需要的活的教育、以学生为本的教育、能够改善生活的教育。

(北京理工大学教授杨东平,http://blog.sina.com.cn/s/blog_492471c80102dvwg.html)

上述对"撤点并校"政策的争论看来已经对地方政府的教育决策产生了积极的影响。在西部各省区发布的"十二五"或中长期教育改革和发展规划纲要中可以发现,虽然学校布局调整依然是各地推动基础教育均衡发展的重要政策措施,但同时已经无一例外地强调要因地制宜,要充分尊重当地群众的意愿。我们期待西部地区在今后的学校布局调整实践中,不但要考虑城乡教育资源的统筹安排,还应该从城乡社会协调发展的立场出发作更长远的思考和制度安排。

第二节 教师流动

在努力缩小城乡之间和学校之间办学条件均衡的同时,人们已经普遍认为,教师在城乡和学校之间的不均衡是比其他条件更重要的影响教育均衡发展的制约因素。于是,各级教育行政部门开始提倡、鼓励和规定符合一定条件的教师需要在城乡和学校之间流动,以控制和缩小优秀教师向少数学校积聚的自然倾向。

2005年,《教育部关于进一步推进义务教育均衡发展的若干意见》(教基〔2005〕9号)中要求"县级教育行政部门要依法履行对农村中小学教师的资格认定、招聘录用、职务评聘、培养培训、调配交流和考核等管理职能,加强辖区内教师资源的统筹管理和合理配置。要严格按照有关规定,保质保量地为所有中小学配齐合格教师。核定教师编制时要向农村学校倾斜,新增教师要优先满足农村学校、城镇薄弱学校的需求。要采取各种有效措施,建立区域内骨干教师巡回授课、紧缺专业教师流动教学、城镇教师到农村学校任教服务期等项制度,积极引导超编学校的富余教师向农村缺编学校流动,切实解决农村学校教师不足以及整体水平不高的问题。"

与教育行政部门采取的行政手段不同,从2003年开始,团中央、教育部、财政部、人力资源和社会保障部共同组织实施"大学生自愿服务西部计划",按照公开招募、自愿报名、组织选拔、集中派遣的方式,每年招募一定数量的普通高等学校应届毕业生,到中西部贫困县的乡镇一级从事志愿服务工作。志愿者服务期满后,鼓励扎根基层,或者自主择业和流动就业,并在升学、就业方面给予一定政策支持。

2006年,教育部、财政部、人事部、中央编办下发了《关于实施农村义务教育阶段学校教师特设岗位计划的通知》(教师〔2006〕2号),并联合启动实施"特岗计划",公开招聘高校毕业生到"两基"攻坚县农村义务教育阶段学校任教。2006—2008年,全国共招聘特岗教师5.9万多人,覆盖400多个县、6000多所农村学校。2009年农村特岗教师共招聘65323人,大多数省份应聘人数是岗位数的3到6倍,少数省份甚至达到10多倍。2006年招聘的首批农村特岗教师3年服务期满后,决定留岗的接近九成。"特岗计划"的实施有力地缓解了农村地区教师紧缺和结构性矛盾,促进了农村学校面貌的变化,受到各地的普遍欢迎。据统计,首批招聘的特岗老师留任13407人,占服务期满在岗教师的88.7%,其中广西、宁夏留任教师占服务期满在岗教师的99%以上,云南留任的占服务期满教师的97%。广西作为全国的首批试点省区,从2006年开始实施"特岗计划",4年来招聘特岗教师9786名。2009年,第一批服务期满的634名特岗教师的转岗率为99.7%。目前,在岗教师8393人,分布在全区54个县(市、区)的农村中小学任教。同时,还实施"农村学校教育硕士师资培养计划",2009年招聘了农村教育硕士9名到农村中小学任教。

在以上政策指引下,西部地区积极创新教师流动方式并取得了显著成效。

链接 3-5

"区管校用"促城乡教师流动
——记成都市温江区教师人事体制新模式改革

眼下,在四川省成都市温江区,所有教师手中都有一份成都事业单位的聘用合同,"雇主"不是所在学校,而是一个叫"成都市温江区教职工管理服务中心"的机构。

这个中心是温江区2008年专门成立的一个事业单位。该中心对城乡教师的人事、户籍、保险、工资等进行统一管理,打破了教师属于学校的人事关系等束缚,从而实现了温江区内城乡优秀教师的顺利流动。

这是成都市温江区改革教师人事体制、创新教师管理"区管校用"模式带来的变化。

"区管校用"促进城乡教师交流

教师变为"社会人"后发生了什么？"区管校用"比"校管校用"的优势又体现在哪些方面？

"最重要的作用就是激活了教师队伍，促进了城乡教师的交流。"温江区教育局局长胡德福说。他告诉记者，作为成都的近郊区，温江农村学校多，优秀师资不足。前几年，当地按照国家教改要求实行城乡教师流动，但效果很不明显。

"城区教师因为编制固定在学校，大多不愿意去农村任教，即便是短期交流，城区校长也对一些骨干教师扣着不放。"胡德福一语道破以往城乡教师交流难的症结。

"区管校用"的实现找到了破解难题的办法。按照每所学校的学生人数，温江区教育局对每所学校重新审定人员结构，采用科学定编和竞争上岗相结合的方法。"假如某个学校的语文教师多了，通过竞聘落选的教师就要进行校际间的岗位竞聘，调整到其他缺少编制的学校，这样便盘活了全区的教师资源。"温江区教育局人事科科长胡勇说。

据介绍，温江区教育局每年对全区义务教育阶段教师实施两轮岗位竞聘。第一轮竞聘按教育局对学校确定的岗位比例进行，落聘人员实施第二轮岗位竞聘。对连续未通过两轮竞聘上岗的人员，教职工管理服务中心也出台了相应的管理办法，对他们进行培训，加强考核，帮助他们获得适合的岗位。

以往，教师的人事关系在学校，工作岗位由学校安排，假如有教师不胜任某个岗位，学校只能将其调离，很难解聘。"而现在则不一样了。教师的人事关系由教职工管理服务中心统一管理，如果有教师确实不能胜任某个岗位，学校可以将其辞退，重新选聘合适的教师。"胡勇说。

激励保障让教师流得动，留得住

俗话说，留人容易留心难。要让教师积极主动地参与城乡交流，除了硬性的制度还不够，仍需要一整套落到实处的激励保障措施。

温江区实行"区管校用"改革之后，一批有经验的城区学校校长被交流到农村任职，寿安学校现任校长刘云清便是其中之一。"接到通知后，我给爱人发了条短信，她马上便回了一条，说'坚决不要去'。毕竟以前在城区学校，无论是师资还是学生生源，都比我要去的寿安学校好很多。"

为了让教师们安心留在农村学校教书，从去年起，温江区教育局便按距离城区远近设立了每月 180 元、280 元和 400 元 3 个等级的农村教师补贴。这意味着，温江区最偏远的农村教师比城区教师每年多拿近

5000 元。

接着,另一项送给农村教师的"大礼包"更实惠。"我们一次性购买了城区 3 个楼盘的 296 套住房,分给偏远农村住房困难的教师。我们买时价格为每平方米 3280 元,卖给教师是 2200 元,相当于每个教师从中享受到 8 万至 10 万元的住房补贴。"胡德福说。

此外,温江区还在职称评定、教学评优、国家级和省级培训机会等方面大力向农村学校倾斜,帮助农村教师拓展事业发展的空间。

如今,寿安学校完成了现代化改造,校园环境发生了翻天覆地的变化,甚至超过了很多城区学校。"目前学校的教学设施设备是新的,生均占地面积比许多城区学校还大。"刘云清自豪地说。

新体制让教师重新找到人生坐标

实行"区管校用"3 年多来,曾经担任温江教职工管理服务中心主任的喻卫斌见证了许多学校和教师们的变化。

一名在竞聘中因"工作不在状态"落选的年轻教师,调整到另一所农村中学后,工作态度发生了极大的转变。"他勤奋钻研教育教学方法,仅用了两年,他所带的班级便获得了全区第一名。有一次,我去听他的课,课堂上妙趣横生,没有一个孩子思想开小差。"喻卫斌说,正是"区管校用"、竞聘上岗的制度,让很多教师重新找到了人生坐标。

可喜的变化不仅仅体现在教师们的身上。实施"区管校用"改革以来,温江区打破了以往教师属于学校的人事关系束缚,实现了"教师能进能出、干部能上能下、职称能升能降"的新型用人模式。

在新模式下,温江区实行竞争性选拔干部,推行校长聘任制,校(园)长竞聘上岗;学校副校长及中层干部在全区范围内跨校竞聘上岗。对年度考核处于末三位的,实行诫勉谈话,连续两年处于末三位的,作待岗处理。目前,全区已对 69 名长期外出、不安心教育工作、违反工作纪律的教职员工分别作了辞退、辞聘等处理。

"区管校用"模式也促进了温江城乡教育资源的均衡配置,打通了城乡教师流动渠道。"现在,我们参与校际和城乡交流的教师相当于过去的十几倍。"温江区教职工管理服务中心负责人王艳说。

而就在上百名城区教师向农村流动的同时,温江区农村学校的师生比例反而从过去的 1∶10 变成了 1∶11。"这说明,由于农村学校校舍、师资等条件改善了,农村学生到城区择校的数量明显下降。"胡德福说。

(来源:中国教育报,2011-08-26,第 1、8 版)

机制创新促进优质教育资源平衡流动

2003 年,青羊区学生总数 50276 人,其中外来务工人员子女 3000 余人。2010 年,青羊区的外来务工人员子女增长到 10435 人,占全区学生总数的 18.6%。生源结构的变化对涉农学校的教学和管理提出了更高的要求。为了鼓励城区优秀校长和教师到涉农地区任职任教,青羊区还出台了很多改革创新的措施。

比如,青羊区以涉农地区的 9 所学校为试点,率先实行校长职级制改革。校长职务按七个级别享受不同的年薪待遇,淡化行政级别,促进了校长的常态流动。此外,还制定了服务政策,鼓励城区教师到涉农学校任教。将教师在农村学校任教的经历作为评聘高一级教师职务、选拔区以上学科带头人、优秀教师评选的必备条件。

"我们学校包括我在内共有 9 位校级干部和骨干老师来到西区分校工作。"实验小学西区分校校长向尧说。有着欧陆风情的实验小学西区位于成都市三环外,原本是一所普通的村小,学校教师编制不到 30 人,并且由于地处城乡结合部,农民工子女占绝大多数,学生流动性非常大。2008年,该校被纳入青羊区名校集团化发展工程,经过不到三年的发展,实小西区分校已成为成都教育界的"新兴名校。"

据了解,实小西区目前 300 多名学生中,大部分来自已撤销的培风小学,他们更是感受到"名校西移"所带来的巨大变化。汪绪、杨晓岚等同学对新学校感触最深的是:"我们现在上课的设备,好多都是'高科技'——电脑、实物投影仪器、背投电视,好方便哟!""我们的老师太好了,不仅课讲得好,还很关心我们!"而原来的学校留给他们的记忆是:"墙壁上的石灰经常弄到衣服上,拍都拍不掉!""遇到下大雨,教室里还会漏雨。""有时上课,天花板上还会掉下石灰块!"

学生家长谢智慧是去年随丈夫工作调动来成都的。说起儿子,谢智慧滔滔不绝:"孩子今年春节回老家,与原来的小伙伴聊起自己的学校,特别自豪,学校一年级就开设了英语课和电脑课——娃娃总是纠正我该叫'信息技术课',而我们老家的学校都没有。"谢智慧的孩子今年春节回老家还给小伙伴"吹牛":"我们学校有乒乓球馆,还有'罗马议事厅',还可以到'魔幻厨房'学做西餐……"得意之情溢于言表。

谢智慧还对学校设立的"家校联系本"印象颇深,在这个小本子上,老师将孩子每天在校的情况写在本子上,让孩子带回家;家长也会将孩子回家后的表现通过本子告诉老师。"我们老家的学校就没有,家长想了解孩子在学校的情况,需要专门到学校去找老师,联系渠道很不通畅!"

硬件的投入仅仅是表象,更深层次的均衡应当是软件的均衡,应当是体制、机制的创新。据悉,青羊区坚持以"四个一体"模式深度推进教育均衡。首先是规划一体,即所有学校全部纳入城乡一体化发展规划之中。2008年、2009年,全区教育总投入分别为4.48亿、5.88亿元,教育财政拨款比上一年分别增长18.70%和65.21%,远远高于当年财政经常性收入的增长比例。2008年、2009年,全区学生均公用经费分别比上年增长0.22%和1.75%。为保证每一个孩子尤其是进城务工人员子女能够享受到优质的教育资源,青羊区克服困难,2009年,全区共解决义务教育阶段进城务工人员子女就读10442人,占义务教育阶段在校学生总数的19.25%。其次是标准一体,统一城乡学校建设标准、公用经费标准、质量和评估标准。从2008年至今,青羊区共新建和改建6所涉农地区学校,并按照"一校一品、一校一景"的思路打造出生态实小西区、绿色绿舟、艺术境界等一批内涵丰富、特色鲜明的涉农学校。第三是配置一体,主要体现在硬件和软件两个方面。硬件方面,新增经费主要用于涉农学校,截至2010年6月,青羊学校校园网建设比例达到1∶1,网络覆盖到全区所有班级,多媒体教学系统班级覆盖率达到1.6∶1,师机比达到1.2∶1,生机比达到10.5∶1。软件方面,通过青羊区教师人才管理中心统一调配教师,通过交换、跟岗等模式不断提升涉农地区教师教学水平,具有本科学历的涉农地区教师由5年前的23%提升到现在的87%。第四是管理一体,通过一体化管理,提升涉农学校的"软实力"。通过集团化发展,不断辐射优质教育资源,先后成立实验小学教育集团、泡桐树小学教育集团、石室联合中学教育集团、树德实验中学教育集团、金沙小学教育集团、草堂小学教育集团、青羊实验中学教育集团,占全区学校总数的50%。截至2010年7月,青羊区义务教育阶段有7大教育集团,涵盖23所学校,集团学校数占该阶段公办中小学总数的50%,集团学生数占义务教育学生总数的54.8%,农民工子女和涉农子女占集团学生总数的28%,近年来,从各个集团本部派出的校级干部总数为38人,占全区中小学干部总数的21%,集团本部派出教师数占本部教师的10.5%,并涌现出实验小学西区、泡桐树小学绿舟校区、树德、石室西区等新兴品牌学校。

(宏火:"均衡教育的青羊样本——成都市青羊区推进城乡教育一体化",《中国青年报》,2010-10-23,http://www.jyb.cn/basc/xw/201011/t20101123_401219.html)

2010 年,教育部印发《关于贯彻落实科学发展观进一步推进义务教育均衡发展的意见》(教基〔2010〕1 号),再次就教师流动要求"各地要对义务教育学校合理定编,科学设岗,满足义务教育均衡发展对师资的需要。要健全教师培养机制,加大对教师尤其是农村教师的培训力度,促进教师专业发展。健全城乡教师交流机制,推动校长和教师在城乡之间、校际之间的合理流动,鼓励优秀校长和骨干教师到农村学校和薄弱学校任职、任教,发挥示范、辐射和带动作用。建立完善城镇教师到农村学校任教服务期制度。继续实施农村义务教育学校教师特设岗位计划,创新教师补充机制。积极改善农村教师的工作生活条件,提高农村教师待遇,全面实施并不断完善义务教育阶段教师绩效工资制度。"就我国义务教育进入巩固普及成果、着力提高质量、促进内涵发展新阶段的有关工作作出部署,提出力争在 2012 年实现区域内义务教育初步均衡,到 2020 年实现区域内义务教育基本均衡。

教师流动作为政府推进教育均衡发展的重要政策工具在《国家中长期教育改革和发展规划纲要(2010—2020 年)》中也得到了体现,规定"城镇中小学教师在评聘高级职务(职称)时,原则上要有一年以上在农村学校或薄弱学校任教经历"。需要指出的是,理论上教师流动对于均衡配置城乡教育资源无疑具有直接的作用,但如果缺乏如"农村教师加薪"、"教师周转房"等相应的配套政策的支持,则其积极作用的发挥将受到极大制约。比较而言,目前各地广泛开展的各种形式的基于学校之间的合作,对于控制学校之间的发展差距,保持学校之间的动态均衡等政策目标,已经表现出更强的生命力。

第三节　学校合作

在城乡学校之间、优质学校和薄弱学校之间建立相对稳定的合作关系,通过学校之间的合作互助建立区域教育均衡发展的长效机制,是一种不同于教师流动的另一种政策思路。

在城乡一体化的进程中,许多城郊学校划归城区管理,其办学条件和办学水平与城区学校差距很大,为了帮助这些学校改善办学条件,提高办学水平,缩小城乡、区域和校际差距,很多地方政府出台了对口帮扶政策,通常被称为"结对子"、"手拉手"等活动。结对方式有城区优质学校与农村学校的结对,强校与弱校的结对,农村中心学校与完小、教学点的结对,城市超编教师学校与农村缺编学校的结对,进而细化到城镇优秀校长和校长后备人选到农村薄弱学校挂职支教,选派农村薄弱学校校长到城镇中小学挂职锻炼,对口帮扶学校的教师与农村学校的教师的结对,对口帮扶学校的学生与村小学生的结对,班级、中队、小队、个人、家庭等形式的结对,等等。

结队帮扶的内容有办学条件上的帮扶,如城镇学校、教职工和学生为农村困难学校、贫困学生捐款捐物,改善其办学条件;旨在办学水平提升的帮扶,如帮扶学校在建立合作学校管理互通平台、全面开放优质学校教育资源、实行统一的学校教学管理和指导、建立统一的教科研活动制度、开展教师和管理骨干交流活动等方面担起职责。对口帮扶政策的落实主要依靠行政手段,而在具体的实施过程中,一些有效的制度安排包括成立对口支援领导小组、制定城镇学校对口支援农村困难学校 1~3 年计划、确定支教具体比例分配与考核以及一些激励性政策等。作为区域教育均衡发展的一项主要政策,政府对学校之间的对口帮扶从财政上给予了大力支持。

一、西安市中小学对口支援工作

根据《教育部关于进一步推进义务教育均衡发展的若干意见》(教基〔2005〕9 号)精神,为进一步促进义务教育均衡发展,推进教育公平,提升教学质量,陕西省和西安市都先后发布了地方进一步推进义务教育均衡发展的意见和方案,在《西安市关于义务教育均衡发展的意见》(2007)中,对口支援作为一项重要的政策举措得以贯彻实施。总结起来,西安市城区与郊县学校的对口支援工作的具体内容包括:

(1)向对口学校定期或不定期地开放学校教育教学设施,实现教学资源共享。

(2)对对口学校在教育理念、教育教学管理等方面予以重点指导;将对口学校的发展纳入本校发展规划之中,协助对口学校制定发展规划,督促其达成各项发展指标;指导对口学校形成较为稳定的办学理念与办学特色,将本校良好的管理与教学经验输入对口学校,切实提高对口学校的教学质量与管理水平。

(3)承担起对口学校教育教学的指导工作,开展多种形式的教育教学交流活动。通过集体备课、上公开课、示范课,教师之间结对子、网上指导,共享图书资料、实验设施、多媒体课件等形式,组织学校进行校本教研,切实解决教育教学中的具体问题,提高对口学校的师资水平和教育教学质量。

(4)定期组织师生开展"手拉手"互帮互学的活动。组织学生到对口学校参观、交流,将对口学校作为实践和服务基地;对口学校也可组织学生到城区学校参观学习,分享现代化的教学设施,体验城市学校的校园文化生活。

为了确保这些对口支援工作的落实,西安市教育局从管理的源头作了细

致周密的安排,一些管理措施包括:

1.加强对口协作工作领导

教育行政部门切实加强对对口教学研究与对口支援工作的领导和管理,制定相关政策和措施,确保对口教学研究与对口支援工作的落实。为加强对对口教学研究与对口支援工作的指导,市教育局成立由局长任组长的西安市城区中学对口教学研究与对口支援工作协调领导小组,具体工作由基础教育科牵头,局政治处、人事科、教师科参与相关工作。各区教育局和有关学校要成立相应的机构,并确定专人负责。

2.制定对口教学研究与对口支援工作方案

区教育局要根据本地实际,在统筹城区中学布局调整的基础上,制定对口教学研究与对口支援工作实施方案,统筹组织和安排对口教学研究与对口支援工作。对口教学研究与对口支援的学校之间要通过签订帮扶协议书、拟订帮扶计划等,明确对口协作的时间、内容、项目、具体实施办法等,在一定时期内达到阶段性目标,形成对口良性互动机制,使对口协作工作富有成效。

3.加强常规工作管理

对口教学研究与对口支援工作是新形势下盘活教育资源,促进教育均衡发展、提高教育整体水平的一项创新性工作。各区教育行政部门为加强对这项工作的管理,执行对口教学研究与对口支援工作报告制度。每年3月和12月底前,区教育局必须将对口教学研究与对口支援工作的计划及实施情况(包括协作内容、项目、具体做法和效果等)书面报市教育局。市教育局将定期开展对口教学研究与对口支援工作的检查、指导和评估。形成对口支援工作考核方案和对口支援工作考核细则。

4.建立对口协作绩效考核和奖励机制

2009年,西安市制定了《西安市中小学薄弱学校建设评估验收标准(试行)》,通过对薄弱学校的绩效考核来考察支援学校的对口支援绩效,对工作成绩突出的学校和支教教师实行专项奖励。

现以西安市第一中学2009年的工作总结为例,来具体考察作为对口支援政策中的资源输出方在具体执行中有些什么举措。

按照市教育局的工作部署,周至县和蓝田县的部分学校成为西安市第一中学的对口帮扶单位。西安一中成立了对口支援组织机构,具体明确了帮扶工作的内容及责任处室,制定了2009年对口支援与帮扶工作具体安排,并以多种形式与多个地区的学校开展了对口帮扶工作。

(1)教育教学的指导

学校办学质量最主要的决定因素是教师,在完成繁重的教学任务的情况下,西安一中每年选派一名骨干教师到临潼支教。同时采用短期参与指导的方法,选派 2 名优秀教师到周至县板房子中学上公开课,与该校教师开展教研活动,和教师座谈研讨,和学生对话交流,力争在教学理念、育人方法、重点难点、知识解析等方面给予对方帮助。此外,学校在教学信息和资料收集等方面也为对口学校提供支持,如为板房子中学的中考科目送去中考复习资料,帮助他们了解城区教育的最新研究动向与成果。

(2)物质经济的支援

对于学校办学设备以及贫困学生的资助是学校合作的重要内容。2009年,西安一中多次给予对口支援学校力所能及的帮助:3 月份,赴周至县板房子中学进行支教活动,以学校名义捐款一万元,同月,17 名教师志愿者捐赠了价值 3000 元的食品、文具、生活用具等;赴蓝田县葛牌镇初级中学给予一同学进行资助,当场捐款一千元;学校"爱无疆"爱心行动志愿者服务队一行 54 人来到周至县聋哑学校,捐赠了 700 元现金、150 斤大米、100 斤面粉、30 斤猪肉、40 斤食用油和 11 斤香菇及牛肉干、饼干、面包等各种小食品;4 月 26 日,64 名学生志愿者前往灞桥区三阳院小学开展志愿交流活动,将精心准备的文具、书籍、体育用品等送到了小同学的手中。5 月 5 日,高一学生为身患急性淋巴细胞白血病的周至县官村中学初二年级学生陈小龙捐款 2835.5 元。

(3)城乡学习生活的体验

此外,农村学校的自然资源也为城区学生的社会实践提供了独有的资源。在暑假期间,西安一中举办了"走进农村,感受多彩生活"暨暑期社会实践体验活动,让学生体验到了在不同环境中学习和生活的感受。城乡生活和学习条件上的差异,使双方学生更加体验到人与人之间的平等、尊重、信任、友善、理解、宽容与友爱,为帮助他们形成积极向上的人生态度和情感体验提供了难得的机会。[①]

值得注意的是,对口帮扶的合作形式将多所本来没有实质性关系的学校捆绑在一起,人为拉近了不同层次的学校的关系,使得这些城区学校、优质学校能够有机会深入到农村学校、薄弱学校,通过多元化的交流活动,增强他们对区域教育均衡发展的使命感和责任心。同时,对于改变农村学校、薄弱学校的教育理念、管理模式和课堂教学产生了许多积极的影响,一定程度上促进了农村学校教学质量的提高。但从具体实践情况来看,由于这种"捆绑"起来的合作关系只是一种松散的耦合,实施过程中目标督导考评与学校对口帮扶的关联度不高,对对口帮扶中优质学校的政策和经费支持力度不够,过多强调义

---

① 西安市第一中学:《2009 年对口支援工作总结》,2010 年 3 月。

务和责任,因此,它缺乏足够的内生动力,具有很强的与政策特征一致的"策略性"和"即时性",一旦政策重心发生转移,这种形式的学校合作就会消减或流于形式。因此,对于对口帮扶政策而言,政策的持续性和激励性是至关重要的。

二、教师交流政策

随着各级政府的教育投入不断增加,在学校硬件和办学条件普遍得到改善的情况下,义务教育教师资源均衡配置问题成为提高教育质量的关键因素。但是,现实中校际间师资配置上的差异,不仅造成了教师专业发展上的"马太效应",在某种程度上影响了薄弱学校教师的积极性和创造性,也成为引起社会"择校"、"择师"热的一个诱因。因此,实现教师资源的均衡配置是区域教育均衡的重大问题之一。

学校对口帮扶制度中的一项主要内容就是教师的对口支援,而教师的对口支援不过是教师流动的一个内容。与对口帮扶政策中教师流动的单向性、偶然性和短期性相比,教师流动政策应成为一个多向的、必然的、稳定的教育改革趋势。从长远来看,更能保证区域教育均衡发展的长效机制的建设需要建立起教师在学校与学校之间的常态流动。这样的教师人事制度改革对于发展教师职业的专业性、开放性有更大的可能。但就目前来说,教师在强弱校、城乡校之间的流动在一段时间内仍将是教师流动的主要形式。正是因为这种流动方式的非常态,因此,为了鼓励教师流动,教育部门通常需要给出特别的承诺,如流动教师轮换任教期间人事、工资关系不变;完成任务后,原学校要妥善安排好他们的工作;那些流动到农村学校的教师工作期间须得到向上浮动一级工资、提前定级等补偿性待遇;对有在农村任教经历的教师优先晋升职称等。[①]

校长是区域教育均衡发展中更为稀缺的资源。通过校长这种稀有资源的区域内流动,可促进学校之间管理理念、技巧的交流,有助于区域内学校管理水平的全面提高。近几年来,校长任期制度的改革将校长轮换制度确定下来,校长在不同学校之间的流动逐渐成为一种常态。2008年,河北省出台的《关于推进义务教育均衡发展的实施意见》规定,将建立义务教育阶段中小学校长、教师交流制度。义务教育阶段学校校长原则上每届任期4年,可以连聘连

---

① 如河北省规定:逐步推开县域范围的教师定期合理流动制度,鼓励城镇50周岁以下男教师、45周岁以下女教师在县域内向农村学校流动。城镇中小学教师申请晋升专业技术职务和申报参评特级教师的,都必须有在农村学校工作或支教一年以上的经历,否则不予评定。见张世斌:"河北作出规定:中小学校长同校任职不超过8年",《工人日报》,2008-04-24。

任,但在同一学校任职一般不超过两届。① 2008年,山西太原试行公开选拔校长制度的同时,试行校长任期制,逐步推行区域内中小学校长交流任职。每届任期4年,一名校长在一所学校任职原则上不超过两届。②

但综合各地的实践,教师轮岗制度在很多区域成为一种"利诱",即只是作为对新聘教师和高级职称评定教师的必要条件来强制推行,对于数量更大的广大不参加轮岗的教师来说,此类轮岗流动没有实质意义,可见其影响力是有限的。

政策案例 3-1

常德市武陵区 95%的校长交流面是如何达到的?

这里选择了湖南省常德市武陵区的案例进行分析。有必要说明的是,虽然该区不是全国区域划分中的西部,但因其地处湘西北,既是湖南省的经济欠发达地区,也是少数民族人口聚居的地区,具有通常意义上的"西部"特征,因此以其作为案例亦具有一定的代表意义。武陵区现辖6乡1镇5个街道办事处,总人口41万,有义务教育阶段学校40所,在校学生3万余人,在职教职工2360人。作为湖南省推进义务教育均衡发展工作先进县市区,在推进区域教育均衡发展方面有不少创新举措。其中,在很多地区成为难题的校长轮换制度,在武陵区的执行不仅到位,而且通过岗位竞聘扩大了优秀校长资源。2009年,武陵区学校领导班子换届,共有101名正、副校长异校任职,交流面达到95%。这样大的校长交流面是如何达到的? 武陵区又是建立起怎样的校长培养机制来保证校长的数量和质量呢?

首先,情理相劝。很多地方在推行校长、教师轮岗时,都会遇到很大的阻力和困难。每所学校的校风、学风、周边环境、文化底蕴的不同,发展的结果也不一样,校长们谁不期望进入一个发展基础更好的学校? 何况,对于这样大规模的人事调整,校长们很容易产生一些怀疑:调到好的学校便是得到了重用;调整到了规模小、发展一般的学校,便是"遭贬充军"了。所以,区教育局酝酿了一年时间做相关的调研工作,走遍了城区、郊区的学校,了解校长们对推进区域均衡的想法。经过深入的沟通,一些对岗位调动心怀抵触情绪的校长开始转变思想,很多地方的支持率最后都达到了70%以上。

---

① 张世斌:"河北作出规定:中小学校长同校任职不超过8年",《工人日报》,2008-04-24。
② 刘云伶:"太原:逐步推行区域内中小学校长交流任期制度",《中国教育报》,2008-04-24。

其次，制度护航。在武陵区，优质学校的骨干教师提拔到领导岗位，原则上都要先到薄弱学校任职；在优质学校连续担任校长，原则上不超过两届。2009年暑假，区直学校领导班子换届，武陵区提拔了47名骨干教师和中层干部担任校长、副校长，其中的43名就被充实到了城区相对薄弱的学校和郊区学校的领导岗位。更具激励性的措施是对校长的"发展性评价"，即每年区教育局都会对各校的学生成绩、体质、思想品德、学习能力等多方面进行测试，把测试成绩公布给校长。在这种注重发展过程制度下，原本的"弱校"反而更有发展空间，更能体现进步。

第三，人员保障。很显然，校长的大面积、高质量的流动需要相当贮备量的合格校长队伍，如果仅在有限的校长队伍中进行调配，将是一个此消彼长的过程，区域教育的总体效益并不能得到提升。只有在优秀校长的数量和质量都较为充裕的情况下，校长的调配工作才得形成竞争之势，变"要我去"为"我想去"。在这方面，武陵区的工作不仅有力度，而且颇有艺术。在武陵区的工作部署中，2009年，全区实行了农村小学与中学脱钩、农村中心小学由区教育局直管并代管其他农村小学的方案。为了选拔直管小学校长，区教育局摒弃了城区副校长调任郊区学校校长的常规任命方式，本着促进农村学校发展、充分调动校长主观能动性的指导思想，设计出全新的《武陵区教育局公开竞聘郊区直管小学校长实施方案》，面向武陵区所有的教职人员，包括一线的普通教师，按竞岗演讲、民主推荐、民主测评等几方面综合评分，依高分到低分确定入围考察对象，成功地把"要你去"变成了"你想去"。结果，公布后，5个区直管小学校长岗位，有40多人参选，使一大批校长的潜力人选脱颖而出。目前，武陵区新一届学校领导班子平均年龄只有40.8岁，全部具有大专以上学历和中级以上职称。

为了扩大校长基础，区教育局加强校长能力培养，一方面，新选拔的校长、副校长，大部分都是从教科室主任、学校教导主任等中层岗位上提拔，业务副校长不仅理论功底要好，指导实践工作能力也要强。区教育局还经常对这些业务副校长进行上课、评课比赛，由教研室的教研员统一测评。如果连续两年在业务能力上排最后，就要被淘汰。另一方面，区教育局还启动了校长外出跟班学习和考察的机会，选派多名校长赴上海挂职学习，多名校长参加了省、市两级校长培训等。

最后，文化渗透。武陵区在整个教育界营造一种鼓励改革、反对守成的氛围，鼓励校长大胆革新，在大胆放权鼓励校长办有特色的学校的同时，亦通过各种方式考察管理干部"德能勤绩廉学"各方面的表现。因此，上岗的校级领导必须德才兼备,如果只会"守摊子",肯定干不长。

2009年秋季,在校长轮岗交流的基础上,武陵区启动了教师任期管理机制,45岁以下的教师实行"岗位服务期"5年和"职称聘任期"3年的双重管理。对于新聘教师,签约时须承诺"岗位服务期"5年,如果换岗或者调岗,就算自动离职。这个措施稳定了郊区的师资。对于职称晋升教师,城区教师在郊区学校支教的经历,是申报高一级职称的先决条件。支教期间年度考核优秀者,职称评定优先申报,提拔任用重点考虑。但是如果在农村任教时评上中高级职称,则要延长"职称聘任期"3年,如果选择调走,职称自动取消。与之相配套,教师的身份由"学校人"变成了"系统人",档案由区教育局统一管理,考核由区教育局统一实施,工资由区财政局统一打卡发放。

作为这些工作的推进,武陵区如今又从三个方面深化城乡学校结对交流:一是结对学校互派一名中层以上行管人员参与学校管理,时间由双方商定,可以是一个月,也可以是一个学期。二是结对学校对应选派一至五名优秀教师到对方学校任教,时间一至三年。实行绩效工资改革后,任教期间双方互派的任教教师都享受郊区教师补贴。三是结对学校之间共同组织观摩课、公开课、示范课、教研课以及辅导讲座、教学开放月等活动。而农村学校新入职的教师年轻、有冲劲、领悟力强、接受新生事物快,一般会被选派到城区结对学校去任教,从而得到锻炼和提升,再回去发挥辐射作用。

在这种全方位的政策支持下,武陵的支教工作也实现了两个根本转变,即从不得不去的被动式支教变成了主动申请支教,从安排富余教师支教变成了选派优秀教师支教。近三年来,前后有20多名城区优秀中青年教师自愿申请到农村中小学支教,实际安排了18个。有的城区学校老师,已经从临时支教变成了长期扎根。

常德市武陵区的改革不乏强制之处,体现了政府推进义务教育均衡发展的决心;但由于采取了艺术的管理,使校长和教师认识到"树挪死,人挪活"的道理,有勇气在一个新的平台上重新建功立业,充满创新之处。可以看到,教师流动政策是在对口帮扶政策的基础上制度化完善的努力。从相对静止的交流变成开放流动的环境,从硬性的指派走向柔性的专业提升需求,从壁垒森严的城乡对立变成丰富活跃的教育体验,各级教育行政部门在尝试着突破教育均衡发展的瓶颈,以全面提升学校办学水平,满足人民群众对优质教育的强烈需求。

三、教育集团模式

"名校集团化"是学校合作的一种典型模式,包括"名校＋新校"、"名校＋弱校"、"名校＋农村学校"等变式,是利用名校优质教育资源带动普通和薄弱学校发展的有效方式,最早被人们关注的是浙江杭州的义务教育均衡发展经验,试验成功以后,迅速在全国各地得到推广并取得积极成效。[1]

教育集团从其本原意义上来讲,应当是"为了实现教育资源的优化配置和规模效益,主要通过一定的产权纽带和契约纽带,以学校经营为主营业务,按照特定要求和借助市场机制由两个或以上的学校法人和其他教育相关产业组织组成的教育经济联合体"。[2] 20 世纪 90 年代中期以来在民办教育领域率先尝试,其后一些公立名校也通过收购、兼并、委托管理等方式输出管理、教师和其他资源,扩大学校规模,发挥集团化管理的标准化优势,拓展优质教育资源。如果说,早些年的教育集团多是一些民办学校的个体行为,那么在今天政府财政充分且体制改革持续推进的情况下,教育集团作为一种教育资源的整合方式,以"强强联合,优势互补"的规模化运作方式,加上了义务教育均衡发展的使命,通过充分发挥优质教育资源的作用来克服当前教育资源分配不公的状况。

从各地的实践情况来看,这种办学模式一般经历移植、合成、新生三个阶段:

(1)移植,即薄弱学校成为"子体",依托名校这一"母体"立校,成为名校的分校或校区,并移植母体的办学理念、办学模式,共享母体的师资和教学设施、互联网络、融资渠道、生源等。

(2)合成,即"子体"在积极消化吸收"母体"优势的同时,努力通过定向培训、联合科研等形式培养本校有发展潜力的教师队伍,培育自我发展和可持续发展的能力。母校和各校区同听一堂课、同读一本书,并请有经验的教师以一帮一的形式,辅导青年教师,从而进一步缩短校区之间的差距。

(3)新生,即"子体"在获得可持续发展后脱离"母体",成为新的个体,在校园文化建设等方面打响自己的品牌,形成自身的特色与自我生存发展的能力。

国内明确以教育集团化策略推进教育均衡发展的城市是杭州。杭州自2004 年全面实施名校集团化战略以来,通过输出名校品牌、理念、管理、文化、师资,通过"名校＋新校"、"名校＋弱校"、"名校＋农校"等多种形式,实现了名

---

[1] 杭州市教育局:《不让孩子输在起跑线上》,杭州名校集团化调研报告。

[2] 闻待:《教育集团的理论与实践初探》,广西师范大学 2003 年硕士学位论文。

校资源利用效益最大化,教育投资多元化,推动了优质基础教育资源的快速扩充,促进了优质教育的均衡化、平民化、普及化,初步走出了一条破解"上好学难"问题的成功之路。到 2007 年年底,杭州全市教育集团达 69 个,成员单位 257 个,六城区中小学名校集团化覆盖率达到 54%。此外,杭州还积极探索名校集团化办学在农村的实现形式,全市已有 670 所城乡义务教育阶段学校加入城乡学校互助共同体,占总数的 77%,学生覆盖面达 80%。同时,在名校集团化战略大背景下,"名园集团化"进入新进程。至 2006 年年底,全市已有 188 所中小学、幼儿园组建成了 51 个教育集团,其中 90% 为公办教育集团。这些以名校为龙头的教育集团涵盖了基础教育的各个阶段,通过文化和师资输出、管理和体制创新等形式,实现优质公共教育资源的效益最大化,成为杭州追求教育公平、推进教育均衡的重要举措。

在扩大教育集团规模的同时,杭州市也推进了教育集团发展的制度化建设,制定了《杭州市名校集团(互助共同体)考核评价办法(试行)》和《关于开展 2007 年杭州市名校集团(互助共同体)考核评价工作的通知》等制度,从管理制度与运行机制、干部队伍与师资品质、教育环境与文化资源、办学水平与社会效益以及创新与特色等 5 个一级指标、16 个二级指标进行先进考核评价。

政策案例 3-2

成都市"优质教育环三环均衡教育带"[①]

成都是西部教育的高地,也是城乡教育统筹改革的试点城市。"5·12"汶川大地震后,借助于教育资源重新布局的机遇,成都市启动了"名校集团化"建设,通过名校领办支持、指导合作、对口帮扶等形式,辐射优质教育资源,带动区域教育均衡发展。成都市实施名校集团化的目标是建立起优质教育的"环三环均衡教育带",即通过名校集团化的合理布局,使成都市最优秀的教育资源覆盖至城区三环线,从而使得一些近郊区县与二、三圈层区县共创共享品质教育,提升成都城乡教育均衡发展的总体品质。

成都市的"名校集团化"源于"名校领办弱校"。1996 年,四川省第一所改制学校——树德实验中学成立,成立这所学校的初衷,是为彻底改造成都一中这所有名的薄弱学校。1999 年,全新的树德实验中学第一届毕业生毕业,在当年的中考中成绩优异,教学质量名列全市第一。名校领办薄弱学校的成功实践在当地迅速得到效仿。1997 年,按照树德实验模

---

① 周波:"我市将诞生首所'万人中学'",《成都日报》,2010-12-14。

式,石室中学领办成都十中,成都七中领办成都三十五中。随后,公办民助学校在成都如雨后春笋般建立起来。2009 年,市教育局出台《扩大优质教育资源促进城乡普通高中教育均衡发展规划》,通过三年努力,形成成都石室教育集团覆盖 9 个区域,校点数达到 11 个,集团规模达到 22000 人左右(含初中 5000 人)。成都七中教育集团覆盖 8 个区域,校点数达到 14 个,集团规模达到 27000 人左右(含初中 7000 人)。成都树德教育集团覆盖 11 个区域,校点数达到 16 个,集团规模达到 31000 人左右(含初中 5000 人)。同时,在全市 20 个区(市)县形成除成都石室教育集团、成都七中教育集团、成都树德教育集团外,31 所省级及以上示范性普通高中对口帮扶 46 所其他普通高中,特别是农村普通高中的格局,形成优质普通高中教育资源全域覆盖,覆盖规模达到 197000 人左右(含初中约 17000 人)。

2009 年 6 月,成都市教育局在先期试点的基础上,全面启动义务教育阶段的名校教育集团工作,在《关于组建第一批义务教育名校集团的通知》和《成都市 2009 年学前教育名园集团及成员幼儿园名单》中,首批组建的 18 个义务教育阶段名校集团将包括 69 所义务教育阶段学校,6 个学前教育名园集团则拥有 34 个幼儿园。为了进一步扩大优质教育资源覆盖面,提升城市城乡教育服务水平。成都市按照"先城区、后农村"和"分圈层、分年度"推进的原则组建义务教育阶段名校集团工作,第一阶段拟在中心城区组建 18 个义务教育名校集团,覆盖城乡学校 69 所。这 18 个义务教育阶段名校集团不仅突破了区(市)县的区域限制,有不少义务教育阶段名校集团跨区(市)县构成,甚至还包括了自贡市富顺县东湖小学,首次将省内其他城市的学校纳入成都市小学教育集团,共谋发展之路。[①],[②]

借鉴了先期相关研究成果和其他地区的实践经验,成都市的"名校集团化"建设一开始就定位为"让优质资源良性生长,成为活力涌动的不竭之源"。首先,政府对集团内的涉农学校、城区薄弱学校有相应的硬件和政策倾斜;另外,政府所确立的名校集团发展不是无序扩张,而是扩张与质、量并举,成熟一所发展一所,成熟了的学校又可以承担二级辐射的功能再去带动其他学校;其三,在实际的操作中,政府非常注重对于人才队

---

① "我市首批组建 18 个义务教育阶段名校集团"(http://www.chengdu.gov.cn/moban/detail.jsp? id=259488)

② "'薄弱校'联盟趟出一条阳光路"(http://www.jyb.com.cn/xwzx/gnjy/gdcz/t20070408_76031.htm)

伍的培养,像青羊区政府就制定了《青羊区教育系统人才五年发展规划》,在规划指导下,建立起针对新教师成长的"助跑新人工程",针对骨干教师与名师的"名师再造"工程,针对教师素养提升的"教师发展学校",环环推进师资队伍建设。最后,教育集团的发展不是单向度的输出,更重要的是相互间的作用从而形成资源共享、良性循环。

以较早实施名校集团化的泡桐树小学①小学为例,作为成都小学教育"五朵金花"之一,泡桐树小学自 1998 年与成都市实业街小学合并后就开始了优质资源的辐射。在成都成为城乡教育统筹改革试点城市后,泡小加速了以"名校下乡"模式推动优质教育资源的辐射力度,以"城市反哺农村"。2009 年泡桐树小学集团成立,在原有本部(南区、北区)的基础之上,不断将教育资源"西移",先后建立泡桐树小学西子香荷校区、泡桐树小学境界校区、泡桐树小学绿舟校区,集团从学校文化建设、硬件设施建设、人才师资输出等方面着力打造特色,成为成都市城乡教育均衡发展的样板之一。

在成都市"环三环均衡教育带"的建设中,最困难的当然是一体化集团模式从城中心一直扩展到三环外的教育范围的有效性。各个校区之间相距甚远,如何克服这一客观障碍,实现优质教育资源的良性、无障碍互动呢?

首先是充分利用现代化设备。成都市各区教育局 2010 年都建成了网络视频信息中心,依托高带宽的教育专网,实现学校的教学观摩、远程互动、数字课堂、在线评估和资源共享。各个学校也普及了这种价值不菲的视频互动直播平台,优质学校与薄弱学校可以同时上课,教学互动,因而被学生们开心地称为"空中 e 课堂"。

远距离互动录播教学、网络校园监控、电子监考、视频会议……这些对不少城区学校来说都算是颇为先进的现代化信息技术手段如今已运用到了三圈层区(市)县的学校教学中。根据《关于提高教育信息化水平,助推城乡教育均衡发展工作方案》,今年我市所有学校里为学校师生提供教学、科研和综合信息服务的宽带多媒体网络——"校园网"将达到全覆盖;远程互动教学也将在所有城乡跨区域结对学校间得以实现。

头上顶着 6 个长长的麦克,墙上装着三个不同角度的摄像头,新津县华润高中高二(8)班的学生正在一间"全副武装"的教室里上现代诗歌赏析课。站在这间特殊教室后面的全封闭控制中心,记者透过像录音棚隔

---

① "泡小嬗变:城乡共享优质教育",《成都日报》,2010-07-28。

间的透明玻璃往教室看去,同学们正聚精会神地盯着前方多媒体幕布上老师的影像,随着老师的提问应声回答,热烈讨论,而此时给他们上课的老师"本尊"实际上远在成都市十二中。

这种先进的教学系统叫做"全自动网络课程录播系统",在无操作管理人员在场的情况下,它能以全自动、常态化的工作模式,将多媒体课堂实况,包括教师授课、学生答问、师生互动、板书、课件等全方位教学信息进行实时采集、有机结合。除了供给学生上课以外,老师们也能利用这套设备录下自己的课堂教学实况,以便教学观摩时使用。目前,新津县已有6所学校建起了这样的全自动网络课程录播系统。接下来,该县还将努力推进教育信息化建设,力争早日实现"数字校园"。

一进入新津教育局的管理中心,参会代表们就看到了一整面墙的屏幕,在这里,不仅可以和教育系统39个单位进行视频会议,通过平安校园监控系统对全县42所中小学幼儿园的276个点位进行监控和查看,还可以对华润高中、新津中学、五津初中的141个点位进行电子巡考,现代化信息技术已经运用到了三圈层的学校教学中。据了解,目前,我市六城区及三圈层的结对学校平台建设任务正在顺利推进中,各结对学校之间也已经陆续开始远程互动教学及教研应用实践工作。①

利用这种现代化的设备,不仅课堂可以直播,教育教学研讨活动、优质课也可以现场直播。利用网络平台开展三地对口学校间网上教研和网络集体备课,实现对口学校年级组、教研组间的互动交流。

其次,集团本部学校的特级教师工作室制度。在集团化建设中,各名校本部选派优秀的特级教师组建特级教师工作室,并定期到各个分校区进行教学指导。通过面对面地开展讲座、献课、名师辅导等方式,有效促进了各校区教育水平的迅速提高。

第三,集团内部的全员流动。成都市区域教育均衡的发展和名校集团化的运作也打破了教师过去的隶属于某一学校的观念,变学校人为系统人,"全员流动"的制度也建立起来,营造出能进能出,能上能下的机制。仍以泡小为例,泡小本部甚至有许多教师要求前往最远的绿舟校区,因为一来绩效工资解决了地域带来的薪资差异,二来老师们可以在涉农地区学校中找到新的发展平台,实现个人的进步。

旨在推进教育均衡发展的名校集团化建设也覆盖了高中阶段。都说高考的存在使得义务教育均衡发展的努力大打折扣,那么,高中的名校集

---

① 陈瑾:"全市优质教育资源城乡共享工作现场会在新津召开",成都日报,2011-01-13。

团化发展也通过优质资源的扩大缓解了广大初中毕业生的升学压力,使得素质教育可以在整个基础教育阶段一定程度地获得传承。成都自2006年基本普及高中阶段教育之后,开始尝试通过建立"名校集团化"推进城乡高中教育均衡。成都最有名的三所高中——树德中学、石室中学、成都七中(俗称"四七九")——分别建成启用了树德中学光华校区(2007年),石室中学文庙校区(2009年),石室中学北湖校区、七中高新校区、树德中学外国语校区(2010年),这些新校区均匀分布在城区三环路的东南西北四个方向,构成了成都市高中教育的"环三环均衡教育带",从而将招生计划扩大到城区之外,过去那些基本上没有机会上这三所国家级示范性普通高中的郊区(市)县学生,终于也拥有了更多的机会走进"四七九"等重点高中。比如,2007年树德中学光华校区启用后,拿出了大约四分之一的名额招收郊区(市)县学校的初中毕业生,之后建成启用的石室中学北湖校区、七中高新校区以及树德中学外国语校区也向全市域的城乡孩子敞开了大门。而且,"四七九"不仅向成都市的城乡学生开放招生,每年都还要招收"外地生",让省内其他市、州的孩子也可以享受到这三所国内知名高中的优质教育资源。

名校集团化,改变了公办学校单一的办学体制,盘活了名校品牌的无形资源。各校为了自身的发展,办学积极性得到了空前的调动。先进的管理方式、优良的师资队伍、雄厚的资金实力,不断扩大优质的教育资源,同时亦吸纳了更多的社会资金来投资办学。一些单位资源、部门资源、个人资源,变成了国家、社会特别是家长、学生的财富,逐步实现了公共教育资源效益的优化配置。这种区域教育的资源整合和制度创新快速度、高起点地解决了区域内优质教育的均衡发展,实现了公平与效率的双赢。

在肯定名校集团化的优势与创新的同时,名校集团化中凸显的一些问题也值得人们深入探讨,包括:如何破解"名校集团化旨在推进教育公平,而结果可能产生新的不平衡"这样一个悖论? 如何解决"科学管理、连锁经营与文脉传承、个性化发展之间的矛盾"? 如何在体制、政策和政府职能转变等方面取得突破?[①] 此外,还有诸如优质化定义、评价、发展动力以及与现行国家政策的冲突等方面的问题。

---

① 杭州市教育局政策法规处.陈小平副市长调研杭州市名校集团化办学.http://www.hzedu.net/Template/ShowNew.aspx? id=42762,2008-3-5.

四、项目合作模式

20 世纪 90 年代末期以来,随着教育改革的深入与拓展,教育变革成为一种常态,不论是体制改革、现代学校制度改革等宏大试验,还是围绕着课堂和教学等微观领域产生的问题,都越来越要求基层学校与教师的主体参与。人们面临着诸多类似的困惑,如时代转型,学生观的变迁,课堂教学效率的下降,应试教育的泛滥……作为对这些问题的回应,始于 2000 年的第八次课程改革以前所未有之势,全方位涤荡着中国基础教育的根本理念与实践变革。课改的复杂性远超人们的想象,走过一段相当曲折的道路,对于广大一线的基础教育的教师来说,从课改之初的专家的光环、理念创新的冲击,到课改中期因形式化的厌恶而产生的无效感、无力感,再到今日学校与教师个体对课改理念的自觉践行,可以说,课程改革已走出了最艰难的困境,迎来了柳暗花明的时刻:广大教师已经熟悉并认同了那些具有变革意义的课改术语和理念,在自身的专业职能认定上,实现了由传统的传授型、灌输型的"教师匠"向学习型、研究型的学习者、研究者转变的过程,开始从过去的"只教不研"、"无研之教"向应用教育科研,实现"科研兴教"的转变。因此,围绕着课堂效能改进的学校层面和学校之间的项目研究与合作在全国很多区域、学校和教师中展开,人们希望在解决传统低效课堂症结的同时,创造出让学生成长和教师生命成长的舞台。

教育科研中的项目合作成为学校合作的一个重要抓手。每一个项目都是一个努力方向,都是一次愿景锻造、集体学习、资源合作的机会。许多区域在本土创新或引进推广有关教研项目的过程中,形成了各级教育科研、教研部门专业引领、统筹协调,各教育科研实验学校推进校本教研、学习实践反馈的合作态势。值得关注的是,一些民间教育研究机构、教育媒体和教育学者所推动的课堂改革项目也积聚了越来越多的追随者,他们开始自发地形成合作团体,成为各具特色的共同体的合作模式。像源于山东杜郎口的"高效课堂"的区域性教改实验,吸引了众多课堂改革的响应者,他们主动要求加入实验,在"课堂聚义,搂抱发展,相互借道,共同成长"的号召下,以杜郎口课堂为龙头,成立了中国名校共同体和高中联盟,会员校之间"以课为媒",资源共享,共同走在一条课堂改革的探索之路上。师之杜郎口,超越杜郎口,到目前为止,被有关媒体总结出来的高效课堂模式计有九种,从课堂教学方式的变革到真正的课程改革,都在各自学校特殊的地缘学情校情基础上迅速地开展起来。同时,这些改革也引起教育行政部门的关注,成为影响中国教育改革的新生力量。

政策案例 3-3

广西玉林"新课程问题教学法"学校合作案例

　　玉林是广西东南部一座千年古城，现辖三区五县，是一个商埠繁华之地，素有开放风气。玉林市的教育也秉承了这种地域性格，多年来一直锐意改革，不断尝试新的教育改革模式。尤其是成为首批全国 38 个国家级课程改革实验区之一以来，玉林市的小学、初中教育体现出鲜明的改革意识和创新精神，表现出勃勃生机。近年来，在国家基础教育课程改革的实践中，玉林市从自身实际情况出发，针对课改进程中的主要困难和问题，积极探索提高学生学习能力、培养学生创新精神与实践能力的新课程问题教学法，并以此为龙头，创建玉林教育科研人才小高地，形成"实践、学习、研究、创新"的中小学教师教育教研氛围，被教育界专家称为"玉林现象"，形成了当前玉林市教育工作、教科研工作、课改工作的富有鲜明地方特点的"玉林特色"。

　　在开展《新课程问题教学法区域性实验与推广研究》与《玉林市教育科研人才小高地建设理论与实践研究》这两项面向全市中小学的自治区级 A 类课题研究工作中，玉林市创建了玉林市教育科学研究中心，构建了全市教育科研工作网络。中心包括玉林市教科所、7 个县(市)区教研室和玉林市课改实验学校、玉林市问题教学法实验学校、玉林市中小学整体改革实验学校、市教科所教研员联系学校等市级实验(联系)，各部门、单位相互之间统筹协调、配合协作，既独立自主又合作交流。围绕着新课程问题教学法、教学研究、校本教研、远程研修等多方面教科研工作与活动，深入到教育教学具体实践之中，扎实有效地开展起来：

　　玉州区将两项课题研究工作与该区开展的有效教育(MS-EEPO)实验和"新型学习方式操作策略的探究"有机结合，推进玉州特色教育文化区建设；福绵区认真开展校本教研培训，在全区范围，全面开展中小学各学科新课程问题教学法课堂教学观摩展示活动和讲课比赛；北流市建立起市、镇、校三级教研网络，充分发挥教育科研实验学校的示范作用，组织一批科研骨干教师、学科带头人深入各乡镇学校推广实施新课程问题教学法；容县围绕着"科研兴校，质量立校，特色强校"的教育发展宗旨，全面实施"容县名优教师培养工程"，积极开展应用新课程问题教学法的教学竞赛活动，"送教下乡"活动，加大对薄弱学校(学科)帮扶力度；陆川县以"科研兴校，科研兴教"为中心，抓紧教育科研工作，促进新课程问题教学法的实验与推广，展示实验学校教研成果，宣传和推广新课程问题教学法的教改经验;博白县在全县中小学实行分片分级管理,树立典型,以点带面,区域推进;兴业县发动学校大力开展课题实验研究工作,积极开展教师培训、教学研究工作,总结和推广实验学校的先进经验,并对农村中小学校、薄弱学校的工作强化指导……

课题影响力的广度和深度在不断地拓展,就学校而言,由市级教育科研实验学校逐步扩展到其他的中小学校,由普通中小学校逐步扩展到职业学校和一些中专学校;就学段而言,由义务教育阶段小学、初中向高中学校扩展;就学科而言,由单个学科、主要学科逐步发展到多个学科、大部分学科。到目前为止,前后三批共确立了123所教育科研实验学校,其中高中17所,初中51所,小学49所,幼儿园6所。2008年9月,市教科所面向全市中小学开展问卷调查,高中、初中、小学在教学中应用新课程问题教学法的教师比例分别达到44.31%、73.68%和69.04%,在学习应用新课程问题教学法中获得了较快的专业成长和提高,而学生在主动预习,交流分享学习收获,积极提问、讨论、交流,实践、反思、探究,掌握学习方法,提高学习能力,提高教学质量等八个方面也取得显著效果。

作为对所在实验学校和教师的成果支持,玉林市教科所多次组织全市中小学教育科研课题的申报、评审、立项和过程管理工作,全市中小学教师教育教学论文、教学设计、案例、课件等教育教学成果评选工作,一大批研究型、专家型的教育科研人才队伍迅速成长起来。例如,在各项立项课题中,与新课程问题教学法研究和教育科研人才小高地建设两项研究相关的课题约占30%左右;在参评获奖的教育教学论文、教学设计、案例、课件等成果中,与两项课题研究相关的成果亦占较多的分量。2008年玉林市获广西教育科学"十一五"规划立项课题达67项,一批学科骨干教师、学科带头人和教育科研人才培养取得突出成绩。带来的综合效应是,玉林市中小学教育教学质量全面持续提升,教育均衡发展,进入全区的先进行列。

玉州区教育是玉林现象的主要样本。他们尊重教师的体验和需要,建立起以专家为引领、以课堂为重点、以活动为载体、以课例为导引、以团队为组织、以训练为主线的教研训一体化教研体系,并创造了包括"网络互动式"校本教研管理方法、"集群共进式"校本教研推进方式、"螺旋向上式"校本科研发展方式等三种校本科研方式。目前,玉州区共有3000多名教师自愿参加科研实验,占全体在职教师的70%以上,教师参加科研实验的热情空前高涨。"毓秀班"是玉州区2009年成立的名师团队,是玉州骨干教师的摇篮,旨在培养有效教育实验队伍中的优秀教师。"毓秀班"的学员来自城乡 26 所不同的学校,既有热血方刚的年轻教师,也有经验丰富的老教师。他们从事着不同学段、不同科目的教学,但有同一个目的,就是成为有效教育实验的骨干力量,将新的教学经验和方法带回自己的学校。玉州区以"毓秀班"成员为滚轴,带动全区教师积极参与教科研实践,使教师队伍得到均衡发展。农村教师在这个过程当中受益匪浅,得到了更多的学习机会和发展契机。

玉州区还以团队互动为载体,推进城乡教师水平均衡发展,以强弱联合、强强联合、城乡联合等以校际团队为主的团队形式,构建了"上下互动、内外结合,研训一体、校际联动"的工作格局,以"集群共进式"开展教育科研实验,教研室组织教研员深入到各团队。玉林市第三中学、城北初中、玉林市第十中学就是其中的一个校际团队,三个学校每个学期都会多次开展校际团队教研活动,互相观摩、组织培训、深化骨干教师之间的交流,实现了共同进步。目前,全区共组建了 5 个校际团队和 6 个城乡联队,校际团队联合进行课题研究活动,进一步整合了城乡学校科研指导力量,提升了农村学校教师的整体综合科研水平。[1]

教育科研的过程,就是一个转变教育思想、更新教学观念、逐步地把新课改理念内化为自觉的教育教学行为的过程。在整个教育环境并不乐观的情况下,这需要相当的耐力、勇气、智慧和信仰。很显然,这些力量的来源,并不能由作为个体的教师和学校来独自承担,各级教育行政、教育科研部门领导指导开展相关工作的力度和效度,社会各界、各部门支持、配合开展相关工作的支持度和氛围程度,都影响、制约着新的教学改革的推进。看似简单的新课程问题教学法的学习、应用以及推广,入门虽然容易,但要真正深入却有很多困难。实践推动中所显示出来的新课程问题教学法的实证性、动态性、生成性随着实验研究的开展越来越突出地显现出来。一些深层次问题随着实验研究的深入才能逐步地生成。可以说,作为一个科研课题,需要也可以进行阶段性的成果鉴定而验收结题,但对它的研究,它那动态生成的问题,可以说是无止境的,它将随着科研项目的持续推进和发展而不断生成,其发展性是无限的。

五、"学区化管理"

"学区化管理"是学校合作的另一种典型模式。在此类实践中,地方教育行政部门将辖区内的学校按一定原则划分为若干片区,片区内可以是同类学

---

① 雷靖:"玉林市玉州区以有效教育实验推进城乡教育均衡发展纪实",《广西教育》,2010 年第 5 期。

校,如都是小学或初中,也可以是不同层次的学校,如同时包括小学和初中,一个这样的片区就称为"学区"。"学区化管理"最早在北京东城区的义务教育均衡发展实践中取得显著成效,其后在全国受到广泛关注并在西部地区开始推广。①②

2007 年秋季,昆明市盘龙区在全省率先实施学区化管理,通过整合共享区域内教育资源,使学区内学校的师资、校舍、场地、现代教育设施设备和管理经验得到充分发挥,最大限度地扩大优质教育资源。通过兼并、合并、挂靠等形式,采取"名校带弱校"、"名校带新校"、"名校带民校"、"弱校并强校"等"捆绑互动"方式,充分发挥品牌学校的优势和辐射功能,带动学区内学校管理水平和教育教学质量不断提高,逐步缩小区域内义务教育差距。目前全区所有公办学校(园)及部分民办学校(园)共 83 所都推广了"学区化"。教育资源共享的范围也由设施设备逐步扩大到师资、环境、管理、教学交流等教育教学各方面。如鼓楼学区、拓东学区在场地设施等硬件资源上实现共享;东华——青云学区实施了跨校师徒结对、学区教研等优秀师资共享;龙泉学区进行了跨校兼课;茨坝则进行学区的干部交流。盘龙区还实施以教育信息化带动教育现代化的策略,与电信部门合作,在 10 个学区各建设一个视频传输点,供整个学区使用,探索利用网络现代技术手段,开展远程教研、远程教学、共享优质课程等。③

原教育部副部长陈小娅在全国推进义务教育均衡发展经验交流现场会上的讲话中指出:"要充分发挥具有优质教育资源的公办学校的辐射、带动作用。在目前发展不平衡的格局下,首先要加大优质资源共享的力度,以共享促均衡。优质资源要打破学校和城乡之间的分割,从制度上、政策上、经费保障上保障学区内所有学校都有共享优质教育资源的机会。有条件的地方,可采取优质学校与薄弱学校整合、重组、捆绑及校长、教师互相交流等方式,建立优质学校对薄弱学校的帮扶制度,全面提升这些学校的教育教学质量。"④

---

① "教师可跨校兼课,北京新校区计划终结择校?"(http://news. xinhuanet. com/edu/2005-12/07/content_3886458. htm)

② 北京东城区教育工委 东城区教委:"学区化管理:义务教育均衡发展的新探索"(http://www. bjqx. org. cn/qxweb/n9837c126. aspx)

③ "昆明:推进义务教育学区化管理打造新教育名片"http://www. cnr. cn/jy/yw/201011/t20101102_507255620. html)

④ 教育部副部长陈小娅在全国推进义务教育均衡发展经验交流现场会上的讲话,2006 年 6 月 12 日(http://www. moe. cn/publicfiles/business/htmlfiles/moe/s3320/201001/81830. htm)

第四节 城乡统筹的区域实验

2007年6月,国家正式批准重庆市和成都市设立"全国统筹城乡综合配套改革试验区"。这标志着国家级的统筹城乡综合改革实验正式拉开序幕。随着改革的启动和推进,作为改革重要组成部分的"统筹城乡教育综合改革",日益引发人们的关注和思考。2008年7月24日,教育部与重庆市人民政府签署《建设国家统筹城乡教育综合改革试验区战略合作协议》,重庆市成为首个部市共建缩小城乡和区域差距的直辖市级的"试验田"。2009年4月5日,教育部、四川省人民政府与成都市人民政府共同签署了《共建统筹城乡教育综合改革试验区合作协议》,这标志着全国统筹城乡教育综合改革首先在成渝两大"试验区"试水启动。西部地区先后两个统筹城乡教育综合改革试验区的建立,一方面反映出随着教育改革向纵深推进,中央政府日益重视地方教育制度创新力的开发,从而在权力和政策上释放出了更大的空间;另一方面也透露出,教育领域中城乡二元结构的存在,已经到了"破冰"的时刻。地方性的教育制度改革试验,有可能在风险、代价更为可控的基础上,为逐渐推进城乡教育均衡发展探索出一条可行之路。

如果说,统筹城乡教育反映了特殊时代背景下教育政策取向的变迁,那么,将这一政策取向具体化为政策设计并付诸实践,则反映了西部地区在国家政策所释放出的空间内积极探索地方教育制度创新之可能性的自觉尝试。重庆与成都作为"国家统筹城乡教育综合改革试验区",在积极探索的过程中创造出了许多值得关注的地方经验。由此形成的西部地区推进教育均衡发展的"地方教育政策创新",具有重要的典型意义和研究价值。

一、成渝地区的教育发展背景

城乡统筹的推进,城乡一体化的实现,非常重要的一个支撑条件是城乡之间基本公共服务的均衡化和一体化。由于教育在经济社会发展中具有基础性、先导性、全局性的战略地位,因此,在城乡统筹发展的宏观布局、整体设计和全面推进过程中,教育作为城乡统筹发展的文化基础、智力基础和内动力机制,将占据越来越重要的地位。但是,中国作为发展中国家的现实,以及长期以来奉行的以农村来支援城市的发展路线,使得我国城乡教育资源的配置,尤其是广大西部地区城乡教育资源的配置存在严重不平衡,办学条件、办学水平差距太大,这不仅严重影响了教育事业自身的结构优化和健康发展,而且成为阻碍社会结构优化、生活品质提升、和谐社会构建的重要因素。因此，统筹城乡教育，促进城乡教育一体化，是当前教育和社会发展的重要课题。[①] 因此，城乡教育统筹不仅进入到了教育政策及其研究、实施和评价的整体框架中，而且也成为宏观社会结构改革和制度设计不可或缺的构成部分而受到越来越多的关注。通过有效的城乡教育统筹，逐步推进城乡教育一体化，这是一个系统性工程，涉及诸多具体工作与环节。在当前，最核心、最紧要的任务是调整公共政策取向。因为造成城乡教育严重失衡的影响因素，除了地理环境、自然资源以及由历史文化传统的累积而形成的发展基础差异之外，很关键的、同时也是可控性最强、最有希望获得突破的因素是公共政策的变革。正如袁振国等人所指出的，消除教育贫困，缩小教育差距的责任主要在政府，政府应该通过调整和制定公共政策确保所有人都能公平地享受公共教育资源。[②] 张乐天也认为，中国社会长期存在的城乡分割对立的二元经济结构和社会体制是使城乡教育产生严重差别的社会制度原因。现行的教育制度实际上仍然存在着严重的城乡分野，存在着教育机会的认可与教育资源配置上的某种不平等的倾向。缩小城乡教育差别，更应加强教育制度与教育政策自身的改革。[③] 这至少意味着，教育，尤其是义务教育的发展，不能再人为地制造"马太效应"；不能为了所谓"政绩"的快速显现，在教育资源配置上过分强调"扶优扶强"与"锦上添花"；不能以"优胜劣汰"的简单逻辑放任薄弱学校自生自灭；而是应当把教育资源配置的重心放到农村地区、薄弱地区，本着"雪中送炭"的精神，切实解决困扰农村义务教育的"危房多、生均教育经费低、师资队伍总体薄弱、工资缺口大"等基本问题，逐步缩小城乡之间的差别。与此同时，通过优化发展环境，创造良好的发展生态，激发、培育农村地区、薄弱学校自主发展的意识和能力，从而推进城乡教育的渐进均衡、整体协同发展。[④]

1. 重庆

重庆市地处长江上游。20 世纪 90 年代，随着我国长江流域经济带开发、三峡工程建设和百万移民迁建的持续展开，尤其是伴随着西部大开发战略的启动和深化，重庆以其承东启西的特殊地理位置和区位优势被推到了国家现代化建设重大战略的交汇点。1997 年，重庆被批准为直辖市，这是我国第四

---

① 李德："西部地区统筹城乡教育发展的思考"，《云南教育》2008 年第 7 期。

② 袁振国："缩小差距——中国教育的重大命题"，《北京师范大学学报(人文社会科学版)》2005 年第 3 期。

③ 张乐天："城乡教育差别的制度归因与缩小差别的政策建议"，《南京师大学报(社会科学版)》2004 年版，第 3 期。

④ 王元京："建立城乡统筹教育发展长效机制的思考"，《中国教育学刊》2006 年第 3 期。

个、也是西部地区唯一的直辖市。这一决策在重庆的发展历程中具有重要的转折性意义。十余年来,重庆市经济发展保持了年平均12％的增长率,增速在全国位居第5,全市GDP从2002年的不到2000亿元,达到2009年的6000亿元,7年扩大了3倍以上。社会消费品零售总额由854亿增加到2500亿。进出口总额由18亿美元增加到了76亿美元。地方财政收入提高了一个数量级,从150多亿增加到1000亿以上,年均增长35.5％。城乡居民收入均实现翻番,分别达到1.6万元和4600元,年均分别增长13.9％、12.1％。① 这一系列数据充分表明,直辖市设立之后十余年的时间里,重庆市已经成为全国经济增长速度最快和最具活力的省市之一。但是,在欣赏这些辉煌的数字时,重庆发展所面临的另一方面的问题不能不引起深刻关注。相对于其他3个直辖市而言,"大城市带大农村"、"大工业带大农业"仍然是重庆的基本市情。目前,重庆市下辖40个县区,人口近3200万,与津沪两市人口之和大致相当,其中农业人口占到了74％。总面积达8.24万平方公里,是京津沪3个直辖市面积之和的2.35倍,且山区较多,少数民族地区较多。与京、津、沪三个直辖市相比,重庆集大城市、大农村、大库区、大山区和少数民族地区为一体,底子薄、实力弱、困难多。例如,2009年,重庆市的人均GDP不到上海的四分之一、天津的三分之一、比北京的四分之一略高;人均财力仅相当于上海的六分之一、天津的三分之一、不到北京的五分之一。与京、津、沪这些起步早、发达程度高的直辖市相比,重庆市迄今还面临着一系列特殊的难题,如老工业基地振兴、库区移民安居稳定、边远山区和少数民族地区脱贫致富等。② 就经济发展模式而言,传统粗放的经济增长方式仍然没有发生根本性的转变,推进新型工业化急需的科技进步与高素质劳动者仍然还很缺乏。

如果说,直辖十余年来,重庆的经济腾飞鼓舞了重庆建设"长江上游教育中心和西部教育高地"的雄心,那么,重庆"大城市带大农村"、城乡之间深刻的发展差距、科技创新人才和高素质劳动者的缺乏等现实条件,则对重庆市深化教育改革与发展提出了迫切的要求。正是在这样的背景下,重庆市把握住推进义务教育均衡发展、全面提升劳动者素质的宏观趋势,率先成为统筹城乡教育综合改革的国家级试验区。

2. 成都

如果说,重庆成为统筹城乡教育的综合改革试验区很大程度上是因为重

---

① 谭凯鸣:"重庆教育的国家使命——重庆推进国家统筹城乡教育综合改革试验区建设纪实",《今日教育》2010年第1期。

② 谭凯鸣:"重庆教育的国家使命——重庆推进国家统筹城乡教育综合改革试验区建设纪实",《今日教育》2010年第1期。

庆市在经济社会快速发展的形势下意识到了教育均衡发展、城乡教育统筹对维系经济社会可持续发展、提升重庆品质与形象的重要意义；那么，成都市成为统筹城乡教育的综合改革试验区，很大程度上是与其在推进城乡教育一体化过程中积累的经验和良好的教育变革生态有关。

　　成都是四川省教育发展走在最前列的地区，率先完成普九任务，提前普及高中阶段教育。但是，在长期的发展过程中，成都市所辖区县的教育发展水平逐渐形成了三个"圈层"，圈层内教育发展水平相对接近，但圈层之间则表现出巨大差异。凭着先行先试精神，2003年，成都市在全国较早地运用统筹城乡的思路和办法，自主地启动了城乡教育一体化的探索和实践。2004—2007年间，成都先后实施了以农村中小学标准化建设为代表的推进城乡教育一体化的八大措施，有效提升了中小学校，尤其是农村学校的办学条件，在城乡之间义务教育均衡发展方面取得了显著成效，初步形成了各圈层内教育均衡发展，无论在一圈层的区县，还是在二、三圈层的区县，城乡学校的差距都大大缩小，已经消除了无高级教师、无学科带头人、无优秀青年教师的"三无学校"。这一明显可见的变化，在硬件上让成都的学校实现了"眼球"上的均衡。[1] 2006年，"全国推进义务教育均衡发展经验交流现场会"在成都举行。但是，与三个圈层各自内部教育逐渐走向均衡发展的状态不同，圈层之间的教育差距却没有获得根本改变，甚至在某些指标、某些方面差距反而越拉越大。于是，在缓解或部分消解了原有矛盾的同时，成都教育开始涌现出新的发展矛盾：经过多年的积累，成都的教育均衡发展已经到达了一个关键节点，新的问题是：如何克服暂时的"高原现象"，提升改革的品位和层次，将改革引向"深水区"？正是在这样的背景下，成都市迎来了建设"全国统筹城乡教育综合改革试验区"的契机。这一次，成都以"全域成都"的大视野，启动了层次更高、更有胸襟和气魄的制度创新实践。

二、打造"中国西部地区教育高地"：重庆市统筹城乡教育的　　探索与实践

　　为了更好地落实教育部与重庆市人民政府签署的《建设国家统筹城乡教育综合改革试验区战略合作协议》，重庆市确立了明确的工作思路与宏观目标：以城带乡、整体推进、城乡一体、协调发展，实现城乡教育规划布局、资源配置、政策制度、水平提升一体化；以教育领先带动人才领先，以人才领先推进经济社会发展，把重庆建成缩小城乡和区域差距的"试验田"，成为中国西部地区

---

　　① "统筹城乡教育的'成都实验'"，《教育导报》2009年4月30日。

教育高地、长江上游地区教育中心,为全国统筹城乡教育发展提供示范和借鉴。[①] 为此,重庆市采取了相关政策设计与探索性实践。[②]

其一,推进教育经费保障机制改革。从办学条件方面而言,统筹城乡教育、推进教育均衡发展,最核心的任务,一是增加办学经费总量,实现办学条件上的"品质"提升;二是办学经费的优化、合理配置。就前者而言,首先,重庆市注重加大公共财政对城乡教育的保障支撑力度,加大市级财政对区县(自治县)教育投入专项转移支付力度,依法确保教育经费的"三个增长",执行教育经费占市级财政一般预算支出比例每年提高一个百分点的政策,各级财政每年超收部分按不低于年初确定的教育经费支出占财政支出比例用于教育;其次,重庆市积极拓展教育融资渠道,促进民办学校发展,探索建立教育发展公司,稳妥推进非义务教育学校基础设施建设新模式;再次是组建教育集团,探索对学校征收有关税费的减免政策,教育发展公司和教育集团享受税收优惠政策;最后,重庆市还积极培育公益性教育基金,并拟通过发行教育彩票的方式增加办学经费筹措渠道和总量。就后者而言,重庆市一方面注重强调教师工资适当向农村教师倾斜,在国家政策允许的范围内,开展农村教师岗位津贴和安居工程试点;另一方面注重建设项目和资金重点向农村地区、三峡库区、少数民族地区倾斜。如果说,适度倾斜政策是为了更好地体现弱势补偿原则,逐步缩小城乡差距,并最终实现城乡均衡发展,那么,多渠道筹措教育经费,并加大公共财政对城乡教育的保障支撑力度,加大市级财政对区县(自治县)教育投入专项转移支付力度,则在一定程度上防止了教育经费再分配时以简单的"劫富济贫"式思维制造低层次的削峰填谷式均衡的误区,表达了在发展中实现均衡的积极取向。

其二,启动城乡教育布局结构调整。重庆市根据城乡总体规划和城镇化建设进程,对城区教育容量需求进行研究,并且根据需求统筹规划、合理调整城乡学校布局,实现城乡教育资源的优化配置。结合城镇化发展和新农村建设,规划建设规模适当的区域性初级中学、乡镇寄宿制小学和中心幼儿园,积极探索建设九年一贯制学校。规定凡乡镇闲置校产,主要用于举办农村寄宿制小学、成人学校、社区幼儿园。结合重庆市支柱产业布局和行业需求,推进职业学校资源整合和重组,建好区县(自治县)职业教育中心,打造主城和区域

---

① 《重庆市人民政府关于印发重庆市统筹城乡教育综合改革试验实施方案的通知》,重庆市人民政府文件,渝府发(2008)94号。

② 本部分内容主要参考《重庆市人民政府关于印发重庆市统筹城乡教育综合改革试验实施方案的通知》,重庆市人民政府文件,渝府发(2008)94号;同时,关于重庆市统筹城乡教育的政策设计与实践,参考了重庆市教育委员会网站上的相关政策文本。

中心城市职业教育基地。立足于重庆市大城市带动大农村的城乡结构特点，积极推进农牧、能源化工和体育艺术类高校建设，对三峡库区、少数民族地区高校建设适当予以倾斜。

其三，建构共享与帮扶机制，凸显优质教育资源的引领与辐射价值。为整体提升区域教育品质，促进先进经验的传播与辐射，重庆市建立了城乡教育帮扶制度和优质教育资源引领与辐射机制，推动主城区对口支援渝西、渝东北、渝东南地区农村教育发展，实行城镇学校结对帮扶农村学校。通过"捆绑发展"、"千校牵手"等帮扶形式及辅助性绩效评估机制，有效激发了名校在带动农村学校发展中的责任感。为了向农村地区输送更好的优质师资，重庆市注重农村缺编学校教师队伍建设，每年选派师范类及相关专业本科以上毕业生到乡镇学校工作。尝试通过政策引导，鼓励城镇超编学校教师到农村缺编学校工作。在岗位设置、职称评审中适当提高农村教师中高级职称的比例。在这个过程中，逐渐尝试建构合理的城乡教师双向交流机制，即让更多的农村教师在名校中得到文化熏陶和专业扶持；让更多的名师到农村地区"传经授艺"。

除此之外，重庆市还致力于探索建立以教育信息化推动城乡教育一体化机制，加强城乡教育信息化硬件、远程教育、教育信息资源三大平台建设，推进城域网、中小学校园网建设。城乡学校信息化建设中的资源均衡配置，一方面是统筹城乡教育的题中应有之意，另一方面又反过来构成推进城乡教育一体化的技术支撑。

其四，完善困难学生资助体系。为了更好地维护教育公平，防止家庭困难学生因暂时的经济不利地位而丧失或削减公平享受教育的机会和权利，重庆市致力于完善学生资助办法，对义务教育阶段学生免收学杂费，免费提供教科书，对农村家庭经济困难寄宿生补助生活费，对农村家庭经济困难女童、残疾儿童实行"零收费"；建立完善普通高中学生奖学金、助学金制度，进一步完善中职学校资助政策；完善高校奖学金、助学金、困难补助、学费减免、勤工俭学、助学贷款、师范生免费等制度。非义务教育阶段学校每年从学费总额中提取不低于5％的资金用于奖励品学兼优的贫困学生。鼓励企业、社团和个人捐资助学，帮助农村家庭经济困难学生完成学业。

其五，实施统筹城乡教育发展"行动计划"。相对于一般性的政策设计而言，"行动计划"由于指向具体，主体责任明确，方案较为细致，因而操作性更强。重庆市在统筹城乡教育的过程中，规划与设计了十一项"行动计划"，包括：优化城乡教育管理行动计划；小学标准化建设行动计划；流动人口子女就学行动计划；职业教育服务能力建设行动计划；高等教育质量提升行动计划；产学研一体化行动计划；继续教育行动计划；民办教育发展行动计划；素质教育行动计划；毕业生就业行动计划；对外开放行动计划。"行动计划"的设计与付诸实施，一定意义上为统筹城乡教育提供了可以依靠的抓手。

三、"全域成都"：成都市统筹城乡教育的探索与实践①

成都市在统筹城乡教育的过程中，依据"全域成都"理念和建设世界现代田园城市的内在要求，提出"深入实施城乡教育均衡化、率先实现成都教育现代化、加快推进成都教育国际化"的成都教育"三化"联动发展战略，以"市域统筹"的机制，致力于打破区域壁垒和行政壁垒，逐步建立城乡教育均衡发展新格局。为此，成都市以城乡教育资源流动共享为重点，将整个成都作为统筹城乡的具体行动单位，通过教育资源的全域统筹、整合、调配，力图在城乡之间逐步实现学校管理同探索、教师队伍同发展、学生成长同进步、教育质量同提高、学校文化同繁荣。

第一，推进城乡教育基本公共服务均等化。为了逐步实现城乡基本公共服务均等化，成都市首先从教育经费配置入手，实行城乡教育经费一体化。建立健全覆盖城乡的公共教育财政体系。依法保障教育经费的"三个增长"，统一城乡学校预算内生均公用经费标准，在提前一年达到国家基准定额的基础上，逐年增长。依托商业银行，建立教育发展基金，探索教育资金多样化来源渠道，建立教育经费投入监督机制，将教育投入目标纳入市委、市政府对区（市）县的目标考核。针对农村地区历史欠账累积，办学条件薄弱的现实，不断加大市财政对农村教育转移支付的力度。其次，启动学校布局调整，实行教育规划城乡一体化。为了从制度上规范办学行为，遏制择校热，成都市按照"幼儿园小学就近、初中进镇、高中进城"的原则，优化城乡教育布局结构，坚持义务教育阶段公办学校免试就近入学；加大各级示范性高中向初中招生名额平均分配的力度；加大义务教育阶段公办学校"划片招生免试就近入学"的实施力度，均衡配置生源，有效遏制义务教育择校。最后，以标准化学校建设为抓手，推进办学条件城乡一体化。为此，成都市统一了各级各类学校办学标准，确定薄弱学校改造目标和建设规划，对办学条件低于基本要求的薄弱学校，制定限期改造计划。针对中小学校用地资源短缺的矛盾，成都市统一要求在重点镇、新镇以及新型社区规划中，合理配套中小学，在县城和重点镇集中布点功能完善的中学，城市保证具有较高办学水平的完全中学，以服务县域城乡。

---

① 《关于深化全域成都教育均衡发展的意见》，http://www. morning. sc. cn，2009 年 11 月 23 日；周波："今年底我市将基本实现城乡教育服务均等化"，《成都日报》2010 年 12 月 9 日；《中共成都市委办公厅、成都市人民政府办公厅转发〈市教育局关于扩大优质教育资源覆盖面提升城乡教育服务水平的若干意见〉的通知》，成委办（2009）12 号。

第二,以"学校联盟"和教师"县管校用"为突破口,促进优质教育资源的全域共享。让所有的成都孩子都能享有良好教育,这是成都教育提出"全域成都"的核心价值关怀。而所谓良好教育,除了学校办学条件的改善,更重要的是良好的学校文化和优质的师资。为了使名校、名师资源更好地发挥辐射引领价值,在逐步推进学校办学条件改善的基础上,成都市以"学校联盟"的校际联合发展机制促进名校经验的扩展与放大;创造出教师"县管校用"制度,强调优质师资的统筹管理,均衡、优化配置。

为推动学校联盟的实现,成都市颁发了《成都市城乡学校(幼儿园)互动发展联盟工作方案》,拟通过联盟方式在学校管理、队伍建设、教育科研、学生活动、学校文化等方面互动交流,相互学习,共同提高,深入推进城乡教育一体化。学校联盟有三种基本模式:共同体发展模式、教育集团发展模式、对口帮扶发展模式。共同体发展模式将以共同发展愿景为纽带,形成城乡学校联合体;共同体内学校地位平等,互相学习,相互帮助,共同提高。教育集团发展模式以"龙头学校"作为骨干和纽带,发挥龙头学校的引领作用,带动集团内其他学校共同发展。对口帮扶发展模式则以"一对一"对口支援的形式,由城市优质学校引导、带动农村薄弱学校实现超常规、跨越式发展。实行学校联盟,不仅有利于学校之间实现"差距合作",而且也有助于推进"差异合作"。但学校联盟在实践过程中很容易出现两种问题:一是导致"牛奶稀释"现象,即由于名校资源的快速输出、"繁衍"而导致优质教育资源的稀释;二是由于参与方、尤其是名校积极性不高,消极应付而导致所谓"联盟"流于形式。为了提升学校联盟的品质和合作深度,成都市一方面强调学校自身造血功能的培育,防止优质教育资源稀释;另一方面加强对学校联盟的督导评估,建立联盟协同发展预警机制,强化联盟各方,尤其是名校在协同发展中的责任。

为了更好地促进教师资源的优化配置,成都市在《关于建设统筹城乡教育综合改革试验区工作方案(修改稿)》中创造性地提出了教师的"县管校用"制度。即按照"加强管理、均衡配置、提高素质、增强活力"的思路,建立统一的中小学教师职务体系,在编制标准、岗位设置标准及岗位结构比例、教师聘用程序及办法、教师资源配置、考核办法及待遇标准五个方面实现全域统一,逐步实现城乡教师从"同县同酬"、"同圈同酬"到"市域同酬",推进城乡教师区域内有序流动。打破教师"一校所有"的管理模式,对教师实行"无校籍管理",区(市)县对教师统一管理、统一调配,学校对教师只有"使用权"而无"所有权"。力图以此来消除城乡之间、区域之间教师交流的体制障碍。为了逐步缩小城乡师资差距,成都市在实行教师"县管校用"、坚持师资均衡配置的整体政策框架中,强调新入职的优秀教师优先分配到薄弱学校,新增教育经费支出优先用于薄弱学校,并鼓励优秀教师到薄弱学校工作。为此,成都市建立了激励导向机制,在晋职晋级、评优评先、职称评聘等方面向派出到农村地区任职任教的干部教师进行倾斜。例如,到农村学校任职任教的干部教师将享受农村学校教师补贴;派出干部教师完成任务经考核优秀者,可破格提拔使用;对派出到城区学校、龙头学校挂职、顶岗、跟岗和培训的农村干部教师,派出学校要予以后勤保障,并作为晋职晋级、评优评先、职称评聘的重要条件。

第三,以数字化资源建设推进城乡教育的均衡。近年来,成都市致力于打造覆盖城乡的各级各类学校数字化教育服务体系,实现城域网、校园网全域覆盖,以实现每个教师拥有一台计算机,每 10 个学生拥有一台计算机,每两个班拥有一套多媒体系统;建设内容覆盖各级各类教育的学习素材、教学课件、网络课程等数字化学习资源库,并加强技术应用能力培训,力求打造一支经验丰富、高素质的技术和教师服务队伍。完善资源共享机制,实现全域成都优质教育资源农村、边远地区网络同步共享。通过"教育信息网络满覆盖、教育教学资源满覆盖和教育信息技术应用满覆盖",实现教育管理信息化、资源数字化、教学手段现代化。[①] 例如,有的县市区为更好地实现城乡即时互动,促进优质教育资源的区间、校际、城乡共享,尝试构筑了"空中 e 课堂"。成都市教育发展基础较好的锦江区,先期投入专项经费 100 多万元,购买了 42 套网络直播设备,分别配送到区内优质教育链的学校以及对口支援的金堂县、青白江区的薄弱学校,实时直播锦江区优质学校的大型教育教学研讨活动、优质课;利用网络平台开展三地对口学校间网上教研和网络集体备课,实现对口学校年级组、教研组间的互动交流。"空中 e 课堂"、视频互动直播平台等的建设,可以实现城区学校与乡村学校、优质学校与薄弱学校同时上优质课,把优质学校好的教学思想、理念即时辐射到对口支援地区和薄弱学校。[②] 这种基于互联网技术资源的城乡教育互动,初期投入可能是巨大的,但是由于它有效地跨越了时空局限,可持续性强,因而是一种具有发展前景的统筹城乡教育模式。

第四,统一行动与因地制宜相结合,在全域统筹的宏观政策框架下鼓励地方制度创新。以"全域成都"的理念统筹城乡教育,必然包含教育政策设计与实施上的全域协调,综合运筹与统一调配。无论是"全域"、"综合"还是"统一",强调的都是全局视野、全局观念和全局策划。但是,着眼于全局,并非强调全局范围内的政策设计与执行要做到铁板一块,步调一致。如何在"全域成都"的宏观视野下实现统一行动与因地制宜相结合,这是成都市统筹城乡教育

---

① 周波:"2015 年将高水平普及 15 年教育",《成都日报》2010 年 7 月 30 日。

② "通过'空中 e 课堂',城乡孩子一起上课",《成都日报》2010 年 9 月 10 日。

综合试验过程中必然面临的问题。解决这一问题,成都市一方面强调在一些基本的政策问题上保持一致,另一方面则留出了一定的政策空间,鼓励下辖的县市区创造性地开展政策实践。就前者而言,成都市推出了统筹城乡教育的"十大行动计划"。[①] 具体包括:统筹城乡学校布局行动计划;教育公平行动计划;素质教育行动计划;职业教育攻坚行动计划;高等教育质量提升行动计划;终身教育行动计划;教育国际化水平提升行动计划;教师素质提升行动计划;教师待遇和住房保障行动计划;校舍安全行动计划。这十大行动计划,无一不是基于对城乡教育发展中存在的现实问题的判断而制订的有针对性的对策要略。由于它们是着眼于解决成都市全域普遍性问题而设计的,因此具有广泛的适应性,属"统一行动"。但这些统一行动并不是统筹城乡教育的全部。在规划了政策总体方向的基础上,成都市又实行了权力适当下放,鼓励地方政府和教育行政部门通过制度创新和政策试验,推进城乡教育均衡发展。在这个过程中,成都市涌现出了许多地方教育制度创新的典型。例如,武侯区为了促进城乡教育的"有机互动",采取了"一对一捆绑发展"的城乡教育统筹发展模式。即将12所农村小学与12所城区名校一对一捆绑结队,组成12个"城乡教育共同体"。实行"一个法人代表,一套领导班子,两个法人单位,独立核算,独立核编"的建制。目的是让"先发展起来"的城区学校,用先进的经验带动农村小学的发展,以此来激活薄弱学校的竞争活力,实现城乡教育均衡发展。为了使"结对捆绑式"发展更有实效,政府为学校教师搭建了行走自如的通道。12所"联体"的城乡学校也制定了教师互派、交流和学习计划。城市学校搞专题培训,都要请农村小学的教师参加。同时,区政府开发了远程教育的网络视频技术,实现了城乡学校的"零距离"对接。[②] 再如,青羊区在统筹城乡教育的过程中,遵循"兼顾全面,重点打造"的思路,通过学校标准化建设,加大对农村薄弱学校的资金投入,同时注重对学校发展内在动力的开发,强调内涵式发展与特色培育,有效改变了农村地区学校尤其是薄弱校的办学条件和办学品质。在这个基础上,青羊区通过组建城乡学校共同体、建立名优教师讲师团、实施骨干教师引领工程等举措,致力于建构城乡教育的融合机制;通过建立校长职级制、教师流动机制、重点扶持帮困机制、"教育反哺"带动机制等,致力于构建城乡之间校长、教师的交流互动机制。通过多年的努力,青羊区以"四个满覆盖"(即标准化建设满覆盖、优质教育资源满覆盖、帮困助学满覆盖以及教育反哺满覆盖),逐步推进城乡教育均衡发展,在全国范围内引起了广泛关注,创造

---

① 《成都市建设统筹城乡教育综合改革试验区实施方案》。

② 李曜明:"城乡均衡教育的成都样本",《决策》2010年第2—3期。

了"均衡教育的青羊样本"。① 由此可见,成都市在统筹城乡教育、推进城乡教育均衡发展的过程中,强调的是发展中的渐进均衡,而不是整齐划一;强调的是办学水平的标准化但不是模具化;强调的是全域成都的理念,但不忽视对地方自主性、独特性、创造性的保护、开发和培育。正因为如此,成都市下辖各区(市)县因地制宜形成了不同的统筹城乡教育的改革和发展模式,在推进城乡教育均衡发展的过程中创生出了珍贵的地方经验。

四、政策绩效评估

重庆市与成都市虽然所辖地域发展基础、特点等有着较大差异,但是,同样作为西部地区教育改革与发展基础相对较好的区域,在统筹城乡教育、推进教育均衡发展方面有着比较好的实践基础和政策优势。作为统筹城乡教育的国家级综合改革试验区,重庆与成都在教育制度与政策的设计与实施方面,获得了相对于其他地区而言更大的创新空间。在给定的政策空间内,结合区域发展基础、特点和优势等,重庆与成都各自相继出台了一系列制度、政策和行动计划,并展开了相应的政策实践。那么这些政策的实施绩效如何? 政策是否达成了预期的目标? 这是我们在关注作为地方制度创新案例的重庆与成都的统筹城乡教育的政策实践时,必须回答的问题。

1. 政策目标分析

政策目标,直接包含着对政策所要达成的理想前景的自觉设计,而这一设计的出发点应当是政策设计者对现实问题有准确清晰的判断。因此,目标是基于问题并着眼于问题解决的一种超前设计。判断政策目标是否合理,不仅需要考察政策设计者对现实问题的判断是否准确,同时也需要判断目标的潜在价值及其与问题解决的契合度;不仅需要评估目标实现的可能性,同时也需要斟酌目标的梯度设计及其导向作用和激励力量的大小。重庆市与成都市在统筹城乡教育,推进城乡教育均衡发展的政策实践过程中,均非常注重政策目标任务的设计,提出了明确的、阶段性的政策目标。重庆市统筹城乡教育的目标任务是:以城带乡、整体推进、城乡一体、协调发展,实现城乡教育规划布局、资源配置、政策制度、水平提升一体化,努力把重庆建设成为中国西部地区教育高地、长江上游地区教育中心,为全国统筹城乡教育发展提供示范和借鉴。到2012年,初步形成城乡教育一体化发展机制,基本实现区县(自治县)行政区域内义务教育均衡发展、非义务教育协调发展。普及学前一年教育,3~6岁幼儿入园率达到70%;高水平、高质量普及九年义务教育,义务教育阶段学

---

① "均衡教育的青羊样本",《中国青年报》2010年11月23日。

校标准化率达到95％；普及高中阶段教育，全市初中毕业生升入高中阶段学校的比例达到95％；积极发展高等教育，力争高等教育毛入学率达到35％。继续教育体系进一步完善，城乡人均受教育年限达到9年以上。到2020年，形成城乡教育一体化发展机制，基本实现全市城乡教育和谐发展。基本普及学前三年教育，3～6岁幼儿入园率达到85％；城乡九年义务教育基本实现现代化，学校现代教育技术装备达标率达90％；高水平、高质量普及高中阶段教育，优质普通高中和中职学校的比例均达到90％；高等教育进入普及阶段，力争高等教育毛入学率达到50％。继续教育满足城乡居民需求，建成比较完善的终身教育体系。城乡人均受教育年限达到9.5年以上。① 从重庆市统筹城乡教育之目标任务的表述中可以看出，它不仅明确地将城乡均衡、一体化发展作为教育统筹的直接目标，而且将2012年、2020年作为两个重要的时间节点，分别提出了不同发展时段中各级各类教育发展的目标任务。每个阶段的目标任务，既有质性表述，又有定量指标。质性目标有助于对统筹城乡教育的发展前景形成一种直观、整体的印象；而定量化的指标陈述，则具体明确且易于评价监测。但是，从重庆市统筹城乡教育目标任务的表述来看，或许以下两个问题尚需进一步斟酌：一是政策设计的针对性。在目标任务的表述中，除少数语句涉及城乡教育均衡、一体化之外，其他定量化的指标，更多涉及的是较为笼统的各级各类教育发展的目标和方向，虽不能说与统筹城乡教育关联不大，但至少针对性不强。或者可以说，其中蕴含着较强的"发展"意味，而"统筹"意向却相对较弱。二是关涉十余年发展历程的这种"长程两段"式的目标设计，虽然勾画了较为长远的发展方向，但由于缺乏对不同时段之间梯度差异的合理性及其内在根据的阐明，因而使得目标任务的表述略显松散，内在逻辑得不到有效彰显。

与重庆市相似，成都市也对统筹城乡教育的目标任务做了分时段的表述：(1)2009年，启动组建优质学前教育集团5个、义务教育阶段优质名校教育集团10个、普通高中优质教育集团3个；推进第一批12所优质名校进新区、进山区的建设工作，启动第二批优质名校进新区的布点工作，规划优质名校进园区、进山区的布点工作；完成成都市中等职业学校公共实训基地、双流职中应用电子技术专业、彭州职中石化专业3个公共实训骨干基地建设。(2)2010年，完成第一批12所进新区、进山区优质名校建设并开始招生，推进第二批优质名校进新区建设工作，推动优质名校进园区、进山区建设工作；组建汽车专

---

① 《重庆市人民政府关于印发重庆市统筹城乡教育综合改革试验实施方案的通知》，《重庆市人民政府文件》渝府发(2008)94号。

业、机械加工制造专业、电子信息专业等 8 个优质骨干职业教育集团。(3)到 2012 年,基本实现优质教育城乡均衡配置,满足城乡居民子女接受优质教育的需求。形成全市优质学前教育集团 15 个、义务教育阶段优质名校教育集团 30 个、普通高中优质教育集团 30 个。全市优质幼儿园、义务教育阶段优质学校覆盖率达到 85%,其中,中心城区达到 90%;全市普通高中优质学校覆盖率达到 90% 以上;中等职业学校实训工位数中心城区达到招生数的 100%,其他区(市)县达到 80%。① 由于成都市统筹城乡教育,推进城乡教育均衡发展的核心举措是推进学校联盟,倡导名校集团化,实行教师"县管校用",因此,成都市统筹城乡教育的目标任务,直接指向城乡差距,着墨最多的是优质教育资源的辐射,表达出很强的以城带乡、反哺乡村教育的意向。这使得目标任务表现出较强的针对性、务实性。除此之外,由于成都市统筹城乡教育之分时段目标任务的设定,时段间距短,因此,目标显得较为具体明确,可操作性、可测性强。但是,由于缺乏一种更长时段的目标任务设计,因此,成都市统筹城乡教育的目标任务,似乎缺少了对更长远目标的一种合理规划。在当前教育资源配置不均衡,教育发展历史遗留问题较多,城乡教育差距显著的背景下,统筹城乡教育可能首先表现为资源的优化配置,这一点应无异议。但是,统筹城乡教育是一项复杂工程,如何将城乡教育均衡发展,从关注基础性的资源配置,逐渐转向资源合理配置基础上的学校内涵式、特色化发展,这是统筹城乡教育更值得追求的目标。而这一目标的实现,可能需要更长远的策划,设计更精致的制度、政策,付出更艰辛的努力。如何将这一更可欲的价值目标,转化为统筹城乡教育的目标任务设计,这可能是两个统筹城乡教育国家综合改革试验区在政策设计与执行中均需深入研究的课题。

　　2. 政策绩效评估

　　重庆与成都统筹城乡教育的制度创新和政策实践,已经引起了广泛关注。那么,统筹城乡教育作为西部地区推进教育均衡发展的政策创新典型案例,在具体实践过程中产生了怎样的影响? 其绩效如何? 这是关系到统筹城乡教育这一地方性制度创新发展前景的重要问题。

　　成都市从 2004 年开展城乡教育一体化政策尝试,到 2009 年成为统筹城乡教育的国家级综合改革试验区,在多年的政策实践中,逐渐探索形成了"规划一体"、"标准一体"、"配置一体"、"管理一体"和教师"无校籍管理"的统筹城乡教育操作系统。就目前我们搜集到的信息和数据看,由这一主体架构支撑

---

　　① 《中共成都市委办公厅、成都市人民政府办公厅转发〈市教育局关于扩大优质教育资源覆盖面提升城乡教育服务水平的若干意见〉的通知》。

起来的统筹城乡教育的政策实践，取得了良好的政策绩效，获得了广泛的社会认可。根据 2010 年初公布的调查数据，国家统计局成都调查队就"城乡教育一体化政策满意度"对该市 1840 户居民进行问卷调查，结果表明，98.2％的市民对这项改革表示"赞同"，85.11％的市民对成都当前的教育现状表示满意。① 几乎与此同时，2009 年发布的《成都市 2008 年度统筹城乡发展评价监测报告》显示，2008 年，成都推进城乡公共教育一体化目标实现程度比上年提高 14.4 个百分点，对提高统筹城乡发展总体实现程度的贡献率为 13.1％，是所有社会事业中贡献率最高的。② 在教育问题成为社会普遍关注的重要民生问题、公民对教育公平发展现状存在较多不满的背景下，成都市统筹城乡教育的制度创新与政策实践，能够获得如此广泛的社会支持，这是难能可贵的。也正是在这个意义上，有学者以所谓"城乡均衡教育的成都样本"为参照，颇含深意地指出："任何以解决民生为本的改革，自始至终都会得到百姓的拥护和支持的。"③这一概括，不妨视为由成都市统筹城乡教育政策实践中生发出的"经验之外的经验"。它虽单薄、直率，但却不乏冲击力与震撼力。

重庆市统筹城乡教育的制度设计与政策实践，也是以改变城乡教育的巨大差距为抓手逐渐推进的。从 2008 年开始，重庆专项投入 43 亿元经费，实施了农村初中学校标准化建设工程、新农村卫生新校园建设工程、饮水设施工程、课桌椅更新工程、农村学校阳光体育运动设施建设工程等六大工程，真正实现了"最好的房子是学校，最美的环境是校园"。几乎与此同时，重庆实施了一系列针对弱势群体的惠民教育政策，如资助贫困学生、关爱进城务工随迁子女、留守儿童等。为保证学生不会为贫困而失学，重庆建立了完善的义务教育经费保障机制，将城市"低保"家庭学生、随迁子女、特殊教育学校学生纳入资助范围，取消各种服务性收费和代收费。至 2009 年底，重庆已对 43 万贫困女童实行了"零收费"入学，妥善安排 26 万名进城务工人员子女到 623 所中小学就读。"两基"人口覆盖率由直辖之初的 18.87％上升到了 100％，提前实现了"两基"全覆盖的目标。2009 年，重庆市市级财政筹措专项经费 20 亿元，在全国率先兑现义务教育学校绩效工资，惠及 31 万教师。重庆采取的一系列教育改革发展举措，吸引了全国的目光，被新华社等媒体称为"中国教育的重庆现象"。④ 诚然，办学条件并非衡量教育质量、评价地方教育发展水平的唯一指

---

① 李曜明："城乡均衡教育的成都样本"，《决策》2010 年第 2—3 期。
② 周光荣："打造'全域成都'，实现教育均衡发展"，《基础教育参考》2010 年第 7 期。
③ 李曜明："城乡均衡教育的成都样本"，《决策》2010 年第 2—3 期。
④ 谭凯鸣："重庆教育的国家使命——重庆推进国家统筹城乡教育综合改革试验区建设纪实"，《今日教育》2010 年第 1 期。

标;诚然,在贫瘠的土地上,靠"勒紧裤腰带办教育",也并非全无可能创造出所谓的"教育奇迹";诚然,许多可敬的教师可以在收入极为微薄的情况下,依然靠"赤子之心"和"天职信念"忘我地工作,但毕竟,"中华民族的伟大复兴"无法依靠"穷教育"来勉力支撑;毕竟,西部大开发的发展战略除了依靠外部"输血",还必须转向"本体造血",而教育或许是最有希望对"本体造血"做出贡献的"造血干细胞"。若在这一意义上来解读重庆统筹城乡教育的政策实践,则不能不承认,在许多地方政府无法保证教育经费的足量投入,甚至习惯于克扣原本并不充足的教育经费的背景下,重庆市基于统筹城乡教育的政策理念而做出的努力,是难能可贵的。这或许也从一个侧面反映出,教育基本公共服务的足量供应及其均等化配置,并不单纯是一个"钱"的问题,而是至少部分地反映着地方政府和教育行政部门的施政理念和教育政策水平。

3. 政策价值判断及延伸性思考

在落实科学发展观、建设和谐社会的宏观背景下,城乡教育发展的最紧迫课题,就是破解城乡教育二元结构,在尊重差异的基础上,缩小并最终消解由原来的制度、政策倾斜而导致的城乡教育发展差距。从这一宏观目的出发,重庆与成都采用城市反哺农村、优质教育资源引领辐射、师资统筹配置、以专项经费投入进行弱势补偿等政策来推进城乡教育均衡发展,既是依据经济社会发展需求而做出的教育政策调整,同时也是基于对城乡教育发展现状的判断而采取的应对举措。就现阶段推进教育均衡发展的宏观政策要求和城乡教育发展的现实基础而言,成都与重庆统筹城乡教育的相关制度创新与政策实践,可以说是抓住了"牛鼻子",取得了良好的政策绩效。究其原因,一方面固然与两个综合改革试验区所采取的针对性较强的统筹政策密切相关,但另一方面的因素也不能忽视,即无论是作为直辖市的重庆,还是作为副省级城市的成都,均可说是地方政府中行政级别最高的区域层级,因而相对于次级或再次级区域而言,具有较强的行政权威和丰富的决策资源,有助于从全局出发,调动各方面的资源,通过综合设计与强力推进,使统筹城乡教育的相关政策得到落实,并且通过引领本地区舆论导向、释放一定的施政空间等方式,引导或督促下辖地方政府贯彻落实,进而创造性地转化生成对该区域有更强适应性的统筹制度与政策。正因为如此,这种高位启动、自上而下的教育制度设计与政策实践,一方面不易受到不同地域环境下诸多具体利益关系的牵绊,便于宏观决策,综合施政;另一方面则便于在较大范围内统筹各种资源,通过引导公共媒体舆论导向,转变社会观念,争取广泛认同,建构统筹城乡教育的支持性社会文化生态。① 这或许是成都与重庆两个试验区的相关教育制度与政策实践在较短时间内能够产生良好绩效的重要原因。但是,在"科学发展观"、"和谐社会"与"教育均衡发展"宏观政策框架中的"统筹城乡教育",绝不是一个靠短期突击即能获得理想绩效的"应景性工程",而是一个复杂艰巨的教育改革与发展课题。而且,其艰巨性并不仅仅表现为在时间跨度上可能耗时颇多,而且也表现为城乡教育均衡发展的所谓"均衡",本身就是一个动态发展的"品质性"概念。因此,统筹城乡教育的制度改革与政策实践,在逐步走向教育资源优化配置的基础上,可能还面临更多的深层次课题和严峻挑战。而且,伴随着综合改革逐渐向"深水区"推进,新的问题将不断涌现,挑战和课题无论在数量还是内涵方面,都可能发生深刻的变化。就当前的发展态势而言,以笔者思维所及,以下几个问题,尽管是不完备的,但却可能是统筹城乡教育综合改革走向深入时不得不思考和面对的。

第一,加速"输血"的同时所面临的双重"造血"问题。如同医学临床实践中,对缺血且自身机体造血功能暂不能满足机体血液需求的病体采取"输血"治疗一样,我们能够想到的,解决城乡教育发展差距的最直接、最有即时效应的方式,可能就是采取外部"输血"的策略。从重庆与成都统筹城乡教育的政策实践来看,按照"供体"或"血源"的不同,"输血"策略大致可以分为两类:一类是由政府在原有教育投入的基础上,通过专项筹措的方式,向农村地区额外提供一定的教育经费或其他类型的教育资源。这种"弱势补偿"的方式,并未直接损及暂时处于优势发展地位的城区教育。另一类策略则是对城乡教育资源进行再分配,其具体表现即为城市"反哺"农村。再具体化,则重庆与成都所采用的名校进农村、进山区、名师支教、教师"县管校用"、学校联盟、捆绑式发展等,均属此类策略。无论哪种策略,其中都隐藏着一个并不复杂的问题:"输血"只是一种权宜之计,"输血"的价值绝不单纯表现为"给予",其更深远的目的是促进"再生",即激发机体自身的造血功能,最终能够不依靠"输血"实现机体自身的健康运行。就统筹城乡教育而言,"给钱、给物、给人",在一定时段内是必需的,也是有效的,但是如果接受方自身不能通过有效的运作或改革,实现跨越式的发展,而是过多地依赖外部"救济",甚至将自身发展状况不佳,习惯性地归结为外部救济不足,则单纯"输血"式的统筹极易滋生依赖性。近年来,许多接受"支教"的薄弱学校,在"支教"教师或团队离开后马上回到原来状态的现象,也是自身造血功能不足的表现。因此,对于接受"输血"的农村地区或具体薄弱学校而言,"输血"可能是紧迫的,但"造血"机能的激发和自我培

---

① 孙元涛:"省域推进素质教育的决策分析与理论思考",《教育发展研究》2010 年第 15—16 期。

育,可能更具深意。除此之外,上述第二种"输血"策略,可能还面临着另一重"造血"问题,即作为"血源"的城区学校或"名校",在不断"输出"的同时,必须直面优质资源(尤其是优质师资)分散使用之后,可能带来的所谓"牛奶稀释"的风险。因此,在实行学校联盟,推进名校集团化的过程中,名校一方面需要无私地输出自己的理念、文化、经验、制度,甚至需要从自己的学校领导团队和教师队伍中选派出优质师资引领带动"子体学校"的发展;而另一方面,为了防止因为优质教育资源外输而造成自身优质人才断层、教育教学水平下降、管理效能降低等问题,名校需要不断地强化自身的造血机能,激发组织活力,在输出的同时注意及时引进和培育,在吐故纳新中使组织在不致失衡的情况下尽快实现"新生"。[①]

第二,城乡统筹中的"差距"与"差异"的问题。重庆与成都统筹城乡教育,针对的具体问题是城乡之间在教育发展水平上存在的不合理差距。但是,缩小直至消弭不合理差距的过程,并不是一个"掐头去尾"、消泯个性、追求"同质化"发展的过程。统筹城乡教育,"不是消灭农村教育的优势与特色,而是要充分肯定、增进、利用这些优势和特色。否则,'城乡教育资源共享、优势互补','推动城乡教育相互支持、相互促进'等就无从谈起,'构建良性互动的教育体系和机制',则既无可能,也无必要"。统筹城乡教育发展,"不是城市中心主义,不是一般意义上的通过城区给予农村资金、人才等简单做法来支持农村教育加快发展,而是通过加大城乡资源整合和对接力度,充分发挥城乡教育双方的优势,实现城乡教育'双强共荣'"。[②] 这意味着,在统筹城乡教育的过程中,无论是学校联盟(名校集团化),还是教师的"县管校用",城区教育对农村教育的反哺,以及名校办学方式、管理方式、教育教学经验等向农村、山区的推进等,都不应当演变成为单纯以城区办学方式、乃至某一"名校"办学方式来规模化"加工"、改造现有的农村教育和农村学校的过程。将城乡教育均衡发展的"均衡",理解为把农村学校也办成像城区示范学校(或观念中依然挥之不去、事实上也并未消失的"重点学校")一样,这是一种理解的误区。"如果为了均衡发展而使学校之间的差异消失,满足不同学生差异化需要的教育机会就会大大减少(这与大力提倡和保护生物多样性的道理相同),我们也因此就会远

[①] 尽管有的教育官员表示,名校大面积扩张,不会产生"牛奶稀释"现象,但实际上,即便单从经验层面上讲,名校的优质资源,尤其是优质师资(如果名校果真是基于责任感,选派优秀教师支援薄弱学校,而不是借机将所谓"不受欢迎"的教师派出去的话)在短时间内大量的输出,不可能不影响名校的教育质量。至于认为名校原本就应该是区域共享资源,不能因维护自身利益而逃避责任,这样的立场转换,已是教育质量之外的另一回事。

[②] 褚宏启:"城乡教育一体化:体系重构与制度创新——中国教育二元结构及其破解",《教育研究》2009 年第 11 期。

离教育公平这个区域教育均衡发展的真实目标。"①当然,尊重差异,并不意味着无限制地夸大差异,甚至为了"表现"差异而可以"寻求"或"制造"差异。在统筹城乡教育的过程中,有的地方为了防止"同质化"现象的发生,对辖区学校提出了"一校一特色"的办学要求。许多学校为此不得不挖空心思地寻找自己的所谓"特色",甚至为了迎合这一要求而"制造"特色,完全按照文化包装的路线来建设校园文化。这种对"差异"的误读,有可能将学校的办学行为导向教育的反面。这也从一个侧面反映出,地方政府和教育行政部门对学校具体办学行为的过度干预潜存着不容忽视的风险。

最后,比资源统筹更艰难的,是城乡之间文化上的彼此悦纳和融通。随着我国城市化进程的加快,传统意义上的城乡二元结构发生了微妙的但却是深刻的变化。农民进城务工成为农民工,其身份有了双重性:按照户口制度,他们毫无疑问是农民,但是他们生活于城市;工作性质已经与传统的"务农"截然不同;且几乎构成城市正常运作和市民日常生活中不可缺少的力量,尤其对于"新生代"的农民工而言,这一问题将日益凸显。因此,有的学者将他们称为介于农民与市民之间的"第三元",认为我国已经形成了"三元社会结构"。② 笔者无意在此比较"二元结构"与"三元结构"哪个概念更科学。我们不能不关注的是,中国社会结构方面发生的这一变化,不仅意味着统筹城乡教育的内涵和外延可能发生变化,更重要的是,中间力量的出现,让原本彼此隔离的双方有了更多的接触和彼此的了解,自然也增加了文化冲突的可能性,由此也就使文化的交流与融合变得更为迫切。

如果说在统筹城乡教育的政策框架下倡导城市反哺农村是对历史上农村支援城市发展模式所造成的一系列问题的纠偏,或许并无不妥。但是并不是所有的城市、并不是所有的所谓"名校"都对统筹城乡教育政策做如是理解。即便是作为"受援方"的农村学校和教师,也未必能够建构一种正确的心态。例如,在农村地区经常听到的是"我们这个地方就是落后,和城市里不能比"。在城市调研时,我们也会听到农村教育援助工作的参与者对被援助者的歧视和批评。对问题的指责固然也可以理解,但可以想象的是这种带着完成任务和歧视心态的援助会有多大的效果。对被援助者而言,这种带有歧视的、居高临下的援助会让人更加痛苦。③ 因此,即便人"走"到了一起,如果没有文化心态上的理解、彼此悦纳和积极融通,所谓的"统筹"就依然还只能做在表层上。

---

① 吴华、吴长平、闻待著,"从'差距合作'到'差异合作'",济南:山东教育出版社 2010 年版,第 8 页。
② 参阅李强:《农民工与中国社会分层》,北京:社会科学文献出版社 2004 年版。
③ 魏峰:"城乡教育一体化:基于文化视角的分析",《复旦教育论坛》2010 年第 5 期。

或许,在很多人看来,已经"告别"农村,"进入"城市生活的农民工,其子女能够享受到城市教育资源,不会再经历这种发展差距和文化冲突所带来的冲击。但事实并非如此。例如,曾有学者对上海市农民工子弟受教育状况进行了综合研究,结果发现,尽管教育行政部门采取了让农民工子女与城市学生同校和混合编班的措施,但是进入城市学校还不能说实现了社会融合,也无法抹杀城乡二元结构的存在。阶层的区隔依然存在并且更加具体化,教育制度的改进并未有助于弥合城市学生和农民工子女之间的心理距离。① 若在这个层面上再反观重庆与成都统筹城乡教育的制度创新与政策实践,则不能不说,以城乡统筹推进城乡教育均衡发展,或许才刚刚拉开"序幕"。

---

① 熊易寒:"底层、学校与阶级再生产",《开放时代》2010 年第 1 期。

第四章

统筹经济社会和教育发展

改革开放以来,中国经济社会发生的深刻变化,给教育发展带来了前所未有的机遇,极大地拓展了教育发展的空间,但同时也带来了前所未有的困扰,教育发展与经济社会发展之间的关系变得空前紧张。在城乡差距扩大的城市化进程中,社会资源向城市聚集的自然倾向与教育均衡发展要求的教育资源向农村倾斜之间的矛盾日益突出,统筹经济社会和教育发展成为实现西部地区可持续发展的重要政策主题,由此产生了在市场经济背景下以"教育扶贫移民"为代表的"学生进城"、以"留守儿童教育"为代表的"教育资源下乡"和以"进城务工人员子弟教育"为代表的"两为主"等三类有典型意义的政策实践,为实现教育均衡发展的资源统筹思想提供了丰富的政策案例。

第一节　教育扶贫移民

在中西部地区的集中连片贫困区,常常也是生态环境脆弱地区,在这些地区实施教育扶贫移民工程,统筹经济社会和教育发展,既是缓解贫困地区人地矛盾和保护生态环境的重要举措,也是深入推进西部人才战略和实现教育均衡发展的必然之举。

教育扶贫移民工程有两种基本模式。一是政府有意识对特定区域的特殊人群(主要为年轻一代),通过劳动技能培训,帮助提高劳动者素质、技能和社会融入能力等,引导并最终使他们脱离原来的生活环境,在异地实现稳定生活或就业、享受移居地一般公民待遇的社会服务活动。二是政府在经济社会发展水平较高的城市地区建立专门招收农村贫困地区学生的优质学校和为他们提供政策和资金方面的教育资助,通过优质教育帮助农村贫困地区的子女获得在城市生活的人力资本和社会资本,从而实现农村贫困地区柔性移民的社会发展目标。当前教育扶贫移民工作的重点主要集中在5类地区,即集中连片贫困区、边远或高寒贫困山区、生态极端脆弱或重点生态保护区、库区或濒临特殊危险区、地质灾害多发区等。

一、重庆巫山模式①

近年来,重庆市通过推广校企合作,在学生中开展半工半读试点,创新出"双统双带"模式,即统一建校债务,统一教学资源;贴合市场导向,以弹性教学机制带动职教生源,以灵活培训理念带动学生和接受培训农民工就业,建立起校企合作的长效机制,实现中职教育的快速发展。"巫山模式"是其中的典型案例。

2002 年,巫山县借移民迁校之机将党校、技工学校、电大、教师进修学校、西坪高级职业中学、师范学校、干部函授站七个本要动迁的单位合并建设成为巫山职教中心。职教中心的建设资金,除原校的移民搬迁补偿款外,全部由县政府通过向省内外对口支援单位争取、向银行贷款等渠道筹集,职教中心没有因为移民迁建负债。巫山县政府为建学负债 6100 万元,相当于 2003 年县财政收入的 75%。巫山县以加大政府压力为代价,换来职业教育的迅速发展。

随后,巫山县政府统一征地 500 亩,将县重点中学和职教中心两所学校建在同一个校园。巫山职教中心和巫山中学就好像一所高校的两个学院,各有办学特点,又可共享体育场、校园、图书馆、游泳池等基础设施,实现了土地的集约利用,降低了建设成本,节约了建设资金。

弹性教学模式为职业教育办学提供了自主发展空间。巫山职教中心成立伊始即确定了教学模式不拘一格,专业、学制、服务对象均可根据市场需求迅速调整的思路。巫山职教中心以优惠政策吸引初中毕业生接受职业教育。一是"零学费"入学的工学模式,即对于一些家庭经济困难的学生,可以零学费入学,在学校三年学习中两年接受职业学习,一年顶岗实习,收入上交学校作为学费。二是"3+1"分流模式,即学生在初中三年级最后一学期,根据意愿进行分流,自愿读职业教育的学生可到职教中心学习技能。目前这一入学方式已经扩大到对全县初中毕业后不考普通高中的学生。巫山县四年培养职教毕业生 2100 人,实现 100% 就业。

2006 年 6 月,巫山职教中心和佛山市高级技工学校签订《助学扶贫联合办学协议书》,两校共同完成对贫困学生的三年中职学历教育、技能培训和推荐就业,学生在巫山学习一年文化理论课后,在佛山学习两年专业课,由佛山市推荐就业并在学习中迁入学生户口,实现"助学一人,输出一人,脱贫一户"

---

① 重庆巫山"双统双带"促进职教发展(http://www.jsjtc.edu.cn/shownews.asp? id = 851&classid=174&docpage=1)

的目标。项目首批招生 100 人,佛山市高级技工学校单生投入约 1.5 万元,三年总投入为 150 万元。巫山县教委认为,与帮助学校改善硬件设施相比,对口支援中佛山移民助学扶贫模式对地方经济的贡献率更高。

灵活的统一培训理念:由职教中心负责统一培训、统一认证、统一职业等级认定是巫山模式的一大特色。记者在重庆库区调研时发现,通常负责培训且有培训专项经费的部门有劳动、教育、团委、妇联、扶贫办等,多头培训削弱培训专项经费的效益。巫山县从 2004 年起,整合移民、农业、劳动、扶贫、团委、交通、海事、旅游等 8 部门培训资源,在职教中心设立培训基地,打破企业行业界线、普教职教界线,实行融通办学。目前正在实施的"校企无缝衔接模式",引入广东服装协会 8 家企业在职教中心教学楼内兴建粤港服装技能培训中心,学校办学又办厂,学生既有移民、农民,也有下岗职工、初中毕业学生,培训结束,学校根据工人意愿留在厂内或外出就业。2004 年 11 月份开始进入实质操作阶段,现在累计培训 1200 人,成功输出 800 多人。

二、海南模式

海南省实施教育扶贫移民工程源于该省的昌江黎族自治县王下乡。2005年下半年,昌江县委县政府认真分析了过去对王下乡就地扶贫和易地扶贫成效不大的原因,决定从"扶贫先扶智、变输血扶贫为造血扶贫"的思路切入,在王下乡率先实施教育扶贫移民工程,即把全乡初中生迁至县城条件较好的学校就读,以提高教育扶贫的真正成效,逐步减少王下乡的留居人口,达到既从根本上解决贫困问题,又有效保护地方环境的目的。2006 年,该县在总结经验的基础上,进一步提出了"治穷先治愚,扶贫先扶智,扶智先扶教育"的工作思路,从抓教育入手,从青少年一代抓起,在继续进行经济扶贫的同时,积极探索教育扶贫移民新模式,针对县城教育资源无法满足全县 17000 多名贫困学生对优质教育需求的实际,采用"两级建设"的方式,推进县级和镇级教育扶贫移民工程建设。其主要做法是:采取两条腿走路的方式,一是通过优化学校结构布局,整合乡镇中小学资源,按照县城学校的标准建设乡镇一级的寄宿制学校;二是在县城建设寄宿制教育扶贫移民初级中学(思源实验学校),将王下乡271 名初中生和 401 名小学生分别迁入县民族中学和乡中心学校实施寄宿就读。在总结王下乡试点经验的基础上,昌江县随之在全县范围内加快建设寄宿制"教育扶贫移民"初级中学,扩大教育扶贫移民工程的覆盖面,先后将乌烈、海尾、七叉、十月田等四所中学建成寄宿制学校,同时把教育移民与发展职业教育、促进就业衔接起来,使教育扶贫移民成为一项系统性工程,试点工作取得了良好的效果。

2008年,海南省在总结昌江县试点经验的基础上,出台了《关于大力改善民生推进基本公共服务均等化的意见》,正式启动"教育扶贫移民"一期工程,开始在陵水(黎族自治县)、保亭(黎族自治县)、五指山、琼中(黎族自治县)、白沙(黎族自治县)、昌江(黎族自治县)、屯昌、定安、乐东(黎族自治县)、东方等10个贫困县实施教育扶贫移民工作。其基本模式是通过整合义务教育阶段办学资源,实现义务教育阶段的集中办学,走义务教育和职业教育相结合的路子,在推进教育均衡发展的同时,努力实现学生稳定就业。其主要做法是:针对三年级以下学生,在相关乡镇设立教学点,实现集中办学,在学校管理和教育教学工作上接受县级教育扶贫移民学校(思源实验学校)的支持和指导。同时,投资2.1亿元(香港言爱基金捐款1.1亿元,省级财政投入6500万元,此外为市县配套投入)在县城建设10所九年一贯制的教育扶贫移民学校(思源实验学校),将10个贫困县贫困山区和边远农村义务教育阶段的小学高年级(四至六年级)学生及初中学生迁移到教学条件相对优越的县、市城区集中就学,与城镇的孩子一样享受优质教育资源。配合工程实施,意见要求各地按照小学生每人每年600元,初中生每人每年750元的标准发放生活补助,每人每年160元的标准补助交通费。截至2010年7月,已经建成的10所教育移民扶贫学校共有在校生18630人,其中移民住宿学生14059人,占75.5%,通过教育扶贫移民,共撤并边远、贫困地区小学82所、初中22所。在首期项目学校顺利落成的同时,2010年,海南省又继续推进教育扶贫移民第二期项目,省政府计划投入一次性建设资金6700多万元,在文昌、琼海、万宁、澄迈、儋州等5市县进行有关项目学校的建设。目前,部分学校已开始工程招标工作。根据工程计划,5市县将改扩建9所主要用于接收教育扶贫移民学生的乡镇中心学校,撤并一批办学条件落后,办学效益不高,交通、通信落后的学校,使该地区的学校结构布局更加合理,新改扩建学校将于2011年秋季投入使用,新增优质学位达到5500个。

同时,海南省还把发展职业教育与实施教育移民工程相配套,教育移民学生初中毕业后通过统考,考上的读高中,考不上的直接进入职业技术学校,在职业学校继续享受免费教育。在接受职业教育阶段,各学校注重与开发国际旅游岛规划结合,加强就业指导衔接,注重专业课程设置和实践能力培养,在学生就读期间,预先和用人单位签约,实行"订单培训"。通过开展教育扶贫移民工程,切实提高了贫困地区年轻一代的文化素质,为他们在城镇就业和安家创造了条件。

三、广西模式

广西壮族自治区开展教育扶贫移民工作,源于对贫困人口较为集中的大石山区的扶贫开发。据统计,自治区大石山区面积 8.95 万平方公里,占全区面积的 38%,主要分布在桂西北 40 个国家级、区级扶贫开发工作重点县,占贫困县总数的 81%,这些县总人口 1341 万人,其中农村人口 1191 万人。大石山区的主要特点是:自然条件极为恶劣,缺土缺水,人均耕地仅 0.5 亩左右,基础设施极为落后,生产生活条件极差,科技教育落后,劳动力素质低下,贫困面广,贫困程度深。广西壮族自治区为了加快大石山区贫困人口的脱贫步伐,从"八七"扶贫攻坚计划开始,陆续采取了异地安置、培训转移就业等方法,共异地安置大石山区特困人口 36 万人,通过技能培训转移就业 6 万多人。但由于大石山区人口密度大,人地矛盾仍然很突出,仅靠就地开发已经没有前途,而继续采取异地安置的办法也没有余地和空间了,采取短期培训就业的办法,只是解决短期劳务输出增加一定收入的问题,不能实现转移人口的稳定就业。为了解决大石山区特困人口人地矛盾关系的根本问题,自治区从 2006 年开始探索新的扶贫开发模式,2006 年至 2008 年,先后组织力量对全区 364 个大石山区县镇进行调查,发现每年约有 8.5 万名初高中毕业生成为新生劳动力,其中约有 30% 希望通过接受职业教育,实现转移就业,但由于家庭贫困,大多数贫困农户负担不起子女职业教育的费用,希望通过政策或社会的资助来完成。针对这一情况,自治区选择部分大石山区开展了小范围扶持贫困地区贫困家庭子女接受职业教育试点工作。

在小范围试点工作的基础上,2009 年 5 月,广西壮族自治区制定了《广西大石山区特困村屯贫困家庭子女职业教育试点工程实施意见》(简称《意见》),逐步扩大试点规模,首期安排了 300 万元扶贫培训专项资金,用于扶助 2000 名大石山区国家扶贫开发工作重点县特困村屯贫困家庭子女接受职业教育。《意见》规定,对这些生存条件恶劣、土地资源匮乏、就地开发难度较大、缺乏发展潜力的大石山区贫困家庭子女在享受国家和自治区职业教育普惠政策的基础上,每人每年再给予 1500 元资助,连续资助两年。试点工作的总体要求是:通过资助,使大石山区特困村屯贫困家庭子女能顺利完成中高等职业教育,掌握一门以上能融入城市生活的熟练技能,以实现稳定就业,逐步减轻大石山区特困村屯人口压力。其实施原则:一是坚持统筹协调。各有关县市扶贫开发领导小组组织和领导,扶贫、财政、教育等部门按照各自职能负责管理和指导,相关院校负责教育和就业推荐。二是坚持公开公平公正。对资助对象、申请办法、资助标准以及培训机构和培训专业等向社会公布,做到工作过程透明,结果公平公正。三是坚持以贫困群众为主体。充分发挥贫困群众的主体作用,确保贫困群众拥有知情权、参与权、表达权和监督权。四是坚持市场导向。以市场需求为导向,以充分稳定转移就业为目标,开设适应市场需求的专业,着力培养学生的岗位适应能力。

在职业学校选择方面,由自治区扶贫办和财政厅共同认定,确定了 21 所教育资源丰富、教学水平较高、具有较成熟的转移就业推介服务能力的学校作为贫困村劳动力转移就业培训基地。与此同时,自治区还加强与广东等地大型现代企业的合作,确认广东省 10 家大型企业为"广西大石山区特困村屯贫困家庭子女职业教育试点工程实训基地和就业单位。"

截至 2010 年 7 月,广西壮族自治区累计已有 1.2 万大石山区特困村屯贫困家庭子女接受了职业教育,其中在校生 6000 名,已毕业 6000 名,毕业就业率达 97%。参加职业教育后的学生就业稳定,工资收入比短期培训后转移就业的人员提高了 20% 左右。通过教育扶贫移民工程的实施,在一定程度上加快了广西大石山区的脱贫步伐,为解决当地扶贫问题找到了新途径。

四、宁夏模式

"每年通过高考向全国高校输送 3000 人以上,职高培训向东南沿海转移 2500 余人,向宁夏六盘山、育才高级中学输送四五百名学生。"宁夏西吉县通过实施"教育移民"战略,每年促使 6000 多名移民走出大山,每个教育移民可带动家庭 3 至 4 人就业。

西吉县多年坚持实施"教育带动工程",近 3 年投资 3.8 亿元,新建、迁建和改扩建县城 9 所中小学,完成 37 所农村中小学校舍维修改造工程和 188 所中小学校舍安全工程,将 516 所学校撤并为 420 所,把 26 个教学区减至 19 个中心小学,新建校舍面积达 26.1 万平方米。今年高中入学率达 63.1%,比 2005 年提高 38%,高考录取人数突破 3000 人,并且逐年递增。"政府投资 900 多万元建成职业中学实训楼,配置电工电子、旅游管理、计算机等实训教学设备,校园面积由原来的 28 亩增至 143 亩,硬件提升生源扩增,每年向东南沿海输送技工 2500 余人,使得职高与普高教育招生比例达到 4:6。"

目前因陪读在西吉县城扎根的农民有 1 万多人,从事餐饮、运输、商贸流通,提高县城消费 2 个百分点,年增产值 3000 多万元。西部大开发实施 10 年间,西吉县先后向全国各类大中专院校输送学生 2.2 万余名,自 2007 年至今,已经向山东、北京、福建等地输送技工 6617 人。"以提高高考录取人数为主攻点,加快职业教育为突破口,要把'教育移民'作为山区群众脱贫致富的硬任务常抓不懈。"西吉县委书记周金柱如此说。

　　《宁夏中长期教育改革和发展规划纲要（2010—2020 年）》提出，"教育移民"是指利用中职教育和东西部合作联合招生，川区和山区联合的方式，让宁南山区的生态移民在异地接受教育，并稳定就业。同时，不断扩大移民迁入地优质教育资源规模、办学质量和办学效益。到 2015 年，在中心城市和接受移民教育的地区建设标准化中小学，为移民群众接受优质教育提供便利。将中南部地区初中优秀毕业生选拔集中到教育资源相对发达的地市级以上城市接受优质普通高中教育，并实施教育资助帮扶政策。生态移民地区初中未考上高中、宁夏六盘山高中和育才中学未考上大学的学生自愿到区内职业院校上学，实行免费教育；开展免费职业技能培训，提高移民迁入地劳动者素质和就业能力。

　　"十二五"期间，自治区将对中南部地区 35 万人实施移民搬迁，涉及原州、西吉、隆德、泾源、彭阳、海原、同心、盐池、沙坡头 9 县（区）91 个乡镇，7.9 万户家庭。据统计，将有 8000 多名孩子面临初高中升学、就业问题。在全区教育局长会议上，自治区教育厅厅长郭虎介绍，今年起，教育部门将重点实施中南部山区教育移民工程，主要通过县域内教育移民、县域外教育移民、区外教育移民三个途径实现。其中，县域内教育移民主要是整合教育资源，扩大优质教育，提升移民人口的受教育质量。据测算，2011—2015 年，每年需在迁入区增加学生为 10673 人到 16757 人之间，峰值最高的是 2012 年，其他年份均在13000 人以下。县域外教育移民主要是适应条件好的地区对高素质、技能型劳动力的需求，加快发展中等职业教育和优质普通高中教育，提升中南部山区人口的受教育程度，据测算，2011—2015 年，可为南部山区培养普通高中毕业生 25164 人，技能型劳动力 48662 人。区外教育移民主要通过东西部合作办学的方式向发达地区输送技能型劳动力，每年输送 1.5～2 万人，解决在当地就业，实现致富。

　　自治区教育厅厅长郭虎表示，教育移民工程既是自治区扶贫移民的重大配套民生工程，也是发展中南部山区教育事业，提高贫困地区人口素质的致富工程。自治区将出台政策，凡中南部山区初中毕业生，只要进入区内中等职业学校或高中毕业生只要考入区内高职院校就读的农村户口学生，均实行免除学费的优惠政策。

　　针对即将开展的 35 万生态移民中适龄孩子的上学问题，自治区发改委已经作出 3 个多亿的专项预算。全区各级教育行政部门将结合当地实际，把教育移民与职业培训、校安工程、农村薄弱学校建设等一并考虑，全面提升全区教育的发展水平。

第二节　流动人口子女教育

《中国流动人口发展报告 2010》指出，2009 年中国流动人口数量达到
2.11 亿人，其中 6～14 岁义务教育阶段学龄儿童超过 1200 万（见图 4-1）。数
量庞大，持续增长的流动人口是中国社会现代转型过程中的一个突出现象，对
于中国社会持续高速发展发挥了不可替代的作用。与此伴生的一个问题是，
流动人口子女，特别是农民工子女的教育权益保障受制于现行社会管理体制
和教育管理体制，始终没有得到彻底的解决。因此，如何保障流动人口子女教
育的合法权益，也一直是政府教育政策的一个重要议题。国务院总理温家宝
在 2011 年《政府工作报告》中就农民工问题申明了政府立场："因地制宜，分步
推进，把有稳定劳动关系并在城镇居住一定年限的农民工，逐步转为城镇居
民。对暂不具备落户条件的农民工，要解决好他们在劳动报酬、子女就学、公
共卫生、住房租赁、社会保障等方面的实际问题。"

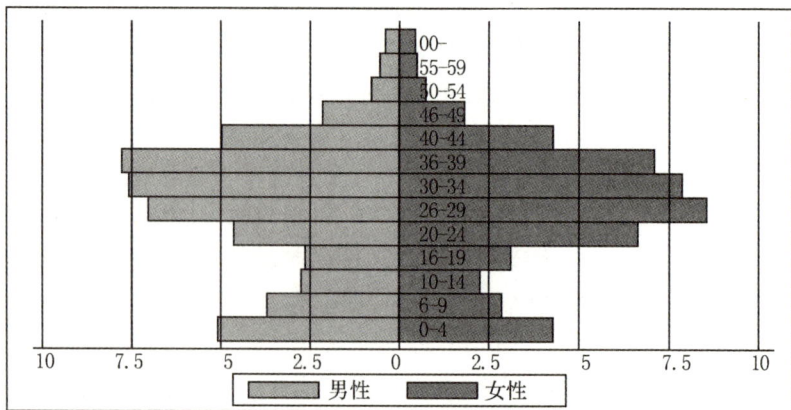

图 4-1　流动人口性别、年龄分布

注流动人口年龄特征：平均年龄为 27.3 岁，14 岁及以下儿童占 20.8％。男性比例
为 50.4％，女性比例为 49.6％。

（资料来源：国家人口计生委流动人口服务管理司，2009 年中国流动人口生存发展状况
http://www.chinapop.gov.cn/stjzz/ldrkfwgls/gzdt/201004/t20100402_199844.html）

一、政策背景

1996 年，原国家教委发布《城镇流动人口中适龄儿童少年就学办法（试

行)》,文件指出,城镇流动人口中适龄儿童、少年入学,由其父母或其他监护人持流入地暂住证,向流入地住所附近中小学提出申请,经学校同意后即可入学。随后在京、沪等地试点,使这一问题由社会现象逐渐变为政府干预行为。

1998年,原国家教委、公安部联合颁发了《流动儿童少年就学暂行办法》。该《办法》规定:"流动儿童少年常住户籍所在地人民政府应严格控制义务教育阶段适龄儿童少年外流。凡常住户籍所在地没有监护条件的,可在流入地接受义务教育。""流入地人民政府应为流动儿童少年创造条件,提供接受义务教育的机会。流入地教育行政部门应具体承担流动儿童少年接受义务教育的管理职责。""流动儿童少年就学,以在流入地全日制公办中小学借读为主,也可入民办学校、全日制公办中小学附属教学班(组)以及专门招收流动儿童少年的简易学校接受义务教育。"

但是,这两个文件的宗旨均在于规范义务教育阶段儿童少年的入学行为,强调保证义务教育的实施,对流动人口子女采取的是限制措施,强调"严格控制外流",没有明确流入地政府对城镇流动人口子女义务教育的保证责任。此外,《暂行办法》还规定,"可收取借读费。"这种收取费用差别对待的政策取向,致使一段时间以来,"借读费"、"赞助费"成为一部分流动人口子女接受义务教育必须支付的额外教育费用,成为流入地政府把大量农民工子女挡在当地公办学校门槛之外的一个政策性工具。

2001年,中央政府出台了《关于基础教育改革与发展的决定》,其中第14条规定:"要重视解决流动儿童少年接受义务教育的问题,以流入地区政府管理为主,以全日制公办中小学为主,采取多种形式,依法保障流动儿童少年接受义务教育的权利。"这标志着"两为主"政策的初步提出。

2003年教师节,温家宝总理来到北京市玉泉路小学看望流动人口子女,然后在黑板上写下了广为人知的"同在蓝天下,共同成长进步"。这是高层的一个表态。随之2003年9月30日,国务院办公厅(国办发〔2003〕78号)马上转发了教育部等六部委《关于进一步做好进城务工就业农民子女义务教育工作的意见》,其第二条明确规定"流入地政府负责进城务工就业农民子女接受义务教育的工作,以全日制公办中小学为主。地方各级政府特别是教育行政部门和全日制公办中小学要建立完善保障进城务工就业农民子女接受义务教育的工作制度和机制,使进城务工就业农民子女受教育环境得到明显改善,九年义务教育普及程度达到当地水平。"《意见》对"两为主"政策作了进一步完善,增加了政策性资源,对原来十分简单的文本表达作了政策目标和内容的较为具体的阐释:"以流入地政府管理为主、以全日制公办中小学为主";"收费标准一视同仁、教育活动(评优奖励、入队入团、课外活动等)一视同仁";将其义务教育"纳入城市社会事业发展计划"、将其就学学校建设"列入城市基础设施建设规划"。此外,还要求流出地政府"禁止在办理转学手续时向学生收取费用"、"外出务工就业农民子女返回原籍就学,当地教育行政部门要指导督促学校及时办理入学等有关手续,禁止收取任何费用"。这是中央教育政策中第一次专门针对"农民工子女教育"的政策表达,首次将占流动儿童少年的绝大多数、处于弱势地位的农民工子女从"流动儿童少年"群体中单独提出,突出强调,直接将政策焦点对准农民工子女。因此,2003年"两为主"政策具有农民工子女教育政策的界标性意义。

2003年12月,在财政部等五部委《关于将农民工管理等有关经费纳入财政预算支出范围有关问题的通知》中规定"地方各级财政部门要将涉及农民工的治安管理、计划生育、劳动就业、子女教育等有关经费纳入正常的财政支出范围"。在全国推行中小学收费"一费制"时,进城务工就业农民子女义务教育收费与当地学生要一视同仁。(2003年12月财政部等五部委(财预〔2003〕561号)

2005年,中共中央、国务院发布《关于推进社会主义新农村建设的若干意见》,再次强调要认真解决农民工子女上学问题。同年,国务院下发了《关于深化农村义务教育经费保障机制改革的通知》,逐步将农村义务教育全面纳入公共财政保障范围,建立中央和地方分项目、按比例分担的农村义务教育经费保障范围,建立中央和地方分项目、按比例分担的农村义务教育经费保障新机制。

2006年教育部《关于解决农民工问题的若干意见》(教育部教职成〔2006〕6号)提出,"保障农民工子女平等接受义务教育"输入地教育行政部门要将农民工子女义务教育纳入当地教育规划之中,保证以公办学校为主接收农民工子女就学,按就近免试入学的原则,安排农民工子女就读公办学校。不得加收借读费及其他任何费用。要将家庭经济困难的农民工子女纳入"两免一补"的范围。将农民工子女义务教育经费纳入教育经费预算,并按当地财政预算内义务教育经费标准,向接收农民工子女的公办学校拨付办学经费。加强对民办农民工子女学校的扶持和管理,将其纳入民办学校的管理范畴。农村劳动力输出规模大的地方人民政府要做好农村"留守儿童"的教育工作。对于承担农民工子女义务教育的民办学校"要在办学经费、师资培训等方面给予支持和指导,提高办学质量"。这些政策开始深入到实施层面,具有了更强的指导性。同年,《中共中央关于建构社会主义和谐社会若干重大问题的决定》将"保障农民工子女接受义务教育"作为坚持教育优先发展、促进教育公平的重要举措。

为了鼓励地方的积极性,中央还在2009年专门下拨20亿元奖励经费,以示其重视与兑现政策:"本报北京 12 月 24 日电,为支持和引导各地解决好进城务工农民随迁子女接受义务教育问题,近日,中央财政下拨 2009 年进城务工农民随迁子女接受义务教育奖励资金 20 亿元,专项用于接收农民工子女的城市义务教育阶段学校补充公用经费和改善办学条件。同时,要求各地在安排中央财政奖励资金时,向接收农民工子女较多、条件薄弱的城市公办学校倾斜,并切实加强监督检查,确保专款专用,提高资金使用效益。"[①]

特别值得注意的是,2006 年 6 月 29 日十届全国人大常委会第二十二次会议通过新修订的《中华人民共和国义务教育法》,2006 年 9 月 1 日正式实施。新《中华人民共和国义务教育法》将均衡发展纳入法制轨道,强调义务教育的公益性、强制性和免费性的本质。其中对农民工子女的教育问题给予了关注,第二章第十二条第二款规定:"父母或者其他法定监护人在非户籍所在地工作或者居住的适龄儿童、少年,在其父母或者其他法定监护人工作或者居住地接受义务教育的,当地人民政府应当为其提供平等接受义务教育的条件。具体办法由省、自治区、直辖市规定。"从此解决农民工子女平等接受义务教育问题上升到了法的地位,具有了法律保障。

2010 年 7 月党中央、国务院印发《国家中长期教育改革和发展规划纲要(2010—2020)》,为了保障进城务工人员随迁子女平等接受义务教育,再次强调"坚持以输入地政府管理为主,以全日制公办中小学为主",将原"两为主"政策中的"流入地"改为"输入地",虽然只有一字之差,但却是对温家宝总理提出的"让人们生活得更有尊严"的体现。

综上可见,中央政府在对待农民工子女义务教育问题上的认识是不断深化的。其间,中央政府的相关政策经历了从强调"应保证完成其常住户籍所在地人民政府规定的义务教育年限,有条件的地方,可执行流入地人民政府的有关规定"到"使受教育环境得到明显改善,九年义务教育普及程度达到当地水平";从强调"以在流入地全日制公办中小学借读为主"到"充分发挥全日制公办中小学的接收主渠道作用";从强调"可收取借读费"到"收费与当地学生一视同仁"等明显变化,而且,相关政策制定主体也从中央政府的职能部门转移到中央政府身上。使得"两为主"政策具备了更高的权威性和法律效力。

二、相关研究

自 20 世纪 70 年代末期以来,随着中国改革开放进程的深入,城乡之间人口流动的限制被打破,农村剩余劳动力开始大规模向城市转移,引发了乡—城

---

① 记者曲哲涵:"中央下拨 20 亿元改善农民工子女教育",人民网 2009 年 12 月 25 日 02:25。

人口流动浪潮。2000 年人口普查时,全国流动人口规模已超过 1 亿;①2005 年 1‰人口抽样调查显示,流动人口数量达到 1.4 亿人;2006 年,大约有 1.5 亿流动人口,占中国总人口的十分之一以上。② 这是被研究者引用较多的一组数据。

从人口迁移的结构来看,国家统计局的报告显示,2006 年农村外出劳动力 13181 万人中,30.6%来自西部。③ 2004 年四川省农村外出务工劳动力超过了 1000 万人,四川、重庆的外出务工农民占本地农村劳动力数量的 30%以上。城市是迁移人口的主要目的地,由于中国区域经济发展的不平衡所形成的对迁移人口的"推拉作用",在中国 30 多年来的人口迁移大潮中,西部地区一直是人口迁出的主要区域。有学者认为,人口从内陆地区向沿海地区流迁,是 20 世纪 80 年代中国省际人口迁移最基本的格局。西部农村的人口迁出,一部分流向了西部城市,另一部分则跨省流动到东部地区。④

在考察人口流动的时候,我们往往看到人口流动的走向和发展趋势,看到了经济社会发展不均衡对人口流动的"推拉作用",看到了随着人口流动给流出和流入地所带来的包括子女教育在内的一系列问题,却通常很少去分析人口流动的另一个原因,这就是中国人口从新中国成立后到现在的巨大增长。虽然计划生育政策使我们至少少生了 4 个亿,但是巨大的人口基数仍然使得到目前为止我们的人口仍在不断地增长。人口是年鉴学派分析整体史的一个很重要的概念,他们曾经讥讽说:"历史学还必须和人口学进行对话。文明是数字的女儿。汤因比很少研究人口,他怎么可能研究好历史?一次人口的膨胀可能甚至必定带来断裂和变迁。人口负担不是过重就是过轻。每次超过正常的标准都会产生人口迁移;正如库里谢兄弟所指出的,在人类历史的表皮下,世界的人口不停地和顽强地流动着。"⑤我们可以发现人口增长和人口迁移的重要关系,以及人口增长速度与经济发展水平的负相关性,而对于西部人口流动来说,这是一个更重要的原因——因为西部更加贫穷,所以西部及西部农村的人口增长率一直高于东部及城市,这是西部人口向城市及东部流动的另一个重要原因。

农民工被看做是农民与市民之间的一个概念,他有农民的户籍,却在城市

---

① 段成荣:"关于当前人口流动和人口流动研究的几个问题",《人口研究》,1999 年第 2 期,第 48—52 页。

② 杨菊华、段成荣:"农村地区流动儿童、留守儿童和其他儿童教育机会比较研究",《人口研究》,2008 年第 1 期,第 11—21 页。

③ 国家统计局:《第二次全国农业普查主要数据公报》(第 5 号)。

④ 穆光宗:"改革开放以来中国人口迁移的特点和趋势",《人口学刊》,1994 年第 3 期。

⑤ [法]布罗代尔著,顾良等译,《资本主义论丛》,北京:中央编译出版社 1997 年版,第 158 页。

从事农业之外的工作。农民工子女教育是西部教育均衡发展的重要内容。西部流动人口在教育均衡上存在的主要问题就是西部农民工子女的教育均衡问题。西部农民工子女包含两层含义:如果跟随父母到父母务工地上学的,就是流动儿童(或者叫做随迁儿童);如果由于种种原因被父母留在农村家乡由其他监护人监护的子女,则被称为留守儿童。从某种意义上说,留守儿童与流动儿童实际上是一枚硬币的两面,在流动与不流动之间,他们的身份随时可以发生变化,正是在这个意义上,他们到底是一个群体还是两个群体是一个十分值得研究的问题。显而易见,他们都归属于农民工子女这个更大的群体范畴,但是他们确实具有各自不同的特点,流动儿童的故事和留守儿童的故事在同时发生,这构成了我们对于其母体"农民工子女"的历时性框架和共时性分析视角。

对于西部流动儿童来说,存在的主要问题是失学和辍学,义务教育阶段的流动儿童的失学问题更为令人关注。从主观方面造成流动儿童失学、辍学的主要原因有:(1)居住地的不稳定,父母就业的机会和收入水平决定他们的去留;(2)家庭贫困,一些流动人口家庭是多子女家庭,父母甚至无力送孩子上收费最低廉的流动人口子弟学校;(3)少数家长受临时居住或"读书无用论"的影响,让孩子在家干活或照顾弟妹,致使儿童辍学。客观方面造成儿童失学、辍学的原因有:(1)上学难。由于城市教育资源的不足以及部分城市对流动儿童入学的门槛设置使得部分流动儿童处于失学、辍学状态。(2)流动儿童上民工子弟学校。由于公办学校入学门槛设置过高,一度需要"7个证"或者"赞助费"、"慰问费"等各种名义捐资费的存在,使得大部分随迁儿童被挡在公办学校门外,只能进入简陋的民工子弟学校就学。于是接下来面临的就是大量的民工子弟学校存在办学条件简陋、危房、教学质量、办学手续不具备等问题,成为城市教育行政部门取缔的对象,导致民工子弟学校儿童经常性失学。值得思考的是,为什么明知民工子弟学校存在诸多问题,农民工还要将孩子送入这类学校呢? 这只有两种解释,一是迫于无奈,其实这类学校更多承担的并不是传道授业的责任,而是在孩子父母不得不去工作时负起看管学生安全的简单职责;二是部分这类民工学校虽然它的教学质量比不上城市公办学校,但是与孩子在老家的学校相比还是要略胜一筹,于是就成为了孩子与家长的选择。(3)即使能够进入城市公办学校的孩子也面临着学习适应性与教育生活适应性的问题。

三、典型案例

案例 4-1

贵阳模式①

2004 年起,贵阳市政府通过改扩建公办中小学,提高接纳农民工子女的能力,但多数农民工子女还在民办学校就读。2008 年,在公办学校就读的农民工子女享受了免除学杂费待遇,市财政对民办学校按接纳的农民工子女人数提供经费补助,每人一年补助 200 元,其中 100 元抵学杂费,另 100 元改善办学条件。2008 年,贵阳在义务教育阶段学校就读的农民工子女约 13 万余人,其中 9 万余人在民办中小学就读,民办学校承担了约 70% 的农民工子女的义务教育任务。

贵阳市对农民工子女义务教育的财政支持政策可以称为贵阳模式,其基本特征是:虽然政府努力加大公办学校接收的力度,但限于接纳能力,公办学校接纳的农民工子女不到 50%,没有做到"以公办学校为主";农民工子女多数就读于民办学校,政府对民办学校及学生普遍提供财政补助,补助经费主要由市政府统筹;市级政府在提供农民工子女义务教育中起到了主导作用。

2001 年以来,贵阳市教育局每年安排专款用于民办打工子弟学校改善办学条件。从 2004 年起,每年市政府为民承诺的"十件实事",第一件都是改扩建公办中小学,扩大接纳进城务工人员子女读书范围,在南明、云岩两城区 3 年已连续改造小学初中 20 所,另外为部分民办学校提供补贴,对自建校舍的每年安排 300 万元用于民办学校贷款贴息。

自 2004 年 9 月起,凡就读公办中小学的,起始年级的学生凭父母身份证、暂住证或暂住地区街道办出具的相关证明材料到所在地招生办或教育科登记,到居住地附近学校就读,收费标准与当地学生一视同仁,并免收借读费;若其居住地所在片区学校生源过于紧张可调剂到生源不足的学校就读。为农民工子女进入公办学校就读开辟了一条"绿色通道"。

2007 年,在中央、贵州省补助资金的基础上,贵阳市另投入资金 820 万元,对就读民办学校的农民工子女每人补助 100 元;2008 年已预留 1620 万元,对在民办学校就读的农民工子女提供与公办学校相同的生均公用经费,并明确其中 100 元抵顶学费,另 100 多元根据需要服务于教师

---

① 21 世纪教育发展研究院地方教育制度创新奖:"案例 50:贵州省贵阳市强化公共服务改善农民工子女教育问题"。

培训。同时,明确每一所公办学校都要结对子帮扶一所民办学校,一并组织教研活动,区教育局一并评价学校管理和教学质量。

过去,贵阳市的民办学校都是参照公办学校的设置标准,但不符合绝大多数打工子弟学校的实际情况。因此,不少打工子弟学校都没有办学许可证。如果取缔这些无证学校,公办学校又容纳不了这么多学生,势必会造成一部分打工子弟无处读书,引发更大的社会问题。另外,因条件不够,2000 年以前,贵阳市没有一所打工子弟学校有举办初中的资格。为了解决这些实际问题,从 2003 年开始,贵阳市教育局参照简易学校的做法制定了一套适合自身实际的民办学校设置标准,经试行后于 2005 年 6 月以贵教发〔2005〕86 号文下发执行。

贵阳市教育局、贵阳市财政局以贵教发〔2007〕91 号文下发了"关于对 2007 年就读民办义务教育学校的农民工子女实行杂费补助的通知",通知规定,享受本次学杂费补助的对象为 2007 年秋季就读贵阳市经教育部门批准办学的民办义务教育学校的农民工子女。其就读学校以低收费招收农民工子女为主,学杂、书本合计收费标准小学不超过 500 元/生·学期,初中不超过 700 元/生·学期。就读高收费民办学校的农民工子女不在本次补助范围之内。学杂费补助标准为每年每生 100 元,当年共安排专项资金 840 万元。

2007 年的方案执行结果,是学生个人受益,但学校没有得到一分钱,积极性不高。同时,补助资金的去向难以控制,有少部分家长拿了钱去还债、买酒喝、赌博等,补助的效果不够理想。为此,贵阳市委、市政府决定对民办农民工子女学校、招收农民工子女为主的企事业学校、承担义务教育任务的民办学校按生均给予学杂费补助。预安排经费 1640 万元,市、县(区、市)财政按 1∶1 的比例分担。2008 年补助的原则为按每生 200 元,其中 100 元用于补助学生(保持政策延续性),100 元用于学校改善办学条件、教师培训等。另外,为了克服现金发放存在的弊端,采用发行义务教育券的方式。

第三节　留守儿童教育

2009 年,全国妇联留守儿童课题组根据全国 1‰人口抽样调查数据推断全国 0～17 岁的留守儿童约为 5800 万,其中 14 周岁以下的留守儿童 4000 多万人。调查表明,近 3 成留守儿童家长外出务工年限在 5 年以上。在流动人口中,外出务工年限在 1 年以上的家长合计占了 6 成以上,其中,28.5％的家长外出务工年限在 5 年以上。有 21.1％的家长通常一个月才会和孩子联系一次,4.9％的家长每年才联系一次,1.3％的家长甚至与孩子没有联系。

留守儿童是中国经济社会转型过程中出现的一种特殊现象,国内外对留守儿童的培养没有现成的系统理论和经验。目前全国通行的留守儿童培养方式有寄宿制、结对帮扶、代理家长制、托管之家等,但都没有从体制上解决留守儿童"守望乡村"的状况,也未能从培养内容、方法和途径上,帮助留守儿童消除远离父母带来的一系列心理情感缺失等问题。相对而言,那些离开父母的留守儿童更需要社会的关注和关怀。

一、政策背景

2001 年《国务院关于基础教育改革与发展的决定》中将调整农村义务教育学校布局列为一项重要工作,并指出在有需要又有条件的地方,可举办寄宿制学校。2003 年 9 月,全国农村工作会议通过的《国务院关于进一步加强农村教育工作的决定》提出继续推进中小学布局结构调整,努力改善办学条件,重点加强农村初中和边远山区、少数民族地区寄宿制学校建设,改善学校卫生设施和学生食宿条件,提高实验仪器设备和图书装备水平。2004 年为实现西部地区"两基攻坚计划"的完成,在国务院的领导下,教育部、国家发展和改革委员会、财政部三部委联合颁布了《西部地区农村寄宿制学校建设工程实施方案》,共同组织实施"农村寄宿制学校建设工程"。从 2004 年起,用 4 年左右的时间中央财政投入资金 100 亿元,帮助西部地区新建一批以农村初中为主的寄宿制学校;同时,在合理布局、科学规划的前提下,对现有条件较差的寄宿制学校和不具备寄宿条件而有必要实行寄宿制的学校加快改扩建的步伐,并重点补助未"普九"地区农村寄宿制学校的建设。这对西部地区"普九"的实施和留守儿童教育都具有相当积极的意义。后来"两基攻坚办"关于寄宿制学校应该聘任生活管理人员的要求,成为对农村寄宿制制度的一种重要补充。

2006 年全国中小学共有寄宿学生近 3000 万,西部地区小学、初中的寄宿学生最多。西部地区小学寄宿学生占 10％,中西部地区初中寄宿学生比例都在 40％以上,农村地区寄宿学生的比例更高,西部农村寄宿学生比例达到52％。其中,西藏、广西、云南 3 省(自治区)的比例超过 70％。《中国教育事业发展状况报告》显示:从 2004 年至今,全国共新建、改建、扩建农村寄宿制学校 2400 多所,"两基"计划完成后,中、西部 23 省、市、自治区将新建、改扩建寄宿制学校 7727 所,增加寄宿生 204 万人。[①]

据教育部统计,2010 年,小学寄宿生规模达 1038.1 万人,比上年增加 57.1 万人,增长 5.8%,占小学在校生总数的比例为 10.4%,比上年提高 0.7 个百分点,中、西部地区该比例均超过 10%,西部农村地区为 17.2%;初中寄宿生规模达 2305.4 万人,比上年减少 42.6 万人,下降 1.8%,占初中在校生总数的比例为 43.7%,比上年提高 0.5 个百分点,西部地区该比例为 54.0%,西部农村地区为 60.5%。[②]

2008 年 7 月 30 日,温家宝主持召开国务院常务会议,会议强调:"在全面免除城市义务教育阶段学生学杂费的同时,各地要进一步加大农村义务教育支持力度,经费投入继续向农村倾斜,重点加强农村寄宿制学校建设,增加对家庭经济困难寄宿学生的补助,逐步解决好农村义务教育教师待遇和农村留守儿童在校学习生活的问题。"

2010 年 12 月 1 日,国务委员刘延东指出,要建立农村留守儿童关爱机制,加强心理辅导和人文关怀,寄宿制学校要优先满足留守儿童就学需要。值得注意的是,刘延东的发言是在全国推进义务教育均衡发展经验交流会上说的,她指出,要加大对困难地区和困难群体的支持力度,不断缩小区域间发展差距,确保实现义务教育均衡发展的目标。这说明寄宿制学校建设是作为实现义务教育均衡发展的总目标的一个功能性工具而存在的。2006 年 5 月,教育部发出《关于教育系统贯彻落实〈国务院关于解决农民工问题的若干意见〉的实施意见》,要求"农村劳动力输出规模大的地方人民政府要把做好农村留守儿童教育工作与农村寄宿制学校建设结合起来,满足包括留守儿童在内的广大农民子女寄宿需求"。在《国家中长期教育改革和发展规划纲要(2010—2020 年)》中重申了"加快农村寄宿制学校建设,优先满足留守儿童住宿需求。"

二、相关研究

20 世纪 80 年代初,随着我国现代化进程的不断加快,农村剩余劳动力开始大规模向城市转移,由于贫困,西部地区农民更倾向于向城市和东部迁移。但是进城后诸多条件的限制,使得很多农民工无力解决孩子进城就读面对的一些问题,如居住条件、一度存在的高昂借读费及高入学门槛、工作不稳带来

---

① 万明钢、白亮:"教育公平、教育资源整合的路径反思——对农村地区寄宿制学校的重新解读",《教育理论与实践》,2009 年第 25 期。

② 教育部《2010 年全国教育事业发展情况》(http://www.moe.edu.cn/publicfiles/business/htmlfiles/moe/s5990/201111/126550.html)

的经常变换住址等，于是选择将孩子留在农村，托付给祖辈或他人代为监护，这就形成了留守儿童这一特殊群体。①

西部地区农村留守儿童分布较为密集，重庆、四川更是其中的典型。有学者指出，在重庆、四川等省市，留守儿童在当地全部儿童中所占比例高达 20％左右。每 10 个农村儿童中就有 4 个是留守儿童。2005 年两地留守儿童分别为 123 万人和 296 万人，占到了当地儿童总数的 22.32％和 18.71％，比例高居全国第一、第三位。这些地区的留守儿童应该成为关注的重中之重。②

2004 年以来，国内多家媒体对西部留守儿童大量涌现的情况予以了报道。如广西南宁市父母双出的"空巢学生"有 133875 人，占农村学生总数的19.29％。③ 有调查发现，西部留守儿童数量规模大得惊人，一些学校留守儿童的比例普遍超过了 40％。重庆市万州区、垫江县，贵州省遵义县，四川省武胜县等部分学校的留守儿童甚至高达 80％。至 2007 年 8 月底，重庆市全市有 0～16 岁农村未成年人 440 万，其中留守儿童 235 万人，占农村未成年人总数的 53.41％。比 2000 年全国第五次人口普查时推算的 146.47 万人增加了88.53 万人，增长 60％。④ 整个西部地区从 2004 年到 2007 年增加了 800 多万人，其中义务教育学龄留守儿童约为 550 万人，这还不包括 15～17 周岁留守儿童。按照留守儿童占全国农村儿童的 28.29％的比率计算，估计西部留守儿童总数已达 1500 万人以上。⑤

2009 年 11 月 12 日，贺州市平桂管理区公会镇杨会村一家无证非法加工爆竹"黑作坊"发生爆炸事故，导致植杨小学在读学生死伤 13 人，均为留守儿童。⑥ 有研究表明，留守儿童在全国被拐卖儿童群体中居第二位。⑦ 广州大学人权研究中心的调查披露了基于广东三大监狱新生代农民工犯罪调查的最新

---

① 关于留守儿童的定义并没有权威的界定。目前比较流行的说法有两种："由于父母双方或一方外出打工而留在农村的家乡，并且需要其他亲人或委托人照顾的处于义务教育阶段的儿童（6～16岁）。"（中央教科所教育发展研究部课题组："中国农村留守儿童问题研究"，《教育研究》，2004 年第 10期）；"父母双方或一方从农村流动到其他地区，孩子留在户籍所在地农村，并因此不能和父母双方共同生活的 17 周岁以下的未成年人。"（全国妇联召开未成年人家庭教育和农村留守儿童状况调查发布会）

（http://www.china.com.cn/zhibo/2008-02/27/content_10180165.htm？show＝t,2008-2-27）
② 段成荣、周福林："我国留守儿童状况研究"，《人口研究》，2005 年第 1 期。
③ 蒋桂斌等，2005，http://www.gxfzw.com.cn/zongzhi/news_show.asp？id＝14542
④ 任运昌：《空巢乡村的守望——西部留守儿童教育问题的社会学研究》，北京：中国社会科学出版社 2009 年版，第 2—3 页。
⑤ 重庆市妇联："重庆市农村留守儿童状况调研报告（修改稿）"
（20071017.httP:/elubeqviP.eom/toPie.aSP？AreaID＝0&Kindl}562&DllD 二 0&ContentlD＝33449.）
⑥ 新华网，http://news.sina.com.cn/c/2009-11-14/234919048765.shtml。
⑦ 姚云："农村留守儿童的问题及教育应对"，《教育理论与实践》，2005 年第 4 期。

数据:农民工罪犯中九成以上在 26 岁以下,八成犯罪的新生代农民工在幼年时期被留守农村,无人看管。其中侵犯财产犯罪占 81.0%,性犯罪也已经成为二代农民工犯罪中的主要犯罪类型。[①]

关于西部农村留守儿童的问题,经过媒体的报道,唤起了人们的悲情与对弱势群体的关注,因此人们对于教育主管部门的教育政策设计、区域均衡和救济就十分期待。在这样的背景下,从一开始,西部农村留守儿童的问题就和教育均衡发展捆在一起。可以这么说,对于西部农村留守儿童的教育政策设计被视作不仅是体现西部教育均衡发展的重要内容,而且是促进西部区域教育均衡发展的重要推动力和题中应有之义。

三、典型案例

案例 4-2

重庆"4＋1 培养模式"[②]

据重庆市妇联 2009 年完成的《重庆市农村留守儿童状况专题调研报告》,重庆单亲或双亲外出的留守儿童为 235 万人,比 2000 年增加了 60%,占农村未成年人总数的 43%。这其中,双亲长期外出的留守儿童为 130 万人。2009 年,市委研究室联合西南大学、市卫生局、大型企业和农村留守儿童集中的学校,组织 150 多名机关干部、大学生志愿者、医务人员和教师,成立留守儿童培养模式试验工作组,开展"留守儿童培养试验"。试验工作组下设思想政治、心理情感、行为养成等 7 个小组,轮流进农村留守儿童学校、进课堂、进家庭,与教师、学生和农民同吃同住,开展家访、调研,对留守儿童进行体检和问卷测试。在精心调查准备的基础上,本着"因陋就简、因地制宜、艰苦朴素"的原则,从思想政治、心理情感、行为习惯、人格品质和健康安全保障等方面,运用活动干预试验法、教育案例法、心理测试法和观察法等开展培养试验,不断总结经验、完善方案,探索形成了留守儿童"4＋1"培养模式。

2009 年,重庆市在两个国家级贫困县,各选取一所留守儿童比较集中的学校作为"留守儿童培养试验基地"。其中,石柱土家族自治县冷水小学地处川鄂湘黔革命根据地重庆与湖北交界处,有留守儿童 240 人,占学生总数的 66%;丰都青年希望小学有留守儿童 150 人,占学生总数的

---

① 2009 年 11 月 9 日《广州日报》

② 一项关乎未来的重要试验——重庆市探索留守儿童"4＋1"培养模式调查(http://www.zgl-set.org/Article/ShowArticle.asp?ArticleID＝162)

82％。试验工作组在调查中了解到,这些农村留守儿童中,43％为父母同时外出务工。在父母同时外出务工的留守儿童中,80％由爷爷奶奶或外公外婆抚养,20％托付给亲戚朋友或无人监护。

在这次试验中,重庆市委研究室以解决留守儿童在留守状态下出现的问题为导向,以留守儿童为主体,根据留守儿童的共性问题,集中在思想政治、人格品质、心理情感、行为养成、营养健康和安全等五个方面开展试验,利用寄宿制学校学生课外活动时间,以"规范、爱心、红色"为主线,以活动为载体探索建立了留守儿童的"4＋1"培养模式。"4"就是从四个方面进行培养(见图4-2)。

思想政治教育:通过开展唱红歌、读经典、讲故事、传箴言和红色主题活动等方式营造氛围,让孩子们在潜移默化中埋下爱党爱国爱人民的种子,树立远大理想。

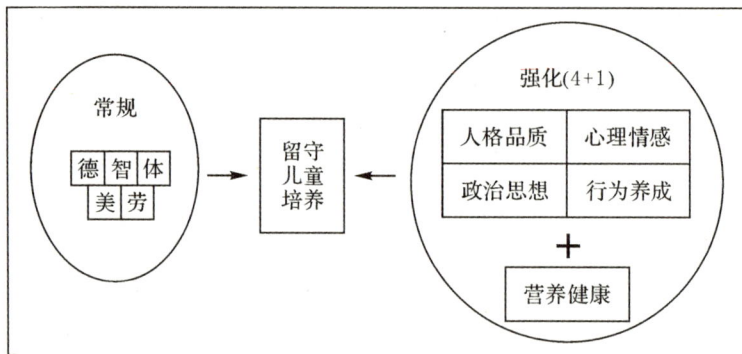

图4-2　重庆留守儿童"4＋1"培养模式

人格品质教育:培养孩子坚强的意志品质、高度的责任感和团队精神,艰苦朴素、吃苦耐劳的作风,使他们成为顶天立地的一代。

心理情感教育:针对留守儿童心理情感问题,采用多种方式温暖、健康孩子们的心灵,让他们在点滴之间感受到远方父母的爱,身边老师的爱,社会的爱。

行为养成教育:通过实行半军事化管理,寓教育于日常生活学习之中,让孩子们从小养成守纪律、讲文明、讲卫生、讲秩序、讲礼貌的行为习惯。

"1"就是抓好身体健康和安全教育:通过对留守儿童进行身体健康体检,根据身体状况存在的问题,合理安排膳食营养,同时加强体质训练和安全教育。

为确保农村留守儿童不因贫困而失学,重庆市在加快农村寄宿制学校建设的同时,还对农村寄宿制学生给予生活补助。目前,全市已在1000个乡镇建成寄宿制学校1600所。从2009年起,市财政对49万农村寄宿学生给予生活补助,对43万贫困女童实行"零收费"入学。

近年来,重庆市级财政教育支出占GDP的比例超过了4％,加大了留守儿童学校的标准化建设。到2010年底,全市将建成2000所寄宿制学校。为了改善青少年营养,市委、市政府正在逐步推广"饮用奶、鸡蛋计划",全市还实施了农村留守儿童心理健康计划,为学校配齐心理健康教师、生活管理和卫生保健人员。到2012年,全市农村学校心理健康课开起率达到100％。

"4＋1"培养模式的创新意义在于科学系统地对常规义务教育的培养内容进行强化补充,是在留守儿童寄宿制的前提下,利用留守儿童住校的空余时间,以留守儿童的特殊背景及问题为导向,在作息时间、培养内容上进行科学合理的安排设计,对学生进行系统、深入的全方位培养,引导学生在个体、小组、班级和学校的活动中实现自我管理、自我教育与发展。实践证明,这种坚持以留守儿童为本,尊重个性特点和身心发展规律的培养思路,更有利于对儿童显性和隐性的心理情感障碍进行疏导,推进留守儿童培养的可持续发展和留守儿童自身的"可持续发展"。

第五章

统筹公办和民办教育发展

西部地区教育基础薄弱,县级政府地方财力普遍困难,因此,通过吸引民间资金投资当地教育事业以有效增加教育资源供给,就成为西部各省区地方政府在教育领域实践资源统筹政策思想的典型制度设计,并为此出台了一系列鼓励支持当地民办教育发展的政策。《民办教育促进法》颁布以后,陕西省在全国第一个通过地方性法规支持民办教育发展(2004),其他如贵州(2005)、广西(2006)、内蒙古(2006)、四川(2008)、重庆(2008)、云南(2009)、青海(2009)等省份也都相继出台了地方立法或地方法规支持当地民办教育发展,为促进当地教育均衡发展发挥了积极作用。①

西部十二省区民办教育发展不平衡,其中四川、云南、贵州、广西、重庆、陕西六省区是西部民办教育相对发达地区,民办教育已经在当地教育事业中占有不小的份额;其余内蒙古、新疆、西藏、宁夏、甘肃、青海六省区是西部民办教育相对欠发达地区,人口聚集度低、经济欠发达和人口结构中的少数民族因素是其中的主要原因。

根据收费水平的差别,西部地区的民办学校也可以被划分为低收费民办学校和高收费民办学校两类。低收费民办学校以进城务工人员子弟和农村留守儿童为主要招生对象,办学条件相对较差,师资相对薄弱,收费较低,主要集中在义务教育阶段;高收费民办学校从学前到高等教育都有分布,办学条件好,师资水平较高,年收费水平从几千到两万之间,招生对象复杂,既有一般工薪阶层子女,也有富裕阶层子女,但权势阶层子女较少,学校规模一般较大,主要集中在中心城市和市县所在地。②

---

① 发展民办教育对教育公平的贡献和对教育均衡发展的价值常常被人们忽视和误解。事实上,正是由于民办教育的发展,才使得政府可以将更多的公共教育资源用于增加对欠发达地区、薄弱学校和弱势群体的教育投入,从而形成教育领域特有的基于民办教育发展的"帕累托改进"模式。与此同时,民办学校学生(家长)为获得更好的教育资源而与民办学校之间发生的自由、自愿选择关系,又在有益于学生发展(结果公平)的意义上改善了教育公平。

② 以"国际化"为特色的高收费民办学校,年收费水平通常超过2万元。

学前教育是西部民办教育发展的主要领域,这一点与全国民办教育的类别构成类似。截至 2008 年年底,西部地区民办幼儿园在园幼儿达 242.8 万人,占当年全国民办幼儿园在园幼儿总数的 982 万人的 24.7%,与西部地区人口比例相当。西部学前教育整体发展水平较低,公办幼儿园严重不足,难以满足社会对学前教育的需求,进入和退出门槛普遍不高,政策环境宽松,教师人力资源相对丰富,投资回收期短,是民间资金主要是小规模民间资金投资办学的首选。

在学历教育领域,截至 2008 年年底,西部民办高校在校学生 75.4 万人,占当年全国民办高校在校学生总数的 18.8%,低于西部地区人口比例。但陕西(主要集中在西安)的民办高等教育不但在西部省区首屈一指,就是在全国范围内,也排在民办高校第五名和独立学院第九名,成为西部民办高等教育的突出代表;四川、重庆的中等职业教育和高等职业教育也都颇有特色,其中四川民办中等职业学校在校学生数占比超过 30%,大幅超过全国 12% 的平均水平 18 个百分点;西部义务教育阶段的民办学校,除了四川成都集中了数量较多的高收费民办学校以外,其余普遍收费水平不高,其中云南昆明的打工子弟学校、重庆合川的农村留守儿童学校是低收费民办学校的典型代表;2008 年,民办普通高中在校学生 37.8 万人,占当年全国民办普通高中在校学生总数的 15.7%,大大低于西部地区人口比例,但广西贵港高中阶段的民办教育占到当地普通高中的 40% 以上,而且学校规模大,办学质量高,是广西民办教育的一个典范。

第一节 西部民办教育存在的问题

随着政府加大对公办教育的投入和市场环境的变化,民办学校的竞争优势逐渐消失,民办学校因各种原因办不下去而关门的现象也时有发生,民办教育的可持续发展面临巨大的挑战。综合本书作者在西部开展的专题调研和中国民办教育协会 2008 年为制定《国家中长期教育改革与发展规划纲要》(民办教育专项规划)在全国范围所做的调研结果,目前影响西部民办教育发展的主要问题有:

一、民办学校教师不稳定,优秀教师流失严重,优化教师队伍难度增加

调研发现,民办学校教师不稳定成为各地各级各类民办学校最关注的问

题。在各地接受调研访谈的民办学校中,教师年流失率几乎都在 10% 以上,其中有近 20% 的学校教师年流失率超过 20%,更有少数学校超过 30%,特别是骨干教师流失成为民办学校的一大难题。其原因一是由于近年来政府加大对公办教育的投资力度,公办教师工资大幅增长,特别是 2009 年国家对义务教育阶段的公办学校实施绩效工资制度,出现普遍的民办学校教师工资低于公办学校教师工资的现象(不限于义务教育阶段);[1]二是民办学校不但目前的教师工资水平已经没有竞争优势,而且由于民办学校被定性为"民办非企业单位",民办学校教师进入企业养老保障体系,导致同样一个教师在民办学校退休时领取的基本养老保险比在公办学校退休时领取的退休金要少 50% 以上,导致优秀教师进不来、留不住,严重影响民办学校的竞争力;[2]三是国家对民办教育长期发展战略不清晰,导致民办学校教师职业前景模糊;再加上民办学校教师工作时间和劳动强度都要高于公办学校,使得民办学校对教师、特别是优秀教师的吸引力下降,严重影响学校的社会形象和教育教学质量。

二、公办学校非理性扩张,压缩了民办学校的生存空间

近年来,随着各级政府财政收入的增加,西部省份地方政府加大了对教育的投入,但却同时出现普遍的非理性扩张公办教育的现象。比如西部某中心城市,随着当地几所公办名校的大肆扩张,不但让民办学校招生困难,也引起当地普通公办学校的强烈不满。[3]公办教育非理性扩张的原因在于一些人把政府的教育发展责任狭隘地理解为发展公办教育的责任,更加错误地等同于新建和扩张豪华公办学校,使宝贵的公共财政资金不能充分发挥其教育价值和社会综合效益。在西部义务教育均衡发展问题尚未解决的同时,一些地方政府却在省会城市和县城新建和扩建豪华公办幼儿园、新建和扩建豪华公办普通高中,不但进一步加剧了西部地区、城乡、学校之间的教育不均衡现象,而且极大地压缩了民办教育在非义务教育领域的生存与发展空间,导致民办学

---

① 根据中国民办教育协会的专题调研报告"当前我国民办中小学发展困难与对策思路的建议"(《中国民办教育协会简报 2010 年第一期》),提供的数据,西南某地义务教育阶段公办学校实施绩效工资以后,民办学校教师工资已经普遍低于公办学校教师,月收入差距在 1000～2000 元,并有不断扩大之势。

② 按目前中小学教师退休金制度,公办学校教师满 30 年教龄退休可以领取 100% 的退休时的基本工资作为退休金,但民办学校教师由于参加企业养老保障体系,按"统账结合"的退休金支取模式,只能领取约 44% 的退休时的基本工资作为退休金,这个差距就已经超过 50%,还不包括公办学校退休教师可能享有的当地政府发放的事业单位地方补助。

③ "成都市政府耗资 2.28 亿建豪华中学遭质疑"(http://news. huitong. gov. cn/News/sh/6272. html);"2.28 亿可以建设多少座中学"(http://www. china. com. cn/review/txt/2007-09/26/content_8951940. htm)

校生存环境恶化,民办学校举办者和教师对民办学校的前景产生普遍的悲观情绪。

三、制度设计不配套,政策扶持不到位,政策优惠不落实,政策环境不稳定,降低了民间投资热情

《民办教育促进法》明确规定:"民办教育事业属于公益性事业,是社会主义教育事业的组成部分","民办学校与公办学校具有同等的法律地位","民办学校教师与公办学校教师、民办学校学生与公办学校学生一样具有同等的权利"。但是,在民办学校税收、教师福利待遇与社会保障、学生公共财政权益等重要问题上至今仍然缺乏系统合理的配套制度与政策设计。国家对举办者要求合理回报民办学校的税收优惠政策至今没有出台,民办学校退出机制缺乏,资产安全无保障,致使有些举办者在学校存续期间采取不规范做法回收投资、抽逃资金或逃避债务,降低了社会对民办学校的评价。①

《民办教育促进法》及其《实施条例》所规定的包括设立专项资金、经费资助、税收优惠、信贷支持、拨付承担义务教育任务的经费及用地和建设优惠等扶持、奖励措施,民办学校教师接受业务培训、职务聘任、教龄和工龄计算、表彰奖励及合理流动等待遇普遍得不到落实,有关政府部门及不少地区至今未能完全贯彻,或未拿出可操作性的办法。

民办学校在招生、专业设置等方面的法定自主权得不到落实,导致相互间同质化倾向严重。不少民办学校与公办学校一样搞应试教育,片面追求升学率,专业、课程设置缺少特色,教学模式缺乏创新,教育评价手段单一,难以形成教育产品生产和提供的多样化格局。还有一些地方忽视民办学校办学条件和办学成本的差异,对学费标准作统一的限制性规定。有的地区对民办学校招生的生源区域或选拔方式有严格限制,压缩了民办学校的生存与发展空间。②

2009 年以来,对民办学校实行分类管理的政策思路被广泛传播并在《国家中长期教育改革和发展规划纲要(2010—2020)》中予以确认和试点,在民办学校举办者当中引起极大困扰,担心资产"被国有"的情绪蔓延,有可能出现导

---

① 调研中发现,政府在吸引民间资金举办民办学校时所做的承诺,常有在项目启动后打折扣的现象,使其他投资人望而却步,被戏称为"开门引资,关门打狗"。

② 民办中小学同质化现象相当严重,特别是在低收费民办学校中,办学特色难觅踪影,以至于在公办学校办学条件改善时,往往伴随着此类民办学校的衰落。

致大批民办学校非正常关闭的系统性风险。[①]

除此以外,中国民办教育协会的调研还列举了其他一些问题,如"有些政府部门包括有些地方政府至今对国家发展民办教育的重要意义认识不足,习惯于计划经济时代管理单一体制教育的做法,甚至以'怀疑论'、'多余论'、'麻烦论'等消极被动心态对待教育领域的这一新生事物。对民办教育管什么、怎么管,存在越位、错位或缺位问题。"一方面,政府部门的管理过于集中,一些教育行政部门并未让民办学校充分行使法律所赋予的办学自主权,简单照搬用于公办学校、甚至比对公办学校还要严厉的方式,管得过多、卡得过死,严重干扰民办学校依法自主办学;另一方面,一些教育行政部门将本该是下一级行政部门职权范围可干,或可由社会中介组织承担,或可通过社会监督,或可由行业自律活动解决的事,统由自己承担,难以形成合理高效的民办教育公共治理结构;同样成问题的是,政府部门对如何整合与促进社会及民间资源进入教育领域认识有偏差,施政能力不足;不能适应人民群众对多样化教育的需求去主动促进民办教育的发展;对处于成长期的民办教育出现的局部问题或偶发事件不能客观分析其深层次原因和治本"下药",相反是以偏概全,解决问题的方法简单。一些地方的教育行政部门对当地民办学校有意使其"边缘化"和疏于管理,至今尚未将对民办学校的管理、指导与服务纳入重要工作范畴。

第二节　吸引民间资金的分析模型

在资源统筹的意义上讨论民办教育的一个主要政策方向是如何进行有效的资源动员,即吸引社会资金进入教育领域,这就需要对民间资金的进入机制有一个一般性的理解。

一般而言,吸引民间资金进入教育领域主要有慈善捐赠和举办民办学校两种途径(见图 5-1)。

从社会经济活动的经验观察和人类行为的普遍原理出发,我们可以合理地推断:一个正常的民间资金所有者(自然人或法人)将资金投入西部教育事业,或者是基于慈善动机,或者是基于投资动机,当然也有可能是以上两种动机兼而有之(见图 5-2)。

[①] 对民办学校按"营利性"与"非营利性"实行分类管理的政策试点作为《国家中长期教育改革和发展规划纲要(2010—2020)》确定的教育体制改革试点已经在浙江省、上海市、深圳市等地展开。西部地区陕西省也在 2011 年 12 月 30 日率先出台了《陕西省人民政府关于进一步支持和规范民办高等教育发展的意见》(陕政发〔2011〕78 号),明确对民办高校实施分类管理。

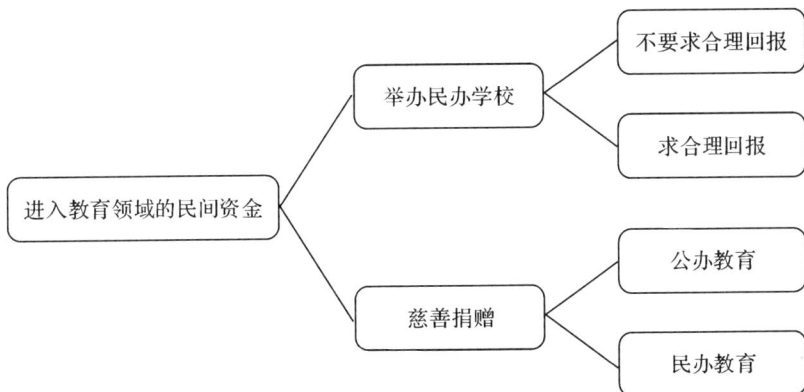

图 5-1　民间资金进入教育领域的基本途径

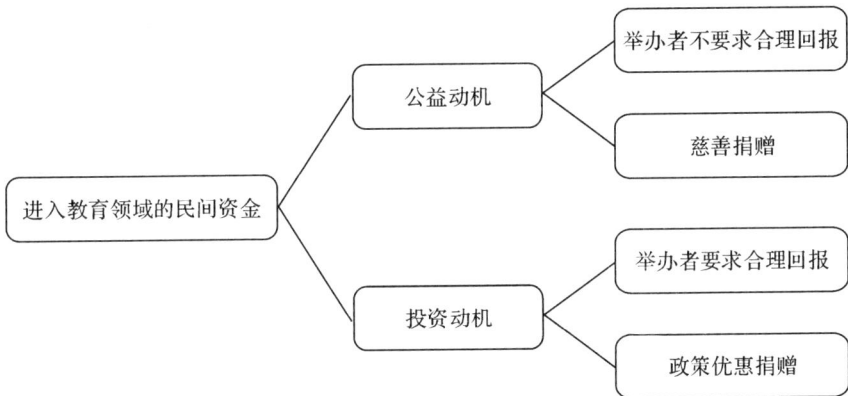

图 5-2　民间资金进入教育领域的基本动机

　　由于纯粹公益动机的慈善捐赠具有不可测、不可控、不稳定的行为特征以及在目前的社会发展水平上数额较小的数量特征,吸引民间资金进入西部教育事业的制度创新和政策设计不是本书的主要议题。[①] 在其余的三种行为类型中,由政策优惠激励的捐赠行为主要取决于政府对财政资源配置模式的权衡,涉及财政体制、财政转移支付、税收效率等复杂问题,因此,我们对于如何吸引民间资金进入西部教育事业的分析将主要关注如何激发民间资金所有者的投资行为,这种行为通常表现为举办者要求取得合理回报(包括直接或间接的各种类型)的办学活动。由于教育本身所具有的社会公益价值和举办者复

---

　　① 目前国内最大的民间纯粹慈善捐赠项目——希望工程,运行 18 年(1989—2007 年)募集善款 35 亿元,资助贫困学生 290 多万名,援建希望小学 13000 多所,捐赠希望书库、希望图书室 13000 多套,培训乡村教师逾 35000 名,产生了巨大的和社会效益。但就其形成的和提供的教育资源而言,不到同期民办教育的 1%。

杂的动机构成与行为表现,不能简单将"举办者要求取得合理回报的民办学校"等同于"营利组织",不能用"营利—非营利"框架分析他们的办学行为和投资决策,否则难免先入为主地限制了制度创新的政策空间。

从以上分析得出的一个基本结论是:民办教育是目前吸引民间资金进入西部教育领域的主要通道和产业平台。因此,观察和分析制约民办教育健康发展的主要问题,通过制度创新消除阻碍民办教育发展的体制性障碍,创设宽松稳定的政策环境,就能够有效吸引民间资金进入西部教育领域。

结合对民办教育的实践观察与理论研究成果,从投资决策的视角分析民间资金进入西部教育事业的可能性与可行性,可以得到以下的基本判断:

第一,吸引民间资金在西部举办民办学校的基本前提,是存在没有被当地公办教育满足并达到一定规模的教育需求。因此,一个地方的各级各类的教育领域,在全面普及以前都存在吸引民间资金的投资机会,一般而言,普及率越低,投资机会就越大。从上面对西部教育发展现状的描述来看,学前教育、高等教育、高中阶段教育都存在这样的投资机会。义务教育在西部虽然已经基本(全面)普及,但优质教育资源严重不足,城乡教育差距巨大,城市公办优质学校的大班额现象十分普遍,同样存在没有被公办教育满足的教育机会,也是吸引民间资金举办民办学校的合适领域。

我们的研究表明,在各级各类教育中,只有小学阶段的民办教育在校均规模上远远超过公办学校,在初中阶段两者相当,除此以外,民办教育在学前、高中段、高等教育领域的校均规模都远小于公办学校。另据广西 2010 年的教育发展公报,上述判断可以得到进一步支持。"全区有民办学校 5358 所,比上年增加 318 所,在校生 1014837 人,比上年增加 127881 人,增幅为 14.42%。其中:民办幼儿园 4817 所,比上年增加 368 所,在校学生 525587 人,比上年增加101396 人;民办小学 177 所,比上年减少 18 所,在校学生 122880 人,比上年增加 10807 人;民办初中 130 所,比上年减少 4 所,在校学生 78284 人,比上年增加 3484 人;民办高中 82 所,比上年减少 8 所,在校学生 56463 人,比上年减少 3067 人;民办中职学校(不含技工学校)131 所,比上年减少 21 所,在校学生 123488 人,比上年增加 5530 人;民办高校 21 所(其中独立学院 9 所),在校学生 108135 人,比上年增加 9731 人,增幅为 9.89%"。①

第二,吸引民间资金在西部举办民办学校的财务约束,使民办学校正常运行时能够实现收支平衡。从公办教育每年需要巨额公共财政支出的事实就可以想见,除非民办学校预期或实际的办学收入能够超过办学产生的成本和费

---

① 广西教育厅网站:"2010 年广西教育概况",http://www.gxedu.gov.cn/Item/250.aspx

用支出,否则,民间资本或者不会将潜在的投资机会转变为现实的投资行为,或者民办学校无法正常生存下去。因此,一切能够增加民办学校收入和减少民办学校支出或降低民办学校办学成本的政策设计都将有助于吸引民间资金在西部举办民办学校。相关研究表明,在影响民间资金投资决策和影响民办学校生存发展的诸多因素中,消除对民办学校教师的身份歧视、消除市场行政壁垒和放松价格管制、提供财政资助等三项最为关键。其中因素一决定了民办学校提供的教育服务是否具有竞争力;因素二决定了民办学校是否能够充分利用市场机制获得最大可能收入;因素三决定了民办学校是否能够承担办学成本长期上涨的压力。①

第三,切实有效的扶持政策和管理规范、公开透明、宽松稳定的政策环境是民办教育健康发展的制度基础。教育产业是长线投资,只有政策环境稳定,投资人才能对投资项目的可行性做出合理判断,才会有信心继续发展,抵制急功近利的短期利益诱惑,实现社会、政府和投资人的互利共赢。

以上虽然是针对举办者要求取得合理回报的民办学校所做的分析,但对于举办者不要求取得合理回报的办学活动,由于维持学校生存与发展的基本条件和运行规律并无不同,所以相关结论也一样适用。

第三节　民办教育地方主导模式

以《民办教育促进法》的出台为界,中国民办教育的政策演进方向呈现出两种相反的趋势。在 2003 年以前,从中央到地方与民办教育相关的公共政策都表现出积极支持的倾向,其中尤以全国人大在推动《民办教育促进法》制定过程中的态度最为积极。② 但这种趋势以《民办教育促进法实施条例》的出台为标志开始发生变化,管理、规范成为中央政府民办教育政策设计的主导思想,而地方政府则采取了更为积极的支持态度。

这种判断的一个有力事实是,在《民办教育促进法》颁布实施以来的五年中,除了国务院颁布《民办教育促进法实施条例》以外,教育部没有出台一项以

---

①　研究表明,公办学校教师工资七年左右上涨一倍,即平均每年增长 10％ 左右,由此带动民办学校教师工资的持续上升,如果没有一定的财政资助,大部分民办学校不可能长期生存,这也是世界各国普遍对私立教育提供财政资助的一个重要原因。

②　全国人大为《民办教育促进法》的出台进行了艰苦和卓有成效的努力,详情参见张秀兰主编:《中国教育发展与政策三十年》第八章"民办教育:在中央和地方博弈中前行",北京:社会科学文献出版社 2008 年版。

鼓励民办教育发展为宗旨的公共政策,这期间出台的所有相关政策都以加强规范为主题。另一个更加明显的事实是,在这五年中,教育部也没有召开过一次全国民办教育工作会议,这意味着在教育部看来,民办教育的重要性已经开始下降。如果我们观察教育部在 2001—2008 年期间每年制定的年度工作要点,从中也可以得到明显的佐证。①

从 2003—2007 年间国家税收的大幅增长以及在此期间国家对公办教育投资的持续增加,也不难得到一些启发。

2007 年全国财政教育支出 7065.35 亿元,其中中央财政支出 1076.35 亿元,占全国财政教育总支出的 15.23%,已经是新中国成立以来的最高比例。②由于在中央和地方事权与财政支出责任划分中教育主要是地方事务,因此,促进民办教育发展给地方带来的财政利益要远远大于给中央带来的财政利益,这可以部分解释为什么地方政府比中央政府在促进民办教育发展方面有更强烈的制度创新动机和更高的积极性。③ 如果这个解释是合理的话,那么,只要中央政府不再出台限制民办教育发展的政策法规,促进当地民办教育发展将会成为地方政府的内在需要。④ 以此观察和分析目前民办教育中存在的种种现象和问题也都会有更合理的解释。比如《民办教育促进法实施条例》第六条第三款规定"实施义务教育的公办学校不得转为民办学校",这个规定明显违背了《民办教育促进法》第三条"民办教育事业属于公益性事业,是社会主义教育事业的组成部分"、第五条"民办学校与公办学校具有同等的法律地位,国家保障民办学校的办学自主权。"和第二十七条"民办学校的教师、受教育者与公办学校的教师、受教育者具有同等的法律地位"的基本精神,表面上看起来是反映了政府依然把自己定位于公办教育管理者的观念局限和法治意识淡薄,而背后更深层次的问题恰恰在于中央政府因没有直接财政压力故更多关注非经济利益,而地方政府因存在现实的财政压力,所以对有助于减轻这种压力的

---

① 在教育部的年度工作要点中,2000 年以前基本没有民办教育的内容,从 2000 年起到 2004 年,关于民办教育都以鼓励发展为基调,2005 年是促进发展与规范管理并重,而从 2006 年到 2008 年,关于民办教育的主题就是规范独立学院发展。(根据教育部历年工作要点整理 http://www.moe.gov.cn/)

② 《关于 2007 年中央和地方预算执行情况与 2008 年中央和地方预算草案的报告(摘要)》(http://www.npc.gov.cn/npc/xinwen/jdgz/bgjy/2008-03/06/content_1407004.htm)

③ 对中央和地方相关政策的比较表明,无论在《民办教育促进法》出台之前还是之后,地方在促进当地民办教育发展方面通常都有更为积极的政策法规,浙江省就是这方面的一个典型代表。

④ 无论今后政府是否对民办教育(学校)提供更多的公共财政资助,民办教育至少在建校投资和年度运行经费方面都会对公共财政有显著的贡献。

制度创新都会更加务实的立场之间的冲突。①

总体而言,中央政府的民办教育政策已经从积极鼓励转向加强规范。《民办教育促进法》颁布以来的前五年中,促进民办教育发展的主要推动力量已经从中央主导转变为地方主导,表 5-1 中的文件目录一定程度上反映了地方政府的积极立场。②

表 5-1 部分省市民办教育地方性法规(含地方政府规章、规范性文件)一览表

法规名称	颁布时间	颁布机构
桃江县关于促进民办教育发展的决定	2003 年 10 月 26 日	中共桃江县委、桃江县人民政府
绵阳市人民政府关于大力促进民办教育发展的决定	2004 年 4 月 15 日	绵阳市人民政府
漳州市人民政府关于加快我市民办教育发展的若干意见	2004 年 5 月 27 日	漳州市人民政府
德阳市人民政府关于大力促进民办教育发展的决定	2004 年 6 月 24 日	德阳市人民政府
南充市人民政府关于加快民办教育发展的决定	2004 年 8 月 30 日	南充市人民政府
常德市人民政府关于促进民办教育发展的决定	2004 年 9 月 16 日	常德市人民政府
九江市人民政府关于鼓励支持发展民办教育的若干规定	2004 年 9 月 29 日	九江市人民政府
娄底市人民政府关于促进民办教育发展的决定	2004 年 10 月 15 日	娄底市人民政府
陕西省民办教育促进条例	2004 年 12 月 2 日	陕西省人大常委会
湘西土家族苗族自治州人民政府关于促进民办教育发展的若干意见	2004 年 12 月 6 日	湘西土家族苗族自治州人民政府
《上海市实施〈中华人民共和国民办教育促进法〉、〈中华人民共和国民办教育促进法实施条例〉若干问题的暂行规定》	2005 年 3 月 24 日	上海市人民政府

① 政府如果真正将自己定位于全社会教育管理者和促进者的角色,真正认为民办学校与公办学校具有同等的法律地位,则《民办教育促进法实施条例》"实施义务教育的公办学校不得转为民办学校"的规定不但缺乏法律依据,而且明显不合逻辑,也不符合社会发展要求公办学校调整的现实需要。

② 在《国家中长期教育改革和发展规划纲要(2010—2020)》中,中央政府对民办教育的价值作了重新界定,其中第四十三条指出"大力支持民办教育。民办教育是教育事业发展的重要增长点和促进教育改革的重要力量。各级政府要把发展民办教育作为重要工作职责,鼓励出资、捐资办学,促进社会力量以独立举办、共同举办等多种形式兴办教育。"

续表

法规名称	颁布时间	颁布机构
鹤壁市人民政府关于大力促进民办教育发展的意见	2005 年 5 月 8 日	鹤壁市人民政府
晋城市人民政府关于促进民办教育发展的若干意见	2005 年 8 月 10 日	晋城市人民政府
贵州省民办教育促进条例	2005 年 11 月 25 日	贵州省人大常委会
武穴市人民政府关于促进民办教育发展的实施意见	2005 年 12 月 21 日	武穴市人民政府
山西省实施《中华人民共和国民办教育促进法》办法	2006 年 5 月 26 日	山西省人大常委会
内蒙古自治区实施《中华人民共和国民办教育促进法》办法	2006 年 6 月 1 日	内蒙古自治区人大常委会
恩施土家族苗族自治州人民政府关于促进民办教育发展的意见	2006 年 9 月 1 日	恩施土家族苗族自治州人民政府
《焦作市实施〈民办教育促进法〉办法（试行）》	2006 年 9 月 13 日	焦作市人民政府
吕梁市人民政府关于大力促进民办教育发展的意见	2006 年 9 月 15 日	吕梁市人民政府
江西省民办教育促进条例	2006 年 9 月 22 日	江西省人大常委会
海口市民办教育促进和管理办法	2006 年 9 月 27 日	海口市人大常委会
宁波市民办教育促进条例	2006 年 9 月 30 日	宁波市人大常委会
深圳市民办教育管理若干规定	2006 年 10 月 27 日	深圳市人民政府
北京市实施《中华人民共和国民办教育促进法》办法	2006 年 11 月 3 日	北京市人大常委会
湖南省实施《中华人民共和国民办教育促进法》办法	2006 年 11 月 30 日	湖南省人大常委会
辽宁省民办教育促进条例	2006 年 12 月 1 日	辽宁省人大常委会
朝阳市人民政府关于促进民办教育快速发展的意见	2006 年 12 月 25 日	朝阳市人民政府
淄博市人民政府关于规范民办教育管理促进民办教育发展的意见	2007 年 2 月 16 日	淄博市人民政府
吉林市民办教育促进条例	2007 年 3 月 28 日	吉林市人大常委会
黑龙江省民办教育促进条例	2007 年 10 月 12 日	黑龙江省人大常委会

法规名称	颁布时间	颁布机构
岳阳市人民政府关于促进民办教育发展的意见	2008 年 2 月 20 日	岳阳市人民政府
重庆市人民政府关于促进民办教育发展的意见	2008 年 6 月 12 日	重庆市人民政府
四川省《中华人民共和国民办教育促进法》实施办法	2008 年 7 月 25 日	四川省人大常委会
陕西省人民政府关于进一步支持和规范民办高等教育发展的意见	2011 年 12 月 30 日	陕西省人民政府

《中华人民共和国民办教育促进法》的颁布实施为中国民办教育发展进入法制化轨道奠定了基础。但各地在促进当地民办教育发展的政策实践中却发现，困扰民办教育健康发展的"学校法人属性"问题、"教师身份"问题、"合理回报"问题、"产权归属"问题、"税收优惠"问题等，或者在《民办教育促进法》及其后出台的《中华人民共和国民办教育促进法实施条例》中没有明确规定，或者无法应对民办教育形势发展的需要，于是纷纷通过地方立法或制定地方政策，希望能够借此更加有效地解决当地民办教育发展面临的实际问题。

第四节　民办教育区域发展典型案例

一、重庆市

重庆市委、市政府高度重视当地民办教育的改革与发展，出台了《重庆市人民政府关于鼓励支持社会力量办学的意见》（渝府发〔2002〕50 号）、《重庆市人民政府关于促进民办教育发展的意见》（渝府发〔2008〕65 号）等政策文件，在土地优惠、民办学校资产过户、教育税收、融资担保等方面进行了积极的探索和制度创新。

《重庆市人民政府关于促进民办教育发展的意见》规定："各区县（自治县）人民政府和市政府有关部门要把民办学校办学用地纳入城镇建设土地利用总体规划"、"民办学校教育教学用地按收支两条线办法先缴纳土地出让金，再申请免缴""民办学校教育教学房屋涉及的城市建设配套费等行政性收费、服务性收费与公办学校同等待遇"；"民办学校资产（企业、公民个人和社会组织以房地产投资兴办民办学校，或者民办学校受让企业、公民个人和社会组织的房地产用于教育的资产)过户免收资产过户税费。减免资产过户时的服务性收费。"、"实施学历教育的民办学校,按价格主管部门批准的项目和标准收取的教育劳务取得的收入免征营业税";"符合国家有关规定的民办学校用于教学及科研等本身业务的房产免征房产税和城镇土地使用税";"企业、公民个人和社会组织通过国家指定的非营利性的社会团体向民办学校捐赠的用于公益性的财务,其捐赠支出按现行税收法规及相关政策规定准予在缴纳企业所得税、个人所得税税前按规定比例扣除";"不要求合理回报的民办学校与公办学校享受同等的税收及其他优惠,要求合理回报的民办学校按税法享受有关优惠";"支持民办办学主体通过合资、合作、参股的方式投资办学";"民办学校的举办者可以用资产、实物、土地使用权、知识产权以及其他财产作为办学出资";"鼓励和支持境内外企业以及个人、社会组织单独或联合投资民办教育。鼓励和支持民办学校引进境外优质教育资源,依法开展中外合作办学。鼓励和支持有条件的民办学校组建集团式的办学实体";"民办学校可以用非教学资产作抵押和学费收费权作质押向银行申请贷款,用于扩大和改善办学条件";"市和区县(自治县)建立政府基金,为民办学校贷款提供贴息支持";"鼓励企业、公民个人和社会组织为民办教育机构提供捐赠,设立民办教育发展基金";"义务教育阶段民办学校学生的杂费、公用经费与公办学校执行同一政策,市和区县(自治县)按标准给予补助";"中等职业学校的资助政策和资助标准,对民办中职学校学生与公办中职学校学生一视同仁";"市财政根据民办高校生均投入情况按比例给予适当补助";"市和区县(自治县)财政拨专款和接受捐赠设立促进民办教育发展专项资金"。

重庆市教育委员会根据市政府《关于促进民办教育发展的意见》"创建民办教育资本运作和投融资体制"的精神,牵头成立的"重庆市教育担保有限责任公司"的融资平台作用初步显现,截至 2009 年 11 月底,公司受理了 21 个民办院校的融资担保项目,涉及金额 4.1 亿元,其中,已落实放贷项目 16 个,民办学校获得贷款金额 2.2 亿元。重庆市教育担保有限责任公司的成立和运行,较好地解决了民办教育学校融资难的问题,得到教育部副部长陈小娅"是全国民办教育投融资体制的一个创新,走在了全国前列"的积极评价,不但使当地民办教育得到较快发展,而且在全国产生较大影响。

截至 2009 年年底,全市各级各类民办教育学校共 2956 所,占全市学校总数的 22%。其中幼儿园 2627 所,小学 129 所,普通初中 85 所,普通高中 19 所,中等职业学校 98 所,独立设置高职学院 10 所,普通本科院校的独立学院 7 所。在校生总数 59.7 万人,占全市在校生总数的 10%。其中幼儿园在园人数 28 万人,占全市幼儿园在园人数的 44.3%;中等职业教育在校生 11.4 万人,占全市中等职业教育在校生的 21%;普通本专科在校生 8.9 万人,占全市高校普通本专科在校生的 18.4%。

二、昆明市

自 2008 年以来,昆明市委、市政府出台了《关于加快教育改革与发展建设教育强市的决定》、《加快民办教育发展的实施意见》(昆发〔2008〕4 号)、《昆明市人民政府关于印发大力发展职业教育实施意见等四个文件的通知》(昆政发〔2008〕21 号)和《昆明市突破性发展民办教育整体推进工作意见》(昆办发〔2009〕12 号)等鼓励和支持民办教育发展的优惠政策,大大改善了民办教育发展环境,有力地推动了当地民办教育发展。

按照《关于加快教育改革与发展建设教育强市的决定》(昆发〔2008〕4 号)要求,昆明市允许非义务教育阶段的公办学校(园),包括公办幼儿园、公办高中学校,吸纳社会资金进行股份制改造,按民营机制运行,实行股份制形式的合作办学;在不改变学校和人员身份性质的前提下,引入民办学校运行机制,学校所有权和办学管理权分离,试行"国有民办";可以利用非国家财政性经费、土地使用权、知识产权等无形资产以及其他财产,按照"四独立"的原则,单独举办或与社会力量联合举办民办学校。非义务教育阶段的公办学校经批准后,也可整体转制为民办学校。

昆明提出"像办公办教育那样大办民办教育。凡是不违背现有法律法规、有利于增加教育投入、扩大教育规模、提高教育水平和办学效益的各种办学模式,都可以大胆尝试和积极探索"。

通过招商引资促进当地民办教育发展是昆明民办教育政策的一个引人注目之处。到 2009 年底,昆明市有关县(市)区或部门与投资企业签订框架协议的项目达 50 余项,其中教育事业项目 13 项,协议投入资金近 18 亿元。目前,部分教育招商引资项目已顺利开工建设,如广州三叶集团投资 6000 万元新建海贝中英文学校(华都),寻甸县政府与江苏泗阳新东方学校合作建设寻甸职业教育中心。

《昆明市促进民办教育发展专项奖励暂行办法》(昆政发〔2008〕21 号)规定,新建、扩建的民办学校,优先安排、优先办理。对引进市外资金并形成教育实物量 5000 万元人民币以下的引资者,按实际引资额的 3% 给予奖励;引资5000 万元以上至 1 亿元人民币以下的引资者,按 5% 奖励;引资超过 1 亿元人民币的,按 7% 奖励。

从 2008 年起,凡国家机构以外的社会组织或个人,投资新建民办普通高中或民办中等职业学校、总投资在 1000 万元以上,或者投资新建民办幼儿园、总投资在 300 万元以上的,均按 10% 的比例给予一次性奖励。

幼儿园规模达 300～500 人的奖励 10 万元,500 人以上的奖励 15 万元;普通高中规模达 900～1200 人的奖励 20 万元,1200 人以上的奖励 30 万元;职业学校规模达 1000～1500 人的奖励 40 万元,1500 人以上的奖励 50 万元。

对办学水平上等级的民办幼儿园和高中阶段学校给予一次性奖励:市级示范幼儿园以上的奖励 20 万元,创建成省二级、一级完中的普高学校分别奖励 50 万元、60 万元,创建成省级、国家级合格职业学校的分别奖励 60 万元、100 万元。对义务教育阶段民办学校经年审考评优秀的给予相应奖励。

民办学校可按生均成本确定培养费和住宿费标准。支持民办学校跨地区自主招生。对委托招收公费学位生的民办学校给予补助。对民办普通高中招收的公费学位生,按年生均 1500 元标准补助学校。对委托招收公费学位生的义务教育学校,按年生均小学 800 元、初中 1000 元给予补助。对就读民办职业学校的学生,按国家规定每年每人给予 1500 元的生活补助。

昆明市教育局将市委、市政府制定的这一系列鼓励支持民办教育发展的优惠政策的核心要义概括为六个字:"优惠"、"优先"和"同等",即落实民办教育的优惠政策,保证民办教育优先发展,保障民办教育与公办教育的同等权利。具体来说,一是在土地上优惠供给;二是在规划上优先安排;三是在审批上简化程序;四是在办学中落实平等。

截至 2009 年 11 月底,全市共有各级各类民办学校 858 所,民办学校在校生 25.8 万人,民办学校在校学生占全市在校学生的 23.3%;民办学校教师 1.1 万人,占全市教师总数的 16%。民办教育的发展,在拓宽教育投资渠道、扩大教育资源总量、解决流动人员子女的入学问题、满足社会多样化教育需求、促进教育均衡发展、培养人才和缓解就业压力等方面起到了重要作用。

2010 年 1 月 26 日,昆明市副市长廖晓珊在昆明市民办教育协会成立大会上表态:"今年起市级每年安排 1300 万元民办教育发展专项资金,进一步扩大扶持力度和范围。同时,对待民办学校要像对待公办学校那样做到干部教师学习培训、评优评先一视同仁;教学管理指导、教育科研一视同仁;对学生一视同仁;在招生中一视同仁;在学校建设规范上一视同仁。"

《国家中长期教育改革和发展规划纲要》对民办教育的战略地位和作用进行了深刻的阐述,指出"大力支持民办教育。民办教育是教育事业发展的重要增长点和促进教育改革的重要力量。各级政府要把发展民办教育作为重要工作职责,鼓励出资、捐资办学,促进社会力量以独立举办、共同举办等多种形式兴办教育。完善独立学院管理和运行机制。支持民办学校创新体制机制和育人模式,提高质量,办出特色,办好一批高水平民办学校。"要"依法落实民办学校、学生、教师与公办学校、学生、教师平等的法律地位,保障民办学校办学自主权。清理并纠正对民办学校的各类歧视政策。制定完善促进民办教育发展的优惠政策。对具备学士、硕士和博士学位授予单位条件的民办学校,按规定程序予以审批。建立完善民办学校教师社会保险制度。"要"健全公共财政对民办教育的扶持政策。政府委托民办学校承担有关教育和培训任务,拨付相应教育经费。县级以上人民政府可以根据本行政区域的具体情况设立专项资金,用于资助民办学校。国家对发展民办教育作出突出贡献的组织、学校和个人给予奖励和表彰。"同时也要"依法管理民办教育。教育行政部门要切实加强民办教育的统筹、规划和管理工作。积极探索营利性和非营利性民办学校分类管理。规范民办学校法人登记。完善民办学校法人治理结构。民办学校依法设立理事会或董事会,保障校长依法行使职权,逐步推进监事制度。积极发挥民办学校党组织的作用。完善民办高等学校督导专员制度。落实民办学校教职工参与民主管理、民主监督的权利。依法明确民办学校变更、退出机制。切实落实民办学校法人财产权。依法建立民办学校财务、会计和资产管理制度。任何组织和个人不得侵占学校资产、抽逃资金或者挪用办学经费。建立民办学校办学风险防范机制和信息公开制度。扩大社会参与民办学校的管理与监督。加强对民办教育的评估。"

三、广西贵港市

在民办教育力量相对薄弱的广西,贵港市民办教育无论是从市委市政府一级的政策支持、民间投资热情还是民办教育的社会贡献上,都走在了广西的前列。全市民办教育已初步形成从学前教育到高中阶段教育纵向衔接、从学历教育到技术培训横向协调的民办教育发展体系,成为贵港市教育事业的重要组成部分和新的增长点(见表5-2)。

表5-2　2002—2005年贵港市民办教育发展情况

项　目 年　份	民办学校	在校生	幼儿园	小学	初中	高中	职业学校	总资产
2002年	136所	51070人	11180人	8330人	27450人	3710人	400人	2.5亿
2005年	503所	119288人	43508人	15517人	40821人	17377人	1160人	7.1亿
增长率(%)	269.85	133.58	289.16	86.28	48.71	346.38	190	184

贵港市民办教育的发展,得到了政府的大力支持,从2001年开始,贵港市

及下属的平南县、桂平市等就出台意在促进、规划民办教育的文件,同时对全市民办学校进行全面评估,多次评选表彰办学条件好、办学效益显著的民办学校,召开民办教育现场工作会。2006年年初,自治区人民政府出台了旨在大力发展广西民办教育的《关于加快发展民办教育的决定》,从各个方面确定了广西民办教育的合法权益和义务。民办教育的发展成为自治区一级政府重要关注的对象,为贵港市民办教育的发展提供了新的契机。

2005年中央政府决定在中西部地区实行"两免一补"政策后,民办学校受到了巨大冲击,在校生流失很多。2006年秋季期民办中小学在校生为9万多人,比上年减少了2万多人;2007年中小学在校生为52213人,比上年又缩减了4万多人。不少民办学校被迫停办,生存和发展面临着重重困难。比如2007年平南县民办学校数是20所,比2005的41所减少了21所,2007年秋季期在校学生人数为14800人,也比2005年同期(37922人)减少了23122人;学校用地面积为47.58万平方米、学校用房总面积21.83万平方米,总固定资产3.35亿元,比2005年秋季期分别减少了70.77万平方米、1.19万平方米和1.48亿元;而且绝大部分民办中小学招生艰难,不足300人的民办中小学有15所,占民办学校数的51.7%。覃塘区在2005年时有民办小学4所,初中4所,其中2所是完全中学,总共在校生达3000多人,但到2007年9月止,该区仅剩下2所民办学校,在校小学生只剩下22人,初中生286人,而当初这2所学校已投入资金800多万元,没有办学效益,学校难以生存下去。港南区城南学校高峰期达到1080人,而现在只有243人,神舟学校、芦山民小、旭英学校均不足200人,生存下去已成问题。桂平市历山中学曾有在校生4520多人,到目前为止在校生只有2165人。培仁中学也由原来曾拥有的2200多人,锐减至目前的500余人,大批的教室、宿舍、教学设备等资源处于闲置状况。[①]

面对民办教育政策环境和市场环境的巨大变化,贵港市委和市政府将发展民办教育作为办学体制改革的突破口给予高度重视,他们在各种场合充分肯定民办教育的积极意义:"民办教育的发展对于打破政府包揽办学格局,拓宽教育投资渠道,弥补国家教育投入的不足;促进教育资源的合理配置,提高教育资源使用效益;增加教育的供给方式,形成教育竞争机制,提高学校管理效率;满足社会多元化的教育需求,促进传统教育观念的转变和教学方法的全面改革;形成办学特色,改变人们的消费观念,引导教育消费,减轻就业压力,

---

① 中国民主同盟贵港市委员会:"对我市民办教育发展情况的调查与思考(2008)"(http://www.gxggmm.com.cn/Article/ShowArticle.asp? ArticleID=15)

促进经济增长都起到了积极的作用。"进而主张:"像办公办教育那样大力发展民办教育。放开手脚,多制并举,既可以搞独资、股份制、合作制,也可以探索国有民办、非义务教育的国办学校转制等多种模式。要鼓励企事业单位、社会团体、其他社会组织和公民个人依法独立办学,以股份制形式合资办学,与政府部门和公办学校联合办学;鼓励按照《中外合作办学条例》与境外企业界人士和教育机构合作办学;积极引导社会力量举办高中阶段学校和高等职业教育,有条件的也可以举办民办普通高等学校。"①

2009年全市各级各类民办学校(教育机构)有446个,教职工7309人,在校生总人数达95037人,学校占地面积约1068728.9平方米(约15102亩),校舍建筑面积达65.37万平方米。全市民办教育利用民间资金和社会资源累计总资产达10.666亿元,固定资产总额约9亿多元。

第五节 吸引民间资金发展西部民办教育

根据西部社会经济发展的现实水平和西部民办教育发展面临的实际问题,为了全面落实《国家中长期教育改革和规划纲要》提出的战略目标,支持西部大开发第二个十年发展战略的顺利实现,有效吸引民间资金投资西部教育事业,我们建议采取以下对策思路和重要举措,形成吸引民间资金参与发展西部教育事业的基本政策框架和促进西部民办教育可持续发展的长效机制。

(1)全面贯彻落实《民办教育促进法》对民办教育的法律定位和权利保障规定,清理纠正对民办教育的各类歧视政策。地方各级政府要深刻理解《民办教育促进法》关于利用公共教育资源支持民办教育发展的立法精神,牢固树立公共教育资源应该为全社会受教育者共同拥有的政策理念,在西部大开发背景下创造性地出台和实践更加优惠的吸引民间资金投资西部教育事业的特殊

---

① 引自贵港市市委书记覃远通2006年3月29日在2006年全市教育工作会议上的讲话:"像办公办教育那样大力发展民办教育"。

政策,确保民办教育对公共教育资源的合理分享。[①] 地方各级政府要将民办教育纳入当地教育发展规划,统筹民办教育和公办教育共同发展,严格控制公办学校非理性扩张,在非义务教育阶段,优先考虑利用民办教育的体制和机制优势,为社会提供更加多样化的优质教育资源。

(2)在西部地区率先消除对民办学校教师的身份歧视政策,改革目前教师人事管理体制中公办教师和民办教师相互分割的二元模式,以教师职业资格为依据建立公平、统一、开放的教师管理体系,对优秀民办学校提供与在校学生人数挂钩的教师编制,鼓励教师在公民办学校之间规范、合理、自愿、有序流动,鼓励公办学校教师到民办学校任教,明确规定教师在公办学校和民办学校的工龄连续计算并参加统一的社会养老保障体系,对民办学校承担的教师养老保险社会统筹部分,采取政府和学校分担的制度设计。[②]

(3)由中央政府发起设立"西部民办教育发展配比基金",鼓励地方政府将资助民办教育纳入政府财政预算。借鉴世界各国私立教育成功经验,拓宽公共经费资助民办教育的办法和渠道,建立以当地民办学校在校学生数为依据的公共教育资源分享政策框架。全面落实《义务教育法》关于政府承担全部义务教育经费的法律规定,切实保障义务教育阶段民办学校按当地生均公用经费标准获得财政补助,并逐步加大对义务教育阶段民办学校学生的财政资助力度;逐步提高对非义务教育阶段民办学校的财政支持,以民办学校对公共教育的贡献度为参照建立地方民办教育发展专项基金,奖励优秀民办学校,引导

---

① 多数国家按照一定的标准对私立学校基础建设费用和日常办学经费进行直接补贴,包括人事费用、教材图书、教师养老金基金补贴等,同时加大对学生补贴的力度,包括学费补贴、交通费用补贴等。对私立高等教育,许多国家除了提供基础建设费用外,特别注重加大对学校的研究资助力度,以提升私立大学的研究水平。英国私立高等教育机构约90%的基建费和75%的教育经费依靠政府拨款。日本采用给私立大学经费的补助和政府拨款补助地方各类私立学校办法,维持和改进私立学校的教学和科研条件。1957年日本文部省颁布了《国家对私立大学科研设备补助法》,着重对私立大学在研究方面进行资助;20世纪90年代,日本采用竞争性资助方式,主要用于帮助私立大学提高研究和学术水平。韩国对私立学校的专门财政支援包括:私立学校的设备设施投资、学校事业费用和私学振兴基金。(丁秀棠:"私立教育中的政府资助比较研究",《中国民办教育协会简报》,第48期)

② 《宁波市民办教育促进条例》第三十一条规定:"实施学历教育和学前教育的民办学校,符合规定条件的,其聘用的具有中级以上专业技术职务的教师,可按规定参加事业养老保险。"在其后发布的"浙江省宁波市人民政府《关于贯彻实施〈宁波市民办教育促进条例〉的若干规定》(甬政发〔2007〕58号)"第三条第二款进一步规定:"对全日制民办中小学和幼儿园为具有专业技术职务的教师按规定缴纳的社会保险费中学校承担部分,给予不少于1/2的补助。"

民办学校优胜劣汰。①

在义务教育阶段建立中央和地方财政分担的"教育凭证制度",改善流动人口子女在流入地平等接受义务教育的政策环境,平衡流入地与户籍地的教育财政负担,增强接受流动人口子女民办学校的市场竞争力。

对于办学质量高,符合一定办学条件,达到一定办学规模的以接受留守儿童为主的农村民办学校,实施全面的财政资助政策,通过"公私合作伙伴关系"的制度设计,充分发挥民办教育的体制优势。

(4)在西部地区出台特殊的民办学校税收优惠政策。对举办者不要求取得合理回报的民办学校,享受与公办学校相同的税收优惠政策;对举办者要求取得合理回报的民办学校,只对举办者获取的合理回报部分征收个人所得税,学校仍然享受公办学校相同的税收优惠政策,并且在举办者将合理回报留用于学校发展时,允许作为再投入计入其出资额,减免税收;对从事非学历教育的公益性民办学校提供教育劳务取得的收入,免征营业税。②

(5)确立西部地区民办学校接受社会捐赠的合法主体地位,制定特殊优惠政策,提高企业向西部民办学校捐赠的税收抵扣比例,发挥税收政策的杠杆作用,将企业税负转化为吸引民间资金投资西部教育事业的重要来源。③ 由中央政府和地方政府联合出资并吸纳民间资金建立有足够规模和规范运行的"西部民办教育发展担保基金",为民办学校提供融资担保,支持地方建立民办学校贷款融资担保体系以及信用和风险评估体系,积极探索解决民办学校融资难的政策途径。

(6)鼓励西部地方政府在非义务教育阶段开展公办学校办学体制改革试验,切实营造公办学校和民办学校公平竞争环境和共同发展格局。按照"五独立"原则,严格规范公办学校参与举办民办学校的办学行为。在明晰产权前提下,鼓励以完全民办、公办民助、公办民管、民办公助、公办改制和公民合办等

---

① 公共财政资助私立教育是许多国家通行做法。在 OECD 国家的公共教育经费中,资助私立教育经费占据了相当高的比例,政府通过各种渠道、各种形式将公共资源给予私立学校,包括资金,也包括相当于资金形式的其他资源,如政府提供的服务、土地使用等。政府资助形式多种多样,如学校在开办时提供其教育基础设施与设备、税收优惠、关税减免、免费或低价提供土地或出租土地等;在学校运营过程中,政府公共财政向学校提供补贴、学生贷款、科研基金、学生奖学金和助学金,实行教育券计划等。(丁秀棠:"私立教育中的政府资助比较研究",《中国民办教育协会简报》,第 48 期)

② 对私立学校进行税收减免也是各国普遍的做法。如意大利宪法规定,团体和私人均有权建立私立大学、中小学或从事学历教育的教育机构,而不必向国家纳税。韩国对私立学校进行税制支援,与学校正常运营直接相关的国税、地方税以非课税为原则,在教学设备购买和进口时可以减免特别消费税,对学校法人事业的收益、附属医院等实行税收优惠。(丁秀棠:"私立教育中的政府资助比较研究",《中国民办教育协会简报》,第 48 期)

③ 增加企业捐赠西部教育事业的税收抵扣比例,采取比例退税和全额退税的制度设计,每年可以为西部教育事业吸引 1000 亿以上的民间慈善捐款。

多种形式办学,努力形成多元化办学体制的大格局,在政府和民间之间建立"公私合作伙伴关系",探索"发挥两种体制优势、利用两种体制资源"的民办教育发展新模式。①

(7)切实保障民办学校办学自主权。改变目前按照公办教育管理模式确定民办学校招生指标、招生方式、招生范围的计划管理模式,鼓励民办学校自主确定年度招生计划、招生范围、招生标准和方式,教育行政部门按照核定的办学规模对注册人数进行认可;在完善信息披露机制的基础上,在西部地区选择办学质量高、信誉好的民办高校开展自主确定办学层次、自主设置专业和制定课程标准、自主考试、自主招生、自主颁发学历证书的试点。

坚决消除歧视外地民办学校的行政壁垒,放宽民办学校收费管制,发挥市场机制的价格调节作用,积极鼓励民办学校办出特色。

(8)允许符合条件的民办学校按合法程序和办法吸纳海外资金,鼓励扶持民办教育产业进入资本市场的政策试验。建立民办学校举办者和民办学校法人合理退出机制,允许民办学校举办者通过市场交易方式转让全部或部分产权,增加民办学校投资的流动性,控制民办学校举办者投资风险。允许民办学校可用非教学资产作抵押和学费收费权作质押向银行申请贷款;鼓励举办者用其他资产作抵押。允许符合条件民办学校申请长期建设贷款,由政府酌情贴息。

(9)进一步开放西部教育市场,制定鼓励海外组织和个人到西部投资办学的优惠政策,吸引全球优质教育资源,大胆探索中外合作办学新模式。

在实施以上鼓励、扶持民办教育政策的同时,也要全面规范民办学校办学行为,不断完善民办学校法人治理结构,建立现代学校管理制度。民办学校要自觉执行国家法律、法规,尊重教育规律和市场规律,注重办学质量,杜绝虚假

---

① 联合国教科文组织(UNESCO)将私立教育机构(Private Educational Institution)定义为"由非政府组织(教会、工会或企业)控制和管理的教育机构,不论其是否接受公共权力机构的资金支持"。在其1995年的世界教育报告中特别指出"由政府提供资助的学校,如果其属于私人管理,即被视作私立学校。"OECD对各国公、私立教育进行统计时,区分"公立教育机构"与"私立教育机构"的主要标准是"按照该教育机构最终是由公立部门享有控制权还是由私立部门享有控制权"。与此同时,"私立教育机构"又按照对政府教育经费的依赖程度大小分为"政府依赖型私立教育机构"(government-dependent private institutions)和"独立型私立教育机构"(independent private institutions),其中"政府依赖型私立教育机构"是指其主要经费的50%以上来源于政府部门,或其教师工资是由政府部门来支付的教育机构;而"独立型私立教育机构"是指从政府部门获得的经费资助少于其全部办学经费的50%或其教师工资并非由政府部门支付的教育机构。由此,从经费来源上看,在世界上绝大部分国家,公立学校和私立学校之"公"与"私"都不是绝对的。公立学校很可能从政府之外收取学费或接受政府资助;许多国家的私立学校也接受政府提供的公共经费资助,在一些国家(如荷兰),私立学校不仅可以获得与公立学校同等的财政资助,甚至也同样是由政府出资建立的,只不过拥有更大的管理自主权而已。(丁秀棠:"私立教育中的政府资助比较研究",《中国民办教育协会简报》,第48期)

广告;在明晰产权、明确举办者权利、义务前提下,切实履行按时、足额出资和资产过户义务,落实学校法人财产权,严格执行国家财务和资产管理制度。大力加强西部地区各级民办教育行业协会建设,根据民办教育存在的问题以及国家和地方各时期民办教育工作的中心任务,以委托、授权等多种办法,充分发挥行业协会促进民办教育规范发展和落实民办学校自律行为的核心和骨干的作用。[①] 不断完善政府监管、社会监督、信息公开的监管体系和风险预警机制,形成民办学校依法自主办学,民办学校与公办学校各自发挥体制优势,规范有序的民办教育管理新体系。

链接 5-1

成都民办教育

在统筹城乡教育、促进各类教育均衡发展的科学发展观指导下,在市委、市政府的积极鼓励和大力支持下,成都民办教育近年来取得了健康、快速发展。其灵活的办学机制、丰富多彩的办学特色、适应社会发展需求的多种办学形式、办学层次和专业,深受社会的欢迎。

截至 2010 年 9 月,成都市共有民办学校(含培训机构、幼儿园等)2478 所。民办普通中小学 112 所,在校生总数 17.14 万人,其中小学在校生 7.66 万人,民办小学在校生占全市小学在校生总数的 11.22%;民办初中在校生 7.88 万人,占全市初中在校生总数的 18.65%;民办普通高中在校生 1.59 万人,占全市高中在校生总数的 7.5。民办中等职业类学校 43 所,在校生 6.75 万人,占全市中等职业学校在校生总数的 31.42。另据统计,我市 83 所民办学历教育学校义务教育段在校生共有 15.54 万人,占全市义务教育学生总数的 14.06%。民办幼儿园 1503 所,在园儿童 22.64 万人,占全市在园儿童总数的 69.42%。此外,我市还有其他各类培训机构近 820 所

2010 年,我市各级各类民办学校(机构)共有在校生 73.38 万人(次),专、兼职教师和行政管理人员 4.3 万人;全市民办学校办学资产累计达 64.68 亿元;学校占地面积达 1093.3 万平方米,建筑面积达 667.98 万平方米,教学仪器、设备达 9.1 亿元,图书达 2270 万册。

民办教育已成为全市教育事业的重要组成部分。民办教育的发展对

---

① 河北省教育厅在行政执法委托书(冀教政法〔2009〕14 号)中对委托河北省民办教育协会实施的行政执法事项的委托事项、委托权限和委托责任都做了明确的规定,河北省民办教育协会今后就可以以河北省教育厅的名义在授权范围内实施行政执法。

成都市经济社会发展产生了积极的促进作用,作出了巨大的贡献。

(来源:http://www.cdedu.gov.cn/zhengwu/cdedu.aspx? id=271)

链接 5-2

推进公民办学校一体化管理　办好人民满意的教育

为了努力缩短公民办学校办学质量的差距,让农民工子女享受公平、优质的现代教育,2011 年,郫县教育局印发了《关于进一步加强民办学校管理的意见》,将民办民工子女学校与公办学校实行一体化管理。

一、加大扶持,做到"四个到位"

(1)挂职干部沟通协助到位。2011 年秋季开学,郫县教育局向辖区内 11 所民办民工子女学校派遣了 11 名挂职副校长。挂职副校长与原学校工作完全脱钩,为期一年,全程参与民办民工子女学校的管理。挂职副校长主要履行两项职责:一是作好民办教育和公办教育的纽带,带去公办学校先进的办学理念与前沿的教育思想,同时也带回民办民工子女学校教师、学生的心声,协助教育局为民办民工子女学校教师、学生排忧解难;二是协助学校健全管理体系,规范办学行为。

(2)机关科室指导到位。德育办每月对民办民工子女学校德育常规和专项工作进行专项检查;教育科对民办民工子女学校学生实施学籍管理,对学校按国家规定开齐课程、开足课时及执行作息时间等方面进行检查与指导;教仪电教站加强对学校图书室、实验室、电教室、微机室使用管理和指导;教研室按照学校办学层次通知学校参与县上相关的教学教研活动,把民办民工子女学校纳入公办学校的学科和年级调考、期末测试等,定期对学校教学质量情况予以通报;人事科指导、协调学校教师资格的认定、职称评审和评优表彰等工作,组织教师参加业务培训,会同相关部门督促学校依法与教职工签订劳动合同、购买社会保险等;安全科定期对学校消防、食品卫生、饮用水、危化物品、校车、校舍和设施设备进行安全工作检查,指导学校建立完善安全工作管理制度。

(3)学校结对帮扶到位。县域内 11 公办学校与 11 所民办民工子女学校结对发展,公办学校从教学教研、教育教学管理和改善办学条件三个方面对民办民工子女学校进行帮扶。特别是公办学校无偿捐赠办公桌、课桌凳等设施设备,在一定程度上缓解了民办民工子女学校办学设施设备短缺的问题。

(4)政府经费扶持到位。2011 年,郫县共计投入民办教育发展经费140 万元,挂职副校长的各种费用全部由政府承担,并通过以奖代补的方式,给予民办民工子女学校办学经费补贴。

二、完善考评机制,优化管理制度

一是确立"分工负责、履职到位,纳入目标、统一考核,严格把关、依法年检,加大扶持、促进发展"的工作思路。二是印发《郫县民办民工子女学校考核评估方案(试行)》,方案重点评估考察学校办学条件、学校管理、办学效益等几个方面,将教师年龄结构、聘用人员比例、教师流动率、各类专用功能教室等60余项作为具体指标。

三、强化过程管理,做好"两个落实"

一是考核评估落实。根据《郫县民办民工子女学校考核评估方案(试行)》,年终对民办民工子女学校进行考评,考评结果向社会公布,引导家长选择学校,促进学校改善办学条件,提高办学质量。二是专题活动落实。郫县教育局各科室按照职能要求,每学期落实一次专题调研,每月落实一次主题活动,每周落实一次随机访谈。

四、建立信息通报制度,搭建学习交流平台

一是开辟"一个阵地"。创办《郫县民办教育简报》,简报每月一期,包括"政策问答"、"工作动态"、"名师讲坛"、"班主任工作"、"文学园地"等栏目,为民办民工子女学校提供交流展示平台,营造郫县民办教育发展的良好舆论环境。二是组建"一支队伍"。以公办学校骨干教师、名优教师为主要成员成立专家团队,针对民办民工子女学校实际开展专题活动。活动内容包括班主任培训、"课堂有效性探索"赛课、班主任技能大赛、教师教案设计大赛等。三是提供"一个现场"。组织民办民工子女学校之间,民办民工子女学校与公办学校之间定期互相参观学习。经过一学期的运行,郫县民办民工子女学校的办学质量、办学效益得到显著提升,社会认可度得到较大提高,尤其是民办民工子女学校教师、学生从教育边缘融入全县教育的主流,民办教育呈现出前所未有的活力。(成都市教育局《教育工作简报》2012年第3期)

(来源:http://www.cdedu.gov.cn/PicImagesPath/AccessoryFile/201003/pdf/2012227104988.pdf)

第六章

继续推进资源统筹制度创新的政策建议

资源统筹是政府发挥资源配置职能(与市场的资源配置职能并不矛盾)的基本准则和一般形态。从上面的案例描述和机制分析中可以看到,在西部地区教育均衡发展进程中,政府通过多种形式的资源统筹政策,有效促进了西部地区的教育均衡发展。在进一步推进西部地区教育均衡发展的历史进程中,为了更好地发挥资源统筹政策的资源动员、资源整合与资源优化配置的政策功能,应该继续鼓励地方各级政府开展更加积极的制度创新活动,结合西部地区教育发展的现实基础和需要解决的迫切问题,可以从以下三个方面寻找制度创新的突破口。

第一,建立义务教育优质资源共享结构(平台),合理实施"削峰战略",形成西部地区义务教育区域均衡发展的长效机制(发挥资源统筹政策的资源整合与优化配置功能)。

目前西部地区教育均衡发展的主导政策模式可以形象地描述为"填谷战略",在改造薄弱学校和整体提升办学水平方面取得了积极成效。但是,由于在这个过程中,优秀教师向城市学校、优质学校积聚的趋势不但没有得到遏制,在某些地区甚至还有加速的趋势,导致教育均衡发展在办学条件均衡阶段停滞不前,教育公平深层次改善不显著,教育资源效益不高的尴尬局面。

对这个问题目前主要的解决思路就是"教师流动"和"校长轮岗",但这种思路存在明显的方法论缺陷,在实践中也并没有达到预期的目标。

如果基于优质教育资源均衡配置的考虑,一般需要中级以上职称教师才能产生这种效应,再结合流动教师的年龄限制和学校中流出教师比例限制,则每年参与流动的中级职称以上教师不会超过教师总数的百分之五,从数量上就限制了"教师流动"在区域教育均衡发展所能发挥的作用。如果从优质学校占学校总数不超过30%的现状考虑,则可流出支援薄弱学校的教师应该也在5%以下。以浙江省为例,浙江省一直把教师流动作为推进教育均衡的重要政策来抓,但直至2008年年底,"全年有4400余名中小学教师参加了长期支教,

6000 余名教师参加了短期支教。"① 这个数量还不到当年浙江省中小学教师37.65 万人的 3％。② 很多人以为教师流动虽然不能左右流入学校的整体状态,但至少可以发挥"鲇鱼效应",可以使学校原有教师产生紧迫感、危机感,从而积极、主动、勤奋工作。③ 但从实践结果来看并没有这样乐观,原因在于原来学校的教师并非是没有组织结构的"沙丁鱼",因此,流入的个别老师也不可能发挥"鲇雨效应"(最近有人对"鲇雨效应"的真实性产生怀疑,这就是另外一个问题了)。④ 此外,按照同样的逻辑,优秀教师将会对流出学校教育质量产生负面影响,那岂不是意味着若干年以后,随着这些优秀教师从流入学校再流出时,又将导致这些学校教育质量再降低呢?

我们建议的政策方案是,在西部地区教育均衡发展中必须实施明确的"削峰战略",具体方案要点在于将所有优质学校的优秀教师(按一定标准)剥离出来,从学校所有转变为区域所有,以县(市、区)为单位组建服务于全区域所有学校的教育教学指导机构,其成员(优秀教师)可以按学期或学年在不同学校任教,但其主要任务不是扮演一个普通老师的角色,而是发挥教育教学指导和示范作用。

通过构建这样一种优质教育资源共享结构(平台),将原属各个学校的优质教育资源从为某一个学校所用的"峰"变为全体学校所有、所用的共同基础,从而有效克服目前"教师流动"和"校长轮岗"的制度性缺陷,同时形成保障所有学校均衡发展的长效机制。

这种思想的进一步发展,也可以在学校之间由目前的"差距合作"向"差异合作"的演进中得到更加丰富的体现。

人们对"区域教育均衡发展"最粗浅和最直观的想法就是把学校办成差不多的,最好是都办成与重点学校一样的。人们以为这样一来,目前困扰政府和家长的"择校"问题也就不复存在了。这其实也是"名校集团化"等各种类型的学校"差距合作"背后的逻辑。但是,假设这真是一个可以实现的状态,难道学校之间的这种无差异状态就是"区域教育均衡发展"政策追求的真实目标或者最终目标吗?如果为了均衡发展而使学校之间的差异消失,满足不同学生差异化需要的教育机会就会大大减少(这与大力提倡和保护生物多样性的道理

---

① 刘希平在 2009 年浙江全省教育局长会议上的讲话。

② 《2008 年浙江省教育事业发展统计公报》(http://www.zjedu.gov.cn/gb/articles/2009-02-26/news20090226103408.html)

③ 金华市教育局副局长戴玲:"坚持教师有序流动促进教育均衡发展",http://www.ep-china.net/content/news/h/20051207090446.htm

④ 详见"鲇鱼效应"的故事是真实的吗? 科技日报 2009-04-04(http://www.gmw.cn/content/2009/04/04/content_905427.htm)

相同),我们也因此就会远离教育公平这个区域教育均衡发展的真实目标。

既要提升薄弱学校的办学水平(教育质量),又要防止学校之间差异的消失,学校之间的"差异合作"就成为区域教育均衡发展这个自然历史进程中必然要发生的最合理也是最可行的选择。

在"差异合作"的视野中,校际合作的逻辑是学校之间的个性化差异,当这种个性化差异转变为合作学校之间可以共享的公共资源时,学校合作的利益基础就建立起来了。与目前主流的"差距合作"制度框架相比,在"差异合作"的制度框架中,我们不但需要在观念上更多地强调原来属于各个学校的教育资源的公共性,而且要通过具体的制度安排和技术手段保障这种公共性,使参与合作的学校成为全部公共教育资源的当然拥有者,同时也是差异化公共教育教育资源的积极提供者。

在"差异合作"的制度框架中,校际合作的空间被充分拓展。学校之间的合作可以在学校这个系统的要素层面进行,如教师和学生的交流与互换;也可以在学校教育活动的活动单元和流程层面展开,如校本课程的共享和课题合作;还可以在学校经营管理层面实现,如校长及其他管理资源的共享;等等。关键是学校不再被事先贴上"优质学校"或"薄弱学校"的标签,而是合作共同体的全体学校成员共同拥有原来分属于各个成员学校的全部公共教育资源。

由于学校教育资源(广义的)的差异化是学校这个教育生态系统的内在属性,因此,一旦在学校之间建立起资源共享的合作关系,原来生活、学习被限制在单个学校中的学生就能够置身于一个更加丰富的教育环境之中,从而获得个性化发展的更多机会。在这个意义上,一切使学生学习环境更加丰富的学校合作都具有促进学生发展的教育学价值,但只有在"差异合作"的制度安排中,学校之间差异化的教育资源才能够最大限度地发挥促进全体学生发展的积极作用。当然,这也意味着原来在"差距合作"模式中的优质学校的学生也能够更加充分地利用多样化的教育资源和发展机会。

第二,建立多层次国家教育券制度,有效保障弱势群体特别是农民工子女的受教育权利,促进西部地区教育均衡发展真实目标的实现(发挥资源统筹政策的资源整合与优化配置功能)。

流动人口子女特别是农民工子女的受教育权利保障是西部教育均衡发展必须正视的一个难题。虽然各地都在努力落实"两为主"(以流入地区政府管理为主,以公办中小学为主)政策,但由于权利和义务不匹配,资源和责任不对称,再加上社会群体之间和学生群体之间的文化观念冲突,导致一方面流动人口子女特别是农民工子女的受教育权利没有得到切实保障,另一方面,流入地政府财力有难以承受之虞的困境。

　　解决这个问题的基本思路是国家建立统一、开放、合理、便捷、灵活、高效的财政分担体系,以保障流动人口子女特别是农民工子女的受教育权利为基础,平衡各个利益主体的利益诉求。

　　体现上述政策目标的政策方案是构建一个由中央财政、省财政和县财政共同出资、分级管理、统一核算的"国家流动人口子女义务教育凭证制度"。

　　在这个政策方案中,由中央财政、省级财政和县级财政以本地流出人口数量和预算内生均教育经费为依据向"国家流动人口子女义务教育凭证基金"出资,同时接受社会捐赠。以 2009 年为例,如果中央出资 100 亿,各省总共出资 300 亿(每省平均出资 10 亿),各县总共出资 100 亿(每县平均出资 300 万),则至少可以形成 500 亿的基金规模,按 1000 万流动人口子女接受义务教育测算,每人可获得 5000 元预算内教育经费,超过当年全国义务教育生均预算内教育事业费小学 3357.92 元和初中 4331.62 元的水平。

　　学生获取和使用"国家义务教育凭证"、学校收取"国家义务教育凭证"并向政府进行财政资金的结算,以及各级政府对"国家义务教育凭证基金"的出资与管理,在现行的学生学籍管理、银行和财政体系内就可以便捷完成。

　　通过这个政策设计,不但可以充分保障流动人口子女特别是农民工子女的受教育权利的财政实现,而且可以合理平衡中央和地方、流入地和流出地政府的财政责任。至于这个政策设计所体现的对教育公平、教育效率和学生与家长教育选择权的促进作用,更是其他政策方案所无法具有的独特价值。

　　第三,建立民办教育与公办教育基于学生权利(转化为学生人数)分享公共教育资源的基本政策框架,从根本上消除对民办教育的各类歧视政策,极大调动民间投资教育的积极性(发挥资源统筹政策的资源动员功能)。

　　民办教育在增加西部教育资源供给、改善西部教育公平、激活西部教育的整体活力和推进西部教育均衡发展方面发挥了重要作用,对于今后西部地区教育均衡发展仍然具有不可替代的特殊价值,受到西部各级政府的高度重视和积极扶持。但是,由于对民办教育的体制性歧视始终没有得到根本解决,民办学校教师不稳定,办学成本持续上升,体制机制优势难以发挥,民办学校的竞争优势正在减少,西部民办教育出现整体走弱的系统性风险并没有排除。

　　继续支持民办教育发展对于促进西部教育均衡发展具有重要意义。目前面临的主要问题是,由《民办教育促进法》规定的民办教育与公办教育同等的法律地位与合法权益,由于不同法律法规之间的不配套和相互冲突而得不到有效保障,地方政府出台的各种扶持政策呈现严重的碎片化状态,比如民办学校法人属性、民办教师社会保障、民办学校办学成本分担和税收优惠以及民办学校学生财政资助等,都存在同样的困扰。显而易见,目前常见的"头疼医头"

式的策略已经难以保障民办教育的可持续发展，必须以统筹规划的政策思路设计系统的制度性问题解决方案。

这种系统的制度性问题解决方案的核心思想是建立民办教育与公办教育基于学生权利（转化为学生人数）分享公共教育资源的基本政策框架。具体而言，就是对民办学校和公办学校都按在校学生占当地学生总数的比例分配教师编制数、财政性教育经费和其他公共教育资源，从根本上消除对民办教育的各类歧视政策，为民办学校和公办学校建立平等的竞争环境，从而极大调动民间投资教育的积极性。

由于相关利益群体在这一制度创新的观念基础上——学生权利平等——最容易取得共识，因此只需要最小的制度变迁成本就能够兼容目前相互冲突的各种制度规范，同时能够在新的制度变迁发生时实现平稳过渡。

西部地区教育资源统筹专题研究报告

专题— "西部两基攻坚计划"政策方案评估①

摘 要:"增加对欠发达地区和农村的教育投入"(即所谓"补丁政策",目前更通俗地称为"填谷政策")是中国大陆20世纪90年代以来从中央到地方实施教育均衡发展战略的主要政策选择,对于提高受援地区的教育发展水平发挥了非常重要的作用。但是,与该项政策实施同时出现的城乡、地区和学校之间差距扩大的现象表明,此类政策在缩小教育发展差距方面并没有取得预期成果,因此,我们有必要对现行政策进行全面反思,在"教育公平"的基础上重新确认我们"教育均衡发展"政策的真实政策目标,转变目前"空间本位"的"分享型教育公平"的政策设计思想,确立"权利本位"的"共享型教育公平"的政策设计思想,在继续完善"补丁政策"的同时,以"自由选择"为核心重建实现教育均衡发展的政策框架。

一、引 言

国务院在2004年启动的《国家西部地区"两基"攻坚计划(2004—2007年)》是国家在促进区域教育均衡发展方面的重大举措。根据"攻坚计划"的预期,经过四年努力,到2007年时将实现以下目标:

(1)西部地区整体上实现"两基"目标,"两基"人口覆盖率达到85%以上,初中毛入学率达到90%以上,扫除600万文盲,青壮年文盲率下降到5%以下;

(2)到2007年,西部各省(自治区、直辖市)及新疆生产建设兵团要分别实现各自的"两基"目标,切实巩固提高现有的"两基"成果,完成攻坚任务,有条

---

① 该政策评估报告原为全国教育科学"十五"规划国家重点课题"转型期中国重大教育政策案例研究"专题报告,这次将其纳入本课题专题报告系列,对于在西部地区教育均衡发展中采用资源统筹政策的合理性提供了新的视角和案例。虽然在该课题研究时并没有形成系统的资源统筹的政策思想,但研究结论却清晰地指向资源统筹的政策设计思路。

件的省(自治区、直辖市)通过国家的"两基"评估验收;

(3)截至 2002 年尚未实现"两基"的 372 个县(市、区)以及新疆生产建设兵团的 38 个团场,到 2007 年,除特别困难的达到国家"普六"验收标准外,其余的要达到国家"两基"验收标准。

为了保证计划目标的实现,中央政府为此投入专项资金 100 亿元人民币,加上地方政府配套资金(含学校自筹资金),按同类项目推算,投入"攻坚计划"的资金总量应该 250 亿元人民币左右。[①]

在国办发〔2004〕020 号文件(《国家西部地区"两基"攻坚计划(2004—2007 年)》)中对西部地区的教育发展背景做了如下的描述:

"西部地区经济社会发展落后,地方财政困难,教育投入严重不足,教育基础薄弱,义务教育远远落后于全国平均水平。到 2002 年,西部地区未实现'两基'的 372 个县(市、区)中有国家扶贫开发工作重点县 215 个,占 58%;农村中小学的办学条件普遍简陋,必备的学生寄宿条件严重不足;现有教师不适应及合格师资短缺的矛盾日益凸显;在少数地区还保留着较为原始的生产和生活方式,教育得不到应有的重视。"

"人民群众贫困面大、贫困程度深,适龄少年儿童就学面临困难,普及义务教育任务艰巨。全国尚未脱贫的 3000 万人中,绝大部分生活在西部,农村人均纯收入约为全国平均水平的 70%左右。一些地区刚刚解决温饱,相当一部分地区尚未完全脱贫,加之西部农村家庭大多都有两个或更多的子女,人民群众难以承担基本的教育支出。据 2002 年统计,西部地区小学适龄儿童入学率、小学五年保留率、小学毕业生升学率等指标,大都低于全国平均水平。即使是已通过'两基'验收的县,其普及程度也是低水平、不稳定的,一些地方初中辍学率高达 10%以上。"

"西部大部分地区为少数民族聚居地,少数民族教育成为'两基'攻坚的难点。截至 2002 年,西部 372 个未实现'两基'的县(市、区)中少数民族聚居县占 83%。西部农村地区一些习俗和宗教观念在一定程度上影响了学生家长送子女上学的积极性;双语教学的环境对教师的数量和质量提出了更高的要求。加快少数民族义务教育的普及已经成为各民族共同发展的紧迫要求。"

"西部地区特殊的地理环境和办学形式使教育成本居高不下,低水平的教育投入难以保证基本的办学条件和教育质量。西部地区地广人稀,有一师一校点约 9 万个,占全国一师一校点的 80%以上;人口分布极不均衡,在一些高

---

① 在"国家贫困地区义务教育工程"、"全国危房改造工程"中,中央政府的专项资金在资金总量中所占的份额一般都在 40%左右。

山、高原、高寒及牧区、半农半牧区和荒漠地区，80％左右的初中生、50％左右的小学生需要寄宿；特殊的办学形式使得学校布局分散、校舍建设成本普遍较高，原本短缺的教育经费难以满足基本的教育需求，适龄少年儿童'进不来、留不住'成为'两基'攻坚的难点。此外，全国127个边境县中，有106个在西部，这些边境地区的学校建设代表着国家的形象。"

"西部地区'两基'攻坚关系到我国全面普及九年义务教育、全面扫除青壮年文盲目标的实现。2000年，在全国范围内实现了'两基'目标；到2002年底，'两基'人口覆盖率达到91％。近年来，经过西部地区各级政府的不懈努力，西部教育发展迅速，成效显著，但教育发展的总体水平仍然偏低，发展很不平衡。西部地区人均受教育年限仅有6.7年，比全国平均水平低1.3年；'两基'人口覆盖率仅77％，低于全国14个百分点；15岁以上文盲、半文盲人口占总人口的比重为9.02％，高于全国2.3个百分点。截至2002年，西部地区仍有372个县（市、区）以及新疆生产建设兵团的38个团场，共410个县级行政单位尚未实现'两基'，涉及345万平方公里国土和8300多万人口。"

文件提出的主要任务是：

(1)新建、改扩建一批以农村初中为主的寄宿制学校，保障"两基"攻坚县扩大义务教育规模的需要，安排好西部地区新增130万初中生和20万小学生的学习和生活条件；加大对西部地区现有学校的改造力度，使确需寄宿的山区、牧区、高原和边远地区学生能进入具备基本办学条件的寄宿制学校学习。

(2)西部各省（自治区、直辖市）要制定本地区的"两基"规划。结合中央已经安排的专项资金，调整省级财政支出结构，增加对"两基"攻坚的投入，基本消除现有中小学危房，保证办学条件基本达到规定标准，保障学校正常运转所需的公用经费，切实降低辍学率，提高教育质量。

(3)建立较完善的义务教育阶段家庭贫困学生资助制度，切实保障农村家庭经济困难的学生接受义务教育的权利。中央和地方通过"两免一补"（免杂费、免书本费、补助寄宿生活费）等方式加大资助力度，到2007年，力争使中西部农村家庭经济困难学生普遍得到资助。

(4)西部地区各级人民政府要切实保障"两基"攻坚县的教职工（包括按国家编制标准新增教师）的工资发放，建立中央财政用于教师工资转移支付的监管机制。做好对西部地区农村教师的培养、培训工作，加大少数民族地区双语教师队伍的建设，到2007年，小学教师和初中教师学历合格率分别达到95％和90％以上。

(5)稳步推进农村中小学现代远程教育，到2007年，使西部地区农村初中基本具备计算机教室,小学基本具备卫星教学收视设备和教学光盘播放设备及成套教学光盘,小学教学点具备教学光盘播放设备和成套教学光盘。

在上述信息的基础上,我们可以测算这个项目的总运行成本和生均年度运行成本如下:

1. 项目总成本

项目总成本由以下三个主要来源构成:中央政府专项资金、地方政府配套资金、学校自筹资金,据前面测算大约为 250 亿元;保证项目顺利运行在各级政府消耗的管理成本,此项成本缺乏相关资料无法估算。

2. 项目学校正常运行成本

项目学校正常运行成本(暂不考虑公用经费)估计 16 亿元。[①] 其中固定资产折旧暂不考虑。

3. 项目年度生均成本

由于项目期间各年度学生人数不同,所以项目生均成本应以项目年度生均成本计算,需首先对项目期间每年的学生数求和,总计为 375 万人年。[②]

用项目总成本(各级政府的项目管理成本暂不考虑)除以项目总人年,可以得到项目年度生均成本约为 7100 元。[③]

这个结果远远超出 2004 年全国预算内小学 1129.11 元和初中 1246.07 元的生均经费水平,甚至超过了 2004 年普通高校 5552.50 元的生均经费水平。[④]

这个结果同样远远高出西部各省区的生均经费水平,因此,寻找新的政策方案的现实可能性既是存在的,也是必要的。

二、实现"西部两基攻坚计划"主要政策目标的新方案

"西部两基攻坚计划"的主要政策目标是解决 130 万新增初中生、20 万新增小学生的入学问题。解决这个问题有两种基本思路,一种思路以扩张现有学校的招生能力为主,适当考虑增加新的学校;另一种思路是以建立新的学校

---

① 根据《国家西部地区"两基"攻坚计划(2004—2007 年)》的目标,2004—2007 年四年间解决 130 万新增初中生、20 万新增小学生的事业发展目标按年度平均为一年 37.5 万新生(不进一步区分中、小学生);生师比按 1∶20 测算;教师年收入按《2003 年国民经济和社会发展统计公报》城市居民人均可支配收入 8472 元计算。

② 150 万学生按 4 年均分:第一年 37.5 万;第二年 75 万;第三年 112.5 万;第四年 150 万。

③ 闻待在这个问题上正确地指出了这 7100 元的生均成本并不仅仅由新增 150 万学生独占,学校中的其他学生也分享了由此带来的办学条件改善的利益。但从项目分析的角度来看,这 7100 元的生均成本仍然是在该方案中实现项目目标所必需的支出。

④ 21 世纪教育发展研究院:《中国教育蓝皮书》,北京:高等教育出版社 2004 年版,第 178 页。

为主,同时扩大现有学校的招生能力。两种思路比较,第一种思路能够充分利用现有教育资源的生产能力,具有明显的资源配置优势,但对于偏远地区来就读的学生而言,会增加他们家庭的经济负担,如果不能解决这个问题,它的可行性值得怀疑。第二种思路表面上的优势正在于此,但新建学校如果建在原来没有学校的偏僻地区,它的可持续性得不到保证;①如果建在目前已有学校的城镇或县城,则困扰第一种思路的问题同样存在,所以总体而言,第一种思路更为可取,但需要有相关政策进行配套设计与实施。

新政策方案的基本思想是"把教育公平放在政策设计的核心地位,在社会主义市场经济体制的宏观背景和中国城市化的历史进程中考虑教育均衡发展,建立教育资源配置的动态优化机制。"政策要点包括:

对上述地区的所有学生(限于同样的 150 万人)发放"国家西部地区义务教育凭证",面额 1000 元,学生持券可以在县域范围内自由选择政府认可的学校;同时对在寄宿制学校就读的住宿学生发放"国家西部地区义务教育生活补助凭证",面额 1500 元。

在上述地区进行《国家西部地区"两基"攻坚计划(2004—2007 年)》项目学校招标,中标学校必须承诺对持券学生提供达到一定标准的食宿条件并不再收取任何费用。②

学生入学后,学校将收取的"教育凭证"到教育局职能部门汇总核对,由教育局统一造表上报上级管理部门。

上级管理部门根据教育局上报的信息对各个学校拨付与他们收取的教育券总额相等的专项经费。

利用教育督导部门和公共渠道对项目学校进行制度化的监督,保证项目的顺利进行,保证持券学生的合法权益。

---

① 人口控制和城市化引起的社会资源在空间上的重新集聚导致大量农村学校人去楼空,或者虽然还有足够的学生,但农村优秀教师的流失对于任何逆城市化的教育资源配置都面临严峻的挑战。

② 这个要求是根据 2003 年人均纯收入及恩格尔系数测算的结果。2003 年农村居民人均纯收入 2622 元人民币,居民家庭恩格尔系数(即居民家庭食品消费支出占家庭消费总支出的比重)为 45.6 (中华人民共和国 2003 年国民经济和社会发展统计公报),由此推算的农村居民人均基本生活支出水平为 1196 元人民币。这个数字大大高于中国大陆当年人均收入 637 元人民币的贫困线水平,原因是受到全国收入水平差距的影响,所以西部地区农村居民人均基本生活支出应该在 637 和 1196 元人民币之间。即便不考虑上述影响,剩余的 300 元也足以支付学校的住宿费用。

表附 1-1　《国家西部地区"两基"攻坚计划(2004—2007 年)》期间教师工资估算表

	2004 年项目教师工资总额(亿元)	2005 年项目教师工资总额(亿元)	2006 年项目教师工资总额(亿元)	2007 年项目教师工资总额(亿元)	项目教师项目期间工资总额(亿元)
2004 年项目学生 37.5 万人;	1.6	1.6	1.6	1.6	6.4
2005 年项目学生 37.5 万人;		1.6	1.6	1.6	4.8
2006 年项目学生 37.5 万人;			1.6	1.6	3.2
2007 年项目学生 37.5 万人;				1.6	1.6
项目教师年度工资总额(亿元)	1.6	3.2	4.8	6.4	16

(资料来源:《2003 年国民经济和社会发展统计公报》)

　　与现行方案比较后不难发现,新的政策方案具有程序合理、操作简便、管理透明等多项显而易见的优点,它的直接运行成本只有目前方案的 35%,因此存在很大的政策空间,在目前的资金范围内给项目学校提供与持券学生人数挂钩的专项拨款用于扩充优质教育资源,比如生均 2500 元。即便如此,第一种方案也要比现行的方案(第二种)节约资金近 80 亿元人民币。新方案还有另外两个特别的好处,一是规范、透明的管理流程基本上制止了腐败的可能性;二是政策导向与城市化进程相一致,有助于动态降低整个社会的运行成本。

　　在如此显著的制度绩效背后一定存在更为深刻的观念基础。

三、教育公平——缩小教育差距的真实目标

　　从 20 世纪 90 年代中期开始,中央和地方各级政府都开展了以"基础教育均衡发展"为目标的政策调整①②③,中央政府大幅增加了对西部基础教育的专项拨款,地方政府也都加大了对辖区内欠发达地区、薄弱学校和弱势群体的扶持力度,希望以此遏止乃至缩小地区之间、城乡之间、学校之间等方面在教育

---

①　"在积极发展中促进基础教育均衡发展"(http://www.edu.cn/20020830/3065928.shtml)
②　"坚持基础教育均衡发展的重要原则"(http://www.edu.cn/20020828/3065625.shtml)
③　《国务院关于进一步加强农村教育工作的决定》国发〔2003〕19 号

发展水平上差距日益扩大的局面。①②③ 实施该项政策的结果是一批薄弱学校的办学条件得到改善,提高了教育质量的基准水平。然而,一些相关研究却表明,在提高了教育供给基础水平的同时,广泛存在于地区之间、城乡之间、学校之间的现实教育差距不但没有缩小,反而有进一步扩大的趋势。④ 事实上,如果我们全面分析影响教育差距的各种因素,这个令人遗憾的结果是可以预期的。我们把影响教育差距的因素分为政府、家庭和市场三种力量,在目前的政策环境中,虽然政府已经做出了缩小教育差距的努力,可以作为缩小差距的力量来看待,但由于政府财力的限制和政府机制的特征,这种力量在缩小差距方面的长期效果是很值得怀疑的。⑤ 在可选择的自愿状态下,家长当然愿意将家庭教育投资投向优质学校而不是相反,这个结论具有一般性,即在市场经济中,消费者通常都是一种扩大差距的力量,尽管政府希望通过目前"强制就近入学"政策的实施削弱这种扩大差距的力量,但这种政策既是不合理的,其合法性也是值得怀疑的。⑥ 与此同时,市场的因素在本质上是一种促使学校之间扩大差距或差异的力量,在产品同质化的市场结构中,市场机制成为扩大差距的力量,而在产品异质化的市场结构中,市场机制则成为扩大差异的力量。因此,从逻辑上分析,除非学校具备充分的办学自主权从而形成一个教育服务的异质化的市场结构,否则,市场的力量一定是指向差距扩大的方向。也就是说,在社会主义市场经济的宏观背景中,教育差距和差异的扩大是教育资源分布状态自然演进的必然结果,而教育差距和差异的缩小反而是教育资源分布状态自然演进的暂时现象。

　　根据这个分析,希望通过政府目前选择的公共政策实现缩小教育差距的

---

　　① 　国家贫困地区义务教育工程《全国教育事业"九五"计划和 2010 发展规划》

　　② 　中小学危房改造工程(教育部、国家计委、财政部《关于实施中小学危房改造工程的意见》2001 年 2 月 17 日 国办发〔2001〕13 号)

　　③ 　2004 年"两会"期间,中央政府宣布在 2004—2007 年间新安排 100 亿资金用于西部地区教育发展,"新建、改扩建一批以农村初中为主的寄宿制学校,保障'两基'攻坚县扩大义务教育规模的需要,安排好西部地区新增 130 万初中生和 20 万小学生的学习和生活条件;加大对西部地区现有学校的改造力度,使确需寄宿的山区、牧区、高原和边远地区学生能进入具备基本办学条件的寄宿制学校学习。"(《国家西部地区"两基"攻坚计划(2004—2007 年)》国办发〔2004〕020 号)

　　④ 　王善迈、袁连生主编,《2001 年中国教育发展报告》,北京:北京师范大学出版社 2002 年版。

　　⑤ 　尽管政府目前加大了对贫困地区的教育投入,但第一期(1995—2000 年)"国家贫困地区义务教育工程"总投资 116.5 亿元人民币仅占同期全国教育经费总支出 16819.2 亿元人民币 0.7%,完全不足以影响全国范围内差距扩大的趋势。与此同时,从中央到地方各级政府热衷于推进的各种名目繁多的"示范学校"、"重点基地"等评比活动,也进一步削弱了政府缩小差距的努力。

　　⑥ 　各地政府推行"强制就近入学"政策的主要理由是《中华人民共和国义务教育法》第九条关于"就近入学"的规定,但它只是对政府是强制性规范,对家庭和学生只是选择性规范。而且,限制学生择校,也不符合《中华人民共和国宪法》关于公民有平等受教育权的规定。

政策目标,只有在两种情况下才有可能:或者是实行更为积极的"教育民营"政策①,进一步发挥市场机制在教育资源配置中的积极作用,使市场的力量由指向差距扩大的方向转变为指向差异扩大(多样性增加)的方向;或者是在一个相当长的历史时期以后,由全社会发展水平全面提高带动的教师素质的普遍提高,使得学校之间物质条件方面的差距显得不再重要。由于观念上的障碍和社会文化心理还缺乏足够的准备,第一种情况还不可能是政府目前自觉的政策选择,而第二种情况又不能满足当前迫切需要尽快缩小教育差距的政策需要,因此,对于实现"教育均衡发展"政策所追求的政策目标,我们需要一种新的政策视角,在突破固有观念束缚的基础上寻求新的实现路径。

"破旧的校舍,危房,拖欠教师工资,公用经费短缺,教学设施不全"等等,这些词汇常常被用来描述西部、农村和薄弱学校困难的教学条件和欠发达的教育发展水平,把由此描述的景象与东部、城市和重点学校的教学条件比较,教育资源在空间上的非均衡分布是显而易见的。听任这种现象的存在对我们追求的社会公平是一个严峻的挑战,更不用说任其发展和加剧,于是,以"国家贫困地区义务教育工程"和"全国中小学危房改造工程"为典型代表的"反差距"政策应时而生,政府希望由此调整教育资源配置格局,达到缩小教育差距的政策目标。这种以缩小教育资源空间分布不均衡为目标的教育发展政策,虽然可以产生直接的、立竿见影的政策效果,但这种政策的长期效果是令人置疑的:第一,引起差距认知的现象发生在学校分布的两极之间,它们分别都只占学校总数的一个较小比例,这个事实决定了各级政府只能用一个很小的增量教育资源于"反差距"政策,它在社会教育资源总量中所占的比例非常小,因此不可能对教育资源分布的整体格局产生重要影响;②第二,以"空间定位"和"扶持最弱"为联合特征的"补丁政策"与中国社会双重转型引起的城市化进程这个更为基本的社会发展的总体趋势是背离的,导致"反差距"政策的孤立化

---

① 一种在学校法人制度建设基础上,政府退出教育活动微观领域,将公办学校及其他教育机构交由公民个人或其他非政府组织经营的政策设计。(吴华、陈文干:"'教育民营'的理念与政策创新设计",《浙江大学学报》,2002年第6期)

② 第一期(1995—2000年)"国家贫困地区义务教育工程"总投资116.5亿元人民币,仅占同期全国教育经费总支出16819.2亿元人民币0.7%,完全不足以影响全国范围内差距扩大的趋势。第二期(2001—2005年)"国家贫困地区义务教育工程"中央专款50亿元人民币,加上地方配套资金,按第一期工程相关比例推算,资金总额应在200亿元人民币以内,而同期全国教育经费总支出按2002年5400亿元人民币推算,投入总额应在25000亿元人民币以上,所占比例也仅为0.8%,仍然可得出"完全不足以影响全国范围内差距扩大的趋势"的结论。更严重的问题还在于,就是同为"危房改造工程"项目,项目投资强度也存在着极大的差距,它意味着即便在最能体现均衡发展政策思想的国家项目上,也内在地包含了加剧非均衡发展的因素。这个结论还可以从省一级的数据中得到进一步的证实。(全国危房改造网(http://www.qgwgb.org.cn/sy/js.htm))

而不能有效整合其他社会资源,因此,即便"补丁政策"的短期政策效果是值得追求的,它也不可能产生长期的"反差距"作用。[①]

"补丁政策"的局限性在于我们对于缩小教育资源空间分布非均衡性的真实政策目标还缺乏足够清醒的认识,对于实现"反差距"政策目标可能的政策路径也缺乏足够开阔的视野。我们应该清醒地认识到,缩小教育差距只是改善教育公平的手段,我们之所以要推行以缩小教育差距为特征的公共政策,是因为在目前的制度安排下,教育资源在空间上的非均衡分布已经损害了受教育者平等的教育权利,因此,改善全社会的教育公平状态才是缩小教育差距的真实政策目标。这里有两个既有联系又相互独立的判断:第一,教育差距对教育公平的损害是制度相关的,这意味着当制度安排发生改变时,教育差距和教育公平之间的关系也会发生相应的变化;第二,在目前的制度安排下,缩小以空间约束为特征的教育差距只是改善教育公平状态的路径之一,我们不能排除还存在其他能够更有效地改善教育公平的政策路径的可能性。

实现教育公平的其他政策路径是存在的,但需要在重新审视我们目前关于教育公平传统理念的基础上才能够合乎逻辑地构造出来。在新的教育公平理念中,教育公平应该被看成是教育资源和受教育者之间结合状态的一种均衡分布,而不单纯是对教育资源空间分布状态的描述,实现教育公平也就是使教育资源与受教育者之间的结合状态从非均衡分布向均衡分布的演进。因此,单纯就教育资源在空间上的分布状态并不能得出关于教育公平与否的结论,而只有在对公共教育资源的实际占有水平上才能做出公平与否的判断。在现实世界中,并非是教育资源在空间分布上极大的非均衡性本身必然导致不同区域之间的教育差距,即教育的不公平状态,[②]只是在受教育者的权利受到空间限制,以至于只能被迫与特定空间的特定教育资源结合时,教育资源在空间上的非均衡性才转化为不平等的教育状态,这种不平等就是我们所说的教育差距,其实质是由特定制度安排产生的对教育公平状态的偏离。

于是,消除目前存在的教育不公平现状就有了两种思路。一种是改变教育资源的空间分布,使在空间意义上的弱势群体获得更多的教育资源,从而达到消除教育不公平现状的政策目标,我们目前的"反差距"政策选择的就是这

[①]　人口向城市集中是城市化进程中人群在空间分布上最显著的变动特征,与此相关联的是公共资源向城市的积聚,由此形成一个由城市到农村、由中心到外围的公共资源丰富程度顺次递减的梯级结构,在这两种因素的共同作用下,远离城市学校的衰败成为必然结果,遍及全国的校网调整其实就是对这一自然进程的积极应对。

[②]　理解这一点并不困难,因为我们绝不会要求在同样大小的空间范围内拥有同样多的教育资源,否则我们会要求在占中国国土面积54％的西部地区拥有全国一半以上的教育资源,这是一个非常可笑的想法。

种政策思路。与这种着眼于教育资源空间分布均衡化的政策思路不同,另一种政策思路的出发点是着眼于强调在空间位置上处于弱势地位的受教育者对全部公共教育资源也应该拥有与其他受教育者相同的权利,不应该使他们的平等权利限制在由空间位置局限的现实利益格局之中,由此形成的政策思路必然是"自由选择"——所有的公共教育资源向全体社会成员开放,也就是通过让受教育者获得按照一定规则与任何公共教育资源结合的可能性来实现教育公平的政策目标。当每一个受教育者都能够在同样丰富的教育机会中自由选择时,实现教育公平的制度性障碍就被消除了。当农村的孩子可以自由选择任何一所城里的学校时,设想他们还会为了"就近入学"而放弃获得更好教育的机会吗? 这除了可以解释为城里人的一厢情愿以外已经很难有其他合理解释。

人们对"自由选择"政策框架有两个方面的担心。一是怕现在的优质学校人满为患,而薄弱学校生源不足,导致公共教育资源的浪费。这种担心忘记了所有公共教育资源都有充分利用的问题,相对来说,我们更应该重视优质教育资源的充分利用,使更多的人享受优质教育服务。我们怎么能够为了让相对较差的公共教育资源在形式上得以充分利用而阻止受教育者接受更好的教育呢? 事实上,各地持续开展的学校布局调整已经在实践上解决了这种担心。①二是怕受教育者的选择权会因为经济条件的制约而并不能从观念状态转变为具有实践意义的行动能力或者有效需求。这种担心也是不必要的。第一,获得了自由选择权的家庭一定会寻找一个能够满足他们的有效需求的学校,而绝不会做出脱离自己支付能力的决策;第二,当实施自由选择政策时,原来对薄弱学校投资的一部分或大部分,现在完全可以转变为对弱势群体的直接资助,这种直接资助可以在很大程度上减缓或消除他们的经济压力。②

两种政策思路比较,前者着眼于教育资源在空间上的均衡分布(严格地说,是着眼于教育资源对现实人口空间分布的均衡配置),对于一个稳定的社会发展状态,当人群的空间分布保持足够的稳定性时,虽然这种政策的合理性仍然值得怀疑③,尚不失为一种达到政策目标的可行选择,但在现阶段中国城市化加速阶段,人口的空间分布日益向着城市和城镇聚集时,这种政策选择显

---

① 1978 年,中国大陆有小学 95 万所,2003 年只有小学 42 万所,撤销学校 53 万所,如果按反对择校者的观点来看,这都是公共教育资源的浪费。好在各地教育行政部门在实践中并不相信这种荒谬的理论,否则,我们至少有一半以上的农村孩子还要为"守卫国有资产"而待在破旧的教室里。

② 国家西部地区"两基"攻坚计划中重点建设寄宿制学校的政策也体现了同样的思想。

③ 择校是一种公民权利,这种权利决不会因为学校的均衡化或标准化而消失。因此,目前希望通过缩小学校之间的差距以限制择校的政策思路缺乏法律依据。

然已经脱离了当前中国社会发展的基本方向;后者着眼于公民平等的教育权利,通过取消对老百姓人为设置的"强制就近入学"限制,使每一个公民重新获得在辖区内拥有全部公共教育资源的权利,从而制度性地消除了因为受教育者与教育资源不能有效结合而造成的教育不公平现象的体制性障碍。①

这种新政策思想的合理性必须通过对教育公平的重新解说才能得到说明。

四、现实世界的教育公平

公平是人类社会的核心价值之一。尽管学术界对于如何认识公平仍没有形成一致的意见,但自 20 世纪 70 年代以来,罗尔斯的《正义论》(1971)、诺齐克的《无政府、国家与乌托邦》(1974)、德沃金的《认真对待权利》(1977)和《至上的美德——平等的理论与实践》(1981)等重要著作的出版和在世界范围内的传播已经极大地深化了人们对公平、正义、平等、自由、权利等社会核心价值的认识。②

罗尔斯在其建立的"正义即公平"理论中提出了著名的正义原则:每个人都拥有享受彼此相容的最大限度自由的平等权利(第一原则);社会经济不平等的安排应当(a)尽可能地有利于从中得益最少的人,(b)权力和地位在机会均等基础上对每个人开放(第二原则)。罗尔斯认为,一个社会的基本结构即规则体系如果符合上述"正义原则",那就是公平的,否则将是不公平的。③

同为哈佛大学教授的诺齐克反对罗尔斯的"分配正义",对罗尔斯在伸张个人权利的同时主张国家具有重新分配财富的正当性持批判态度。认为一个社会的正义应该建立在"权利原则"的基础之上,国家应该为个人正当获取和行使权利提供最基本的保障,他坚持个人自由具有最高的优先性,反对政府对个人之间自由交易的干预,认为国家应当成为"守夜人",仅仅承担诸如监督契约的履行、保护公民免遭暴力侵犯等责任,批判了福利主义政策的道德正当性。在诺齐克的理论中,所谓"正义"并不是某种分配模式或终极状态,而是体现在个人自由参与的交易过程之中。

---

① 说明这种公共政策思想的一个形象的比喻是,在餐馆就餐时,如果餐桌上没有转盘,同时规定每一个就餐者只能吃自己面前的菜,则大多数人都会觉得这是不公平的。但是,只要餐桌上有转盘,则随着转盘的转动,在前一种情形中的不公平问题已经制度性地彻底解决了,由于此时每一个就餐者都拥有了所有的菜肴,菜肴之间的差异不但不是公平的破坏因素,反而成为更好地满足就餐者不同需要的重要前提。因此,同样的道理,只要学校向所有的学生开放,只要学生能够自由择校,则学校之间的差距或差异与教育公平之间已经没有必然联系了。自助餐是说明这一思想的一个更为形象的模型。

② 何怀宏:《公平的正义》,济南:山东人民出版社,2002 年。

③ 罗尔斯著,何怀宏等译,《正义论》,北京:中国社会科学出版社,1988 年。

与罗尔斯强调分配公正和诺齐克强调自由优先不同,德沃金在《至上的美德——平等的理论与实践》一书中强调了一种功利主义的观点:"相信平等关切所要求的政策目标是,要使经济结构分配给每个公民的资源尽可能是平等的份额,其衡量标准是每个人所拥有的资源的价值确定为此人拥有它们给别人造成的成本。"因此,在德沃金的公平理论中,个人权利的实现受到他对社会贡献和可能贡献大小的影响。[1] 但是对德沃金的思想作进一步分析则有下面的推论:当个人对社会的价值不能事先设定时,平等分配公共资源是唯一公平的选择。这就是为什么德沃金的公平思想被称为"权利平等原则"的原因。

以上的争论还在继续,但在上述著作中闪现出的思想光辉已经为人们在公平问题上继续前行奠定了重要的基础,为人们思考和认识社会公平提供了一个个具有普遍意义的分析框架,并且也是我们研究教育公平的重要思想资源。

当我们把目光从哲学和伦理学转向在人类活动的具体领域时,对公平的判断还必须结合现实条件的约束来认识。

教育公平是社会公平的重要领域,教育公平也是现代社会通过非暴力手段化解和消除社会不公平最有效的手段。但是,由于每个人的家庭出身、经济条件、社会地位和文化背景等方面的差异,给所有人在教育上以公平的发展和竞争的机会,即"教育机会均等"成为推进教育公平的共识。[2] 为了实现教育公平,文明社会已经从追求每一个人的入学机会均等,发展到让每一个人获得相同教育的机会均等并进一步发展到使每一个人都能使其天赋得到充分发展的机会均等[3],但以此观察我们周围的现实世界,由于不同地区经济社会发展水平的差距(发展约束)与现行分级管理制度和强制就近入学政策(制度约束)的影响,让每个人在起点、过程和结果方面都获得均等的教育机会仍然是一个遥远的目标。[4]

---

[1] 罗纳德·德沃金著,冯克利译,《至上的美德——平等的理论与实践》,南京:江苏人民出版社,2003年。

[2] 1960年,联合国教科文组织详尽阐述了教育机会均等的概念,它包括"消除歧视"和"消除不均等"两部分。"歧视"系指"基于种族、肤色、性别、语言、宗教、政治或其他观点、民族或社会出身、经济条件或家庭背景之上的任何差别,排斥、限制或给予某些人以优先权,其目的在于取消或减弱教养中的均等对待"。其表现为(1)剥夺某个体或某团体进入各级各类教育的机会;(2)把某个体或某团体限于接受低标准的教育;(3)为了某些人及团体的利益,坚持分流教育制度;(4)使某些人及团体处于与人的尊严不相容的处境。"不均等"是指:在某些地区之间和团体之间存在的、不是故意造成也不是因偏见形成的差别对待。(马和民、高旭平:《教育社会学研究》,上海:上海教育出版社1998年版,第85—87页)

[3] 杨东平:"教育公平的理论和在我国的实践",《东方文化》,2000年第6期。

[4] 由于家庭出身、学习过程和学习能力方面的个别差异,"教育机会均等"还只能停留在最低水平上。

在实现了"人人都有学上"这个最低限度的"教育机会均等"目标以后,更有效地推进教育公平尽管还受到当地经济社会发展水平的制约,但合理的教育政策选择显然能够更有效地增加优质教育资源供给和优化教育资源配置,而它们需要正确的观念引导。因此,建立关于"教育公平"的正确认识已经成为推动"教育公平"向更高水平发展的关键。

为了在现实世界中建立正确、合理的教育公平观念,我们可以从一种理想的教育公平状态出发,然后考虑在各种现实约束下教育公平的可能形态。

设想在一个教育资源无限丰富的社会中,当每个人都可以与他人一样平等地拥有为实现社会和个人正当目的所需的教育资源时,这个社会就实现了理想的教育公平状态。当然,在现实世界中,对教育资源丰富性的判断并不完全取决于对教育资源自然状态的孤立描述,而是与个人和社会需要满足的状态相关。由于社会发展和个人需要的无限多样性和不确定性,现实世界的教育资源在满足个人和社会需要时通常总是处于稀缺状态,或者是总量稀缺,或者是结构性稀缺。需要特别强调的是,进入教育公平视野的教育资源应该限于公共教育资源,也就是说,个人在公共教育资源之外的教育资源拥有状况不影响我们对这个社会教育公平状态的判断,我们把这个结论叫做判断教育公平的公共性准则,它可以看成是罗尔斯的"第一正义原则"、诺齐克的"权利原则"和德沃金的"权利平等原则"在教育公平问题上的实践。

教育公平的公共性准则为我们判断一个社会的教育公平状态提供了边界条件。在社会的教育资源都是由公共资源构成时,这个公共性准则的意义并不明显,但是当一个社会的教育资源除了公共资源以外还有其他非公共教育资源时,公共性准则却是我们所要建立的新的教育公平观念的基石,即教育公平应该被理解为是"个人拥有与其他人同样的对公共教育资源的平等权利",至于个人实际拥有的教育资源水平已经不构成判断一个社会教育公平与否的约束条件。这种新的教育公平观让我们关注公共教育资源的分配,至于个人愿意在此之外进行更多的教育消费,就像不同的消费者有不同的消费偏好一样是与公平无关的私人决策。因此,"个人拥有与其他人同样的对公共教育资源的平等权利"在政策实践上应该被理解为"公办学校向一切人开放,除非按照同样的规则,没有人可以比他人拥有优先权。"如此确立的教育公平诉求虽然与目前的"强制就近入学"政策在形式上是矛盾的,但在法律层面和逻辑上却具有更大的合理性。

在一个公共教育服务区内,当公办学校有两所或两所以上并且学校间存在不可忽视的差距时,实现教育公平有两种政策选择:第一种选择是学校标准化,缩小学校之间的差距或差异以至于可以忽略不计,此时无论是否附加"就近入学"的限制,均可以认为实现了教育公平,目前政府实施的"基础教育均衡发展"政策走的就是这条路线;第二种选择是公共教育服务区内的一切公办学校向服务区内的所有服务对象开放,由学生(家庭)自由选择学校,如果一所学校的入学申请人数超过该所学校招生能力时,则通过一种非歧视性的规则进行入学排序,此时无论学生最终消费的公共教育资源是否不同,可以认为也是实现了教育公平。目前在全国范围开展的"校网调整"就部分体现了这种政策思想。① 比较这两种类型的教育公平,第一种可以称之为"分享型教育公平",政府机制在实现这种教育公平的过程中发挥着主导作用。第二种可以称之为"共享型教育公平",市场机制在实现这种教育公平的过程中发挥着主导作用。

需要进一步讨论的是,一旦我们选择了"分享型教育公平"的政策方向,那么,在实现"消除学校之间差距"这个政策目标之前的历史阶段中,公共教育服务区内的教育不公平现象将会被合理化,这就有可能导致实际上消解了我们消除教育不公平的现实努力。另一方面,一旦我们选择了"共享型教育公平"的政策方向,如果没有其他配套政策对进入不同学校的学生给予补偿,那么,我们通过自由选择建立的"程序正义"就会因为缺乏"实质正义"的支持而最终沦为损害弱势群体权利的帮凶。因此,克服这两种政策可能弊端的正确思路必须在发挥这两种政策各自优势的基础上形成,这就是"以推进'共享型教育公平'的'程序正义'为核心,在继续缩小学校间差距的同时,对进入不同学校的学生提供合理补偿"的综合政策方案。

显而易见,这个政策框架的核心思想是"自由选择",它所强调的是"平等对待"每一个人的教育权利,同时利用"补偿政策"让不同的人在教育权利上的"不平等待遇"受到一个相反方向福利状态变化的平衡,最终达到让每个人总的公共福利水平都有所改善的"帕累托最优"状态。它不但是在教育领域实践罗尔斯、诺齐克和德沃金关于社会公平基本思想的可行政策方案,而且与阿马蒂亚·森充分论证的以扩张个人自由为核心判据的现代社会发展理论是一脉相承的。②

五、对"共享型教育公平"的进一步阐述

"共享型教育公平"的合理性建立在以下基础之上:第一,人人权利平等;第二,人人权利自由。"人人权利平等"的观念在联合国《世界人权宣言》和《中

---

① 在校网调整中,我们可以在想象中增加一个学生自由择校的环节,但政府预设了所有学生都将选择保留学校,而撤并学校无人问津的结果,所以最终是政府顺应民意,做出除保留学校以外,其他学校都撤销的公共决策。

② 阿马蒂亚·森著,任赜、于真译,《以自由看待发展》,北京:中国人民大学出版社,2002年。

华人民共和国宪法》中都有明确的表述,也是当今世界各国普遍遵循的立法原则。按照"人人权利平等"的原则,在公办学校之间存在不可忽视的差距时,除非受教育者自愿,"分享型教育公平"的政策设计在法律上的合理性是值得怀疑的。"人人权利自由"有两层含义,一是指公民在法律范围内有选择权利行使方式的自由[①],二是指每个人自由选择权利实现的途径是权利实现的最好保障。"人人权利自由"的第二层含义虽然很少被人们关注,但只要我们承认人类理性的有限性和个体知识的局限性,由每个人自由行使权利就是使权利得到有效保障的不二法门。[②]

无论在政治哲学还是在伦理学的意义上,"共享型教育公平"优于"分享型教育公平"都是一个显而易见的结论。但在现实世界的政策层面,实施"共享型教育公平"政策的潜在优势必须经过更深入的分析。

1."共享型教育公平"政策更有利于教育公平的实现

在我们建立的新教育公平观念中,强调的是公平对待每个人的教育权利,但并不强求让每个人的教育权利得到平等实现,更没有要求让每个人最终获得同等的教育服务。在这个意义上,"共享型教育公平"政策显然是实现这种教育公平的最为有效的途径。只是以此论证"共享型教育公平"政策的合理性是循环论证,在逻辑上是不能令人接受的,因此需要一种独立的、更具有普遍性的评价标准。

"帕累托准则"就是这样的一个标准。根据"帕累托准则"的基本思想,在一个确定的社会系统中,当一个变化发生时如果有人受益而无人受损,这就是一个"帕累托改进",当任何一个人的受益都需要以他人受损为代价,即"帕累托改进"不可能时,这个社会系统就处于"帕累托最优"状态。[③] 把这一思想运用于评价教育公平状态的变化,一个较大的或较为显著的"帕累托改进"显然对教育公平有更大的贡献。

设想在一个公共教育服务区内有 N 所公办学校和 M 个义务教育阶段的学生,假设这 M 个学生按人数平均分布于这 N 所提供不同质量教育服务的

[①] 《世界人权宣言》第二十九条第二款:人人在行使他的权利和自由时,只受法律所确定的限制,确定此种限制的唯一目的在于保证对旁人的权利和自由给予应有的承认和尊重,并在一个民主的社会中适应道德、公共秩序和普遍福利的正当需要。

[②] 赫伯特·西蒙著,杨砾、徐立译,《现代决策理论的基石——有限理性说》,北京:北京经济学院出版社,1989年。

[③] 显然,一个社会系统的"帕累托最优"状态有无数多个,但这里的"最优"并不意味道德上的优越性,事实上,中国改革开放以来所发生的社会变迁就是一个不断调整"帕累托最优"状态的过程。

学校中就读。① 对于任何一笔由本级政府提供的本期公共教育投资,由于无可辩驳的理由——人人权利平等的律条,除了按学生人数进行的平均分配方案以外,其他方案的公平性都很难经得起道德的考问。

但是,在现实中实际进行的分配方案有以下几种:

方案一,让优质学校获得更多的公共教育投资;

方案二,让薄弱学校获得更多的公共教育投资;

方案三,让每个学校获得同样的公共教育投资;

方案一是过去长期实施的重点学校政策,尽管目前已不提倡,但由于优质学校拥有更多的高职称教师,而人员经费在中小学年度教育事业费中又占有主要的份额,通常都在80%以上②,因此,优质学校还是能比其他学校获得更多的公共教育投资。

方案二是目前提倡的均衡发展政策。在一个总量既定的公共教育投资结构中,从方案一到方案二的变迁并不是一个无人受损的"帕累托改进",虽然这个问题在引进外部资金(上级政府拨款,如"国家贫困地区义务教育工程"等)时可以消解,从而成为一个典型的"帕累托改进",但更为严重的制约仍然在于薄弱学校在教师资源上的弱势以及由此产生的在公共教育投资上还是只能获得较少的份额。

方案三是理论上更公平的公共教育投资分配政策,但在目前的教育事业费支出结构中,实施该政策意味着优质学校公用经费的大幅下降,因而也达不到"帕累托改进"的目的。

如果学生不是按人数平均分布在各个学校中,虽然分析起来更为复杂,但只要公共教育投资的主要份额不是按学生人数分配,同时又不允许学生择校,则上面的结论就不会改变。

以上三种政策方案之所以在促进教育公平方面无所作为,其症结在于学生的权利没有受到足够的尊重,而这正是"共享型教育公平"政策的优势所在。

实施"共享型教育公平"政策必须转变公共教育资源配置模式,即将目前对学校的直接配置转变为对学生的直接配置,只有在实现了这个转变以后,学生对全部公共教育资源拥有的平等权利才能够得到有效的表达和事实上的承认。实现这种转变的政策工具称为"教育凭证",最早为美国经济学家弗里德

---

① 这个学生分布假设只对"分享型教育公平"模型有意义,而在"共享型教育公平"模型中并不需要预先考虑学生在学校之间的分布。

② 根据2002年中国教育经费统计报告,2002年小学人员经费占预算内教育事业费的93%,初中为89%,高中为85%,这个比例可以代表其他年度的一般情形。(教育部、国家统计局、财政部《2002年全国教育经费执行情况统计公告》2003年12月16日)

曼所倡导。^①

凭借"教育凭证"（国内更常用的称呼是"教育券"^②）这个政策工具，在"共享型教育公平"政策方案中，M 个学生持券选择 N 所学校，与前述目前实行的"分享型教育公平"方案相比，对于任何一个学生而言，他（她）或者仍然在原来的学校就读，或者进入更好的学校就读，或者去了一个较差的学校就读，无论最终结果如何，由于每一个变动都有一个反向的变动同时发生，所以这 M 个学生因获得公共教育服务而产生的总福利水平可以认为保持不变，但由该方案对所有人提供的新增选择机会可以看成是一个净福利增量。最重要的是，由于每一所学校都可以通过吸引学生而获得更多的"教育券"，进而获得更多的公共教育投资，因此每一所学校都有积极性改进教学以吸引当期和下期的学生，由此导致这 N 所学校进入一个教学质量持续提高的轨道，每一个学生也都因此获得更好的教育服务。显然，由于实施"共享型教育公平"政策，使这个公共教育服务区产生了全面、持久的"帕累托改进"。如果优质学校被允许扩大招生，由此产生的"帕累托改进"将更为显著，这也代表了教育公平的改善更为显著。

由此我们得到一个重要的结论：在"共享型教育公平"的政策框架中，"教育凭证制度"是一个必要的组成部分。

2. "共享型教育公平"政策更有利于优化教育资源配置

无论是经济学的理论研究结果还是世界各国的经济社会实践都指出了一个同样的结论，那就是长期而言，只有市场机制才是优化资源配置唯一有效的途径，这个结论对于优化教育资源配置具有同样的正确性。

我们在前面就已经指出，"分享型教育公平"政策是一种政府机制发挥主导作用的政策方案，而"共享型教育公平"政策是一种市场机制发挥主导作用的政策方案。因此，在理论上一定是后者比前者具有更高的资源配置效率。

结合现实的教育实践考察两种政策方案在效率方面的优劣不难发现，"分享型教育公平"政策具有"向最薄弱学校倾斜"的基本特征，由于这种倾斜与学

---

① 美国经济学家弗里德曼在 1955 年提出的旨在促进公立学校竞争的公共教育经费配置方案，由政府向学生（家庭）发放等额的只可用于抵冲学杂费的"教育凭证"，学校则凭收到的"教育凭证"去政府换取教育经费。（米尔顿·弗里德曼著，张瑞玉译，《资本主义与自由》，北京：商务印书馆 1986 年）

② 国内的"教育券"计划 2001 年最早在浙江省的长兴县开始实验，2002 年引起国内外媒体和教育行政主管部门关注，2003 年在浙江省杭州市由中国教育学会教育政策与法律专业委员会和浙江大学教育学院共同主办了"全国教育券、教育选择与教育公平高级研讨会"，吸引了众多研究人员参与相关研究。目前国内除了长兴在继续实验之外，还有多个地区和多种类型的"教育券"政策实验。（熊全龙主编，《中国教育券制度的实践与探索》，香港：中国教育出版社，2003；《"全国教育券、教育选择与教育公平高级研讨会"论文集》）

校绩效之间的无关性以及在公共教育投资中所占份额限制,因此既不可能成为促进学校之间良性竞争的激励工具,也不可能对该公共教育服务区的资源配置效率产生重要的影响。

与"分享型教育公平"政策引起的教育资源向外围扩散的方向不同,"共享型教育公平"政策引起的教育资源流动方向正好相反,由于学生持券选择优质学校,既有助于提升每一所学校的教育资源利用效率,而且有利于更多的人享受优质教育服务,从而有利于全面提升该公共教育服务区的教育资源配置效率。

仍以上面所用的情境为例,但进一步假设将 N 所学校分为薄弱学校和非薄弱学校两类,其中薄弱学校有 N_1 所,其余为非薄弱学校有 N_2 所,N_1+N_2 $=N$;M 个学生也被分为在薄弱学校就读的学生 M_1 人和在非薄弱学校就读的学生 M_2 人,$M_1+M_2=M$。实施"分享型教育公平"政策时,虽然对 N_1 所薄弱学校提供额外投资,但由于我们过去长期推行"重点学校"政策,这些薄弱学校一般都在远离县乡镇经济、社会、文化中心的边缘地带,教师素质差和学生人数少是此类学校的共同特征。可以想象得到,"分享型教育公平"政策(就是本报告开篇提到的"补丁政策")在效率上是乏善可陈的。与此同时,由于人为地将具有同等教育权利的受教育者划分为"优质教育服务获得者"和"非优质教育服务获得者"两类人群,也是对教育公平的严重侵犯。那么,在同一情境中实施"共享型教育公平"政策又将如何呢?前面所做的初步分析已经为我们描绘了一幅清晰的图画:由于学生获得持券自由择校的权利,教育资源进一步向优质学校集中,学校的区位优势和规模效益保证了更多的人获得更好的优质教育服务,公共教育资源配置效率大幅提高;与此同时,由于我们对所有受教育者采取了一视同仁的政策,因此,教育公平已经得到了制度性的保障。

美中不足的是,那些最终在薄弱学校读书的学生,他们实际拥有的公共教育资源确实是太少了,对他们进行权利补偿既是我们这个社会的良知,也将最终有益于整个社会的发展,因此,需要建立一种"权利补偿制度"作为"共享型教育公平"综合政策方案中的必要组成部分。

"权利补偿制度"的基本思想包括两个方面:对最终在薄弱学校读书的学生进行的"权利补偿"表现为"福利赠与",用于补偿他们在公共教育福利方面的损失,减免学杂费乃至发放助学金等都是可供选择的政策设计;另一方面,对最终在优质学校读书的学生进行的"权利补偿"则表现为"成本支出",是他们获得超额公共教育福利应该支付的额外成本,它意味着对进入优质学校就读的学生收取更高的学杂费具有道义和法律上的合理性。①

3．"共享型教育公平"政策更有利于增加优质教育资源供给

根据前面所做的分析，在"共享型教育公平"综合政策方案中已经包括了三个必要的组成部分：自由择校制度；教育凭证制度；权利补偿制度。

这些政策的联合实施可以同时实现改善教育公平和优化教育资源配置两大政策目标，但到目前为止，上述讨论还仅限于公办教育系统。如果我们要把基于学生平等教育权利形成的"共享型教育公平"政策的公平理念贯彻到底，那么，在一个多元化的教育系统中把就读非公办学校的学生排斥在"教育凭证制度"之外显然是不合理的。②

一旦非公办学校进入"教育凭证制度"的政策范围，不但整个社会的教育公平状态进一步改善，同时还将极大地改善教育服务市场的投资环境，从而更有利于增加全社会的优质教育资源供给。③

对民办学校进入"教育凭证制度"的意义可以做一个大致的估算。2002年，全国预算内教育拨款约3100亿元人民币，只要其中10％即300亿元人民币采取"教育券"形式发放，按目前民办学校建校投资和运营成本之间10：1的比例推算，意味着可以吸引民间教育投资3000亿元人民币以上，相当于20世纪80年代以来中国大陆民办教育20年形成的学校总资产的3倍！④ 随着民间资本大举进入教育投资领域，全社会的优质教育资源将会迅速增长，并带动家庭教育投资的进一步增加。⑤

因此，在"共享型教育公平"政策的综合政策方案中，必须对民办学校开放

---

① 由于理论界相关研究不够深入，加上媒体不当宣传和政策上的误导，目前形成了一种认为收取择校费是不合理乱收费的社会舆论，但按照我们上面的分析，对进入优质学校就读的学生收取更高的学杂费具有天然的合理性，但这种合理性的全面实现应该建立在对全体学生而不是仅仅只对择校生高收费的基础上，同时还应改造目前的"借读费"分配模式，从中确定一个合理的份额用于直接补助在薄弱学校就读的学生。对于出钱的家庭来说，他们支付的是"占用优质公共教育资源补偿金"，而对于子女在薄弱学校就读的家庭来说，他们得到的是"公民平等教育权利补偿金"。

② 学生在非公办学校就读并不意味他同时放弃由公共教育经费体现的公共教育福利，因此，非公办学校参与"教育凭证制度"既是合理的，也是合法的。这个结论因《中华人民共和国民办教育促进法》的制定和实施而更具有说服力。

③ 这个深刻的思想最早由北京大学中国经济研究中心的周其仁教授提出，他在"全国教育券、教育选择与教育公平高级研讨会（2003，4）"上的演讲中指出："教育券在动员更多投资方面，也有奇效！道理在于，政府的教育经费经教育券形式转由学生家长持有之后，可以用于购买私人办学的服务。有了教育券，数千亿政府教育经费成为民间办学机构有机会进入的市场。这难道不会大大刺激民间的教育投资意愿？从另外一方面看，教育券因为直接发到学生家庭，对增加援助贫困孩子就学的社会教育资助总量，是正的激励。两项合并，教育券动员教育投资的意义不容小视。"

④ 吴华、蒋新峰、童锦波、周宵龙："民办教育的事实与立场"，《教育发展研究》，2003年第12期。

⑤ 今天重新审视这个十年前的判断，民办教育的发展和目前已经在全国各地得到广泛实践的公共财政对民办教育的资助政策的设计都充分验证了当初的分析。

"教育凭证制度",这不但是教育公平的需要,而且也是增加优质教育资源的需要。

4."共享型教育公平"政策更符合现阶段中国社会的发展方向

"共享型教育公平"政策在改善教育公平、提高教育效率、促进教育发展和扩张教育自由方面所具有的巨大的优势是显而易见的。但为什么一直以来我们的教育公平政策都被"分享型教育公平"思想所左右？分析起来主要有以下两个方面的原因：

第一,观念障碍。保护弱者是体现社会公平的一种普世价值,这一点在罗尔斯的《正义论》中得到特别强调。在罗尔斯的第二正义原则中,经济和社会的不平等安排只有在有利于弱者时才是公平的,这就是著名的"差别原则"。但是,现实社会中的人们往往忘记了,对弱者的帮助只有在符合弱者的意志时才是有意义的。在教育问题上,社会是应该对弱势群体给予特别的关照,使他们能够与其他人群一样分享社会进步的公共福利,但这种分享并不是只有让他们困守在出生地上被动地等待这样一种方式,特别是当这种由他人认定的"分享型教育公平"政策要以弱势群体放弃自由为代价时,它的合理性就更值得怀疑了。因此,当我们的决策者以世界主宰者的心理把体现自己意志的"分享型教育公平"一厢情愿地恩赐给弱势群体时,那种以弱势群体的自由意志为本的"共享型教育公平"当然就被排除在决策者的视野之外了。

第二,发展障碍。中国内地自 20 世纪 50 年代末建立城乡二元分割的户籍管理制度以来,公民的自由迁徙权直到本世纪初才开始逐步恢复。[1][2] 在 20 世纪 90 年代中期以前,由于城乡二元分割户籍制度的限制,中国的城市化进程一直相当缓慢。相关统计数据表明,我国 1990 年的城市化水平只有 26%,90 年代末期尽管城市化进程加速,但到 2000 年的城市化水平也只有 36%左右,严重落后于我国同期的工业化进程。与此同时,整个 90 年代由于过分强调了小城镇发展战略,过高估计了乡镇企业"离土不离乡"的社会发展价值,也阻碍了农村人口向城市特别是大中城市的集聚,由此产生的对教育发展的影响是既设置了农村孩子进城求学的制度性障碍,同时也延缓了农村校

---

① 在王海光:"当代中国户籍制度形成与沿革的宏观分析"(《新华文摘》2003 年第 10 期)和张玉林:"迁徙的自由是如何失去的——关于 1950 年代中期的农民流动与户籍制度"(原载王思明主编,《20 世纪中国农业与农村变迁研究》,北京:中国农业出版社,2003 年)的文章中对此进行了详细的分析。

② 2001 年 3 月 30 日,国务院批转了公安部《关于推进小城镇户籍管理制度改革的意见》,明确规定:全国所有的镇和县级市市区,取消"农转非"指标,不再实行计划指标管理。凡在当地有合法固定的住所和稳定的职业或生活来源的外来人口,均可办理城镇常住户口。(《国务院批转公安部关于推进小城镇户籍管理制度改革意见的通知》(国发〔2001〕6 号))尽管这还不是完整意义上的自由迁徙并且也没有涉及外来人口在大中城市的落户问题,但毕竟是超着这个方向迈出的关键一步。

网调整的步伐。因为在那些进城求职、就业的流动人口中,目前由于户籍制度和社会保障制度等方面广泛存在的制度歧视,超过60％以上的农民工并没有预备在城市安家,政府还必须为他们的子女在农村接受义务教育提供必需的教育资源,由此进一步强化了通过"补丁政策"改善教育公平的政策思想。①另一方面,整个90年代政府财力都相当紧张,因此也不可能对农村孩子进城读书提供直接经济资助,大量"民工学校"的存在就是对政府不愿承担或无力承担相关责任的心态写照,而其背后则有政府财力的因素。②③④

正是由于以上两个方面原因的综合作用,导致政府决策部门选择了以"补丁政策"为特征的"分享型教育公平"政策。

在进行了上述分析以后,我们发现原来作为"分享型教育公平"政策基础的社会背景在进入本世纪以后正在发生深刻的变化,户籍制度开始全面松动,⑤流动人口进一步增加,⑥城市化进入加速发展期,以县城为重点的小城镇建设成为发展县域经济的带动力量,中国经济正在从工业化带动向城市化带动转型,预计在2010年城市化水平可以达到45％,2020年城市化水平将达到58％。⑦⑧"十五"期间将是我国农村剩余劳动力向城镇大规模转移的过程,按照已经写入"十五"计划的数字,在此期间将有4000万农村剩余劳动力转向城镇和非农产业就业。从城乡平衡发展的要求看,我们需要在未来5到10年左右的周期内,每年向城镇和非农产业转出1500万到2000万农村剩余劳动力,也就是说,在10年左右的周期内农村剩余劳动力转出的总规模需要达到1.5亿到2亿人才行。这个结论对于我们讨论的教育公平政策的选择具有重要的

---

① 曹新:"当代中国流动人口研究"(http://www.topsin.net/zgyj/zgyj1998/zgyj9803/renkou-1.html)

② 在整个20世纪90年代,国家财政收入占GDP的比重都在16％以下,十年平均为12.71％,大大低于80年代21.19％的平均水平。(http://www.mof.gov.cn/display/IColumnNews.jsp)

③ 取消对外来人口的进城限制以后,城市学校将因此大幅减少借读费收入,并因此加重城市政府财政的压力,这也是教育部门和城市学校系统不愿意实行"共享型教育公平"政策的重要原因。至于实行"分享型教育公平"所需要的资金,一则数额不大,再则也不会直接影响城市学校的收入,另外还可以为政府带来促进教育公平的美名,所以受到各方面的欢迎。

④ 韩嘉玲:"北京市流动儿童义务教育状况的调查",《中国教育蓝皮书(2003)》,北京:高等教育出版社,2004年。

⑤ "关注户籍制度改革"(http://www.people.com.cn/GB/shizheng/252/6093/)

⑥ 国家统计局一项统计表明,2002年我国流动人口已经超过1.2亿人,其中农村流出超过8800万。(http://news.xinhuanet.com/fortune/2002-10/06/content_586319.htm)

⑦ 我国城市化水平落后于工业化水平和人均GNP增长的幅度,根据有关专家统计计算,在城市化水平达到30％左右时,工业劳动人口的比重指数和城市人口比重指数的比例关系是:发达国家为2：3,发展国家为1：3,我国只有1：0.8。如果按照发达国家的比例推算,1990年中国城市化水平应当达到43％。这就说明,中国城市化滞后工业化约15％～17％。(《中华人民共和国国民经济和社会发展第十个五年计划纲要》)

⑧ 《(2002—2003)中国城市发展报告》。2011年,全国大陆城市化水平已达51.3％(详见《中华人民共和国2011年国民经济和社会发展统计公报》)。

意义,它意味着在未来的六年时间内,伴随农村劳动力转移将会有超过 1400 万的农村孩子可能进城读书,同时也意味着将有 4 万所以上的农村学校因招不到学生而被迫关门。①

面对中国社会这个巨大而深刻的城市化进程,继续固守"分享型教育公平"政策的弊端已经暴露无遗:不但是在损害农村孩子平等受教育权的同时给城市化进程设置障碍,而且还将造成教育资源的巨大浪费。

已经毋庸再做分析,"分享型教育公平"政策的这些弊端正是"共享型教育公平"政策可以大展身手之处。

六、对"共享型教育公平"政策的综合设计

以上对"共享型教育公平"政策思想进行的充分论证为我们下面的政策设计提供了一个牢固的方法论基础,结合我们对中国社会发展现实的理解,以下四个方面构成了"共享型教育公平"综合政策方案的主要内容。

1. 自由择校政策

自由择校政策除了前面所分析的具有法律和道德上的理由以外,还具有经济学上的合理性。从经济学的观点来看,限制自由择校相当于市场封锁和缩小市场规模,必然导致产品的同质化,结果不但损害了生产者的利益,而且由于限制了消费者偏好的充分实现,必然导致社会整体福利水平的下降。

目前国家在高等教育中已经实行了有限制的自由择校政策,一类面向全国招生的高等学校可以由学生在全国范围内自由选择(虽然仍受招生计划限制),他们具有最广阔的招生空间,也为全国学生提供了更多的选择机会。但另一类面向省内招生的高等学校,他们只能在一个有限的省域范围内招生。表面上看那是因为办学经费来自地方财政,没有义务也没有能力招收外省学生,其实只要采取对省内外学生的区别资助政策就可以很容易地解决这个问题。这样不但因此可以增加全国的高等教育资源总量,②而且可以优化高等教育资源配置。至于培养成本的分担,在考虑高等学校日常运行的平均成本和边际成本之间的差额以后,再适当提高对外省学生的收费反而会有助于高等学校财政的收支平衡。

---

① 义务教育阶段 7~15 岁儿童在总人口中所占的比例大致在 12% 左右,1400 万为离乡进城学生数的上限,这个估计的下限是 8000 万转移人口的 12% 等于 960 万,对应需要撤并的学校数大约等于 3 万所。

② 全国高等教育的年度招生计划一般是 90% 以上的招生计划放在省内招生,10% 以内在省外招生,如果全部取消高校招生的地域限制,相当于在不增加投资的情况下增加全国高等教育资源 9 倍,同时等于扩大了高等学校招生市场规模的 9 倍,和增加了学生的自由选择权 9 倍。

在高中教育阶段，目前全国已经基本实行了县（区）域范围内的自由择校政策，同时采取"三限政策"（限人数、限分数、限钱数）调节生源在不同学校之间的分布并作为治理"教育乱收费"的重要措施。①②

由此可见，在非义务教育阶段，"自由择校"已经是一个现实。"自由择校"政策目前受到的限制主要在义务教育阶段，但根据我们前面的分析，限制学生在义务教育阶段自由择校既没有充分的法律依据，又不符合教育公平的社会价值，同时还不利于城市化的推进，与国家城市化战略背道而驰，因此，制定符合当地教育发展实际情况的自由择校政策是完全必要的。

为了减小新旧政策转换之间可能产生的摩擦成本，自由择校政策可以通过扩大公办学校公共教育服务区的方式逐步推进，从目前的一个学校一个服务区到多个（两个或两个以上）学校一个服务区，最终实现向所有学校一个服务区的状态过渡，这个过程可以形象地称之为"由小圈到大圈的变迁"。目前已经普遍开展的学校布局调整实际上包含了有相同的内容，那些被撤销的学校以及因此扩大的公共教育服务区在虚拟的复原状态就是在自由择校政策推进过程中"由小圈到大圈的变迁"中的一个中间状态，只是这些学校已经通过强制性的行政手段被消灭了，而在自由择校政策的演进过程中，也必定有一些学校会消亡，但那是因为他们被学生抛弃而形成的自然结果。

学校布局调整的事实表明"由小圈到大圈的变迁"完全可以进行得更加顺利③，我们在推进自由择校政策时可能面临的各种问题基本上在学校布局调整和目前的"三限"政策中都已经有了应对之策。

2. "教育凭证"政策

"教育凭证"政策在国际上已经有非常成熟的做法。④ 国内的"教育凭证"政策实验最早是 2001 年在浙江省长兴县开始的实验，到 2005 年已经进行了

---

① 教育部、国家发展改革委、财政部《关于做好 2003 年学校收费工作有关问题的通知》（教财〔2003〕4 号）

② 教育部就治理中小学乱收费工作答记者问（《中国教育报》2003 年 5 月 22 日）

③ 1978 年全国有小学 94.9 万所，到 2003 年，全国只有小学 42 万所，学校规模因此从校均约 150 人扩大到校均约 300 人。如果把这些已经撤销的学校作为一个学校类别，把目前这些还存在的学校作为另一个学校类别，25 年间所发生的这个变化也就可以看成是与前一个学校类别对应的公共教育服务区融入后一个学校类别对应的公共教育服务区的过程。

④ 王伟："学票——内在机制与系统设计"，《全国"教育券"、教育选择与教育公平高级研讨会资料》（2003，杭州）

4 年并取得良好效果。① 长兴实验的初步成功激发了省内外多个实验项目，"教育凭证"政策正在成为当前中国公共教育财政制度创新的一个重要方向。② 但是，"教育凭证"的"长兴模式"③主要着眼于对经济困难家庭和薄弱学校的扶持，对"教育凭证"在扩大家庭（学生）教育自由方面的作用没有给予特别的关注。④

在我们的政策框架中，"教育凭证"制度是一个必要的组成部分，在县区范围内逐步推广"教育凭证"制度有可能成为引起中国教育管理体制最深刻变革的契机。

在县域范围内分步推广"教育凭证"制度应该逐步推进，从当地生均经费中的一个较小的份额开始逐渐增大，直至全部生均经费都以"教育券"方式发放。

一种更加谨慎的推广方案是对参加"教育凭证"实验的学校设置附加条件，由此进一步缩小实验范围至某一个阶段的学校或某一种类型的学校，如浙江省长兴县的实验就限于民办学校、职业学校和高中，这种逐步推进的策略既是教育行政主管部门获取知识和经验的过程，也是社会各个利益群体相互博弈和协调的过程。

为了明确和落实各级政府的教育财政责任，向学生发放的"教育凭证"应该进行如下的设计：

（1）审核落实各级政府对本县范围内学生拨付的生均教育经费（统计口径可以选择）；

（2）在上一年度经费审计的基础上按"三个增长"的要求确定当年增长比例并据此落实生均经费预算；

（3）根据本年度本级政府的生均教育经费预算确定本级"教育凭证"的面额；

---

① 长兴的"教育券"实验在 2001 年最早由《光明日报》和《中国教育报》报道，2002 年浙江省教育厅在长兴召开专题研讨会，会后有十几个县市陆续开展"教育券"实验，2003 年 4 月由中国教育学会教育政策与法律专业委员会和浙江大学教育学院在杭州主办"全国'教育券'、教育选择与教育公平高级研讨会"。2004 年长兴的"教育券"实验参加教育科学"十五"规划国家重点课题——基础教育阶段现代学校制度研究，计划三年内在高中阶段全面推广"教育券"，成为目前国内进展最快的"教育券"实验。

② 湖北省监利县在 2003 年提出一个更为激进的"教育券"改革方案，预备从 2004 年起，在全县范围内全面推进以"教育券"为核心的教育财政体制改革，但因受到各个方面的压力，目前这一改革还没有正式启动。（"监利教育变法"，《南方周末》，2004 年 1 月 29 日）

③ 吴华："长兴'教育券'与美国'教育券'的比较与思考"，《全国"教育券"、教育选择与教育公平高级研讨会资料》（2003，杭州）。

④ 浙江省从 2003 年开始就已经在全省范围内推广"教育凭证"，但使用对象仍然局限于"困难家庭"（《浙江省教育厅 浙江省财政厅关于对经济困难家庭子女接受中小学教育实行免费入学的通知》浙教计〔2003〕164 号）。

（4）政府（教育行政主管部门）对社会公开发布当年"教育凭证"信息，并做出兑付承诺；

（5）各级政府向辖区范围内的学生发放本级政府的"教育凭证"并申明使用范围和其他限制条件；

（6）学生持券自由择校，并依据不同层级"教育凭证"的不同效力充抵学校收费；

（7）学校将收取的"教育凭证"交付县区教育局专门机构作为政府对该校的拨款依据；

（8）政府财政部门根据教育局提供的信息在预先确定的时间内对学校进行拨款并公布拨款信息。

在推广"教育凭证"制度过程中，有人担心一些学校可能因为质量、特色或其他偶然因素导致学生入学人数下降，从而影响学校教师的收入和学校的正常运行，这种情况在理论上是不可避免的，也正因为如此，"教育凭证"制度才具有促进竞争的作用。但是，为了使教育资源的优化配置尽可能平稳、有序地进行，开展"教育凭证"实验的区域范围不能太小，否则就容易产生教育发展水平较高地区被淘汰的学校比教育发展欠发达地区学校更好的教育资源浪费现象，这当然是我们所不希望出现的结果。

"教育凭证"制度在中国西部地区及其他欠发达地区有着比发达地区更为良好的应用前景和社会发展价值，特别是在县级以上政府的公共教育资金也以"教育凭证"方式向这些地区的家庭（学生）发放时，将会给他们带来更多、更好的教育选择机会。①

3. 权利补偿政策

学校之间的差距不是一个在短时间内可以解决的问题，虽然实施自由择校政策和"教育凭证"制度为每一个人提供了平等的教育机会，特别是为贫困家庭子女进入优质学校提供了更多的选择机会，但相对而言，那些不能进入优质学校的学生更有可能是社会弱势群体，而对于那些最终进入薄弱学校就读的学生来说，他们的权利受到损害已经成为一个事实，因此，对他们进行必要的补偿是我们这个社会关怀弱势群体应该承担的责任。

---

① 生师比太低是制约欠发达地区教育发展水平和造成家庭教育负担过重的重要原因。在生师比为 1∶20 时，一个学生分摊的教育成本相当于一个教师半个月的工资，当这个比例下降到 1∶10 时，生均教育成本就上升为一个教师一个月的工资，当这个比例进一步下降到 1∶5 时，生均教育成本就上升为一个教师 2 个月的工资，而对于"两基攻坚"计划中近 9 万所"一人校"而言，生均教育成本在保持教师工资相当的假设前提下已经是城市或发达地区的 20 倍！因此，当这个成本以"教育凭证"方式发放给他们时，政府的公共支出实际上不但可以支持他们享受免费义务教育，而且还可以提供生活补助。

在"共享型教育公平"的政策框架中，为了方便学生"就近入学"（这也是由《中华人民共和国义务教育法》第九条规定的政府责任，但必须重申，"就近入学"不是学生的义务教育责任，因此不能采取"强制就近入学"的不合理做法。），应该在家庭自愿基础上继续完善"就近入学"政策，并使之成为制定具体的"权利补偿"政策的一个重要依据。

制定与"权利补偿"相关的"就近入学"政策时应该遵循以下两个原则：

第一，合理划分义务教育阶段公办学校的公共教育服务区，保证学生在自愿情况下都能够"就近入学"，并对"就近入学"的学生实行最低收费政策。①

第二，"权利补偿"的对象限于按"就近入学"原则在薄弱学校就读的家庭（学生）。

贯彻以上两条原则能够发挥引导学生"自愿就近入学"，有利于在现行法律框架内同时实现公平和效率两个政策目标。

在以上两条原则的基础上，对县域范围内跨公共教育服务区就读学生实行有最高限价的学校收费自主定价政策，同时对跨县域范围的择校学生实行无最高限价的学校收费自主定价政策。

学校择校收入按以下比例分配：以择校生数对应的教师虚拟编制确定学校应得份额；以薄弱学校教师工资与优质学校教师工资差额为参考同时考虑生均固定资产多寡确定就读薄弱学校学生应得"权利补偿"；学校择校收入扣除以上开支的剩余部分由教育局统筹用于扶持薄弱学校。

"自由择校"政策、"教育凭证"政策和"权利补偿"政策是"共享型教育公平"政策框架的核心内容，虽然它们已经能够有效改善我们社会的教育公平状况，但还限于对存量教育资源和公共教育资源重新配置的讨论，当我们摆脱所有制视角的局限性以后，统一考虑全社会整体教育资源的优化配置问题，才有可能最大限度发挥政策创新带来的制度绩效。

4. 国民待遇政策

"教育凭证"制度对民办学校开放是教育公平的题中应有之意。政府用公共财政投资教育有两个理由，第一，如经济学已经阐明的，教育是一种有着巨大外部性的社会活动，一个人受教育的好处除了有利于自身发展以外，还能有

---

① 2006年新《义务教育法》颁布实施，2007年农村公办学校实施免费义务教育，2008年城市公办学校实施免费义务教育。目前除了义务教育阶段的民办学校没有得到公共财政的全面资助以外，公办学校已经全面实施免费义务教育。尽管如此，我们上面的政策设计仍然具有政策分析的价值，特别是在中国义务教育不均衡状况相当严重而且短期内难以产生显著改善的现实背景下，以"自由择校"、"教育凭证"和"权利补偿"为核心的"共享型教育公平"政策框架，其机制设计的合理性愈发得以彰显。

益于整个社会的良性运行,这个结论也适用于学校,即教育是一种生产性的公益活动,学校是一种生产型公益组织,因此,政府投资教育就是提供公共服务;第二,教育是每个人都要经历的社会成长过程,特别对于义务教育就更是如此,因此,政府投资教育,特别是投资义务教育是给全体社会成员提供的一项公共福利。由于以上两个方面的理由,政府用公共财政发展教育才是合情合理的。但是我们不应该忘记的是,使政府出钱成为合理的这两个理由并不是只适用于公办学校,即便不论及公民权利平等的社会正义,就是基于功利的目的,学生在民办学校受教育给社会带来的外部效应也应该成为政府资助民办学校的合适理由。

政府对在民办学校就读的学生给以同样的"教育凭证",能够有效地激发民间资本投资教育的热情。根据我们前面的估算,以"教育凭证"方式形成的政府公共教育服务采购的市场规模,将引起民间十倍以上的学校固定资产投资规模,从而极大增加全社会的优质教育资源供给。

有人担心对民办学校开放"教育凭证"不符合公共资金的使用原则,特别不能接受对要求取得"合理回报"的民办学校提供"教育凭证"。这种担心和反对都是不合理的。第一,"教育凭证"是学生的"权利凭证",由此代表的学生受教育权利决不会因为他在非公立学校读书就丧失;第二,"教育凭证"相当于政府向学校进行的公共教育服务采购,只要学校提供的教育服务符合政府的标准,有什么必要一定要限于公办学校呢? 如果真的这样做了,把民办学校排斥在"教育凭证"制度之外,那么,根据《中华人民共和国民办教育促进法》对民办教育和公办教育具有平等法律地位的规定,这种对民办教育和民办学校的歧视性政策都是不合法的。

5."公退民进"政策

在全面推广"教育凭证"制度和对民办学校实行"国民待遇"以后,学校的所有制区别对于政府承担的公共教育责任已经不构成重要的约束[①],在这样的背景下,我们需要进一步解放思想,在所有制问题上以一种更加开放的心态统筹全社会的教育资源配置,促进教育事业健康发展,为教育公平的持续改善建立有效的制度保障机制。

---

① 《中华人民共和国义务教育法》第九条要求"地方各级人民政府应当合理设置小学、初级中等学校,使儿童、少年就近入学。"但并没有规定这个小学和初中必须是公办学校。结合《中华人民共和国民办教育促进法实施条例》第四十二条的规定"县级人民政府根据本行政区域实施义务教育的需要,可以与民办学校签订协议,委托其承担部分义务教育任务。县级人民政府委托民办学校承担义务教育任务的,应当根据接受义务教育学生的数量和当地实施义务教育的公办学校的生均教育经费标准,拨付相应的教育经费。"民办学校在义务教育中发挥更加积极的作用应该是完全可能的。

　　教育经费短缺是中国教育发展面临的主要问题，研究表明，1991年以来政府的财政性教育经费占国民生产总值（GNP）的比重一直低于国际平均水平15%以上（见附表1-2），这意味着自上个世纪90年代以来以国际平均水平为参照的话，政府在教育方面至少少投入了6600亿元人民币以上，这是目前中国教育发展存在巨大城乡差距、地区差距和学校差距的重要原因。① 因此，增加教育经费投入将会是今后一个相当长时期内中国教育发展的主要任务。

表附1-2　1991—2001中国财政性教育投资实际水平与国际平均水平比较

年　份	1991	1992	1993	1994	1995	1996	1997	1998	1999	2000	2001
人均GNP（美元当年价）	354	415	509	454	571	660	717	748	776	843	896
教育投资的国际平均水平（%）	3.50	3.55	3.62	3.57	3.65	3.70	3.73	3.74	3.75	3.78	3.79
中国实际投资水平（%）	2.86	3.37	2.51	2.51	2.41	2.46	2.50	2.59	2.79	2.87	3.19
当年财政性教育投资（亿元）	617.83	728.76	867.76	1175	1412	1672	1863	2032	2287	2563	3057
达到国际平均水平需要增加的教育投资	138	38	384	496	727	843	917	902	787	813	575

　　（资料来源：《2002年全国教育经费快报》；岳昌君："教育投资比例的国际比较"，见：《从人口大国迈向人力资源强国》，北京：高等教育出版社，2003年第412—419页。）

　　吸引民间投资是解决全社会教育投资短缺的一个重要途径，根据教育部提供的统计资料，2003年，共有各级各类民办学校（不包括成人高校）7.02万所，在校生总规模达到1416万人；其中民办普通高校173所，在校生81.0万人，比上年增长1.6倍；民办的其他高等教育机构1104所，各类注册学生100.40万人；民办普通高中2679所，在校生141.4万人，比上年增长36.7%，占普通高中在校生的7.2%；民办中等职业教育1382所，在校生79.4万人；民办初中3704所，在校生258.8万人；民办小学5676所，在校生274.9万人；民办幼儿园5.55万所，在校生480.23万人。② 按2002年全国各级各类学校生均教育经费2327元的标准测算，相当于增加教育事业费支出330亿元人民

---

　　① 根据张玉林的估算，按照政府在《中国教育改革与发展纲要》中确定的4%的世纪末目标，1993年以来的十年间，省级以上政府也少投资了6000亿元以上。（张玉林："中国教育批判"，未刊稿）
　　② 教育部发展规划司："2003年中国教育事业发展状况"（http://www.edu.cn/20040428/3104766.shtml）

币①，而这样一个由民办学校带动的年度教育经费支出水平是在民办学校资产总值 1200 亿元人民币基础上实现的，②因此，鼓励民间办学是带动教育消费水平的有效途径。

在鼓励民间投资办学的具体路径选择上，应该积极推动公办学校参与举办民办学校的混合所有制办学模式，使公办学校的品牌资源与民间资本有效结合，降低民间资本的投资风险，积极稳妥地扩大民间资本在教育资源总量中所占的份额。

在非义务教育阶段可以考虑出售公办高中（普通高中，职业高中）的全部产权或者部分股权，按目前高中阶段学校平均总资产 5000 万元人民币计算，2003 年 3.19 万所高中学校拥有总资产 15000 亿元人民币，如果出售学校三分之一产权（不包括学校无形资产），可吸引民间投资 5000 亿元人民币，可以有效降低学校负债水平，对于防止政府债务风险具有重要价值。

吸引民间投资更值得提倡的政策是以公办学校的品牌与民间资本结合，如果今后都以这种方式扩张高中教育资源，则到 2020 年达到高中普及水平时可以至少吸引民间投资 15000 亿元人民币（2003 年不变价），并可带动年度教育消费 4000 亿元人民币。③

在义务教育阶段，由于《中华人民共和国民办教育促进法实施条例》第六条第三款规定"实施义务教育阶段的公办学校不得转为民办学校"，因此也可以采取合作举办股份制学校的方案达到吸引民间投资的目的。

以上建议的"公退民进"政策，无论以哪一种具体方案实施，由于能够吸引更多的民间资本进入教育投资领域，都会有助于政府对弱势群体提供更多的帮助，因而必定会有助于教育公平的改善。

到此为止，我们已经在"自由择校"政策、"教育凭证"政策、"权利补偿"政策、"国民待遇"政策和"公退民进"政策的基础上构建了一个比较完整的"共享型教育公平"政策的基本政策框架，它与我们目前倡导的"分享型教育公平"思想无论在理念上还是在政策体系的构造上都是完全不同的，它的基础在于对"权利本位"、"市场精神"在教育领域的全新解读和对中国教育在今后 20 年城市化进程中必然出现的深刻变化的科学预测，它在《国家西部地区"两基"攻坚计划（2004—2007 年）》上表现出来的惊人潜力还只是这一政策思想的一个简单应用，如果广泛运用于中国农村教育发展，不但会有力地推进教育公平，而

---

①　王烽："2002 年度中国教育经费报告"，见《中国教育蓝皮书（2003 年）》，第 162－185 页。

②　吴华、蒋新峰、童锦波、周宵龙："民办教育的事实与立场"，《教育发展研究》，2003 年第 12 期。

③　中国教育与人力资源问题报告课题组："未来 50 年中国教育与人力资源开发的战略构想"，见《从人口大国迈向人力资源强国》，北京：高等教育出版社 2003 年，第 99－100 页。

且能够有效释放公共教育资金的全部价值。因此,尽管这样的政策思想有可能今天还不能被完全接受,但绝不应该在我们目前政策研究的视线之外。

专题二　寄宿制学校政策分析

在自然性萎缩和社会性萎缩的双重作用下,农村义务教育出现生源渐疏的形势,尤其是在生源分布稀疏的农村地区,生源分布稀疏已经成为制约农村教育发展的瓶颈性问题之一。据统计:从 2001 年到 2006 年,我国小学和初中由 491273 所和 65525 所分别减少到 366213 所和 61885 所。5 年里,小学平均每年减少 25012 所,初中平均每年减少 728 所。[①] 由于生源数量的不断减少,同时为了整合农村教育资源,优化农村教育资源配置,加快西部"两基攻坚计划"的实现以及促进西部教育区域公平和促进义务教育均衡发展,2000 年左右,大规模的农村中小学校布局调整首先在西部拉开了序幕,而农村地区寄宿制学校建设几乎是解决学校布局调整后学生上学问题的不可或缺的一部分,因此,从一开始,寄宿制学校建设就是紧跟着学校布局调整出现的。

2001 年《国务院关于基础教育改革与发展的决定》中将调整农村义务教育学校布局列为一项重要工作,并指出在有需要又有条件的地方,可举办寄宿制学校。2003 年月,全国农村工作会议通过的《国务院关于进一步加强农村教育工作的决定》提出继续推进中小学布局结构调整,努力改善办学条件,重点加强农村初中和边远山区、少数民族地区寄宿制学校建设,改善学校卫生设施和学生食宿条件,提高实验仪器设备和图书装备水平。2004 年为实现西部地区"两基攻坚计划"的教育发展目标,在国务院的领导下,教育部、国家发展和改革委员会、财政部三部委联合颁布了《西部地区农村寄宿制学校建设工程实施方案》,共同组织实施"农村寄宿制学校建设工程"。从 2004 年起,用四年左右的时间中央财政投入资金 100 亿元,帮助西部地区新建一批以农村初中为主的寄宿制学校;同时,在合理布局、科学规划的前提下,对现有条件较差的寄宿制学校和不具备寄宿条件而有必要实行寄宿制的学校加快改扩建的步伐,并重点补助未"普九"地区农村寄宿制学校的建设。这一制度的建立反映了西部教育发展的经验,对"普九"的实施和留守儿童教育都具有相当积极的意义。后来"两基攻坚办"关于寄宿制学校应该聘任生活管理人员的要求,成为对农村寄宿制制度的一种重要补充。在后续的一些研究中,学者呼吁要特

[①]　中华人民共和国国家统计局:《中国统计年鉴:2006》,北京:中国统计出版社,2006 年。

别关注寄宿制学生的课余生活管理。①

据教育部公布的统计数据，2006 年全国中小学共有寄宿学生近 3000 万，西部地区小学、初中的寄宿学生最多。西部地区小学寄宿学生占 10%，中西部地区初中寄宿学生比例都在 40% 以上，农村地区寄宿学生的比例更高，西部农村寄宿学生比例达到 52%。其中，西藏、广西、云南 3 省（自治区）的比例超过 70%。《中国教育事业发展状况报告》显示：从 2004 年至今，全国共新建、改建、扩建农村寄宿制学校 2400 多所，"两基"计划完成后，中、西部 23 省、市、自治区将新建、改扩建寄宿制学校 7727 所，增加寄宿生 204 万人。②

对于留守儿童来说，寄宿制不仅仅是解决诸如入学路程过远的问题，它被寄予了通过儿童的学校师生集体生活补偿其亲情缺失的厚望——因为对于很多学者看来，留守儿童问题的本质其实就是亲情缺失所带来的问题，并没有其他东西。③ 所以虽然寄宿制学校建设在总体上是针对所有在校儿童的，但是"优先"满足留守儿童的寄宿需要。这一点，很多政策中提到了，这也是为什么本案例把寄宿制学校建设看做是与留守儿童问题有关的一个教育政策的原因所在。比如：中新网 2010 年 12 月 1 日电，国务委员刘延东指出，要建立农村留守儿童关爱机制，加强心理辅导和人文关怀，寄宿制学校要优先满足留守儿童就学需要。值得注意的是，刘延东的发言是在全国推进义务教育均衡发展经验交流会上说的，她指出，要加大对困难地区和困难群体的支持力度，不断缩小区域间发展差距，确保实现义务教育均衡发展的目标。这说明寄宿制学校建设是作为实现义务教育均衡发展的总目标的一个功能性工具而存在的。2006 年 5 月，教育部发出《关于教育系统贯彻落实〈国务院关于解决农民工问题的若干意见〉的实施意见》，要求"农村劳动力输出规模大的地方人民政府要把做好农村留守儿童教育工作与农村寄宿制学校建设结合起来，满足包括留守儿童在内的广大农民子女寄宿需求"。在 2010 年经集思广益而刚刚出台的《国家中长期教育改革和发展规划纲要（2010—2020 年）》（以下简称《纲要》）中可以看出，在《纲要》中，重申了"加快农村寄宿制学校建设，优先满足留守儿童的住宿需求。"④

在某种程度上，寄宿制学校确实较好地解决了山区农村办学"网点散、规

---

① 中央教科所课题组："贫困地区农村寄宿制学校学生课余生活管理研究"，《教育研究》，2008 年第 4 期。

② 刘志军："留守儿童的定义检讨与规模估算"，《广西民族大学学报（哲学社会科学版）》，2008 年第 3 期，第 49—55 页。

③ 万明钢，白亮："教育公平、教育资源整合的路径反思——对农村地区寄宿制学校的重新解读"。

④ 国家中长期教育改革和发展规划纲要（2010—2020 年）第四章义务教育（八）条。

模小、效益低、质量差"的现状。在政策制定者看来,这是个"一举数得"的方法,它针对农村,重点针对困难学生群体,整合和优化教育资源、集中教育资源、易于管理教育等,是促进教育公平与义务教育均衡发展的有力的手段,所以三年之中投入 100 亿元,力量不可谓不大,决心不可谓不大。

一、案例的政策分析

寄宿制学校建设政策的出台,留守儿童只是作为其中的一个主要的政策受益者,或者可能并不是首先所考虑到的因素。我们可以通过政治学中的团体理论对此政策作一个简要的分析。

1. 团体理论

根据政治学中的团体理论,公共政策是团体间斗争的产物。作为公共政策制定者的利益团体,它们在选择政策时以本利益团体的利益最大化为价值准则,而不是谋求公共利益的最大化。公共政策实际上是各团体按自身的利益标准相互竞争,最后达到团体平衡的产物。"在团体理论者看来,特定时间内的教育政策是团体斗争所形成的平衡,这种平衡由所有利益集团的相应影响力所决定。可以预料,这种利益集团相对影响力的变化会导致教育政策的变化;教育政策的发展方向会符合那些获得影响力的团体的希望,而与那些失去影响力的团体的希望相左,整个利益集团体系由几种力量组成,并形成一种均衡。"①

厄尔·莱瑟姆这样表述公共政策:"所谓公共政策是指某一特定时间里团体间的争斗所达到的平衡,它体现了那些一直试图获取优势的并相互竞争着的派系或团体之间出现的平衡。每一个法令往往都代表着妥协,因为调节团体间利益冲突的过程,是一个审议和取得同意的过程。任何一个立法机关议决的事项往往代表投票时相互竞争着的团体之间力量的构成,即力量的平衡。"②在他们看来,公共政策的真正制定者实际上不是通常所说的政府,而是他们所说的利益团体。国家本身不能被看做是一个独立的整体,而是一个包含内部派别的组织,这些内部派别影响着国家的行动。③ 虽然有的利益集团获利大些,有的获利小些,但这些都是在大家可接受的范围之内,这样,利益争夺的结果将导致一种大致平衡,教育政策也就可以制定出来了。"团体的影响

---

① 朱永坤:"国外政策分析模型对提升教育政策公平性的意义",《全球教育展望》,2009 年第 9 期。

② Earl Latham:"The Group Basis of Politics", in: *Political Behavior*, ed. Heinz Eulau, Samuel J. Eldersveld, and MorrisJanowitz. New York:Free Press, 1956:239.

③ 迈克尔·豪利特等:《公共政策研究:政策循环与政策子系统》,庞诗等译,北京:生活·读书·新知三联书店,2006 年第 61—62 页。

力由内部成员、拥有的财富、组织力量、领导力量、能否接近决策者以及内部团结程度等因素所决定。"团体模型声称，其能够以团体斗争的形式描述一切有意义的政治活动。这一模型认为决策者要不断回应团体压力，其形式包括讨价还价、协商，以及与有影响的团体的竞争性要求达成妥协。① 然而，教育政策所代表的利益作为一种社会利益，其总和是一定的。这就意味着其中一个团体占有的利益越多，其他团体占有的利益就越少。因此，教育政策所代表的教育利益完全是按照他们在政策形成过程中的地位来进行分配的。作为利益团体进行利益争夺和斗争产物的教育政策，无论是从其最后结果还是从其价值取向看，都不是公共利益，而是团体利益。

在我国有人数众多的弱势群体，如农村人口、农民工、城市底层人员等，由于没有有效的利益表达机制，而使得他们的教育利益需求被忽略，造成大量失学儿童。而强势集团各个部分已经形成了一种比较稳定的结盟关系，具有了相当大的社会能量，对整个社会生活开始产生重要的影响，不但能对教育政策制定和执行过程产生影响，而且对社会公共舆论和话语形成也有较大影响。试想，如果弱势集团也能和强势集团同等地参与教育政策制定，能形成重点学校制吗？能形成农村学校"人民学校人民办、城市学校政府办"吗？②

2.运用团体理论对此政策的分析

首先需要对团体，即利益集团进行解释。西方政治学中的"利益集团"（interest group）也称"压力集团"，指"那些有某种共同目标并试图对公共政策施加影响的个人和有组织的实体"。（Jeffrey M. Berry）通常利益集团包括强势集团和弱势集团。强势集团往往是既得利益集团，说到底，义务教育均衡发展是一场多种利益主体之间尤其是经济利益主体间的漫长博弈。教育政策是不同团体所努力争取的工具，正如戴维·伊斯顿（David Easten）所说："政策是对全社会价值所进行的权威性分配，即通过政策实施，让一部分享用一些资源而排斥另一些人对该资源的享用。"③在我国社会资源十分缺乏的历史时期，这指的正是城市阶层对农村阶层在教育等资源上的排斥。

从城乡二元结构体制的确立开始，城市是最大的既得利益集团，它通过与高层的结盟来限制农村人口的流动，限制农村人口在城市中取得与城市儿童相同的利益。当然国家有总体的利益考量，这一点我们都知道，而且这不在我们的讨论范围之内，在此我们只是要说明寄宿制学校建设政策的出台的背后

---

① 托马斯·戴依：《理解公共政策》，彭勃译，北京：华夏出版社，2004 年第 11—25、18—22、18—19、18—19、22、15 页。

② 朱永坤："国外政策分析模型对提升教育政策公平性的意义"，《全球教育展望》，2009 年第 9 期。

③ 戴维·伊斯顿：《政治体系—政治学状况研究》，北京：商务印书馆，1993 年第 23 页。

原因而已。

其一,这个政策出台的背景是就学生源的急剧减少。据杨东平《2011 中国教育蓝皮书》称,未来十年将是我国人口自然变动对教育冲击最大的时期,学龄人口规模将保持平均每年 860 万人的降幅,平均每年将保持 3.23％的下降速度。自 2011 年起,我国各级教育的学龄人口均呈下降趋势。① 生源的减少其实在此之前就早已出现,东部地区一样面临生源急剧减少的问题,比如浙江省瑞安市山区平阳坑镇学校原来可以分为初中和小学,初中的生源曾经达到 24 个标准班,1200 多人,现在初中只剩下不到 300 人,只好将初中与小学合并办 9 年一贯制学校。高楼学区原来有 7 所初中,由于各所学校生源的急剧减少,教育局打算在 2011 年的暑期将这 7 所学校合并成一所学校,即使合并之后,学生数也只有 1000 多一点。同样的另一个山区学区湖岭镇,所辖的初中学校数更多,但是由于生源的急剧减少,且由于瑞丰公路通车后交通的方便使得这个减少的过程加快了,同样将合并成一所中心镇初中,各小学则继续保留在各乡镇。

同样的道理,西部农村由于人口大量向城市与经济发达地区迁移,而且近年来家庭式迁移的数量大大增加,使原来生源高峰期的各学校基本上变为"空荡荡的校园",对这些学校的保留面临着经费的大量浪费(学校虽小,五脏俱全,教育局在拨款时起码要投入保运转经费),行政管理的困难,教学质量的难以提高(小学校由于硬件设施无法得到改善,现代化教学设施的缺乏,优秀教师的流失,看不到希望等,使得教学质量无法提高)等,必然妨碍两基攻坚计划的真正实现,妨碍义务教育均衡发展乃至区域教育均衡发展。因此必须进行大规模的校网撤并计划,整合教育资源,对教育资源的非合理配置格局进行一次大的重新洗牌。

其二,寄宿制学校建设是校网撤并工作的产物。校网撤并工作箭在弦上,不得不发。但是校网撤并之后,面临的最大问题就是学生上下学的安全问题。2011 年"两会"期间,中央台播出西部每天上下学各走 2 个多小时、翻过 7 座山的留守儿童,期间的艰辛非亲至实不能完全体会。但是最大的问题还不是艰辛,而是安全问题,上下学的漫长旅程十分令人担忧。尤其对于那些由于校网撤并后本地无教学点而不得不行走十几公里去上学的儿童,出了安全问题,那么这个责任应该由谁来承担? 因此,寄宿制学校就几乎是人们在第一时间所能想出的一个选择。

---

① http://www.edu.cn/zong_he_news_465/20110302/t20110302_582674.shtml,新民晚报,2011-03-02。

其三,寄宿制学校政策制定过程中有不同利益团体的团员。在寄宿制学校政策的制定过程中,到底存在着哪些利益团体,他们各自的利益诉求又分别是什么呢? 我们姑且可以把在这个政策制定中(隐约)存在的不同团体分为四种:农村儿童家长,又可以分为留守儿童家长与非留守儿童家长;各级政府,特别是县级教育行政部门与乡镇地方政府;城市居民,居住在城市的享受到了由于城乡二元结构所带来的各种社会福利的城市居民;媒体与学者,他们代表了社会的一种舆情,对于政策的制定可以发挥较大的影响作用。20 世纪 90 年代之后,社会对于农民工及其子女的教育问题日益关注,教育均衡发展成为国家教育政策的中心目标。其中对于西部教育的倾斜被作为一个十分重要的教育政策提了出来,这个目标遇上了西部校网撤并的问题,就成为西部寄宿制学校建设出台的现实依据。

二、政策评估

1.政策绩效监测

(1)客观条件分析

西部是少数民族聚居地,民族问题与贫困问题交织在一起,学校布点多而分散,办学形式特殊。比如云南省 80％以上的少数民族人口居住在山区,在 4000 公里的国境线上,有 13 个民族跨境而居,全省 2 万左右一师一校的小学校点中,80％以上分布在民族地区。甘南藏族自治州牧区冬春定点放牧,夏秋季逐水草而居,不得不实行寄宿制小学和牧读小学相衔接的办学形式等。另外西北少数民族地区幅员辽阔,小学高年级或初中学生往往要翻山越岭到几十里路外的乡中心学校寄宿。[①] 因此对于没有体会过西部的广袤与艰辛的学者来说,一味批判寄宿制学校确实有点"雾里看花"的感觉。从客观实际条件出发,寄宿制学校是一个不错的政策设计。

(2)绩效评价

从 2004 年起,在 4 年左右的时间里,中央财政投入资金 100 亿元(其中国债资金 50 亿元),帮助西部地区新建了一批以农村初中为主的寄宿制学校,同时,对现有条件较差的寄宿制学校和不具备寄宿条件而有必要实行寄宿制的学校加快了改扩建的步伐,使确需寄宿的学生能进入具备基本条件的寄宿制学校学习。据教育部公布的统计数据,2006 年全国中小学共有寄宿学生近 3000 万,西部地区小学、初中的寄宿学生最多。目前此项工程已惠及包括中部地区在内的 23 个省(市、自治区),新建、改扩建寄宿制中小学校 7651 所,覆

---

① 吴德刚主编,《西部教育》,北京:中共中央党校出版社,2001 年第 30 页。

盖 953 个县(旗、建设兵团),使西部地区新增校舍面积 1076 万平方米,极大地改善了农村学校办学条件。①

西北师范大学的万明钢教授评价说,长期以来,西部农村地区教育虽然发展迅速,成效显著,但是教育发展的总体水平偏低,发展也很不平衡,失学辍学率一直居高不下。国家通过实施"农村寄宿制学校建设工程",确实建设了一批好的农村学校,使其教育条件、师资质量都得到大幅度改善,缩小了校际间的差距,提高了农村学校的教育教学质量,最大限度地为每一位农民子女提供了充分受教育的机会,最大限度地满足了农民群众对优质教育资源的需求,最大限度地关心、支持、帮助农民子弟成才,对农村地区基础教育的发展起到了极大的促进作用。②

但是硬件建设的成就只是一个方面,很多学者对寄宿制学校的管理提出了激烈的批评,而且所批评的主角并不是负责具体管理儿童的学校,而是政策制定者。第一个批评是"两免一补"政策中的"一补",即对寄宿生补助伙食费,这是作为寄宿制学校建设的一个配套政策提出来的。对"一补"的批评主要集中在金额不足,不足以补偿寄宿儿童的伙食费,以及补助的对象人数太少,特别是城乡之间的差异——城市学校由于寄宿生多,得到的补助多,而农村学校虽然有寄宿生,却因为寄宿条件不行而寄宿生少,得到的补助少,因此有的学校就出现了贫困寄宿生"按年轮流给"的现象。此外,正如王一涛指出的,国家相继推行的"一费制""两免一补"和"义务教育全免费"等政策都没有从根本上减轻贫困家庭的教育负担,一些最为贫困的农村学生在义务教育阶段仍然可能面临着因贫辍学的问题。③ 中央和省财政都付出了比较大的努力,问题在于这些政策的平均主义倾向。这些政策没有将农村中最为贫困的学生识别出来并对他们实施有效的帮助。那些并不太需要资助的学生享受了资助,而那些最为贫困的学生却没有得到足够的、有效的帮助。

第二是对寄宿制学校的管理问题的批评,这是一个关键问题,也是一个很复杂的问题。

管理问题所涉及的主要有三方面的内容:一是管理经费从何而来;二是管理人员编制如何落实;三是随着前两点解决后的管理质量问题。从经费与编

---

① 教育部国家发展改革委财政部关于国家西部地区两基攻坚计划(2004—2007 年)完成情况的报告(http://202.205.177.97/UserFiles/statichtml/2008-04-25/1209094312000969.html)

② 万明钢、白亮:"教育公平、教育资源整合的路径反思——对农村地区寄宿制学校的重新解读",《教育理论与实践》,2009 年第 25 期。

③ 王一涛:《农村教育与农民的社会流动——基于英县的个案分析》,北京:社会科学文献出版社,2008 年。

制上来说,西部寄宿制有着与东部完全不同的性质,比如西部主要是少数民族集聚区,民族教育成本高、难度大,由于受牧区特殊的生存环境和生产生活方式的制约,许多民族地区在办学形式上以寄宿制为主,寄宿制经常性费用相当于东部农业区学生的 3～4 倍,编制大、人头费用高、资金短缺,致使在校学生流失现象严重,加剧了民族教育的难度。① 杨东平认为,不少农村地区"一窝蜂"兴建的寄宿制学校,缺乏运转经费和教师编制,住宿和伙食条件差,正在产生新的教育问题。

万明钢在肯定了寄宿制建设的成效后,针对寄宿生的人格问题展开了批评,他说,当我们把目光仅仅投注在农村地区基础教育事业的发展上时,却忽视了农村寄宿制学校的大范围推广对于整个农村社会的发展和农村学生健康人格的养成会有什么样的影响。他指出,西部寄宿制学校建设是消除差异,实现整齐划一,一刀切,不利于教育发展。

西北社会经济发展研究中心和中国科学院农业政策研究中心的学者共同组成的"农村教育行动计划"(REAP)项目组,通过对陕北、关中和陕南三个地区 144 所学校为期一年的跟踪调查后发现:因长期营养不良,样本区许多孩子的身体发育滞后。非寄宿学生的身高,比世界卫生组织同龄人的平均身高低5 厘米,而寄宿学生的身高,比世界卫生组织同龄人的平均身高低 9 厘米。由于缺乏完整的家庭教育,寄宿制学生不仅身体发育滞后,并有可能出现心理发展畸形。对 2000 名样本学生的心理测试结果显示:寄宿制学生心理健康程度明显差于非寄宿学生。② 此外还有葛缨等运用《心理健康诊断测验》及个别访谈法调查初中寄宿制农村留守儿童的心理健康状况。结论是初中寄宿制农村留守儿童的心理健康需要关注。③

中央教育科学研究所课题组调研认为:由于贫困地区贫困寄宿学生的生活补贴费用处于低标准的水平,农村教师编制紧张,不能设置专门的生活教师,公用经费没有对寄宿制学校学生的管理做出专门的安排,使得农村寄宿制学校学生课余活动很贫乏,不利于学生的成长。④

当然也有不少肯定的声音,比如杜屏等在考察小学四年级寄宿生与四年级学生总体的学业成绩与学校适应性的差异后,发现小学四年级寄宿生的数

① 郭建如著,《西部民族贫困地区农村义务教育财政、资源配置与效益研究——基于云南、新疆、内蒙古等地贫困县的案例研究》,(滕星主编:"教育人类学研究丛书"第三辑),民主出版社,2010 年。
② 杨东平:《2009 年中国教育发展报告》。
③ 葛缨等:"初中寄宿制农村留守儿童心理健康状况调查研究"。
④ 中央教科所课题组:"贫困地区农村寄宿制学校学生课余生活管理研究——基于广西壮族自治区都安县、河北省丰宁县的调研",《教育研究》,2008 年第 4 期。

学成绩好于四年级学生总体,语文成绩、学校适应性没有显著差异……学校因素、寄宿生家庭状况对学生成绩、学校适应性的影响不容忽视,尤其是学校寄宿条件对此有着显著的积极影响。①

2.政策绩效逻辑分析

从逻辑上说,一个正常运行的生产系统,是有投入必定会有产出,投入越多产出越多。但是,在建设寄宿制学校这个问题上,政府与学校花费了巨资与心思,但是学生却好像并不怎么领情,甚至有很多学生出现寄宿后又返家的现象。从寄宿制学校建设政策绩效的分析来看,这两个逻辑好像都存在问题。在此可以通过所谓制度互补性(又称制度关联)理论,对此问题作一分析。②

制度互补性理论系指任何一项制度在变迁过程中都不是独立的,而是与其他制度紧密相关,在某一领域内,不同制度之间呈现出一种互补状态,具有整体性和协调性,与制度相互配合和相互补充的其他制度称为这项制度的互补性制度。制度互补性意味着制度变迁最终必须实现制度结构的整体变迁,使特定制度及制度结构从不均衡走向均衡。所以,只对具体制度而不对与其互补的其他制度安排和相应的制度环境加以创新,新制度将会因缺乏相应的互补性制度安排而处于失衡状态,其效率将处于低水平状态,或者将难以推行。没有体现制度互补性的制度设计或者导致在理论上看来是符合变迁净收益最大化的选择也不一定是现实中的最优选择,或者即使其他制度安排有反应,但由于存在时间上的"滞后效应",会使得制度变迁的绩效可能呈现边际效应递减的趋势。

第一,投入越多产出越多。为什么国家2004—2007年投入100亿,我们所看到的却仅仅主要是校舍的建成,较少听到人们对于寄宿制学校建成后在培养学生上所取得的成就。按照制度互补性理论来说,这或许源于投入主体之间的关系没有理清。100亿中央政府的投入主要用于校舍建设,而"一补"应该是地方政府的投入。但实际上由于地方政府的贫困,配套的"一补"政策的执行并没有完全跟上或不足。从前文的分析可知,由于这个配套政策没有及时跟上,使得整个制度安排处于失衡状态,并导致人们对于寄宿制学校建设制度本身的批判,这是央地关系没有处理好的一个表现,使得中央的巨额投资没有能够很好地得到人们的认同。

第二,制度互补性理论指出,互补性制度(本文宁愿将其称之为补充性制

---

① 杜屏:"贫困地区农村寄宿制学校学生课余生活管理研究——基于广西壮族自治区都安县、河北省丰宁县的调研,西部五省区农村小学寄宿生的学业成绩与学校适应性研究"。

② 贾建国:"农村寄宿制学校建设分析:制度互补性的视角",《教育发展研究》,2009年7月第17—21页。

度)对于核心制度的声誉有很重要的关系。中央希望通过责任分担的方式来分担制度责任,中央负责大头——100亿,地方应当要负担小头——寄宿制学校管理上的新增经费,包括生活后勤管理人员编制等,而且管理方法上的指导当然更加是地方的职责。但是这里有两个问题,一是100亿元在西部的投入由于成本上涨、运费增加等原因,建成的寄宿制学校实际上经费是不够的;二是要求地方负担的人员经费等由于西部地方政府的财政困难无法完全实现,这使得西部寄宿制学校建设陷入了欲罢不能的困境,从逻辑上讲,这是违背了政策制定者的最初设计的。

3.政策绩效因果分析。

整体而言,对于寄宿制学校建设政策来说,它在硬件方面的建设基本达到了政策设计者的目标,但是在软件管理方面的绩效则并没有达到设计者的目标。这里原因有三个。

一是政策设计者当初设计时所考虑的,主要是建设好寄宿制学校的硬件,为此下拨的巨资是用于建设学校校舍的,而不是用于管理的人头经费与保运转的公用经费。

二是对于需要提供配套政策资源的地方政府来说,由于分税制后地方财政收入的极为萎缩,他们有充足的理由为无法解决寄宿制学校新增运转经费和生活后勤人员的编制问题辩解,或者是真没钱,或者是钱不够。

三是对于这个政策有效性的质疑。即使我们想象配套经费到位了,管理的生活与后勤人员到位了,寄宿生的教育生活就一定会好吗? 留守儿童的亲情缺失能够得到弥补吗? 有学者认为,虽然寄宿制学校成为当前各级政府解决农村留守儿童教育问题的主要政策措施,但是否寄宿并不能解决留守儿童亲情缺失问题。寄宿制学校主要解决的是离学校较远学生上学难的问题,特别是在农村学校布局结构调整的背景下,教学点的撤并使得一些儿童必须在离家比较远的学校接受教育。把寄宿制学校作为解决留守儿童教育问题的主要政策,夸大了学校在解决留守儿童问题中的作用和责任,把由"留守"造成的亲情缺失问题转化为学业成绩和行为习惯的改善,缺乏针对性。[①]

4.政策绩效价值判断

从寄宿制学校建设政策的现实绩效来看,其在价值的实现上存在应然目标与实然目标的显著偏差。从政策设计者的角度来看,寄宿制学校建设的价值应该体现在学校校舍的建成、寄宿生的入住以及寄宿生的管理这三方面目标的实现。从当前的情况来对此政策绩效进行价值判断。其一,寄宿制学校

---

① 袁桂林等:"农村留童教育问题几个基本判断",《上海教育科研》,2010年第1期。

的硬件建设,无疑是政策设计应然价值实现得比较好的部分,这从上述的数据中也得以体现。需要指出的是,寄宿制学校建设实际上从一开始就被赋予了超出其本身功能的意义,那就是从全国范围来讲,它是实现教育投入向西部倾斜,实现全国教育均衡的一步棋;而从西部区域来看,它更是实现教育资源向西部农村倾斜,实现西部城乡教育均衡发展,实现西部区域教育均衡发展的一步关键棋。它被看做是一项重大的民生工程,它背负了教育公平与教育均衡、教育发展的重任,具有十分崇高的应然价值。应该说,这个价值基本上已经得到了实现。曲创等通过地区教育投入分析指出,我国在初等教育、中等教育两个层次的政府公共支出是偏向于经济相对落后的中、西部地区的,而且在这两个地区当中又更有利于西部地区。中、西部地区有关初等教育的 6 个受益比指标均高于 1,西部地区受益比平均值为 1、2,远高于全国平均水平。这其中,西部寄宿制学校建设巨资投入占了很大的贡献比。①

其二,寄宿制学校的管理绩效。对于这点,批评的声音比较多,深入现场的考察也反映出了很多问题。它的实然的现实与它应然的价值目标存在较大差距。

存在的问题主要在以下几个方面:一是交通问题,没有配置校车,所以交通安全的隐患还是比较大的;二是成本结构,寄宿制直接改变了学校的成本结构,增加了成本,成钢的数据分析显示由于寄宿制带来的新增成本占整个学校的总经费 15%,接近四分之一;②三是家庭教育成本增加,比如学生的课外管理,从家庭层面来看,发现家庭层面的教育成本,由于寄宿制主要增加了住宿费、伙食费,增加比例大的是伙食费,因为在农村很多人的食物支出在家里是有自己可以种的农产品,不需要货币购买,但是在学校是一定需要货币购买的。从样本调查的家庭来看,中部地区由于寄宿制增加了 600 多块钱、西部地区增加了 700 多块钱。在"一费制"实行之时,全国的标准大概是在 200 块钱,所以虽然"两免一补"让家庭减了 200 多块钱的支出,但是寄宿制带来了 500 多块的家庭负担;四是学生心理问题不容忽视,一些心理专家的调研发现大部分的寄宿生不愿意把自己的心理秘密告诉家人。

然而需要指出的是,虽然存在很多的问题,但有关寄宿制学校政策的进一步完善及一些补充性制度正在实行与酝酿中。2008 年 7 月 30 日,温家宝主持召开国务院常务会议,会议强调"在全面免除城市义务教育阶段学生学杂费

---

① 曲创、许真臻:"我国公共教育支出受益归宿的地区分布研究",《山东大学学报(哲学社会科学版)》,2009 年第 6 期。

② 腾讯新闻,2008 年 12 月 13 日,北京师范大学英东教育楼 318 室,农村寄宿制学校发展研讨 http://edu.qq.com/edunew/zhibo/ncjslr.htm,http://news.qq.com/a/20091225/000101.htm

的同时,各地要进一步加大农村义务教育支持力度,经费投入继续向农村倾斜,重点加强农村寄宿制学校建设,增加对家庭经济困难寄宿学生的补助,逐步解决好农村义务教育教师待遇和农村留守儿童在校学习生活的问题。"

总而言之,西部寄宿制学校建设作为一项惠及无数学生的重大民生工程,在迈出了重要的一步后正面临着后续政策的跟上,它的实施正在深刻改变着西部区域教育格局,对西部地区的教育均衡发展产生重大影响。

专题三　西部地区实施《国家中长期教育改革和发展规划纲要》义务教育均衡发展改革试点工作进展①

2010 年 7 月,《国家中长期教育改革和发展规划纲要(2010—2020)》发布,明确均衡发展是义务教育的战略性任务。2010 年 10 月,国务院办公厅发布《关于开展国家教育体制改革试点的通知》,义务教育均衡发展成为其中的重点任务,西部有八个省区承担了相应的试点任务。一年多来,西部各级地方政府积极行动,从制定发展规划、优化资源配置到落实相关措施,西部地区教育均衡发展取得新进展。本专题根据教育部公报和《中国教育报》等媒体的相关报道,对西部地区教育均衡发展的实践探索作一汇集,以展现西部地区当前教育均衡发展的新面貌。

陕西省

一、陕西省与教育部签署的义务教育均衡发展备忘录

1. 根据陕西省推进县域义务教育均衡发展规划,全省 107 个县(市、区),到 2012 年底 37 个县(市、区)实现县域义务教育初步均衡发展,到 2015 年底 65 个县(市、区)实现县域义务教育基本均衡发展,到 2020 年底 107 个县(市、区)全部实现县域义务教育基本均衡发展,并通过省级人民政府认定。

2. 采取有效保障措施,确保完成陕西省义务教育均衡发展规划和义务教育学校标准化建设规划确定的目标任务。

3. 加大省级统筹,落实地方配套资金,建立健全义务教育均衡发展经费保障机制,扶持贫困地区、革命老区和薄弱学校,形成推进义务教育均衡发展的体制机制。

---

① 根据教育部网站相关资料整理

4.将县域义务教育均衡发展和义务教育标准化学校建设工作作为考核各设区市、县(市、区)的重要内容。

5."十二五"期间,基本解决大班额问题,突出抓好教师队伍建设,开展校长、教师县域内交流,努力缩小在办学条件、师资水平、教学质量等方面的校际差距,明显缓解择校现象,切实减轻学生过重课业负担和心理压力。统筹社会教育资源,发挥文化传统优势,促进校内校外教育结合。

6.认真做好"推进中小学教师职称制度改革"、"探索减轻学生过重课业负担的有效途径"等国家教育体制改革试点项目的相关工作。

向教育部提交如下文件以作备案:(1)陕西省实现县域义务教育均衡发展规划(含时间表);(2)陕西省义务教育学校办学基本标准;(3)陕西省义务教育学校标准化建设项目规划;(4)陕西省承担的国家教育体制改革有关试点项目实施方案。

二、媒体报道

链接 1

陕西省推进义务教育均衡发展的基本做法

一、多措并举,推进县域义务教育均衡发展

一是大力实施义务教育学校标准化建设工程。首先,调整学校布局,通过整合、重组等多种途径,优化教育资源配置,新城镇、经济开发区、城市住宅小区建设等必须同步规划、建设中小学校。其次,落实中央专项资金5亿元,省级安排专项资金10亿元,市、县分担10亿元,继续推进中小学校舍安全工程,加快校舍抗震加固改造,确保2012年底前校舍全部达到安全标准。第三,启动实施陕西省义务教育薄弱学校改造计划,实施年限为2010年至2015年。2010年,项目总投资9.75亿元,其中中央财政补助资金2.75亿元,省级财政投入专项资金7亿元。2011年,项目总投资20亿元,其中拟申请中央财政补助资金10亿元,省级财政统筹资金10亿元。通过农村寄宿制学校项目、城镇学校扩容改造项目、教学实验仪器设备项目等,使薄弱学校的校舍、教学仪器设备、图书等达到标准。第四,从今年春季起,实行城乡一体的公用经费补助政策,并逐步提高补助标准,到2012年,生均公用经费补助标准达到小学800元、初中1000元。

二是均衡配置义务教育教师资源。首先,把好教师入口关,严格实行中小学教师"省考县选"制度,省政府近日将制定下发实施方案。自2010

年 12 月 17 日《陕西省人民政府关于加强中小学教师队伍建设的意见》印发之日起，除国家免费师范生免考从教外，各地不得再以其他方式和途径自行补充和聘用教师，否则追究县级政府主要领导及相关负责人的责任。其次，认真实施"中小学教师素质提升工程"，以农村教师为重点，扎实推进五年一个周期的教师全员培训。第三，促进县域内中小学校长和教师定期合理流动，完善优质学校和薄弱学校对口支援制度，将到农村和薄弱学校任职任教作为校长和教师职称评定、职务晋升、评选先进的必要条件。落实工资、职称向农村学校倾斜的政策，加大农村艰苦边远地区学校教师周转宿舍建设力度，改善教师的生活和工作条件，引导优秀校长和教师到农村和薄弱学校教书育人。第四，提高教师待遇，不折不扣地落实教师绩效工资政策，确保教师平均工资水平不低于或高于当地公务员平均工资水平，并积极为教师办理医疗、住房等社会保险，消除他们的后顾之忧。

三是切实减轻学生课业负担。首先，建立健全学生课业负担监测、举报、公告、督查和问责制度，对加重学生课业负担的违规行为和相关责任人，发现一起，查处一起，绝不姑息；其次，以治理奥赛班作为规范办学行为的突破口，坚决清理、整顿各级各类社会补习、奥赛辅导机构和教辅市场，管住校长，管好学校，坚决斩断奥赛班的利益链条，切实减轻中小学生过重课业负担，还给孩子们一个健康快乐的童年。

四是切实保障特殊群体学生平等接受义务教育的权利。首先，以省政府办公厅名义，出台进一步做好进城落户农村居民、进城务工就业人员随迁子女等平等接受义务教育的意见。在年底前出台进城务工人员随迁子女义务教育后在当地参加升学考试的办法，确保进城落户农村居民、进城务工就业人员随迁子女等平等接受义务教育。二是出台切实加强农村义务教育阶段留守儿童教育管理工作的意见，建立健全政府主导、社会共同参与的农村留守儿童关爱和服务体系，为农村留守儿童创设优良的教育环境。三是确保经济困难、学习困难、就学困难的适龄儿童少年接受义务教育，加大对家庭经济困难学生的生活补助力度，加强对学习困难学生的关爱和辅导。四是积极创造条件，尽全力保障残障少年儿童和少数民族学生平等接受教育。经过全省上下共同努力，截至目前，全省 41.5 万名农民工子女有 84.37% 在公办学校就读，63 万余名留守儿童的教育管护受到重视。

五是加强信息化建设，实现优质义务教育资源共享。今年要全面完成基础教育专网建设任务，还未接入的学校秋季开学前必须全部接入；加快优质资源建设,不断完善教育资源研究、规划、开发、应用体系,形成共建共享机制;在巩固"校校通"工程的基础上,启动实施"班班通"工程,使边远、贫困地区中小学校能够享受到优质教育资源,促进均衡发展。

六是进一步加强城乡、区域和校际之间对口支援,促进优质学校与薄弱学校之间结对帮扶和交流服务。建立和完善区域内教师和校长定期合理流动机制,实现县域内义务教育学校教师资源的均衡配置,积极探索学区教学管理新模式,做到优秀教师学区内统一排课、走课。继续实施优质普通高中招生计划向辖区内初中分配的办法,今年要落实优质高中30%以上的招生指标分配到区域内薄弱初中的工作要求,有条件的力争实现更高的比例。

七是积极实施中小学生"蛋奶工程",切实保障中小学生健康成长。为确保义务教育阶段中小学营养健康成长,我省按照每生每天2元的标准,采取"财政补助为主、家长适当负担"的办法,从2009年秋季学期开始,积极实施中小学生"蛋奶工程",使义务教育阶段中小学生每天能吃上一个鸡蛋、喝上一杯牛奶。2009年秋季省财政投入0.72亿元、2010年投入1.44亿元,对家庭经济困难中小学生给予补助。据不完全统计,2010年,加上市县配套,省、市县各级财政共落实资金7.2亿元,使237.8万名学生享受了"蛋奶工程",极大地改善了中小学生的营养,保障了青少年的健康成长,受到了社会广泛赞誉。

二、挖潜改造,综合利用中小学闲置校舍

从2006年起,陕西实施了新一轮农村中小学布局调整工作,在推动学校布局合理化的同时,也产生了一定数量的闲置校舍。数据显示,截至2010年秋季开学,全省义务教育阶段107个县(市区)1011个乡镇4682所学校出现了闲置和富余校舍,共计63137间,面积1825941平方米,原值142441万元。针对这些农村中小学布局调整后产生的闲置校舍资源,我们在全面调查摸底的基础上,2011年年初,以省政府名义下发了《陕西省人民政府办公厅关于综合利用中小学闲置校舍的指导意见》(陕政办发〔2011〕16号),并制订了实施方案,采取"教育优先、综合利用"的方针,将闲置校舍优先用于教育事业发展。按照方案,部分闲置校舍将被改扩建为幼儿园以发展农村学前教育。一些闲置校舍可以办成农村文化技术学校,开展农村劳动力转移培训和实用技术推广活动。此外,也可改造为农村社区文化中心、图书馆、敬老院等,发展农村社区公共服务,盘活教育资源存量。同时规定,对闲置校舍的处置,须先申请房屋安全鉴定机构进行安全鉴定后方可进行。对于年久失修、建筑结构简易并经有资质部门鉴定确认为 D 级危房的闲置校舍,将在报有关部门批准后立即拆除,不再利用。全部闲置校舍综合利用工作将力争于 2012 年底前结束。

三、专项督查,规范义务教育办学行为

2009 年,陕西省人民政府办公厅下发了《关于规范中小学办学行为推进素质教育的意见》(陕政办发〔2009〕126 号),10 月 28 日,省教育厅全省规范中小学办学行为推进素质教育电视电话会议,对进一步规范义务教育办学行为工作提出了明确要求,作了详细安排部署。去年以来,我们就贯彻落实省政府文件及电视电话会议精神,进一步规范义务教育办学行为重点抓了五项工作。一是组织相关处室和单位,采用明察暗访的形式,对全省 10 个市三分之一的县(区)、杨凌示范区及省教育厅直属学校规范办学行为进行了"一对一"专项督查。二是召开了全省示范高中校长会议,举办新闻通气会,通报全省规范办学行为有关情况,开展了对非法"奥数班"的专项治理工作。三是印发了《陕西省教育厅关于规范办学行为,推进素质教育政策措施落实情况专项督查通报》(陕教基一〔2010〕10号),向全省通报了专项督查的结果。四是下发了《关于开展全省中小学办学行为自查活动的通知》,要求从每年的 6 月到 9 月中旬,从 5 个方面对中小学规范办学行为进行自查。五是与省新闻出版局、省版权局、省"扫黄打非"工作领导小组联合下发了《关于对全省奥数盗版等非法教材教辅进行专项清理整顿的通知》(陕教基一〔2010〕12 号),集中对全省奥数盗版等非法教材教辅进行专项清理整顿。五是颁布实施了《全省义务教育阶段学生学籍管理办法(试行)》(陕教基一〔2011〕13 号)。六是连续3 年组织开展了全省规范义务教育办学行为和减轻义务教育阶段中小学生过重课业负担的专项督查行动,在全省 11 个市(区)集中开展了全省"减轻义务教育阶段学生过重课业负担"专项督查活动,对全省义务教育学校寒假、暑假工作做出了切实安排。

四、狠抓落实,进一步治理择校乱收费

我省认真贯彻落实中央有关治理教育乱收费的要求,监察、纠风、教育、物价、审计、财政、新闻出版等部门分工协作、齐抓共管,突出重点、加强督查、标本兼治、综合治理,努力解决群众反映强烈的突出问题,为教育改革发展创造风清气正的良好氛围。省委、省政府和省纪委高度重视治理教育乱收费工作,主要领导多次作出重要指示,及时转批、督办有关群众来信和媒体反映。厅(局)际联席会议各成员单位在年度工作会议上都对治理教育乱收费工作作了安排部署;各市、县(区)均将规范教育收费纳入目标责任考核体系,从市县教育行政部门负责人到中心学校以上校长

以及学校内部,层层签订了《治理乱收费目标管理责任书》,做到了任务明确、责任到人。我们还深入开展"规范教育收费示范县"创建活动,对13个依法治教、规范收费、勤俭办学、行风良好的先进县(区)进行了通报表彰。2010年以来,我省成立县级以上教育收费检查组1004个,检查义务教育学校11226所/次、高中612所/次。根据群众举报检查400多次,根据政风行风热线投诉检查103次。全年共查处违规收费金额207万余元,清退违规收费金额204万余元,办理案件138件,对34人/次进行了通报批评,对24人进行了撤职以下处理,对5人进行了撤职以上处理。

今年,我省在治理中小学教育乱收费方面,重点抓两项工作:一是完善教育收费监管长效机制。加强信息制度建设,建立立体快捷的教育收费信息系统;坚持教育收费公示制度,接受社会各界的监督;推行教育收费审计制度,严格执行"收支两条线"的规定;探索建立中督学责任区制度和小学教师廉洁档案制度,把廉政责任落实到校、到人;在教育系统推行党风廉政建设责任制贯彻落实情况点评制度、治理教育乱收费工作责任点评制度和教育收费年终考评制度。二是加强监督检查和教育引导。充分发挥厅(局)际联席会议的作用,坚持一年一度的"学校自查自纠—市县拉网检查—省级抽查"的工作模式,认真受理群众反映的教育乱收费问题,重点检查城市优质学校,对查实的问题严肃处理。坚持惩防并举,加强警示教育,引导广大教育工作者潜心教书、精心育人,形成良好的教风、学风和校风,建设良好的校园文化。

(http://www.moe.edu.cn/publicfiles/business/htmlfiles/moe/s5203/201108/123254.html)

链接2

调整布局　加大投入
——实施寄宿制精细化管理推进义务教育均衡发展

一、以"一乡一校"布局调整为突破口,实现教育布局均衡

2008年,太白县委、县政府实施"一乡一校"的布局调整工程,按"规模调大、布局调优、功能调全、环境调美"的思路,一举将原有67所中小学调整为13所,撤并所有村办小学和教学点,每乡镇办一所高标准、高水平的中心小学,全县中小学布局一次性调整到位,乡镇学校按统一标准全部建成寄宿制,在县域内实现教育资源的基本均衡。

二、加大投入,建设高标准的寄宿制学校,实现办学条件基本均衡

我们将布局调整和灾后重建有机对接,努力争取各方资金,规划建设教育项目58个，总投资一亿多元，统一建设标准，先后重建了学校教学楼、实验楼、综合楼等基础设施7万多平方米，投资新建全县各学校食堂餐厅、浴室、开水房、锅炉房、水厕、晾衣房等生活服务用房和辅助用房，消除了所有危房和平房。为全县所有学校安装暖气，铺设塑胶操场，整体重建了县职教中心和标准化的县体育场馆。另外，对全县中小学校园文化作了全面规划和建设，所有校园布局合理规范，育人环境优雅宜人，文化氛围浓厚，育人功能齐全，学校成为当地最漂亮的建筑，城乡办学条件基本均衡，甚至一些乡镇的办学条件要好于县城。

三、强化寄宿制精细化管理，实现学生受教育机会的基本均衡

一是建立健全《寄宿制学校食宿管理暂行办法》《生活指导教师工作规程》和《生活指导教师管理办法》等配套规章制度，用精细的制度推动寄宿制健康发展；二是优化师资服务结构，激活用人机制，补充薄弱学科教师、设置生活教师岗位，配备专职校医和炊事员，推进了县域内教师队伍的基本均衡，强化生活教师的工作职责和"四心"（耐心、爱心、细心和精心）服务意识，学校建立健全卫生保健室、亲情关爱室等，落实教师亲情关爱职责，做到了各尽其能，人尽其才。培养学生从小养成良好的生活习惯学习习惯和卫生习惯；三是突出寄宿制精细化管理特色。严格按照《学校食堂管理办法》《食堂管理制度》和《中小学食堂食品安全管理办法》的要求，坚持公益性原则，由学校统一管理，实行保本经营。严把食品蔬菜的采购、运输、存贮、加工、出售的各个环节，实行日清算周小结月公示，最大限度降低伙食成本，为广大师生提供安全可口的饮食。在学生宿舍管理上，落实生活教师值班和陪寝制度，建立寄宿生24小时跟踪服务制度，做到标准明确、程序规范、责任细化、考核严格，学生吃饭有人引导，睡觉有人关爱，洗漱有人照顾，心理障碍有人疏导，寄宿制特色鲜明，效果明显，真正做到学生住得舒心、安心，让家长放心。充分利用寄宿制学校学生课余时间充足、教育设施完备、教师人才相对集中、安全有保证的优势，大力开展以素质教育为核心的校园艺体活动和寄宿学生内务管理竞赛等校园文化活动，着力培养学生会学习、会劳动、会生活、会做人、能自立、讲文明的优秀品质，为全省树立了标杆。

四、实施教育普惠政策，推动教育均衡发展

在全面落实国家农村义务教育经费保障机制改革政策基础上，县政府实施系列化的教育惠民工程。一是每年安排教学质量奖励、远程教育设施设备运行维护和教学科研专项资金200万元，鼓励教师进修培训；二是为寄宿制学校财政供养炊事人员，实行学校食堂服务性管理；三是实现

了"蛋奶工程""营养餐"的全覆盖,为提高学生健康水平提供了物质保证;四是落实了寄宿生交通费补助(对距离学校 5 公里以外的寄宿生每月报销 4 次交通费)和学校供暖资金,解决寄宿学生后顾之忧;五是为弱校落实了每年 2 万元的补助经费,给在边远乡镇从教的教师发放补助津贴,促进弱校突破发展;六是投入 130 万元为各学校(幼儿园)招聘专职保安,配置视频监控系统和防护器械,在校园周边设置减速带和交通安全标志,人防、物防、技防措施全部到位;七是大力开展贫困学生资助工作,有效减轻了困难家庭经济负担,这一系列教育惠民政策的实施,确保了每个学生不因家庭经济贫困而失学彻底减轻了家长负担,真正实现了教育免费,推进了教育公平。

(来源:http://www.jyb.cn/basc/xw/201108/t20110815_448374.html)

链接3

深化留守儿童教育管护工作　全面推进义务教育均衡发展

石泉县位于陕南中部,全县辖 15 个乡镇,18.2 万人,现有中小学 62 所,在校学生 26764 人。我县是一个劳务输出大县,2007 年全县留守儿童 1.18 万人,占义务教育阶段 2.46 万学生总数的 48.4%。自 2007 年开始,我县以留守儿童教育管护工作为切入点,全面推进义务教育均衡发展并取得了显著成效,顺利实现了"双高普九"和创建教育强县两大跨越。

自 2007 年起,我县将解决留守儿童问题提上党委、政府重要议事日程,探索建立了"党政统筹、部门联动、学校为主、家庭尽责、社会参与、儿童为本"的"六位一体"留守儿童教育管护长效工作机制,努力让留守儿童"学业有教、安全有保、亲情有护、生活有帮、困难有助",逐步形成了农村留守儿童教育管护工作的"石泉模式"并享誉全国。一是建设三大中心,构筑关爱平台。即两年投资 3100 万元在全县农村初中和乡镇中心小学建成了 26 所留守儿童教育成长中心,有效解决留守儿童在校课外活动、生活服务与管理;依托社区建设了一批留守儿童校外活动中心和留守儿童托管中心,妥善解决留守儿童校外活动管理和不同需求层次留守儿童的教育管护问题。二是培育四支队伍,构建管护网络。即在学校内部构建了校长负责、班主任和辅导教师主抓、科任教师密切配合的 70 名学校教育管护工作队伍;建立了 2477 名代理家长队伍,弥补留守儿童的亲情缺失和生活抚育、教育管护方面的缺位;建立了 300 名留守儿童工作志愿服务队伍,为留守儿童提供健康保健、心理辅导、心理抚慰、经济扶助等方面的志愿服务;建立了留守儿童教育管护专家队伍,为留守儿童工作提供智力支撑。三是坚持儿童为本，促进全面发展。相继建立健全了经济救助、卫生保健等系列留守儿童资助机制，广泛开展系列主题关爱和教育活动，促进全体留守儿童协调发展。

在深化留守儿童工作的同时，我们从创新机制入手，全面推进义务教育均衡发展。一是均衡发展规划。依据《石泉县城乡一体化建设规划》，制定了《石泉县城乡一体化教育均衡发展规划》，按照"一轴、两心、三区"经济社会发展、人口空间布局和生源流向特点，确立了"三区两心设初中，乡乡办强中心校，集中财力促双普"的学校布局和发展思路，三年累计撤并学校106所。二是均衡学校建设。在城乡学校建设上，统一规划、统一实施，在教学设备配备上，统一配备、统一管理。三年来，多渠道筹措资金近2亿元，完成了全县义务教育阶段中小学标准化建设，使城乡学校办学条件基本均衡。三是均衡师资配置。近年来先后招聘教师149人，充实全县中小学教师队伍，招募了30名师范院校毕业生担任留守儿童辅导老师；建立完善城乡中小学教师及校长交流长效机制，三年累计对30名正副校长和150余名教师进行了轮岗交流试点，有力促进了校际之间师资均衡和教师业务水平提升。

（来源：http://www.jyb.cn/basc/xw/201108/t20110815_448375.html）

贵州省

一、贵州省与教育部签署的义务教育均衡发展备忘录

1. 根据贵州省推进县域义务教育均衡发展规划，全省88个县（市、区），到2012年底11个县（市、区）实现县域义务教育初步均衡发展，这些县（市、区）到2015年底实现县域义务教育基本均衡发展；到2017年底累计88个县（市、区）实现县域义务教育初步均衡发展；到2020年底累计88个县（市、区）实现县域义务教育基本均衡发展，并通过省级人民政府认定。

2. 成立省级人民政府义务教育均衡发展领导小组，采取有效保障措施，确保完成贵州省义务教育均衡发展规划和义务教育学校标准化建设规划确定的目标任务。

3. 加大省级统筹，足额落实地方配套资金，建立健全义务教育均衡发展经费保障机制，安排省级专项经费扶持贫困地区和薄弱学校，形成推进义务教育均衡发展的体制机制。

4. 将县域义务教育均衡发展和义务教育标准化学校建设情况作为考核各市（州、地）、县（市、区）人民政府（行署）及其主要负责人工作的重要内容。

5."十二五"期间,启动专项工程,大力开展寄宿制学校食堂和宿舍建设,改善学生营养状况。办好必要的村小及教学点。

6.大力支持并做好"毕节地区探索经济欠发达地区义务教育均衡发展模式"等国家教育体制改革试点项目的相关工作。

向教育部提交如下文件以作备案:(1)贵州省推进义务教育均衡发展规划(含时间表);(2)贵州省义务教育阶段学校办学标准;(3)贵州省义务教育学校标准化建设项目规划表;(4)毕节地区国家教育体制改革试点项目实施方案。

二、媒体报道

链接 1

缩小差距提高质量强化保障　促进教育公平和社会和谐
(贵州省教育厅)

义务教育是教育事业的基础和重中之重。在国家的大力支持下,经过全省各级党委、政府和各族人民的艰苦努力,我省义务教育取得了历史性成就。2009年,我省通过国家"两基"督导检查,实现了基本普及九年义务教育的目标,基本解决了适龄儿童少年"有学上"的问题。

但是,受经济发展水平以及城乡二元结构等因素的影响,我省义务教育在城乡之间、区域之间、学校之间还不同程度地存在差距,影响和制约了义务教育均衡和公平。主要表现在:财政保障水平不高、标准化学校和农村寄宿制学校建设进展缓慢、城镇教育资源供给不足、农村教育水平和教学质量不高。特别在我省广大农村地区,虽然基本实现了普及九年义务教育的目标,但义务教育阶段学校布局,教学及生活用房建设,学生就餐、住宿,校医、安保、管理人员配备,教师队伍建设,贫困学生资助等问题尚未得到有效解决,农村义务教育总体仍处于较低水平,极大地制约了我省义务教育的持续健康协调发展。因此,不断提高保障水平,均衡配置教育资源,全面提高教育质量,大力推进城乡、区域义务教育均衡发展,加快解决适龄儿童少年"上好学"的问题,是我省在义务教育基本普及之后的重要战略任务,是实现教育公平、促进社会和谐、全面建设小康社会的必然要求。

实施一系列重大工程,全面推进义务教育学校标准化建设

农村寄宿制学校建设攻坚工程。"十二五"期间,实施农村寄宿制学校建设攻坚工程,基本解决农村学生在校寄宿学习需求。首先建设好农村中小学食堂,解决学生就餐问题。县级人民政府通过为寄宿制学校无偿划拨一定面积的土地作为学校种植、养殖和学生实践基地等形式,逐步建立农村中小学校改善学生营养的长效机制。

进城务工人员随迁子女学校建设工程。根据国家"以流入地政府管理为主,以公办中小学校接纳为主"的原则和保障进城务工人员等流动就业人口子女在全日制公办学校接受义务教育的要求,统筹和整合义务教育阶段工程和项目,实施进城务工人员随迁子女学校建设工程,在全省市(州、地)政府(行署)所在地、县(市、区、特区)中心城镇建设一批接纳进城务工人员等流动就业人口子女就学的学校,为进城务工人员等流动就业人口子女提供接受义务教育的良好环境。

农村义务教育薄弱学校改造工程。实施农村义务教育薄弱学校改造工程,为薄弱学校解决生均校舍面积不足,图书、教学仪器、实验设备、卫生设备和音、体、美设施器材不达标问题,保证教育教学基本需要。实施县镇义务教育学校扩容改造,解决县(镇)大班额问题。限期实现城乡义务教育学校校舍、教师、设备、图书、体育场地基本达标。

"优美教室"工程。用三年时间(2011—2013年),全面更新中小学校教室不合格的课桌椅、门窗、黑板、讲桌、灯具等设施,改善义务教育阶段学校教室环境。

强化教师队伍建设,增强课堂教学实效,提高义务教育质量

以提高教师队伍素质和开展教学帮扶行动为重点,促进教育质量全面提高。实施继续教育工程,开展以学科培训为主要内容的中小学教师全员培训。实施农村教师素质提升计划、省级骨干教师培训计划、省级教学名师培训计划、校长培训计划等一系列专项培训,提高中小学校长和教师的综合素质及教育教学能力。积极探索实施"高校培养,顶岗实习,置换研修,片区互动"的教师教育模式,推进教师职前培养和职后培训一体化进程,大力推进教师专业化发展。创新教学帮扶机制,实施薄弱学校管理与发展计划、农村学校(点)教育教学专业扶助计划、城市优质中小学拓展工程,有效实现教学资源共建共享,逐步缩小校际教育质量差距。建立和完善规范化、科学化、制度化的素质教育督导评估体系和教学质量监测评估体系,实施中小学教师教学改革与质量提高激励计划,开展义务教育质量监测评估试点,切实增强教学质量监测的针对性和实效性。着力提高课堂教学的有效性,实施课堂教学改革与质量提高计划,提高课堂教学效率。全面推进素质教育,实施中小学生思想道德建设工程、中小学生社会实践教育行动计划,促进学生的全面发展和个性发展。

加大投入，切实保障义务教育均衡发展需要

坚持义务教育由省人民政府统筹规划实施，县级人民政府为主管理的体制，全面落实义务教育经费投入政策。按照《贵州省中长期教育改革和发展规划纲要（2010—2020年）》的总体要求，在省级财政对教育总投入中统筹安排资金，推动如期实现县域义务教育均衡发展目标。县级人民政府继续完善义务教育经费保障机制，依法落实教育经费"三个增长"和新增教育经费主要用于农村义务教育、"国家和省确定的农村税费改革转移支付各项资金用于农村教育经费的比例不低于50％"的规定。调整财政支出结构，加快农村义务教育阶段学校建设，进一步改善学校教学用房和生活用房条件。加强县域内建设项目和资金的统筹，将义务教育阶段学校建设纳入新农村建设和城乡一体化建设规划，同步规划、同步建设；在实施改水、改厕、改气、道路建设等项目时，把农村义务教育阶段学校纳入其中。足额征收教育费附加和地方教育附件并主要用于义务教育。积极鼓励和引导社会团体、个人捐助资金用于义务教育均衡发展。统筹整合区域内宣传、团委、文化、体育、妇联、民政、扶贫等单位和部门支持教育的项目、经费以及农村中小学校舍维修改造长效机制资金，改善学校办学条件，发挥经费和项目的最大综合效益。建立"贵州省教育发展基金"，多方筹措资金，不断加大对家庭经济贫困学生资助，增加对农村中小学校舍、食堂及其相关生活设施的投入。

加快解决城镇义务教育资源不足和择校问题

严格执行新建住宅小区配套建设中小学校政策，确保新增人口就学需求。进一步调整和整合城镇教育资源，采取新建、改扩建、中心城区"高中退、小初进"（中心城区内普通高中、中等职业学校等高中阶段学校搬迁至城郊，腾出的教学用地用于发展义务教育）等方式，千方百计增加城镇义务教育学位，加快解决城镇义务教育资源不足问题。小学入学和小升初实行划片招生、微机分班。严禁公办义务教育阶段学校以任何形式的考试录取新生或者以各类学科竞赛成绩作为录取新生的依据。深化高中招生制度改革，继续实行将省级示范性普通高中等优质高中部分招生指标直接分配到初中学校的制度，并逐步提高分配比例，促进初中学校生源均衡分配，遏制义务教育阶段公办学校择校现象。推进学区化管理改革，在城镇以若干所学校建立学区，学区内采取学校教师定期按比例交流轮换，教育资源共享，管理评价捆绑，教研教改联动的方式，逐步解决好择校问题，推进城镇义务教育均衡发展。

签订责任书,实行督导评估,确保扎实推进

省、市(州、地)、县三级政府(行署)签订推进义务教育均衡发展责任书,明确目标,明确任务,明确职责,统筹协调推进。建立完善对县级行政区域内义务教育均衡发展的督导评估和表彰奖励机制,对县域内义务教育均衡发展工作进行监测评估,将监测评估结果向社会公布。把推进义务教育均衡发展和义务教育标准化学校建设情况纳入"县级党政主要领导教育工作督导考核"体系,作为县级党委、政府负责人政绩考核的重要内容。以县为单位对推进义务教育均衡发展工作进行评估验收,并根据评估验收情况实施奖惩和问责。

(来源:http://www.moe.edu.cn/publicfiles/business/htmlfiles/moe/s5203/201108/122863.html)

链接 2

以农村中小学现代远程教育带动教育资源共享

我省"农村中小学现代远程教育工程"从"教育部农村中小学现代远程教育试点示范工程"和"试点工程"的实施到"2004—2005年农村中小学现代远程教育工程"项目的建设,中央与地方累计共投入资金4.3亿元,建设计算机教室1572个、卫星教学收视点14037个和教学光盘播放点8089个,初步建成了覆盖全省88个县(市、区、特区)95%以上的农村中小学校的现代远程教育网络,使大部分农村中小学生能够接受与城市学生相同的教育资源,我省也成为率先完成基本覆盖农村中小学现代远程教育的西部省(区)之一。

农村中小学现代远程教育网络建成后,我省坚持不懈地抓好应用和管理工作。一是积极开展信息化技术应用能力培训。"十一五"期间,利用现场培训、网络远程培训、"送出去、请进来"等各种方式,共培训各级教育行政部门及中小学校长、骨干教师约2.5万人次;市(州、地)及县(市、区、特区)探索符合本地的培训模式,在省级培训的基础上,进行二次培训。二是积极开展教育信息化研究工作。"十一五"期间,共组织了各级各类学校近万份优质论文、优质课件、优质课堂实录的"三优"评审工作,有效地提高了广大教师教学科研能力。除此之外,还承担了国家级的《农村中小学现代远程教育环境下教学应用模式和案例研究》贵州专项课题研究,组织中小学参加子课题的研究并达到了预期的研究目标。三是积极做好资源建设工作。"十一五"期间,为项目学校共提供各类优质教育教学光盘近500万碟,进一步丰富了中小学的专题教育资源。启动我省基础教育资源中心建设,对全省中小学优秀一线教师的实用型资源进行开发和整合,进一步改善农村及民族地区远程教育资源使用状况。现代远程教育使我省广大农村中小学教师的教育教学观念有了新的改变,师生的创新意识和创新能力不断增强,现代远程教育提供的资源优势对于提高农村中小学师生们的教学效果和学习能力的作用已经凸现出来,广大农村教师充分利用现代远程资源,促进了教育教学质量的较大提高。

进一步加快我省教育信息化建设,逐步实现"班班通"。根据温家宝总理关于"继续做好远程教育工作,逐步实现'班班通'"的部署,按照教育部的安排,我省拟定了以"统筹规划、因地制宜、分步实施"为原则的建设方案,开展"班班通"试点建设工作,力争在五年内逐步实施"班班通"工程建设,使优质资源更加便捷地进入广大农村、民族地区中小学课堂,进一步推动全省义务教育教学资源的均衡化发展。

(来源:http://www.jyb.cn/basc/xw/201108/t20110803_446196.html)

链接3

三个率先四个力求　推动义务教育均衡发展

"几间破房子,一群泥娃子"曾是贵阳市白云区建区前义务教育的真实写照。冬去春来,白云建区已有38年历史,义务教育如今的面貌已是焕然一新。回顾白云区义务教育发展的艰难历程,"三个率先、四个力求"值得分享。

三个率先:

一是在全省率先实现"两基"达标,解决了"有学上"问题。

二是在全省率先实施"以县为主"的管理体制改革,将教育的人权、物权和财权"三权"归口教育行政部门统一管理。

三是在全省率先免除农村义务教育阶段学生学杂费、书费、作业本费,补助家庭经济困难寄宿学生生活费和农村学校在校午餐学生餐费,义务教育阶段公办学校实现了零收费入学,实现了全免费义务教育。

四个力求:

一是在抓改善中小学办学条件方面力求高标准。近三年来,白云区累计投入1.5亿元,新建、改扩建中小学校舍,绿化美化校园,扩充中小学生人均校舍面积,按标准配置实验仪器、设备和图书,全区中小学校园校舍建设全面达标,基本实现"最好的房舍是学校、最好的环境是校园"的目标,全区不少中小学校建有塑胶田径运动场及塑胶跑道,50所中小学全部实现美化目标,公办中小学100%建有计算机教室,卫星地面接收站和多媒体电教室,农村小学 100% 实现"班班通"。

二是在抓教师队伍建设方面力求高素质。为了建设一支敬业、精业、乐业的教师队伍,通过扎实、持续、有效开展"师德师风建设年"、"教风、校风、学风'三风'建设年"、"教师培训年"、"文明礼仪教育年"、"学校管理年"等各种主题年活动,全面提高中小学教师的师德修养、学科水平和综合素质,涌现出一大批具备高级专业技术职务资格的中小学教师和省、市级骨干教师、学科带头人。

三是在抓普及程度和巩固率方面力求高水平。在白云区"两基国检"达标后,力求做到投入不减、机构不散、人员不少,全面巩固"两基"水平。目前,全区学前三年幼儿入园(班)率达 90.94%,学前一年幼儿入园(班)率达 99.19%;小学适龄儿童入学率达 99.86%,年辍学率为 0.16%;初中阶段毛入学率达 106%,年辍学率为 0.72%;全区三类残疾儿童少年入学率达 97.37%;高中阶段毛入学率达 80.86%。基础教育普及程度各项指标均居全省前列。

四是在抓教育质量方面力求高质量。近年来,白云区坚持育人为本,把学生的全面发展和成长作为出发点和立足点,注重增强学生的学习能力、实践能力、创新能力。在认真执行课程计划,开齐课程、开足课时的基础上,扎实抓好学校教学常规管理、教学科研、教育教学改革、校园文化建设等工作,促进学校办学特色的形成和发展,建成了一批科技特色学校、市级体育项目传统学校、省级文明单位、绿色学校等特色学校,全区教育教学质量不断提高。2010 年全区中小学生在各类学科竞赛中获国家级一等奖项 9 次、国家级二等奖项 26 次、国家级三等奖项 109 次、国家级其他奖项 25 次,获省级一等奖项 11 次、省级二等奖项 25 次、省级三等奖项 67 次、省级其他奖项 6 次。

(来源:http://www.jyb.cn/basc/xw/201108/t20110803_446193.html)

链接 4

城乡同质　设备同配　师资同优　学生同享

遵义市余庆县,一个西部典型农业县。从 1998 年至 2010 年的 13 年间,先后被评为贵州省普及义务教育先进县、"两基"攻坚先进县、中小学现代远程教育先进县、中小学课外文体活动示范区,2009 年荣获全国推进义务教育均衡发展工作先进地区。通过推进"城乡同质、设备同配、师资同优、学生同享",基本实现了义务教育的均衡发展。

合理调整学校布局,均衡改善办学条件。自 1998 年"两基"达标验收后,余庆县就将巩固"两基"成果、提高义务教育水平和推进义务教育均衡发展作为教育工作重点。全县按照"就近入学、适当集中、规模办学"的思路调整中小学校布局,力求"做优村校、做强镇校、做大县校",实现"高中集中在县城,初中集中在乡镇,小学集中在村"的校点布局目标。10年来,全县由原来的185所中小学调整到129所。改善办学条件按照"依学校类别均衡配置、适用够用、薄弱学校优先投入"的原则实施,图书、仪器、音体美器材均按标准配齐。投入资金1800多万元在全县各中小学校建设信息教育站点,完成远程教育"班班通"的建设。针对条件艰苦的边远山区实际情况和未来发展需要,制定出台"三年教育扶贫攻坚与发展规划",大力扶持贫困山区同步发展。

合理配置教师资源,全面规范教育管理。设立"十佳扎根山区优秀教师"奖项,增加边远山区中小学教师补贴,鼓励优秀教师扎根山区教育。大中专师范类毕业生首先安置在农村学校,保证农村学校教学需要,均衡城乡师资力量配置,使农村学生与城里学生同样享有教师资源。定期组织城区教师轮流到农村学校支教和开展帮教活动,以教师交流带动城乡教师共同发展进步。坚决取缔重点校、重点班,严厉制止排挤差生的情况,依法保障流动人口子女入学,积极关注弱势群体接受教育。严格招生管理,提倡诚信考试,创造入学、就读和升学的公平、公正社会环境。

狠抓义务教育向两头延伸,发展学前教育奠基础,狠抓高中教育求突破。学前教育是基础教育的基础,对巩固义务教育成果和提高义务教育质量有着重要意义。2013年前,余庆县将累计投入资金7000万元新建10所乡镇公办中心幼儿园,调整设置民办幼儿园20所以上,利用闲置校舍开办民办学前教育班70个左右。到2015年,力争全县学前一年入园(班)率达95%以上,学前三年入园(班)率达90%以上,基本普及学前教育。加快高中阶段教育发展,巩固义务教育成果。近几年来,余庆县采取多种途径,征用土地近300亩,投入资金近亿元用于发展高中阶段教育。实施职业中学整体搬迁、春秋两季招生改革和免除中职学生学杂费等政策,促进了义务教育的巩固提高工作,小学入学率达99.88%、小学六年巩固率99.94%、初中净入学率96.3%、初中三年巩固率93.61%,义务教育完成率96%,高中阶段毛入学率达86.77%。

(来源:http://www.jyb.cn/basc/xw/201108/t20110803_446191.html)

新疆维吾尔自治区

一、新疆维吾尔自治区与教育部签署的义务教育均衡发展备忘录

1. 根据新疆维吾尔自治区推进县域义务教育均衡发展规划,在切实巩固提高义务教育普及成果的基础上,全区 95 个县(市、区),到 2012 年底克拉玛依市 4 个县(市、区)实现县域义务教育基本均衡发展,到 2015 年底累计 38 个县(市、区)实现县域义务教育基本均衡发展,到 2020 年底累计 95 个县(市、区)实现县域义务教育基本均衡发展,并通过自治区人民政府认定。

2. 贯彻落实中央新疆工作座谈会精神,将推进义务教育均衡发展作为实现新疆跨越式发展和长治久安的重要措施予以优先保障,作为教育强区的重点战略目标摆在重中之重的位置,采取有效措施,确保完成新疆义务教育学校标准化建设和均衡发展规划确定的目标任务。

3. 加大自治区统筹,建立健全义务教育均衡发展经费保障机制,依法做到教育经费的"三个增长",落实农村税费改革转移支付资金用于农村教育的政策,确保教育费附加和地方教育附加及时、足额征收并拨付到位,安排专项经费扶持贫困地区和薄弱学校。

4. 将县域义务教育巩固提高、标准化学校建设和均衡发展情况作为考核各地(州、市)、县(市、区)人民政府及其主要负责人的重要内容。

5. 加强教师队伍建设,提高教育管理干部和教师队伍整体素质,建立健全县域内义务教育阶段学校教师、校长流动机制和城乡一体化的义务教育发展机制。

6. 大力推进双语教学,加强和改进学校德育工作,加强双语教育科学研究和教材建设,加强对双语教育教学工作的管理,加强双语教育工作成效评估和监控体系建设,构建各学段相互衔接、各学科相互渗透的具有新疆特色的双语教育体系。加大双语教师培养培训工作力度,建立双语教师评价和激励机制,吸引优秀人才从事双语教育工作。

7. 认真做好"推进农村学校教育信息化"、"探索建设支撑教师专业化发展的教学资源平台"等国家教育体制改革试点项目相关工作,实施好新疆教育体制改革总体方案中有关义务教育均衡发展的改革试点项目。

向教育部提交如下文件以作备案:(1)新疆维吾尔自治区实现县域义务教育均衡发展规划(含时间表);(2)新疆维吾尔自治区义务教育学校办学基本标准;(3)新疆维吾尔自治区义务教育学校标准化建设项目规划;(4)新疆维吾尔自治区承担的国家教育体制改革有关试点项目实施方案。

二、媒体报道

链接 1

<h3 style="text-align:center">明确目标落实责任　扎实推进义务教育均衡发展</h3>

——新疆维吾尔自治区推进义务教育均衡发展工作措施和思路

全国推进义务教育均衡发展工作会议召开以后,新疆按照要求,结合自治区实际,抓紧准备、积极布置,采取切实措施,不断加快推进义务教育均衡发展,努力缩小校际之间、城乡之间、地区之间的教育发展差距,促进义务教育均衡发展。

一、推进义务教育均衡发展工作措施

一是高位推动,科学谋划我区教育工作。在中央新疆工作座谈会召开一周年之际,为推动新时期、新阶段自治区教育事业优先发展、科学发展。今年5月,自治区党委、人民政府召开了自治区教育工作会议,确定了未来十年新疆教育发展的总体目标,下发了《关于自治区推进义务教育均衡发展的指导意见》(新政发〔2011〕56号),安排部署形成了《新疆维吾尔自治区义务教育学校办学基本标准(试行)》、《新疆维吾尔自治区推进义务教育均衡发展规划(2011—2020年)》和《新疆维吾尔自治区义务教育学校标准化建设规划(2011—2020年)》,为全区义务教育均衡发展奠定了坚实基础。

二是全面实现"两基"目标,推进义务教育均衡发展。新疆"两基"目标的实现,确保了所有农村中小学生享受免学费、免教科书,95%的农村寄宿中小学生享受生活补助,农村中小学公用经费达到8.9亿元;城市中小学生全部免除学杂费,部分城市低收入家庭学生同时享受免费教科书,特殊教育学校学生全部纳入义务教育经费保障范围,16.8万名城市义务教育阶段农民工子女享受公用经费补助,从而真正实现了义务教育阶段的全面免费,使人民群众充分享受到了教育改革与发展的成果。

三是巩固"两基"成果,努力提高义务教育普及水平。自治区"两基""国检"后,自治区人民政府下发了《关于自治区"两基"巩固提高工作的意见》,对巩固提高"两基"成果,完善"控辍保学"工作机制,巩固教育完成率指标提出了一系列措施。建立和完善了"两基"年报制度,跟踪督查国检组和自治区对各地提出问题的整改进程。我区不断完善基础教育"以县为主"管理体制,各县(市、区)普遍建立了《入学通知书制度》、《学生流失逐级报告制度》、《制止学生辍学处罚办法》等制度,逐步建立健全了"普九"双线目标责任管理制度,有效地推动了"普九"规划的顺利实施,确保了义务教育阶段适龄儿童按时入学率、巩固率达到规定标准,促进了普及九年义务教育工作的健康发展。

四是加大投入,切实改变学校办学条件。继续完善义务教育经费保障机制。在坚持义务教育全面纳入公共财政保障范围的基础上,继续依法做到教育经费的"三个增长",落实农村税费改革转移支付资金用于农村教育的政策,确保教育费附加和地方教育附加及时、足额征收并拨付到位。逐步提高农村义务教育生均公用经费和免费教科书补助标准。努力满足集中办学后学生寄宿的要求,逐步扩大学生寄宿规模,提高贫困生资助比例和生活补助标准。合理调整教育结构和中小学布局,切实加强薄弱学校建设。今年,我们充分利用农村义务教育薄弱学校改造资金共3.38亿元,其中中央1.69亿元,自治区配套1.69亿元,集中改善32个边境县学校的办学条件。同时,把全面推进中小学教育信息化作为促进义务教育均衡发展的重要战略举措,以教育信息化带动教育现代化。

五是加大培养培训力度,着力提高教育管理干部和教师队伍整体素质。我区坚持抓好教育管理干部的培养培训工作,2003年和2009年分别了启动两轮中小学书记校长全员培训工作,累计开展了近4万人次的教育管理干部集中培训。通过"集中加远程"等多种形式开展了中小学校教师国家和自治区级培训,自治区层面的年培训规模近6万人,为促进各族教师专业化成长创造了条件。

多渠道加强中小学教师队伍建设。启动教师储备编制计划和小学"双语"教师增编计划。4年共招聘"特岗"教师1.1万名,分布在379个乡镇农村中小学任教;2010年,自治区启动年规模6000人的疆内免费师范教育计划,吸引更多的优秀人才投身教育事业。深入推进对口支教和大学生实习支教计划,先后选派1.5万名学生赴农村学校实习支教,实习支教每年选派规模已达5000名。全区教师队伍整体素质不断提高,教师学历层次稳步上升。

六是全面推进素质教育,不断提高教育教学质量。加强和改进学校德育工作,进一步规范义务教育办学行为,下发了《新疆维吾尔自治区规范中小学办学行为管理暂行办法》,制订了管理暂行办法执行情况督查指标体系。今年5月由教育厅两位厅领导领导带队,会同纠风、监察等部门分成两个督查组,在全区范围内对四个地州的四个县市区的中小学校加强学校管理,规范办学行为进行一次抽样检查,有效规范了全区义务教育学校办学行为,切实减轻了中小学生课业负担。深化义务教育课程改革,逐步构建以素质教育理念为核心的教育质量监测评估体系,着力培养学生创新精神和实践能力。大力推进双语教学,出台了《关于大力推进"双语"教学工作的决定》和《关于进一步加强学前和中小学"双语"教学工作的意见》,制定了《新疆维吾尔自治区少数民族学前和中小学双语教育发展规划(2010—2020年)》,有序地推进民族中小学双语教学,大力推进信息技术在教学和管理中的应用。

七是关注弱势群体,保障全体适龄儿童少年义务教育权利。做好进城务工人员子女接受义务教育和贫困学生资助工作。加强特殊教育。按照自治区《关于进一步加快特殊教育事业发展的实施意见》,逐步加大特殊教育学校经费投入,提高特殊教育学校(班)生均公用经费标准,加大残疾学生资助和随班就读工作力度,对接受义务教育的特殊教育学校学生实行"三免一补"政策,即免除学杂费、课本费和住宿费,特殊教育学校(特教班)残疾学生生活费补助标准由现行的1000元/生/年提高到1500元/生/年;特殊教育学校(班)生均公用经费标准由现行600元/生/年提高到3600元/生/年。自治区福彩公益金150万元专项助学经费,用于特殊教育学校(特教班)残疾学生生活费补助;加强特殊教育教师队伍建设,切实提高特殊教育教师待遇和社会地位,特殊教育学校(特教班)、聋儿语训机构和手语翻译人员等特殊教育教师岗位津贴提高到30%。对普通学校主要承担随班就读残疾儿童教育教学任务的教师给予适当岗位补助。

实践证明,我们只有坚持教育的科学发展,均衡发展,不断促进教育公平,才能办好人民真正满意的教育,才能实现真正意义上的教育现代化。

二、今后工作思路

一是面对新形势,我们立足区情和教育现状,提出了创建教育强县的总体思路,我们以建设教育强县为抓手,将义务教育学校标准化建设和义务教育均衡发展纳入创建教育强县的总体规划之中,在未来10年完成义务教育学校标准化建设,推进县域内义务教育均衡发展,最终实现创建教育强区的目标。

二是进一步明确推进义务教育均衡发展是政府的责任,把各级政府主要领导作为推进义务教育均衡发展的第一责任人,并把推进义务教育均衡发展纳入当地经济社会发展规划,认真落实"以县为主"的义务教育管理体制,建立本地推进义务教育均衡发展责任制,明确区域推进义务教育均衡发展的目标任务、实施步骤、保障措施和各级责任。

三是明确政府各部门的工作职责。按照《义务教育法》的规定,教育、发改、财政、人事、编办、建设等有关部门要认真履行职责,分工负责,加强协作,加大指导和统筹力度,完善出台支持薄弱地区义务教育均衡发展的政策措施,加强对义务教育均衡发展的指导、监督和监测,保证义务教育均衡发展目标任务按期完成。

四是根据《新疆维吾尔自治区推进义务教育均衡发展规划(2011—2020年)》,计划分批完成95个县(市、区)的义务教育均衡发展工作步骤。各地(州、市)政府也按照上报修订义务教育学校标准化建设和义务教育均衡发展完成时限,采取试点先行,逐步推开的方法,全力推进全区义务教育均衡发展。我们还积极鼓励有条件的县(市、区)在率先实现县域义务教育均衡发展的基础上,创建教育强县,向教育现代化迈进。

五是统筹协调,加强我区推进义务教育学校标准化建设工作。重点实施义务教育学校标准化建设重点支撑项目,即自治区统筹实施农村双语寄宿制学校建设工程、中小学校舍安全工程、农村初中校舍改造工程、农村中小学校舍维修改造工程、农村教师周转宿舍建设、农村义务教育薄弱学校改造计划、特殊学校建设等项目,全力推动义务教育学校标准化建设。优先保障先期启动义务教育均衡发展的县(市、区)率先完成"义务教育学校标准化建设",实现义务教育均衡发展。

六是建立和完善义务教育均衡发展督导评估机制。我们拟订了《义务教育学校标准化建设督导评估指标体系》和《义务教育均衡发展督导评估指标体系》,纳入政府督导评估范围,定期对各地开展义务教育均衡发展工作进行督导检查,并将评估结果作为创建教育强县的重要内容和表彰奖励的重要依据,推动各地完成义务教育学校标准化建设,实现义务教育均衡发展目标。

七是近期将召开自治区启动义务教育均衡发展电视电话会议和由15个地州市和95个县市区分管领导和教育行政部门主要领导参加的全疆推进义务教育均衡发展座谈会;举办由全疆15个地州市和95个县市区的相关人员参加的推进义务教育均衡发展培训班;组织两个调研组开展全疆推进义务教育均衡发展调研活动。

(来源:http://www.moe.edu.cn/publicfiles/business/htmlfiles/moe/s5203/201108/123051.html)

链接 2

加强教育信息化推动新疆义务教育均衡发展

近年来,在党中央、国务院的亲切关怀和自治区党委、人民政府的正确领导下,新疆中小学远程教育工作取得了令人瞩目的成绩。

一、各级党政领导高度重视,为中小学远程教育工作的发展提供组织保障

自治区党委、人民政府高度重视中小学远程教育工作,切实加强对实施中小学现代远程教育工程的组织领导,成立以自治区领导为组长,教育厅、发改委、财政厅等相关部门共同参与的新疆中小学现代远程教育工程领导小组及其办公室,统筹规划全区中小学远程教育工作。各地(州、市)、县(市、区)和项目学校也纷纷成立相应的组织机构,具体负责项目实施与管理。2007 年,自治区成立新疆中小学远程教育中心,强化对全区中小学远程教育工作的指导力度。同时,各地(州、市)也相继成立了中小学远程教育中心或教育信息化管理中心。全区所有远程教育项目学校均配备项目管理教师,93 个县(市、区)设置了电教站或配备了电教专干,形成了中小学远程教育工作区、州、县及项目学校各司其职、各负其责、齐抓共管的"四级联动"工作格局,为中小学远程教育工程实施与管理提供了组织保障。

2009 年 7 月,自治区人民政府出台了《关于加强中小学远程教育工作的意见》,通过 7 项 21 条对我区中小学远程教育的指导思想、目标任务、基础设施建设、资源建设、教师培训和教育教学研究等相关内容提出了明确要求,为我区当前和今后一个时期中小学远程教育工作提供了强有力的政策指导。为深入贯彻落实《意见》精神,自治区随后出台了对县(市、区)、项目学校中小学远程教育进行督导的《评估细则》,将远程教育成效作为重要指标纳入基础教育政府督导体系,通过"以评促建",引导我区远程教育持续、健康发展。前不久,教育部等八部门颁发了《关于推进新疆教育实现跨越式发展的意见》,提出"国家和对口支援省市共同支持新疆实施双语现代远程教育工程,充分利用全国特别是对口支援省市优质资源,为新疆建立双语教育和学前教育、义务教育和高中阶段教育课程资源和教育资源公共服务平台,双语现代远程教育的资金、社会资源要向边远地区、困难地区倾斜",充分体现了中央对新疆远程教育工作的关心和支持,同时,也为新疆中小学远程教育的发展提供了强有力的条件保障。

二、加大中小学远程教育基础设施建设投入的力度,办学条件明显改善

几年来,自治区党委、人民政府十分珍惜国家在中西部地区实施农村中小学现代远程教育工程的有利时机,切实加大远程教育配套资金投入力度,重点加强远程教育基础设施建设。从 2002 年至 2007 年,我区先后实施了"教育部和李嘉诚基金会西部中小学现代远程教育扶贫示范工程"、"现代远程教育工程试点示范项目"、"农村中小学现代远程教育工程"等 9 个工程项目,其中,中央和自治区各级财政累计投入资金折合人民币 32181 万元,其中中央资金 20396.6 万元,地方配套资金 11784.4 万元(自治区本级财政配套 6868 万元,地、县、学校配套 4916.4 万元)。由此实现了全区 86 个县(市)的 6000 多所农村中小学具备远程教育"三种模式",占全区农村中小学总数的 94％以上。"三种模式"中教学光盘播放点 2101 个、卫星教学收视点 4785 个、计算机教室 1268 个,基本形成了"校校有模式一、村村有模式二、乡乡有模式三"的喜人局面。此外,还配发汉语言和少数民族语言教学光盘 220 万张,受益师生近 200 万人。党中央、国务院高度重视新疆中小学远程教育工作,在新疆维吾尔自治区成立 50 周年之际,中央代表团赠与新疆中小学计算机教室 380 个,计算机 20140 台,价值 1.01 亿元。各个工程和项目的实施,使得中小学远程教育基础条件得到明显改善。截至 2009 年底,我区中小学平均"生机比",初中为 20∶1,小学为 25∶1。另外值得一提的是,我区正在建设的 2237 个国家项目双语幼儿园,每一所幼儿园均配备了多媒体活动室,每一个班级均配备了电视机和 DVD 播放机,2011 年项目工程完成以后,我区的农村双语幼儿园将率先实现"班班通、堂堂用"。

2007 年,新疆教育电视台实现了对全区 12 个地州中心城市教育教学电视节目的有线传输覆盖,同时在昌吉、伊犁、巴州、阿克苏、喀什、和田 6 个地州设立记者站,实现了电视节目 24 小时无间断播出,扩大了教育新闻报道的覆盖面。2007 年以来,"新疆教育卫星宽带网"每年播出中小学教学资源和农村党员干部现代远程教育教学资源 4100 小时,一定程度上改变了部分边远贫困地区"教育盲区"的现象。2007 年至 2009 年,自治区累计投入资金 800 多万元,建设、完善了"新疆远程教育网"门户网站和传输平台。与此同时,2006 年年底,自治区教育厅与新疆电信有限公司正式签订了农村中小学现代远程教育合作协议,使项目学校从 2010 年起享受每月 30 元、上行 4M 的网络优惠包月服务,项目学校通过新疆电信提供的 ADSL 方式接入国际互联网,进一步提高了远程教育设备的使用效率和质量。经过几年的努力,自治区初步形成了以"新疆基础教育资

源库"建设为中心,通过有线电视、卫星数据广播和互联网三条链路实现优质教育教学资源传输的"一个中心,三条链路"的格局。

三、加快远程教育资源建设,优质教学资源日益丰富

近年来,针对我区基础教育实际,结合推进"双语"教学工作的迫切需要,自治区提出"新疆基础教育资源库"建设以服务"双语"教学为重点,同时明确了"汉语资源以引进为主、民语资源以自制为主"的原则,积极筹措资金,切实加大教育教学资源建设力度。一是立足自主译制。自治区远教中心先后完成了中小学"双语"教学课堂实录小学《汉语》、《数学》、《美术》、《思想品德》等4个学科教材的光盘制作工作,翻译制作了中小学民语言系列学科教学资源和教师学习资源,取得了较好的社会效益。二是寻机合作开发。自治区远程教育中心与喀什、伊犁等地州分别合作开发维吾尔语言和哈萨克语言教育教学资源,与北京语言大学联合开发了适合双语教师培训使用的《发展汉语——中级汉语口语教程》远程资源。与新疆大学联合开发用于双语教师培训的《汉语入门》DVD教学光盘。三是利用市场机制,积极引进教学资源。采取公开招标形式,先后引进开发了包括同步课堂教学资源、多媒体资料、课程辅导资源及教学实验资源等内容的汉语、少数民族语教学资源库,其中光盘介质83200张、硬盘介质309.6G,另外还开发了教师培训及其他教学资源280G,这些资源全部通过"新疆远程教育网"免费供各族师生学习和下载。四是拓展远程直播渠道。在利用"新疆远程教育网"进行远程直播的同时,我们将课堂教学资源直接存储在服务器中,供师生课后学习,并适时将这些资源以光盘等形式发放到广大师生手中。

四、加强教师信息技术培训,远程教育应用效能不断提高

为提高远程教育设施使用效益和资源利用率,各级教育行政部门加大了教师的信息技术培训工作,规定中小学教师信息技术培训每五年不少于40课时。认真组织实施中小学教师计算机水平等级考核,检验教师计算机培训效果和督促教师学习计算机知识。此外,2008年以来,在自治区财政专项经费支持下,我区通过网络培训方式,组织实施"新疆中小学教师教育技术能力培训计划",目前已组织11261名教师参训,9085名教师获得国家级培训合格证书,合格率达85.82%。

借助日益成熟的远程条件,高度注重远程师资培训模式的运用和推广。从2003年开始,自治区利用新疆广播电视大学直播课堂视频系统进行新课程师资培训;利用新疆教育电视台卫星频道开播《汉语强化培训教程》;利用西安交大教育网络技术和中国电信新疆公司教育网络平台,组

织各种教师培训活动,使远程直播课堂覆盖到边远贫困的乡(镇),受到基层教师欢迎。2007年以来,我区远程师资培训取得新的突破,利用新疆中小学远程教育网组织开展了一系列立体化、多层次的教师远程培训活动,以"项目驱动"方式、运用"集中加远程"的培训模式,扩大了全区教师培训的覆盖面,每年保持区本级培训教师9万人次以上,其中远程培训72000多人次,形成了教师培训历史性跨越。与此同时,各地(州、市)也充分利用"新疆远程教育网"视频直播的功能,进行学术讲座、会议直播、课堂教学直播、各类比赛、亲情传递等活动,扩展了视频直播的内涵,延伸了远程教育的触角,对进一步推动"新疆远程教育网"的建设起到了积极的促进作用。

为了推进"双语"教学工作,缓解因"双语"教师短缺导致的一系列问题,自治区积极组织开展了"双语"光盘教学课题实验,伊犁、喀什、吐鲁番、巴州、阿克苏5个地州6个县(市)109所农村小学323个教学班9165名学生参与试点,取得了显著的实验成果。为了使基层学校共享优质"双语"教学资源,2009年自治区组织开展了学科课堂教学(汉、维)示范月远程同步直播活动,全区13个地州25520人次师生参与培训,215所学校和幼儿园开设了听课点,有力地扩大了远程教育资源的应用范围。除此之外,利用组织各类教育国际合作项目的时机,我区积极开展远程教育资源应用科研工作,带动了远程教育应用效能的提升。中加"CIDA以学生为中心教学"师资培训项目取得预期效果并对实验区中小学教学质量产生重要影响。

在今后的工作中我们要进一步落实《关于加强中小学远程教育工作的意见》,充分抓住国家投入5.8亿元资金,用于"双语现代远程教育建设计划"、实施"国家教育体制改革试点项目",以及推进农村学校教育信息化建设和《自治区中长期教育改革和发展规划纲要》提出以教育信息化推动教育现代化进程的机遇,到2020年基本建设覆盖城乡各级各类学校的教育信息化体系,力争达到全国平均水平的奋斗目标,全面推动新疆义务教育的均衡发展。

（来源：http://jyb.cn/basc/xw/201108/t20110810_447421.html）

链接3

以优质均衡发展为目标　加速推进教育现代化

一、克拉玛依市在推进义务教育均衡发展的政策措施及经验

克拉玛依市委、市政府不断强化基础教育的先导性、基础性和全局性

地位,立足教育公平,以"办好每一所学校,教好每一名学生"为目标,坚持"让所有的孩子接受更好的教育,让所有的孩子享受幸福的人生"的核心理念,在推进教育现代化过程中,出实招、办实事、求实效,推动基础教育在规模、结构、质量和效益上不断优化,强化区域教育规划布局,加大公共财政投入,扩大教育资源总量,不断深化教育教学改革,实现了区域教育均衡、优质发展。

1. 以均衡发展为目标,推进中小学标准化建设

随着我市各项社会事业的快速发展,促进整体办学效益的提高,强化教育的均衡、优质、特色发展,已成为教育改革和发展的一项重要工作。2005年,市委在《关于构建和谐社会的意见》中,明确提出要"缩小城乡、区域教育水平差距,努力实现教育公平"的目标。为此,我市坚持"扬峰填谷"策略,坚持"高标准、无差别"的原则,把促进教育均衡发展作为实现教育公平和关注民生的重点工程加以实施。2004年我市制定出台了《克拉玛依市中小学校办学标准纲要》,以指导各区调整学校布局、推进区域内教育均衡发展。按照《纲要》的要求,加速推进中小学标准化建设工程,大力加强薄弱学校改造提升,逐年加大对全市中小学校教育经费投入的力度。2002年至2010年7年间,各级政府对中小学的经费投入达到66.62亿元,仅2009年一年就达10.48亿元。我们在科学调整学校布局,完善优化学校办学条件的基础上,合理配置教师资源、分配学生生源,实现了更高程度的教育均衡发展。

2. 加强教师队伍建设,为优质均衡发展提供智力支持

推进教育优质、均衡、特色发展,必须要有一支高素质教师队伍作为支撑。我市坚持优先安排,超前部署,由市财政全额拨付教师培训经费,实现了不同阶段、不同层次教师都能获得全员轮训的机会,整体构建起了教师终身教育体系。

要想尽快缩小校际间的差距,促进区域内教育均衡发展,必须着重抓好教师队伍建设,建立优化人才培养与流动的机制。为此,我市在实施教师全员培训的基础上,制定实施了《克拉玛依市特级教师、学科带头人和骨干教师管理工作的规定》、《克拉玛依市名师、名校长培养实施方案》、《克拉玛依市中小学名师工作室实施方案》等。进一步完善了骨干教师的培养、选拔和流动机制,充分发挥其在全市范围内的专业引领和示范作用。

我们还在引进、调配、培训、职称待遇等方面制订倾斜政策,以尽快提高薄弱学校的师资水平。在师资引进方面,优先满足薄弱学校的需求;在

教师调配上,以实现区域内资源共享为目的,倡导优秀校长、优秀教师轮流到薄弱学校任教,通过他们的示范作用和经验交流,带动薄弱学校教师整体水平的提高。定期为学校选派事业心强、有管理经验和开拓精神的校长前去任职,制定优惠政策,鼓励骨干教师挂职支教,并在教师培训、福利待遇、职称评定等方面予以政策倾斜,使得"本土"教师安心工作,"外援"教师甘心支教,促进了区域内教师合理流动,使教师从"学校人"变成"系统人",促进了薄弱中小学校的教师队伍建设。

多元而高效的教师培训工作加快了教师的专业化成长,为课程改革工作不断深入发展提供了持续不断的源头活水。2007 年至今,各级各类培训共计 16800 多人次,中小学专任教师培训率达 100%,教师继续教育合格证取证率 100%。2008 年 10 月,自治区教育厅组织对我市第三个教师继续教育管理周期进行督导检查时评价称"新疆教师继续教育的春天在克拉玛依",并被自治区教育厅授予"自治区第三个五年管理周期(2004—2008 年)中小学教师继续教育管理工作先进单位"称号。

3.以提高质量为核心,大力促进基础教育向内涵发展

(1)改革创新德育体系,加强未成年人思想道德建设

为全面贯彻党的教育方针,面向全体学生,促进学生全面发展、主动发展,我市积极构建与教育发展相适应的德育体系,加强中小学班主任队伍建设。目前全市有 6 所学校被评为"自治区级德育示范校、达标校"。在 2010 年自治区首届班主任德育专业能力大赛上,我市参赛教师获得一等奖 3 名、二等奖 1 名、三等奖 1 名的好成绩,总分名列自治区前茅。

为提高德育工作的实效性和针对性,我市通过各种途径和方法,以活动为载体,先后开展了"一学校一品牌、一社区一特色"的品牌建设活动、以"加强学风建设,发展优质教育,建设优秀学校"为目标的学风建设工作,开辟了 20 多个学生社会实践基地,启动了中小学和谐家庭教育工程。中小学文体活动开展丰富多彩,阳光体育活动扎实有效,学生德智体全面发展。2009 年又在全市中小学开展学习中华传统文化教育,深化"孝亲尊师"教育活动,强化感恩教育,塑造了学生良好的品德与健全的人格。为此,克拉玛依市也被评为"全国未成年人思想道德建设先进城市"。

(2)深化教育评价改革

我市以素质教育的内容为基本维度,逐步建立起符合学生身心发展的科学、合理的综合性评价指标体系,大力改革评价方式。从 2005 年开始,本着"积极改革、稳步推进、重点突破"的原则,以初中毕业学业水平考试、综合素质评价、高中招生录取为主要内容的评价改革。在评价中体现

综合性、发展性和过程性原则,把形成性评价与终结性评价有机结合,使评价成为促进学生思想品质及多方面发展的过程。在初中毕业学业水平考试和普通高中招生中,把综合素质评价成绩纳入到初中学业水平考试成绩之中,进行招生录取。在学校考核评估中,以素质教育为目标完善评估标准,采用绝对性评价与发展性评价相结合的方式,从而调动了薄弱学校校长和教师的工作积极性,促进了学校的内涵发展与学生的全面发展。

(3)合理分配学生生源,促进教育高质量均衡发展

为形成校际间良好的教育发展环境,2006年我市全面改革了招生录取工作,从九年义务教育到普通高中均采取"就近入学,划片招生"的方式,狠刹"择校"风,坚决纠正"重点校"、"重点班"的错误做法和不正当竞争行为,有力地抑制了"生源大战"和学生无序流动等现象,有效促进了全市基础教育的持续、健康发展,引导各个学校在发展投入与发展机会均等的前提下更加注重内涵发展,形成了以质量求生存,以特色求发展的良好局面。

4.关注弱势群体,促进教育公平

我市高度关注弱势群体子女接受义务教育的权利,先后将1.3万余名外来务工子女(占我市义务教育阶段学生的30%以上)安排入学,享受与克拉玛依本地学生同等的教育。自2008年春季起我市就取消了义务教育阶段的各项收费,对民办学校接收常驻户口学生也免收义务教育阶段相关费用,由财政给予经费补贴。按照优化结构、规模办学的原则,撤并农村学校,在政府的统一规划和布置下,把隶属我市农牧区"两乡"的农牧民子女全部安排进入城市就学,享受"两免一补"政策和特殊生活补助,在更高的起点上实现了城乡教育一体化的目标。与此同时,采取多种措施,确保全市各民族贫困学生无一辍学,成为全国第一个实现100%救助贫困生的城市,也是自治区第一个全面免除义务教育阶段收费的地区。

在促进基础教育优质均衡发展的过程中,我们取得了一定的成效。2009年9月,国家教育部副部长陈小娅在视察我市教育教学工作时作出这样的评价:"克拉玛依的教育在全国来说也具有非常重要的示范作用,而且很注重走内涵发展的道路。"2009年11月,国家教育部在河北省邯郸市召开了"全国推进义务教育均衡发展现场经验交流会",克拉玛依市被授予"全国推进义务教育均衡发展工作先进地区"光荣称号。

二、展望未来、深层次的推进义务教育均衡的发展

1.创新教师发展机制,构建教研训一体化培养体系

教师素质是教育改革与发展的关键,教师队伍素质的提升是教育教

学质量提高的前提和保障,有好的教师,才有好的教育。

(1)实施名师培养工程。统筹教师队伍建设,加速提升教师队伍整体素质。根据教师的不同类型和不同层次,着眼于教师专业发展需要,为特级教师、学科带头人和骨干教师设计和提供不同的培训课程。实施"青蓝工程",加速青年教师的成长,为教师专业发展提供多样化的发展空间和机会。

实施"1511"工程,即名校长与名教师的"双名"培养工程。通过名校长培养,造就15名左右具有教育激情和勇于改革探索的名校长,力求产生具有教育家思想和创新精神,能够引领我市教育改革方向、全面提升教育质量的知名校长。名师培养分为"百人培养"和"千人培养",其中"百人培养"为针对100名左右教师实施重点培养,使其成为具有教育思想的教育教学专家名师,"千人培养"为通过名师培养在全市范围内产生1000名左右骨干教师。鼓励名校长和名教师大胆探索,创新教育思想、教育内容、教学方式,形成自己的教学特色和办学风格。

(2)设立"名师工作室",充分发挥名师的传帮带作用。由名师主持学科教学研究、骨干教师的培养培训等,使工作室成为学科教师培养培训基地,激发教师专业发展的积极性和主动性,增强教师队伍的生机与活力。

(3)建设基础教育教师和校长研修基地。依托国内高水平大学、教育培训机构建设骨干教师和校长研修基地,加速培养一批引领基础教育改革发展的名教师和名校长。

(4)建设境外教师培养培训基地。建立中小学英语教师出国培训机制,加大骨干教师和校长出境考察培训的力度,建设适应一流教育发展要求的师资管理队伍。以此借鉴和吸收国外先进的教育理念和经验,促进我市教育改革与发展。

2.深化管理机制改革,建设现代学校制度

(1)按照"依法办学,自主管理,民主监督,社会参与"的要求建立现代学校制度,实现社会多元参与、监督和学校自主管理,构建政府、学校、社会的新型关系。发挥政府宏观调控职能,各级政府对教育的管理要从直接行政管理为主转向规划引导、政策调控、资源配置、信息服务、督导评估等宏观管理为主,减少和规范对学校的行政审批事项。

(2)完善学校章程,依照章程规范管理学校,加强干部队伍管理与建设。进一步加强与完善中小学校长任期目标考核制度,探索建立符合学校特点的管理制度和配套政策,积极推进中小学校校长职级制改革,采用校长聘任制,鼓励具有高素质和有志于终身从事教育事业的精英人士竞选校长,实行竞争上岗,合同化管理和动态评定,突出学校的专业性和校长的职业性,培养一批在全疆乃至全国有一定影响的造诣较高的优秀校长。

3.推进特色学校文化建设,丰富发展内涵

特色发展是基础教育均衡发展的重要内涵。我市许多学校在漫画教育、陶艺特色、英语特色、孝慈文化等均形成独特的、相对稳定的特色文化,不仅表现在学校独具匠心的外显环境上,还体现在其独特的教育教学管理制度和校本课程体系上。以此为基点,通过个性化、优质化和人本化的特色学校建设,促进学校由均衡转向优质特色发展之路。2011年我市教育局出台了《关于加强特色学校文化建设的指导意见》,进一步提出将特色学校建设分为三个层次,即特色项目、学校特色、特色学校,目的是通过以建设学校特色文化为契机,促进中小学校深化办学理念,致力于学生的终身发展,追求卓越,创办优质教育,加速推进教育现代化进程。

4.教育信息化带动教育现代化工程

教育信息化是实现教育现代化的基础和条件,是教育现代化的重要内容和主要标志。以教育信息化,推动教育思想、教育观念的转变,推动教育改革与发展进程,建设克拉玛依综合性教育门户和克拉玛依学习网,满足终身学习需求,形成一个开放型、学习型的学校、家庭、社会共建的良好网络育人环境。

(1)优化信息化基础环境,建设优质、丰富、多元的学习资源,满足不同类型的学习需求。依托克拉玛依教育网,建设克拉玛依学习网,满足学习者终身学习、个性化学习、泛在学习的需要,为我市建设学习型城市提供有力支持。建设家庭教育网,为家庭教育提供学习、交流和沟通的平台。通过校际、城域及更大范围的教育资源共享,开辟实践教育均衡、追求教育公平的新途径,创建跨时空、无间断的现代教育模式,充分体现教育的公益性与公平性。

(2)创新现代信息技术支撑下的教育新模式。运用现代信息技术手段,变革教学模式,全面提高教师应用信息技术的能力,促进教育内容、教学手段和教学方法现代化。为学生提供开放、便捷的学习环境,探索建立电子书包体系,转变学生学习方式。

(3)构建科学、高效的教育管理信息系统,以信息化引领教育评价和管理的创新。构建信息化教育质量评价体系,建立学生成长综合素质测评机制。建立教育基础信息库以及教育质量、学生流动、资源配置和毕业生状况等监测分析系统,加强动态监测,为教育发展提供科学的决策依据。

"十二五"期间，我们将进一步缩小校际差距，强化资源统筹功能，均衡分配有效教育资源，继续优化教育布局与师资结构，实行区域内教师和校长交流制度。深化义务教育课程和教学改革，促进内涵发展，提升教育质量。完善课程体系，改进教学方法，把发展学生兴趣特长、创造性思维和自主学习、独立思考、合作沟通能力，贯穿到课程教学的全过程，办人民满意的教育，为增强我市综合实力和构建和谐克拉玛依，提供更有效的服务和更有力的支持。

（来源：http://jyb.cn/basc/xw/201108/t20110810_447419.html）

链接 4

抓好双语教育促进新疆义务教育均衡发展

中央新疆工作座谈会后，在党中央、国务院的高度重视和国家有关部委、内地支援省市的关心支持下，新疆维吾尔自治区抓紧落实中央和自治区确定的各项目标任务，促进双语教育工作积极、稳妥、有效地实施。2010 年 9 月，全区中小学接受双语教育和民考汉的少数民族学生 82.71 万人，占中小学少数民族在校生的 38.9％。

一、中央和自治区加大了对双语教育工作的支持力度，为进一步推进双语教育工作创造了良好的条件

2010 年，中央新疆工作座谈会把新疆双语教育工作提升为国家战略，教育部等部委联合下发了《关于推进新疆教育实现跨越式发展的意见》《关于推进新疆双语教育工作的实施意见》，提出了保障双语教育发展的政策措施。目前，双语特岗教师计划、双语现代远程教育计划、农村教师周转宿舍工程试点、双语教师培训基地建设已获批、实施，经费得到落实。

自治区党委、政府始终把双语教育工作作为实现两大历史任务的重要基础性工作来抓，列为自治区 22 项重点民生工程之一。特别是去年以来，自治区党委、政府进一步加大了双语教育工作力度，集中力量解决了一批长期困扰双语教育发展的突出问题。一是自治区党委、政府领导同志亲自带队，在全疆开展了 7 次大规模的双语教育调研活动，形成了《自治区双语教育工作调查研究报告》等 10 篇调研报告。二是自治区党委的直接领导下，自治区政府印发了《新疆维吾尔自治区少数民族学前和中小学双语教育发展规划（2010—2020 年）》，提出了因地制宜、加快推进的措施。三是多次召开会议专题研究推进双语教育工作，重点研究了双语教育发展规划、教师待遇、双语教师队伍建设等问题。四是采取财政补贴等办法,解决了长期困扰教师的绩效工资和阳光工资补贴问题。五是启动解决了长期以来沉淀的已离岗农村代课教师这个全国性难题,先于其他省区启动了免费师范生培养计划。六是在全国率先大幅度提高农村寄宿学生生活补助标准,保障了寄宿学生健康成长。这些都有力地支持了我区双语教育的改革和发展。

二、双语教师队伍建设成效显著,教师数量短缺的问题有所缓解

2007年起实施农村双语教师特培计划,累计招生2860名,其中2010年1100名。2010年,启动年规模6000人的疆内免费师范教育计划,特培计划纳入其中。2003年以来,通过实施国家支援新疆汉语教师工作方案和新疆中小学少数民族双语教师培训工程,国家、自治区累计投入资金2.9亿元,共安排1.56万名双语教师参加一年制、两年制培训、1.29万名教师已学成归岗,安排260名中小学校长赴内地挂职。2010年,我区安排6073名双语教师参加3个月以上的培训(其中一年制、两年制培训3831人,地区级中短期培训2042人),各地州、县市积极争取对口支援省市的援助,推进地、县两级双语教师培训和校本培训,培训人数达7.7万名(培训期在六个月以内的近7万名、六个月以上的近7000名),成为我区开展双语教师培训工作以来培训规模最大的一年。

2006年起,自治区启动了农村学校特岗教师计划,已招考1.87万人,其中2010年招考7000人。2010年下半年启动了双语特岗教师计划,首批已招考2500名。2011年计划面向社会公开招聘1.15万名中小学教师,选拔普通高校赴援疆省市培养计划人员1426名,本次招考80%以上岗位为中小学双语教师岗位,同时兼顾一些教师短缺的汉语言授课学校,该项工作正在进行中。

从2003年起,启动自治区城镇教师赴农村贫困地区学校支教计划,已选派8300多人次;2006年以来,自治区启动实施了以师范院校为主的大学生赴农村学校实习支教计划,总计选派近2.5万余名实习支教学生,其中2010年8000余人、2011年上半年5486人。

三、双语教学质量受到关注,双语教学研究和指导工作得到加强

双语教学工作不断规范。2009年以来先后制定了《义务教育阶段双语教育课程设置方案》、《全日制民族中小学双语班汉语课程标准》、《全区民语授课学校普通班课程设置调整方案》和《关于调整少数民族双语教学班学生相关考试招生政策的意见》等,进一步完善了双语教育模式,科学设置了双语班课程,增加了民语授课普通班汉语课程课时。

双语教学指导和研究不断加强。2008年起每年组织两批双语教学专家及骨干教师深入基层学校开展课堂教学指导,近万人次教师接受指导,其中 2010 年培训指导了 5000 余名教师,2011 年上半年教学指导工作正在进行中。2010 年,举办自治区双语教育研讨会,百余名专家参加。开展了民考汉学生开设民族语文课程试点,喀什、伊犁、阿勒泰 7 所学校 24 个班 1157 名学生参加。2011 年,成立了自治区双语教育专家咨询委员会,主要负责双语教育政策和理论研究以及调查研究工作。在教育部的支持下启动了 3 项双语教育专项课题的研究工作。

双语教学资源不断丰富。2007 年建立了新疆远程教育网及其双语教学资源库,免费供中小学双语班使用。从 2008 年起利用新疆远程教育网启动学前及中小学双语远程同步直播示范课活动。2010 年建设 3 个同步直播教室,启动学前远程同步示范课活动。开发与学前双语教育教材配套的多媒体课程资源,现已进入审查阶段,今年 9 月将全面投入使用。在巴州、伊犁、喀什等六个地州 114 所小学开展了双语光盘教学实验。编报了新疆双语现代远程教育建设计划并获财政部批准,实施方案已编制完成,现已进入招标程序。

双语教材体系不断完善。2008 年以来,先后组织编写、修订了普通中小学汉语教材、中小学双语班汉语教材和双语班民语文教材。2010 年所有教材和教师指导用书编写工作全部完成并投入使用。2011 年,在教育部的大力支持下,委托人民教育出版社编写供双语教育模式 2 使用的新疆版语文教材,起始年级教材计划 2012 年 9 月投入使用,2014 年底全部编写完毕。

双语教学评估和质量监测体系逐步建立。制定了《义务教育阶段学校双语教学评估指标体系》。成立了自治区双语教学质量监测评价中心,制定了双语教育质量监测评估实施方案,今年 6 月 4 万名小学四年级、六年级学生参加了首次质量监测评价。启动了中国少数民族汉语水平等级考试(MHK),2010 年 8000 名大学生参加了考试,2011 年上半年在普通本科院校非毕业年级全面推行民族汉考,2.3 万名本科在校大学生参加了考试。启用了双语教师和学生实名制管理系统,首次信息采集任务已经完成,共采集 348 万名学生信息。

四、教育援疆工作顺利实施,促进了受援地双语教育的改革与发展

新一轮对口援疆工作实施以来,我区积极协调、联络兄弟省市落实教育援疆工作。2011 年 3 月 31 日,国家发改委、教育部组织召开教育援疆规划专题对接会,提出提高教育援疆项目投入资金和所占比例的要求。目前已按要求调整了投入资金比例和援建项目,规划投入资金总额为

639.08 亿元,其中教育援疆资金由调整前的 77.27 亿元,提高到 85.68 亿元,增长了 5.91 亿元,占对口援疆资金总额的比例由调整前的 12.05％提高到 13.14％,增长了 1.36 个百分点。据初步统计,截至目前,援疆省市已安排教育援疆干部、教师 680 名到岗任职、任教,各受援地州派出 648 名教育系统干部、教师赴援疆省市挂职、培训。2011 年,全区实施教育援疆项目 80 个,投入资金 8.95 亿元,其中双语教育项目 43 个、资金 6.15 亿元,职业教育项目 6 个、资金 0.69 亿元,人才培养项目 31 个、资金 2.11 亿元。其中,南疆三地州实施项目 26 个、资金 2.38 亿元。

今后新疆双语教育工作将紧紧围绕自治区党委确定的"以现代文化为引领,以科技教育为支撑"的战略思想,认真实施《新疆维吾尔自治区少数民族学前和中小学双语教育发展规划(2010—2020 年)》,抓好"双语教育基本建设工程"、"双语教育质量提升工程"和"双语教师队伍建设工程"三大工程,全面促进新疆义务教育均衡发展。

(来源:http://jyb.cn/basc/xw/201108/t20110810_447422.html)

新疆生产建设兵团

一、新疆生产建设兵团与教育部签署的义务教育均衡发展备忘录

1. 根据新疆生产建设兵团推进师(市)域义务教育均衡发展规划,全兵团 14 个师(市)定于到 2012 年,所有师 30％的团场和师直学校实现义务教育初步均衡发展目标;到 2015 年,各师所有团场和师直学校实现义务教育初步均衡发展目标;到 2020 年,所有师义务教育实现基本均衡发展目标,并通过新疆生产建设兵团认定。

2. 采取有效保障措施,推进师(市)、团场义务教育一体化发展,确保完成新疆生产建设兵团义务教育学校标准化建设、均衡发展规划确定的目标任务。

3. 加大新疆生产建设兵团统筹力度,优先扶持贫困地区和改造薄弱学校,形成推进义务教育均衡发展的体制机制。

4. 将师(市)域义务教育学校标准化建设和均衡发展情况作为考核师(市)、团场及其主要负责人的重要内容。

5. 加强教师队伍建设,提高教育管理干部和教师队伍整体素质,教师编制向团场义务教育倾斜,建立健全师(市)域内义务教育阶段学校教师、校长流动机制和师(市)、团场一体化的义务教育发展机制。

6. 认真做好"农八师石河子市推进义务教育均衡发展探索"(项目:02-132-265)国家教育体制改革试点项目相关工作。实施好新疆生产建设兵团教

育体制改革试点中有关义务教育均衡发展的项目。

　　向教育部提交如下文件以作备案：(1)新疆生产建设兵团关于推进义务教育均衡发展的指导意见；(2)新疆生产建设兵团义务教育均衡发展规划(含时间表)；(3)新疆生产建设兵团义务教育学校办学基本标准；(4)新疆生产建设兵团义务教育学校标准化建设项目规划；(5)"农八师石河子市推进义务教育均衡发展探索"试点项目实施方案。

二、媒体报道

链接 1

多措并举　大力推进义务教育均衡发展

　　为了贯彻落实《义务教育法》及国家、兵团《中长期教育改革和发展规划纲要(2010—2020 年)》精神，全面推进师域内义务教育均衡发展，兵团制定了《新疆生产建设兵团义务教育均衡发展规划(2011—2020 年)》(以下简称《规划》)。

　　《规划》确定了兵团义务教育均衡发展的总体目标是：力争到 2012 年，所有师 30％的团场和师直学校实现义务教育初步均衡发展目标；到 2015 年，所有师的团场和师直学校实现师域内义务教育初步均衡发展目标；到 2020 年，所有师域内义务教育实现基本均衡发展目标。

　　为确保以上目标的顺利实现，兵团将采取以下主要措施：一是实施标准化学校建设，均衡配置教育资源。制定和实施义务教育学校基本办学标准；科学规划和合理调整学校布局；实施义务教育标准化学校建设；继续实行义务教育投入倾斜政策，不断提高义务教育经费保障水平，不断扩大保障范围。二是统筹教师资源，满足均衡发展的需要。强化师对团场学校校长、教师统筹管理与调配的职能；完善编制动态管理和师域内学校之间校长、教师交流机制；进一步改进教师培训，不断创新教师补充机制。三是扶持弱势群体，巩固提高普及水平。认真落实外来务工人员随迁子女在接受义务教育方面的同等待遇；切实保障残疾儿童少年接受义务教育的权利；加强对家庭经济困难学生资助；高度重视义务教育学校学习困难学生的帮扶工作。四是加强义务教育管理，规范学校办学行为。全面落实《兵团中小学管理规定》，提高学校内部管理水平；认真组织实施义务教育，采取综合措施，着力解决义务教育阶段择校问题。五是深化教育教学改革，全面推进素质教育。深化义务教育课程改革，构建以素质教育理念为核心的教育质量监测评估体系；大力推进双语教育；深化初中毕业生学业考试、综合素质评定和高中招生制度改革。六是发挥学校积极性,提高义务教育整体水平。树立特色办学理念,创新均衡发展模式;促进优质教育资源共享。七是加强组织领导,建立有效工作机制。建立健全行政主要领导负总责、分管领导具体抓的义务教育均衡发展工作领导体制;建立保障义务教育长远发展的工作机制;组织开展对师、团推进义务教育均衡发展的督导评估工作。

为加快推进义务教育均衡发展,近些年,兵团将重点实施的工程项目有:义务教育学校标准化建设工程、教育信息化建设工程、师资队伍建设工程(中小学教师素质提高项目、中小学名校长培养培训项目、双语教师提高培训工程)、教育改革试点项目(推进素质教育改革试点、义务教育均衡发展改革试点、考试招生制度改革试点),并积极实施教育对口支援行动计划,充分发挥对口支援的作用。

(来源:http://www.moe.edu.cn/publicfiles/business/htmlfiles/moe/s5203/201108/122947.html)

链接 2

全面推进义务教育均衡发展——兵团义务教育均衡发展特色做法

在兵团,团场义务教育的发展,事关职工队伍的稳定和壮大,是增强团场凝聚力和提高职工战斗力的一项基础性工作。为此,兵团始终坚持将团场义务教育作为教育工作的重中之重,在经费投入、项目安排、资源配置等方面长期实行倾斜政策,促进了团场义务教育快速发展。

进入新世纪,兵团通过改革义务教育管理体制和经费保障机制,为义务教育均衡发展提供了政策和制度的保障。实行"以师为主、团为基础"的义务教育管理体制,赋予师级行政统筹管理义务教育的职能,促进了师域内义务教育资源的均衡配置。坚持不懈地调整义务教育学校布局,推动了义务教育资源的优化配置。团场义务教育经费由团场承担为主向中央和兵团承担为主的历史性转变,极大地提高了团场义务教育经费保障水平,团场义务教育走了良性发展的快车道。

近几年来,兵团在中央的大力支持下,认真组织实施了团场寄宿制学校建设工程、团场初中学校改造工程、中小学校舍安全工程等一批重大义务教育项目,并自筹资金实施了"团场义务教育学校教学仪器设备达标工程"、"团场中小学水冲式厕所建设工程"等,极大地改善了团场义务教育学校办学条件,有效缩小了团场学校和城镇学校办学条件差距。

兵团高度重视团场学校内涵发展,采取综合措施,不断提高团场学校教育教学质量和管理水平。

——建立并不断完善兵、师直属学校教师团场任教服务期和晋升高级职务教师团场支教制度，充分发挥优秀骨干教师的"传帮带"作用，帮助团场学校教师提高教育教学水平。

——在实施团场学校校长岗位培训、提高培训的同时，采取"影子校长"和"双向挂职"等方式，帮助团场学校校长提高管理能力。

——实施团场学校现代远程教育工程，远程教育"三种模式"覆盖率达到 96％，强化现代教育技术和网络资源应用，基本实现了"班班通、堂堂用"，推动了优质教育资源的充分共享，弥补了优质教育资源的不足。

——大力推进双语教育，先后实施了少数民族中小学教师双语培训工程、双语提高培训工程，对少数民族中青年教师进行全员离岗培训，少数民族中青年教师汉语水平和教学业务能力显著提高，促进了少数民族义务教育的发展。

面对中央加快推进新疆跨越式发展和长治久安的新形势、新任务，兵团紧紧抓住这一历史性机遇，制定了《兵团中长期教育改革和发展规划（2010—2020）》，明确提出推进义务教育均衡发展的目标、任务和措施。

统筹安排校舍安全工程、薄弱学校改造工程、双语寄宿制学校建设工程、现代远程教育工程等各类义务教育工程和对口支援资金，重点加强办学条件建设，保证所有学校在校舍、教学仪器、实验设施、图书资料、体育运动场所达到基本标准，实现义务教育资源基本均衡配置。

统筹义务教育教师资源，将团场学校教师纳入师统一调配、管理，完善校长、教师与师域内跨团场、学校任职、任教。改进团场教师培训，创新团场教师补充机制，完善团场教师编制动态管理。通过 3～5 年努力，使师域内学校之间教师学历水平、高级职务教师比例无明显差异，每所学校能按课程方案配齐各学科教师。

加大对弱势群体接受义务教育的资助和帮扶力度，提高家庭经济困难学生的资助标准和比例，优先资助残疾儿童少年，同等对待外来务工人员随迁子女接受义务教育，建立学习困难学生和留守儿童少年关爱体系。

深化义务教育课程改革，构建以素质教育理念为核心的教育质量监测评估体系，推进初中学生学业水平考试、综合素质评定和高中招生制度改革。普通高中计划内招生名额分配到初中学校的比例，到 2012 年达到50％。加快推进少数民族双语教育，到 2015 年基本普及义务教育阶段双语教育。

全面落实《兵团中小学管理规定》，进一步规范学校办学行为、教师教学行为、校长管理行为,形成规范管理的长效机制。

树立特色办学理念,创新均衡发展模式,探索提高教育教学质量和学校管理水平,实现学校间相互促进、共同发展的有效途径和科学机制,提高义务教育发展整体水平。

（来源:http://jyb.cn/basc/xw/201108/t20110808_446954.html）

链接3

努力探索义务教育均衡发展的有效途径
——义务教育均衡发展先进师、团典型经验

一、整体规划团场与市区教育一体化发展

农八师石河子虽然实行师市合一的管理体制,但其所属团场与市区中小学却分别隶属师、市管理,团场中小学办学经费来源于中央财政对兵团的综合财力补助,市区学校办学经费由市财政承担。这种特殊的体制,造成团场学校与市区学校在办学条件、师资水平和教学质量等多方面存在较大差距,一些团场学校成为薄弱学校。

为了破解这一难题,实现团场教育与市区教育一体化发展,农八师石河子市统一了团场学校与市区学校办学条件标准,实施了规范化学校建设工程,规划到2015年所有学校建成标准化学校;统一了团场学校与市区学校同类教师工资福利,义务教育教师绩效工资与公务员同等水平;开展了市区学校与团场学校结对帮扶活动,市区优质学校与团场学校结成帮扶对子,互派学校领导、中层干部和教师挂职任教,帮助团场学校提高管理水平和教育教学质量;开展了学区化管理和捆绑式发展试验,由一部分市区学校与团场学校捆绑成学区,学区学校实行教学计划、教研活动、教师与学生等方面的统一管理。

二、扎实推进少数民族教师双语培训

农三师伽师总场学校是一所民汉合校的九年一贯制学校。近年来,随着兵团双语教育进程的加快,一些少数民族教师不适应的问题日益凸显。为此,伽师总场学校在认真组织少数民族教师参加各类培训的同时,加强了对少数民族教师的在岗校本培训,明确规定同一教研室民汉教师在一个办公室办公,每名汉族教师必须与一名民族教师结对子,"面对面、一对一"地帮助民族教师提高汉语水平和教学业务能力,同时民族教师也要帮助汉族教师学习维吾尔语,共同提高双语教学水平。

伽师总场学校的这一做法,只是兵团双语教师培训的一个缩影。2005年,兵团就自筹资金实施了少数民族中小学教师双语培训工程,通

过5—6年努力,兵团所有45岁以下少数民族中青年教师均已参加或正在参加为期2年的离岗培训。为了进一步强化培训效果,兵团又将实施少数民族中小学中青年教师双语提高培训工程,对已参加培训仍不适应双语教学的40岁以下教师进行为期一年的再培训,采取到汉语授课学校(班)跟班教学方式,进一步提高其汉语授课水平。通过3年努力,使兵团少数民族中小学中青年教师全面达到双语教育要求。

三、破解偏远学校教师缺乏难题

农二师36团石棉矿学校地处海拔3000多米的偏远、高寒山区,办学条件差,生活条件艰苦,教师留不住、引不进,教育质量难以保证。

针对这类学校的实际困难,农二师积极探索解决的办法。一是实行师直学校、腹心团场学校教师轮流短期支教制度,既保证偏远学校能够开齐课程、开足课时,又保证了不给支教教师及其家庭带来生活的困难。2008年以来,仅师直属学校就有百余人参加支教活动。二是组织全师骨干教师和教研人员深入偏远学校开展"服务在基层、交流在学校、培训在课堂"的讲课、听课、评课活动,现场指导偏远学校教师提高教学业务水平。三年来已开展这类活动50余次。三是充分利用现代远程教育技术手段和网络资源,开展空中视频课堂、在线教学教研、网络教师培训等远程教育活动,促进现代教育技术手段和网络教育资源的应用。四是发挥学校的主观能动性,就近组成片区内校际间的教研联合体,组织开展联片、联校教研活动,促进校本培训、校本教研制度的落实和校际间的交流与合作。

四、探索高效课堂教学模式

走进农三师团场学校,很容易就能发现学校教室的布置发生了很大的变化,学生座位由"秩田式"排列变成了"岛式"排列;每间教室成为某一门课程的专业教室,与课程有关的学具、教具和教学参考资料都陈列在教室,呈现出浓厚的课程教学氛围;学生不固定教室,而是按课程分别到有关教室走班上课;任课教师不再在教师办公室上课,而是在其任教课程的专业教室坐班。这种变化来自于农三师为实现高效课堂所进行的"创设开放式教学情境、构建体验情教学模式"改革。

这种教学模式有利于实现"四个最大化",即最大限度地促进了教师教学方式和学生学习方式的转变,最大限度地提高了教学资源的利用率,最大限度地体现了教师主导和学生主体地位,最大限度地为学生提供了动手实践机会和条件。实践表明,这种教学模式对于大面积提高教学效率和教学质量具有较为明显的效果。

经过三年努力,目前农三师义务教育学校的80％左右的教室已建成课程教室。

（来源：http://www.moe.edu.cn/publicfiles/business/htmlfiles/moe/s5203/201108/122946.html）

宁夏回族自治区

一、宁夏回族自治区与教育部签署的义务教育均衡发展备忘录

1.根据《宁夏回族自治区进一步推进义务教育均衡发展实施方案》,全区22个县(市、区)中,到2012年底有3个县(市、区)实现县域内义务教育基本均衡发展,到2015年底累计有17个县(市、区)实现县域内义务教育基本均衡发展,到2017年底累计22个县(市、区)全部实现县域义务教育基本均衡发展,并通过自治区人民政府验收认定。

2.采取有效保障措施,确保实施好《宁夏回族自治区进一步推进义务教育均衡发展实施方案》和《宁夏回族自治区义务教育学校标准化建设项目实施方案》所确定的目标任务。

3.加大自治区级统筹,建立健全义务教育均衡发展经费保障机制,自治区每年安排专项经费,大力实施好义务教育标准化学校建设工程。化解城镇"大班额"和农村"大通铺"问题,实施好营养工程计划。

4.强化各级政府的责任,进一步规范学校办学行为,着力化解择校问题。将推进县域内义务教育均衡发展作为考核各市、县(区)人民政府及其主要负责人的重要内容。

5.将实施"基础教育学校综合管理质量工程"作为推进义务教育均衡发展的重要抓手,提升学校管理水平和教育教学质量,促进学生德智体美全面发展。

6.认真做好"推进义务教育均衡发展"和"优质高中招生名额分配到区域内初中学校改革"等国家教育体制改革试点项目相关工作。

向教育部提交如下文件以作备案:(1)宁夏回族自治区进一步推进义务教育均衡发展实施方案;(2)宁夏回族自治区义务教育阶段学校办学基本标准(试行);(3)宁夏回族自治区义务教育均衡发展评估指标体系;(4)宁夏回族自治区义务教育学校标准化建设项目实施方案;(5)宁夏回族自治区承担的国家教育体制改革有关试点项目实施方案。

二、媒体报道

链接 1

宁夏七抓七促,强力推进义务教育均衡发展

近年来,宁夏致力于推进义务教育均衡发展工作,按照"扩大优质、提高薄弱、共同促进"的工作思路,坚持做好"七抓七促",扎实推进区域内义务教育均衡发展。

一是抓标准,促进学校建设规范化。为促进区域内义务教育阶段学校建设更加规范化,使薄弱学校达到基本的办学标准,有效缩小区域内义务教育阶段学校办学差距,自治区教育厅、发改委、财政厅、住房和城乡建设等部门依据国家的相关标准,结合宁夏的实际,联合制发了《宁夏回族自治区义务教育阶段学校办学基本标准(试行)》。从"设置与规划标准、建设用地标准、校舍建设标准、装备条件标准"等方面就义务教育阶段学校必须要达到的基本标准作出了明确规定,成为自治区内加强薄弱学校建设,推进义务教育均衡发展的重要依据。

二是抓投入,促进办学条件标准化。我区不断完善义务教育经费保障机制,按照基本公共服务均衡化的原则,建立和完善向薄弱学校倾斜的投入机制;中小学校舍安全工程集中开展危房改造、抗震加固,近三年投资近 40 亿元,完成 320 万平方米的建设任务,新增城市教学班 1410 个,新增学位 4.2 万个,新增寄宿制床位 4.8 万个,进一步缓解城市中小学"大班额"和农村中小学"大通铺"问题;农村义务教育薄弱学校改造计划支持改造薄弱学校、完善寄宿制学校生活设施、促进中小学仪器设备和图书全面达标。各市、县(区)不断加大学校规划布局调整力度,优化教育资源配置。作为县级市的灵武市,把辖区内的原 127 所学校整合到现在的36 所,并全部由教育局直接管理,所有的学校都变成教育局直属学校。近几年多渠道筹措资金近 3 亿元,新建学校 10 所,改(扩)建学校 22 所,同时,由地方财政配套实施了 8 项补助措施,对义务教育阶段中、小学寄宿生实行住宿费补贴和生活费补助;对居家离校 4—10 公里的农村学生实行免费接送;对在农村任教的教师补助交通和生活费;提高了班主任津贴;对提高学历进修教师补助部分学费;对骨干教师发放骨干教师津贴;免费为所有教师进行体检;对高中学生免除学费;进一步减轻了家长的负担,调动了教师工作的积极性。

在实施宁南山区农村义务教育阶段学生营养早餐计划的基础上,今

年5月,在刘延东国务委员视察宁夏教育时的亲切关怀下,我区启动实施了宁南山区家庭经济困难学生营养午餐计划试点工作,为农村家庭经济困难学生每人每天补助午餐费4元。

三是抓队伍,促进师资配置均衡化。为建设一支高素质的中小学校长和教师队伍,我区制定了《进一步加强中小学校长和教师队伍建设的意见》,明确提出,要建立中小学教师编制动态管理机制,在核定的编制总额内,按照隶属关系,由教育行政部门按照班额、生源等情况具体确定学校人员编制,按照总量控制、城乡统筹、结构调整、有增有减的原则,调整和使用本地区中小学教职工编制。探索建立中小学教师退出机制,对于年龄偏大、长期有病且不适应教育教学要求的教师,教育部门将会同人力资源社会保障部门做好分流。加大教师补充力度,在近几年招聘特岗教师7600多人的基础上,今年又招聘2000名特岗教师,充实到农村特别是偏远农村学校,确保薄弱学校开齐课程、开足课时。落实好200多名首批免费师范生的就业安置工作。深入实施"国培计划"、"自治区骨干教师培养培训计划"和"农村教师专业能力提升计划"等,大力开展"宁夏课堂教学质量工程"和"名教师、名校长、名学校"创建活动。充分发挥县级教育资源中心的作用,通过网络等现代技术手段,加大研训力度,整体提升区域内教师专业化水平。建立城镇学校与农村学校教师相互交流机制,城镇学校教师在评聘高级职称时,要有1年以上在农村学校或薄弱学校任教经历;积极开展城市(含县城)学校和农村学校教师相互交流帮扶活动。青铜峡等一些市、县城乡交流教师不低于学校专任教师总数的10%。

四是抓质量,促进教育水平优质化。我区在深入实施"基础教育学校综合管理质量工程"的基础上,确定今年为"基础教育质量提升年",主要抓好教育行政部门"七个提升"和学校的"十个提升"。为确保质量提升年活动取得切实成效,我区在各学校、各地广泛开展了优质课评比、优秀教学设计展示活动,并举办了中学校长论坛暨质量提升研讨会。

五是抓管理,促进办学行为规范化。今年3月,自治区人民政府办公厅批转了《关于进一步加强中小学管理规范办学行为的实施意见》。对全区中小学校办学行为、招生行为、学籍管理行为、评价行为和收费行为进一步进行规范。从开全开足课程、统一校历、控制学生作业量、规范在校时间、评价机制、严格禁止有偿家教等方面提出了具体的要求。

切实关注进城务工人员子女就学问题,认真落实"两为主"政策,将进城务工人员子女接受义务教育纳入当地教育发展规划,确保进城务工人员子女与当地孩子享受同等待遇。关注农村留守儿童的入学问题,为留守儿童的家长解决好后顾之忧。

　　六是抓机制，促进强弱之间、城乡之间均衡发展。建立学校之间帮扶机制。实行强弱联合，提升农村学校办学水平。建立义务教育阶段学校之间的帮扶机制，是促进区域内义务教育均衡发展的重要途径。通过县城（含城市区）学校与农村学校之间的"城乡互动"、"强弱联合"、"以强带弱"、"捆绑式"一体化发展、"发展联合共同体"等，充分发挥优质教育资源的辐射带动作用，促进农村学校和城市薄弱学校办学水平不断提高。大武口区制定城乡之间联校行动计划，将市区内优质学校与城区周边学校和农村学校捆绑结对，构建"不同法人单位、联校协调管理"的新机制，并建立了联校之间的"工作计划统一、管理制度统一、活动安排统一、质量要求统一、年终考核统一"的"五统一"机制，青铜峡市实行城乡之间、强弱校之间的捆绑发展，捆绑学校定期召开行政联席会、每月举行一次教研活动，有力地提升了农村学校和薄弱学校的质量。

　　七是抓试点，促进典型经验共享化。国家教育体制改革领导小组确定我区为"推进义务教育均衡发展改革试点"和"优质普通高中招生指标分配到区域内初中学校试点"省（区），为确保试点工作取得切实成效，按照《关于国家教育体制改革试点项目实施方案备案意见的通知》（教改办函〔2010〕34号）中指出的评审意见，我们进行了修订完善，并确定了贺兰县、吴忠市利通区、彭阳县作为试点单位，试点方案已经自治区人民政府办公厅转发，三个试点县（区）也结合当地实际制定了本地的实施方案。通过试点积累经验，引领示范，并把试点过程中积累的经验最大化共享，推动整体工作上台阶。

　　（来源：http://www.jyb.cn/basc/sd/201107/t20110725_444540_4.html）

链接 2

坚持重中之重战略地位，强力推进教育科学发展

　　推进义务教育均衡发展是促进教育公平、办好人民满意教育的重要内容。早在2007年，宁夏以自治区人民政府办公厅的名义下发了《宁夏义务教育均衡发展行动计划》，并把实施该《行动计划》列入2008年自治区人民政府的民生计划之中，动员社会各方面的力量，大力推进义务教育均衡发展；2009年初，我区又启动了创建义务教育均衡发展示范县（区）活动；2010年，为促进县域内义务教育均衡发展有新的突破，自治区教育厅、财政厅又联合启动了进一步推进义务教育均衡发展试点工作，在深入

实施《行动计划》和广泛开展创建示范县及试点的基础上，去年以来，我区认真贯彻落实全国教育大会精神，制定了《宁夏中长期教育改革和发展规划纲要（2010—2020年）》，提出了打造"教育强区"这一响亮口号，并把推进义务教育均衡发展作为核心内容，进一步凸显了义务教育均衡发展重中之重战略地位。为更好地落实《教育规划纲要》，细化各项目标任务，经过反复调研论证，自治区人民政府办公厅批转了《宁夏回族自治区进一步推进义务教育均衡发展实施方案》，涵盖了推进义务教育均衡发展的目标任务、规划进程、措施办法、制度保障、评估验收和奖励等方面。明确提出，到2015年75％以上的县（市、区）实现义务教育基本均衡发展，到2017年全区全面实现基本均衡发展。

为确保上述规划目标的如期实现，进一步缩小县域内城乡之间、校际之间学校的办学差距，依照《农村普通中小学校建筑标准》、《城市普通中小学校校舍建设标准》以及中小学实验室仪器设备和图书装备等相关标准，结合宁夏实际情况，今年2月，自治区教育、发改、财政、住房和城乡建设等部门联合下发了《宁夏回族自治区义务教育阶段学校办学基本标准（试行）》。就义务教育阶段学校设置与规划标准、建设用地标准、校舍建设标准、装备条件标准等方面作了明确规定，成为自治区内实现办学条件标准化和推进义务教育均衡发展的重要依据。各地各学校对照《基本标准》逐校进行测算，按照缺什么补什么的原则，测算出了全面实现义务教育学校标准化所需资金，规划了实现标准化学校建设的进程，在此基础上，自治区人民政府办公厅批转了《自治区教育厅、财政厅宁夏回族自治区义务教育学校标准化建设项目实施方案》。

最近的一些新亮点：

一、立足实际，制定了评估指标体系

结合宁夏的实际，我区制定了《义务教育均衡发展评估指标体系》，主要内容如下：

1. 入学机会（普及水平）。义务教育阶段适龄儿童按时入学率、巩固率达到规定标准，农民工等流动就业人口子女在全日制公办学校接受免费义务教育得到保证，残疾儿童少年义务教育普及程度达到当地水平，农村留守儿童少年接受义务教育得到妥善解决。

2. 办学条件。基本形成满足适龄儿童少年就近入学需求的学校布局结构，大部分完小、初中和特殊教育学校的校园、校舍、体育运动场馆、安全设施、卫生设施、寄宿设施、教学仪器设备、信息技术设备等基本达到规定标准，学校之间无明显差异；所有学校和教学点无D级危房，校舍基本达到国家抗震设防标准。

3.师资队伍。所有教师均具有教师资格并达到学历要求,高一级学历教师所占比例明显提高,学校配齐国家课程标准规定学科的各类教师,学校之间教师学历水平、高级职称教师比例无明显差异;城乡之间、校际之间优秀校长、教师定期交流;校长、教师能够按照规定接受培训,校本研修制度全面落实,教师培训经费得到保障;教师师德修养和业务素质明显提高。

4.教育教学质量。学校能够按照国家课程标准规定开齐课程并达到教学基本要求,校际之间教学质量差距不明显;学校可有效开展校本教研、校本培训,能开出具有特色的学科课程、社会实践课程、校本课程等;学习困难学生得到有效帮扶。

5.办学行为。适龄儿童少年就近入学得到切实保障,实行优质普通高中招生名额合理分配到区域内初中的办法,择校问题得到有效缓解,初步形成现代学校制度,无任意增减课时、增加学生课业负担行为,无以考试成绩公开排队、办重点校(班)现象,无违规乱收费行为;校园安全卫生责任、措施落实到位,无重大安全、卫生责任事故;形成优良的班风、校风,校园文化积极向上,校园周边环境安全有序。

二、实施"基础教育质量提升年",促进内涵发展

在深入实施"基础教育学校综合管理质量工程"的基础上,我区把今年确定为"基础教育质量提升年",主要抓好教育行政部门的七个提升和学校的十个提升。为确保质量提升年活动取得切实成效,我区还在全区各地各学校广泛开展了优质课评比、优秀教学设计展示及中学校长论坛暨质量提升研讨会三项活动。

三、进一步规范学校办学行为,减轻中小学生过重的课业负担

今年3月,自治区人民政府办公厅批转了《关于进一步加强中小学管理规范办学行为的实施意见》,明确提出,要进一步规范学校办学行为、规范招生行为、规范学籍管理行为、规范评价行为、规范收费行为。从开全开足课程、统一校历、控制学生作业量、规范在校时间、评价机制、严格禁止有偿家教等方面提出了具体的要求。《实施意见》对进一步规范中小学的办学行为,切实减轻中小学过重的课业负担,大力推进素质教育等方面都产生了积极的促进作用。

四、扎实做好改革试点项目,发挥好示范引领作用

我区积极申报了推进义务教育均衡发展试点项目,根据国家教育体制改革领导小组办公室《关于国家教育体制改革试点项目实施方案备案意见的通知》(教改办函〔2010〕34号)中指出的评审意见,为确保试点项目取得切实成效,进一步推进县域内义务教育均衡发展,自治区人民政府办公厅批转了《推进义务教育均衡发展改革试点方案》,确定了贺兰等3个试点县(区),为全区全面推进义务教育均衡发展树立了典型,试点县根据本地实际,制订了实施方案,有力地推进了义务教育均衡发展工作。

（来源:http://www.moe.edu.cn/publicfiles/business/htmlfiles/moe/s5203/201107/122499.html）

链接3

实施义务教育均衡　推进城乡一体发展
——大武口区创建义务教育均衡发展示范区工作

大武口区推进义务教育均衡发展有"四个目标",即"推进城乡学校均衡发展目标"、"推进农村学校均衡发展目标"、"推进市区学校均衡发展目标",最终"实现城乡教育一体化目标"。推进教育均衡发展突出"联、盟、扶、支、轮、助"六个字,构建了"六种助教模式"。"联"是所有市区学校都与农村和周边学校结成对子校,落实联校发展措施;"盟"是在市区学校推行学校结盟,以优质学校为龙头,把薄弱学校变为优质学校的分校或附属校;"扶"是从市区学校遴选优秀教师到薄弱学校进行帮扶助教活动;"支"是选派市区学校教师到农村和周边学校支教;"轮"是实行城区学校和农村学校教师轮岗互换、挂派交流;"助"是组织教研员、校长助理和"名师团"成员到薄弱学校进行教育科研、教学研究帮扶活动。按照"六字方针"构建了"六种助教模式",即强校带弱校模式、名师(骨干教师)助教模式、校长助理帮扶模式、教研员蹲点服务模式、教师轮岗互换模式、教师间师徒结对模式。

为确保"六字方针"和"六种模式"的有效落实,工作中坚持了"十条措施"。一是深入落实城乡联校行动计划。以市区11所标准化学校为基地学校,分别与城区周边和隆湖农村学校捆绑结对,落实"一带一(或二)"发展目标,构建"不同法人单位、联校协调管理"的新机制,形成城乡教育发展共同体,逐步缩小城乡教育差距。二是全面推行中小学教师轮岗制度。出台了《大武口区中小学教师轮岗工作实施方案》,完善了城乡学校对口支援制度和城区教师到农村学校任教服务,农村教师到城区学校轮岗学习任教制度。近两年,轮岗互换教师200多人,从市区、农村和周边学校选派24名副校长、中层干部轮岗交流学习。三是实施"名师"带动工程,推行校长助理制度。深入实施"名师工程",择优选拔大武口区级名师28人。建立"名师"服务项目库进行"菜单式"服务,定期组织"名师服务团"

到农村学校进行业务指导,2010 年名师服务团下学校指导业务工作达 30 多场,2011 年上半年安排名师进校服务活动 16 场(周),目前正在有序进行。四是加强教师资源的统筹管理。强化农村和周边学校师资队伍,新增教师优先满足农村和薄弱学校需求。新招聘的教师、特岗教师均要先到农村和薄弱学校任教,实行城市教师职称评聘、职务晋升必须要有农村或薄弱学校任教经历制度。建立城市中小学教师支教档案,并作为教师评优评先、晋升专业技术职务、评选特级教师等方面的重要依据。五是加强骨干队伍建设,提升农村教师素质。出台了《大武口区骨干(拔尖)教师培养管理规定》等文件,大力培养骨干教师和学科带头人。教师队伍中共有各级骨干教师 450 人,占教师总数的 32.3%。六是拓展教师学习途径。强化"走出去、请进来"培训学习机制,近两年组织校长及骨干教师赴上海、江苏等地参加高级研修班、名校观摩学习、全国教育知名专家讲座等 720 人次。请专家来大武口开展专题讲座 3 次,参训教师 900 多人。七是借助教育科研推动教师专业发展。开展以校本教研、片区教研为主要形式的教育科研活动,教研员采取"集中指导与分片服务"相结合的教研策略,大力开展片区联动教研。片区联动教研主要以骨干教师引领课、年级组教师同课异构、片区专题研究经验交流等形式,引领教师走"科研强校、科研强教"之路。八是强化对薄弱学校教育科研的扶持力度。教研室紧扣"以校为本"的教研理念,落实教研员"蹲点"指导和"对诊"服务制度,将教研活动重心下沉到隆湖农村和城区周边薄弱学校,分片区确定学科活动基地学校,指导学校有针对性地开展教学研究,寻求提升片区教学质量的方法和策略。九是狠抓学校体卫艺工作,切实促进学生身心健康。加大投入,为 15 所薄弱学校修建了高标准塑胶田径场,并添置了音体美器材。认真执行《国家学生体质健康标准》,2008—2010 年学生体质健康标准达标率分别为 88.96%、91.37%和 96.51%。建立健全校园安全防控预警机制,学校参保率和学生参保率均达到 100%。强化了学校安保建设,设置学校警务室并配齐保安,为各学校安装了技防监控。十是重视农民工子女接受义务教育。将农民工子女接受义务教育作为当地普及九年义务教育的工作内容,纳入教育发展规划,统筹安排农民工子女就近入学。

(来源:http://www.jyb.cn/basc/sd/201107/t20110725_444540_3.html)

链接 4

多措并举狠抓落实 稳步推进义务教育均衡发展
——青铜峡市创建义务教育均衡发展的经验

一是强化政策支持。出台了《青铜峡市学校布局调整方案》、《青铜峡市关于加快教育改革与发展的决定》和《青铜峡市关于禁止在职教师从事有偿家教的规定》等政策性文件,制定印发了《青铜峡市创建义务教育均衡发展示范市工作方案》、《创建义务教育均衡发展示范县市评估指标体系暨职责分工的通知》等指导性文件,为推进义务教育均衡发展提供有力的政策支持。

二是夯实均衡发展基础。筹措资金为全市农村小学学校配置了电教室、计算机室、教师电子备课室等教学仪器设备,音、体、美器材、理化生实验器材配备达标率均达到自治区相关标准,学生演示实验、分组实验开出率达 100%;计算机生机比初中达 10∶1、小学达 14∶1,极大地满足了信息技术教育需求

三是优化资源配置。近两年来先后共撤并公办中小学 21 所,进一步扩大了学校办学规模;在城区组建第六中学,开工建设第五小学,规划建设第七中学,对有效缓解城区学校"大班额"问题起到了积极作用。同时,采取"政府投一点、学校拿一点、家长出一点"的办法,解决撤并后家庭偏远学生上学乘车问题,确保布局调整工作平稳有序。

四是创新管理机制,积极推行区域学校捆绑发展管理模式。制定印发了《青铜峡市区域学校"捆绑式"发展工作实施方案》、《青铜峡市教师轮岗交流管理考核办法》,创新区域学校捆绑发展管理模式,加大教师交流力度,城乡之间交流不低于学校专任数的 10%。实行城乡学校之间中层以上管理干部和教师轮岗交流,实行教育管理部门干部、教研员下校挂职锻炼,有效缓解了边远农村学校教师学科不配套的问题,并基本实现了片区范围内优势互补、优质资源共享的目标,进一步缩小了城乡间、校际间教育差距。

五是强化师资培训力度。强化师资培训力度,先后选派中小学校校长、骨干教师到江苏、上海等地挂职培训和观摩学习,积极参加了国培计划培训,极大地提高了教师的学历层次和业务能力。

六是倾力打造高效课堂。稳步推进"三名"工程建设,选拔、培养名师、名校长,打造名学校;通过校本研修、教研员蹲点包校指导、邀请教育专家专题讲座、在市电视台开设"名师、名校长"专访栏目、开展高效课堂

论坛及课堂教学观摩研讨活动等形式,大力开展高效课堂。

（来源：http://www. moe. edu. cn/publicfiles/business/htmlfiles/ moe/s5203/201107/122498. html）

链接 5

走均衡发展之路　办人民满意教育
——灵武市创建义务教育均衡发展示范市经验交流材料

一、以创建义务教育均衡发展示范市为抓手,切实加强组织领导,推动教育事业全面协调可持续发展

近年来,灵武市在加快经济社会发展的同时,坚持教育优先发展战略,将教育工作纳入全市经济和社会发展总体规划,特别是把农村义务教育放在优先发展地位不动摇。先后制定出台了《关于办人民满意教育的意见》、《灵武市教育事业"十二五"发展规划纲要》、《灵武市中小学布局调整实施方案》、《灵武市创建义务教育均衡发展示范市工作方案》等文件,明确了实现义务教育均衡发展的目标任务、实施步骤和政策保障措施。市政府成立了以市长为组长,分管副市长为副组长,教育、财政、发改、建设、人事、国土等部门负责人为成员的创建工作领导小组,将创建工作列入重要议事日程,多次召开会议研究创建工作。同时,建立完善了目标考核责任制,明确职责分工,加强协调配合,确保创建工作的顺利实施。

二、以改善办学条件为重点,切实加大基础设施建设力度,全面提高义务教育阶段学校硬件装备水平

一是优化学校布局。按照"总体规划、整合资源、扩大规模、积极稳妥"的原则,结合中小学危房改造,采取撤、扩、并、建、联等措施,对农村学校校点进行了调整,着力解决中小学布局网点多、分布散、规模小、效益差等问题,进一步优化了教育资源配置,提高了教育资源的利用率。先后撤并学校75所(区域调整划出14所),中小学学校数由1998年的127所整合为现在的36所。二是加快基础设施建设。多渠道筹措资金近3亿元,新建学校10所、改扩建学校22所,累计完成建筑面积17.8万平方米。改造了13所中小学运动场地、教学办公及生活设施和校园环境进行改扩建、美化亮化。全市中小学整体面貌发生了根本变化,规模化办学格局基本形成。三是提高信息化水平。全市中小学教学仪器设备配置达标或基本达标;为全市各级各类学校配置电脑,全市小学、初中生机比达到9.1∶1和9.8∶1;使全市普通教学班多媒体设备配备率达到80%以上，部分学校实现"班班能"。

三、以提高师资水平为目标，不断加大改革和培训力度，义务教育阶段学校教育教学的活力明显增强

一是实施百名教师轮岗支教行动。选派城区中小学副校长、骨干教师到农村学校轮岗支教，选拔农村学校副校长、年轻教师到城区学校学习培训。选派城区学校校长兼任农村学校名誉校长，加大对农村学校帮扶、指导力度，构建城区、农村学校一体化发展格局，促进学校之间师资力量和教育水平的相对均衡。二是加强农村学校和城市薄弱学校师资队伍建设。我市新招录的特岗教师全部向农村中小学派遣，新教师向缺员缺编学校倾斜。建立城镇中小学教师到农村或薄弱学校任教服务期制度，将农村或薄弱学校任教经历作为城镇教师职称评聘、职务晋升的硬件进行评审。同时，在职称评审中关注乡村教师，在教学新秀、教学能手、学科带头人、名教师、特级教师等评选方面，留足农村教师名额，切实增强农村或薄弱学校教师工作的积极性。三是认真实施"名校长""名教师"培养行动。与全国成功教育基地、上海重点中学闸北八中结为友好单位，选派教师到闸北八中学习培训；外派教师校长参加国家、自治区、银川市举办的各类培训。

四、以深化教育教学改革为突破，不断提高课堂教学水平，义务教育教学质量进一步提升

一是狠抓课堂教学改革。针对课堂教学中存在的问题，大胆改革创新，探索高效课堂、有效教学模式，尝试多样化教学方法；组织教研员、教育管理干部深入各学校，尤其是农村学校开展课堂教学诊断活动，听课、评课、上示范课1000多节。二是着力推进教研活动。组织教师参加国家、自治区、银川市教研活动。借助宁夏教育数字化平台、新思考网、宁夏教研网、灵武教育信息网等，开展网络集体备课、观课、研讨等有针对性、实效性的教研活动，培养教师远程学习习惯，提升教学水平，活跃学术气氛。

五、以促进学生全面发展为目的，加强校园文化建设，为农村学生施展才华提供平台

一是实施校园文化提升行动。积极开展绿色校园创建活动，通过增设雕塑、悬挂名人名言、喷绘文化墙、制作校训校徽，以及要求讲普通话等各种形式，丰富校园文化，提升校园的人文内涵。

二是组织"守规矩、铸和谐、讲文明、我行动"系列活动。举办书法、绘画、摄影、征文活动，征集到作品1200余篇，极大地提升了当地学生的人文素养,鼓舞了这些学校参与活动的积极性。

(来源：http://www.moe.edu.cn/publicfiles/business/htmlfiles/moe/s5203/201107/122501.html)

重庆市

一、重庆市与教育部签署的义务教育均衡发展备忘录

1.扎实开展义务教育均衡发展合格区县(自治县)的认定工作,根据本市推进义务教育均衡发展规划,全市40个区县(自治县)到2012年底全部实现区县(自治县)域内义务教育初步均衡发展,其中20个区县(自治县)实现基本均衡发展;到2015年底全部区县(自治县)实现基本均衡发展,并通过市政府认定。建立义务教育基本均衡发展合格区县(自治县)的激励机制,命名一批义务教育均衡发展示范区县(自治县)。

2.采取有效保障措施,确保实现、完成重庆市义务教育均衡发展规划和义务教育学校标准化建设规划确定的目标、任务。

3.进一步落实义务教育"以县为主"的政府责任,将义务教育均衡发展情况列入区县(自治县)人民政府和主要负责人的考核指标。"十二五"期间,市财政将加大义务教育经费统筹力度,并加大对财政困难区县(自治县)的支持;进一步提高财政预算内生均公用经费拨付标准,生均公用经费高于西部省市平均水平。

4.在城市规划和建设中,将义务教育学校建设列为重要基础设施,优先规划和建设,确保完成义务教育均衡发展规划的各项建设目标。配合户籍制度改革,全市规划新建义务教育阶段学校115所,解决好300万转户进城农民工子女的入学问题。

5.进一步加大教育城乡统筹的力度,在农村义务教育学校探索实施"重庆市农村中小学领雁工程",实施关爱130万留守儿童的"六大行动计划",深入推进农村中小学课程改革,研究制定义务教育质量标准,形成具有重庆特色的城乡统筹的义务教育均衡发展体制机制。

6.加大义务教育教师均衡配置与培养培训的统筹力度,将义务教育教师培训作为市级教师培训的重点。

7.认真做好国家教育体制改革试点项目"基础教育综合改革"和"加强农村学校教师队伍建设"相关工作。

向教育部提交如下正式文件：(1)重庆市实现县域义务教育均衡发展规划(含时间表);(2)重庆市义务教育学校办学基本标准;(3)重庆市义务教育学校

标准化建设项目规划;(4)重庆市承担的国家教育体制改革有关试点项目实施方案。

二、媒体报道

链接 1

重庆:让城乡居民同享高质量的义务教育

重庆市是国家统筹城乡综合配套改革试验区,"十一五"以来,市委、市政府将推进义务教育均衡发展作为统筹城乡的重要突破口,创新体制机制,破解发展难题,创造了"中国教育的重庆现象"。

城乡教育发展差距显著缩小

直辖以来,尤其是"十一五"期间,重庆市委、市政府将推进义务教育均衡优质发展、实现基本公共服务均等化作为推进城乡统筹的突破口和重要的民生工程、民心工程,致力缩小城乡教育发展差距,促进教育公平。

教育普及实现了历史性突破。2006年,重庆在西部地区率先实现了"普九"全覆盖;2010年,初中学生升入高中阶段比例达90%,超过全国平均水平。

坚持教育改革创新,解决历史遗留问题。一是在"十一五"期间偿还了"普九"全部债务近28亿元,成为全国第一个用财政性资金偿还"普九"欠债的省市。二是全面消除了中小学危房,60%的中小学校舍实现标准化建设。三是建成农村寄宿制学校2080所,基本解决农村学生的寄读问题。四是通过公开招聘考试,按照90%的录取率择优录取了8941名公办教师,在全国率先解决了农村代课教师问题。五是通过提高生均公用经费、校舍维修改造补助标准等,提高义务教育保障水平。六是在全国率先落实并兑现义务教育教师的绩效工资,解决了教师待遇问题。七是投入专项资金使60%中小学达到国家标准化要求,基本解决了义务教育学校硬件设施建设不均衡问题。

坚持以人为本,改善教育民生。一是全面实现免费义务教育;二是健全贫困学生资助体系,每年资助学生达400多万人次;三是健全农民工子女就学保障机制。近26万名农民工子女享受了"两免一补";四是健全农村留守儿童培养关爱机制,妥善解决130万名留守儿童问题;五是实施中小学营养促进工程。

坚持教育优先发展,实现教育财政性投入占GDP 4%的目标。其中,70%的新增教育经费向农村地区、贫困地区、少数民族地区倾斜,努力实现教育的全面均衡发展。

"四大策略"、"五大举措"提升义务教育均衡发展水平

在基本普及九年义务教育后，重庆市于 2007 年及时将义务教育工作的重点由"有学上"向"上好学"转变，坚持"整体规划，分类推进"、"以点带面，典型示范"、"以城促乡，城乡互动"、"兼顾公平，关注弱势"等"四大策略"，实施"五项举措"，务实求解义务教育优质均衡发展的方程式。

教育经费"投入"与"效益"并重。在建立城乡一体的义务教育经费保障机制的基础上，各区县成立教育经费结算中心，学校经费实行"统一预算、集中结算"，确保每一分钱都用在刀刃上。

办学条件"软件"与"硬件"并重。将义务教育均衡发展的突破点放在标准化建设上，加快改善城乡薄弱学校办学条件。在软件建设上，加强学校内涵发展，推进校园文化建设，增强环境文化"启真、益智、辅德、健体"的育人功能，全面提高学生综合素质。

师资队伍"提质"与"增量"并重。过去 4 年中全市累计公开招聘了 6200 名"特设岗位"教师，同时开展农村中小学教师全员培训和学科骨干、英语、体育艺术教育培训，提高城乡义务教育学校教师素质。

学校管理"继承"与"创新"并重。深入推进教育思想、教育模式和教育方法等改革，探索出了管理体制一体化、学校建制一体化、对口帮扶一体化等新型办学模式，培养了一大批遵循教育基本规律、尊重人的成长规律的优质学校。

教育质量"优质"与"特色"并重。推动义务教育课程改革与素质教育深度融合，培育、推广了一批本土经验，让课改惠及每一个学生，逐步形成了义务教育"校校有特色，生生有特长"的局面。

努力实现城乡义务教育一体化和现代化

按照重庆市委、市政府"把重庆市建设成为西部地区教育高地和长江上游教育中心"的战略部署，全市将分三个阶段推进义务教育均衡发展，切实保障人民群众享有公平的教育机会和权利。

第一阶段，到 2012 年底，全市 40 个区县实现区（县）域内义务教育初步均衡，其中 20 个区县实现区（县）域内义务教育基本均衡发展；

第二阶段，到 2015 年底，全市所有区县义务教育学校在办学条件、师资水平、管理水平、教育质量等方面实现基本均衡，并通过市人民政府认定，命名一批义务教育均衡发展示范区县；

第三阶段，到 2020 年，全面实现城乡义务教育优质均衡发展，高水

平、高质量普及九年义务教育，实现城乡义务教育一体化和现代化。
（来源：http://www.jyb.cn/basc/xw/201103/t20110329_422471.html）

链接 2

重庆区县义务教育均衡发展春潮奔涌亮点纷呈

备受关注的 2011 年全国"两会"期间，教育部与我国 15 个省级政府签署义务教育均衡发展备忘录，共同推进义务教育均衡发展的消息犹如一阵春风，吹遍了神州大地，也让深处中国内陆这座西部唯一的直辖市重庆焕发出春天的光彩，更让重庆 40 区县的教育界人士倍感振奋，深受鼓舞。

重庆市教委主任周旭在此间接受媒体采访时表示，近年来，重庆坚持将义务教育均衡发展作为统筹城乡教育发展的重要突破口，着力实施义务教育均衡发展"机制优先、师资优化、育人优质"三大战略，采取"整体推进"与"重点突破"相结合的办法，坚持"以点带面，典型示范"，推进城乡义务教育从免费教育向优质教育、从"有学可上"向"有好学上转变"，确保"学有所教"、"学有所师"、"学有所成"。

在前不久召开的重庆市 2011 年度基础教育工作会上，来自各区县与中小学校的数位代表进行了交流发言，他们侃侃谈及本地、本校推进义务教育均衡发展的经验。事实上，"十一五"期间，重庆市委、市政府将义务教育均衡发展作为建设全国统筹城乡教育综合改革试验区的首要任务，鼓励地方和学校大胆探索和试验，培育并涌现出"南岸区中小学标准化建设"、"沙坪坝区优质教育资源共建共享"、"北碚区进城农民工子女平等就学"、石柱县"农村留守儿童 4＋1 教育模式"等典型经验，引领和带动重庆全市义务教育均衡发展。

时间倒回到 2009 年 11 月 7 日，在全国推进义务教育均衡发展现场经验交流会上，重庆万州区、黔江区、綦江县被教育部表彰为"全国推进义务教育均衡发展工作先进地区"。

"重庆是中西部地区唯一的直辖市，又是全国统筹城乡综合配套改革试验区，城乡二元结构矛盾突出。在这样的背景下，仍然有万州、黔江、綦江这 3 个地区被评为'全国推进义务教育均衡发展先进地区'，足见重庆在推进义务教育均衡发展中取得了一定的成绩，并积累了相当的经验。"中国教育学会相关负责人如是评价重庆义务教育均衡发展开展情况。

"一小时经济圈"綦江：区域推进课程改革

展开地图，山城人喜欢把重庆的形状比作一只正欲腾飞的凤凰——

辖区内 40 个区县巧妙相连。市中心是"凤头","一圈"指城市经济区;展翅欲飞的是渝东北和渝东南"两翼"。虽然綦江地处重庆"一小时经济圈"内,但作为山区农业县,城乡二元结构特征依然突出,该县近 90% 的中小学生就读于村镇中小学。

据了解,近几年来,綦江以区域推进基础教育课程改革为着力点,在农村课程改革方面进行了卓有成效的探索实践:他们借鉴全国部分地区的课改成功经验,对课堂教学进行本土化改造,总结出了"多学少教、不教而教"、"生活化、活动化课堂"等 10 多种提高课堂教学质量有效性的模式,实行"以入口定出口"、"从起点看变化"的教育质量增量评估,区域整体提高教育质量。

经过几年课改努力,綦江县义务教育阶段学生辍学率由近 3 个百分点降到 0.2 个百分点,城乡学生学业成绩合格率由课改前相差近 40 个百分点缩小到 10 个百分点;全县 42 所农村薄弱学校中,已有 30 所获得过县教委督导评估一等奖。

以前,城乡学校因师资、设备、生源等原因,教学质量差距较大。而农村学校课堂普遍存在着"教师讲得多,学生参与少"的填鸭式教学现象,课堂教学效益低下,学生厌学现象严重。为此,綦江县教委制定课堂教学改革规划,将传统与现代,继承与创新结合起来,创造适合本校实际的课堂教学模式。

在重庆"一小时经济圈"中,类似綦江这样推进义务教育均衡发展的区县诸如南岸区、沙坪坝区、北碚区等同样亮点频现。"均衡教育绝不是'削峰填谷',绝不是让好的学校削弱自身实力去填补薄弱学校。"南岸区教委相关负责人说,均衡发展是不断地建峰垫谷,让山峰越来越多、越来越高,山谷也越来越高。

渝东北万州:倾斜农村与薄弱

万州是重庆"一圈两翼"格局中的重要增长极,是渝东北地区城乡统筹发展的先行区,是和谐稳定新库区的示范区,在推进义务教育均衡发展的过程中,万州区坚持"办好每一所学校,教好每一个学生"的理念,基本形成了该区校际之间、城乡之间、层级之间的三个均衡协调可持续发展,并探索出"突出优先公平,创新领导协调机制;拓宽融资渠道,创新投入保障机制;倾斜农村与薄弱,创新均衡发展机制;关爱特殊群体,保障全体学生平等接受义务教育"的地方经验。

万州区政府分管教育的副区长程尧在经验交流会上说,该区进一步完善了区级各部门、镇乡(街道)的教育职责,健全教育发展管理运行机制,实行"一把手"负总责,分管领导具体负责,各相关部门协同配合的工作机制,并坚持教育随着城乡发展优先规划、同步建设配套学校。

近年来,万州全区80％以上教育项目工程倾斜在农村和薄弱学校,教学设备设施、教育经费投入、编制和师资配备等方面也优先考虑农村和薄弱学校。

万州区凤山村小是一所地理位置高、教师年龄高、信息闭塞程度高的"三高"学校,学校安装了现代远程教育设施后,极大地改变了师生们的生活和学习习惯。该校谭千美老师告诉记者:"我以前一人包一个班,整天教孩子们语文、数学,枯燥无味,上课是地地道道的地方语言。今天可好了,有了远程教育这个老师,给我们纠正发音,让大家说流利的普通话,还可以经常学习大城市的优秀教师上课,天真、活泼的孩子们非常喜欢,学习更有劲了。"

不仅如此,万州还建立和不断完善义务教育资助体系、实施"中小学营养促进工程"、创新进城农民工子女入学机制、更加关注农村留守儿童、保障残疾儿童少年接受义务教育的权利。资助政策实施以来,该区有29万余人次接受资助近5.38亿元;11934名进城农民工子女就读城区中小学;救助农村留守儿童56786人,确保"不让一个学生因家庭经济困难而失学",2011年还将再建100个农村留守儿童关爱中心。

渝东南黔江:"集团办学"模式促民族地区发展

渝东南,一个地处武陵山区腹地,包括了黔江区和石柱、彭水、酉阳、秀山4个少数民族自治县,是重庆苗族和土家族传统聚居地。说起过去这里的状况,当地很多百姓用一话来形容:"养儿不用教,西秀黔彭走一遭"。长期以来,受地理、交通等瓶颈的制约,这里的经济发展相对滞后,城乡义务教育发展极不均衡。

据黔江区教委负责人介绍,2009年以来,该区在市里的支持下,通过实施"集团办学",农村教育整体水平明显提高,城乡教育差距明显缩小,实现师资水平、育人质量、科研能力、管理水平、办学特色五个显著提升。

该县确立了"以城带乡、整体推进、城乡一体共发展"的基本思路,将全区53所中小学分成14个帮扶集团,通过"五个帮扶"促进均衡发展。2010年该区义务教育投入大幅增加,安排了6774万元专项资金,实施校舍安全工程建设。2700万元专项资金用于12片塑胶运动场建设,并启动民族中学创市级重点中学和新建正阳中学建设项目。2011年,黔江将深化实施"集团办学"模式,基本形成区级领导、区级部门、区内企业和城乡学校共同参与、互动帮扶、捆绑考核的"大集团"办学模式。

同样位于渝东南地区的酉阳,在实施中小学营养促进工程和为非寄宿制贫困生提供"爱心午餐"方面也别具特色。当酉阳毛坝中心小学300余名学生到食堂排队就餐,看着碗里盛得满满的饭、热气腾腾的木耳肉丝、炒豆芽,还有紫菜粉丝汤,孩子们脸上都洋溢着喜悦的笑容。12岁的杨念说,"以前每天中午吃土豆,经常饿得下午连课都听不进去。这样的午餐,是以前做梦也想不到的,现在却是免费供应,还可随意添加。"

"为了真正做到满足孩子生长发育的营养所需,我们专门邀请营养专家制定了营养食谱,每顿一荤一素一汤,每三周轮一次,每天的菜品不重复,保证孩子们吃得舒心、吃得营养。"酉阳县教委负责人说,"县上每年从有限的财政中拿出2400万元,让全县393所中小学8.2万中小学生吃上了营养午餐。"

按照重庆市政府规划,重庆将用5年左右时间,健全义务教育公共服务体系,基本实现城乡义务教育一体化。到2012年底,重庆全市40个区县实现区(县)域内义务教育初步均衡,义务教育均衡发展合格区县将达到70%;到2015年底,全市所有区县义务教育学校在办学条件、师资水平、管理水平、教育质量等方面实现基本均衡,义务教育均衡发展合格区县达到90%。

如今,重庆教育系统的广大教职员工正铆足干劲地推进义务教育均衡发展,重庆犹如一座百花齐放的大花园,那一个个亮点纷呈的区县在春意盎然的时节正焕发出熠熠夺目的光彩……

(来源:http://www.jyb.cn/basc/xw/201103/t20110329_422474.html)

链接 3

创新体制机制推进义务教育均衡发展

直辖以来,重庆市委、市政府紧紧围绕建设西部高地和长江上游教育中心的目标,坚持优先发展教育,把推进义务教育均衡发展作为最为紧迫的战略任务,深入推进统筹城乡教育改革试验,着力消除义务教育发展不均衡的体制机制障碍,以促进公平和提高质量为重点,努力办好每一所学校,在促进城乡教育一体化和现代化方面取得了显著成绩。

改革义务教育均衡发展管理机制

按照市委、市政府的部署,重庆确立了将分三个阶段推进义务教育均衡发展的目标。根据这一目标,全市建立了均衡发展推进机制,每年召开工作推进会,市县联动、城乡联动,推动义务教育办学条件、师资队伍、管理水平、教育质量等方面均衡方面。从2007年起,重庆市委起将义务教育阶段标准化学校完成率等指标作为区县党政班子实绩考核的重要内容，市政府也将义务教育发展水平列入区县政府教育工作督导评估的重要内容，全面启动"义务教育均衡发展合格区县"评估工作。

改革义务教育经费保障机制

学生们"打着火把上学，顶着星星回家"的现象已经成为历史。在建成寄宿制学校后，学校对寄宿学生实行"课内课外老师管、三餐两睡老师陪、假期节日老师带"，使学校成了学习的校园、生活的家园、成长的乐园。

2004年以来，重庆已投入68亿元，建成农村寄宿制学校2080所，解决了101万名农村留守儿童的寄读问题。

"十一五"期间，重庆市坚持从预算内和预算外、预算和决算、地方决算和中央决算三方面加大对教育的投入，使市级教育财政支出占财政一般预算支出的20%，全市教育财政投入达到了GDP的4%。在教育投入持续增长的前提下，调整支出结构，加大专项投入，保障重点、解决难题。过去3年中，全市共投入401亿元推进标准化建设，建立义务教育经费保障机制，中小学生均公用经费实行城乡同一标准。全市还消除了中小学危房、偿还了"普九"历史欠债、建成农村寄宿制学校2000余所，还筹集3亿元"补丁工程"资金，改造和改善农村农村中小学的教学黑板、体育器材设备、饮水设施，组织学生免费看电影等。

"科学发展，教育为先。义务教育均衡优质发展既是重庆'民生发展'的目标，也是为城乡统筹提供智力支撑的必然要求。"重庆市市长黄奇帆说，重庆市以标准化建设为义务教育均衡发展的突破点，加快改善农村学校和城市薄弱学校的办学条件，全市中小学校舍标准化率已达到60%。义务教育经费保障机制的建立，有利于农村中小学将更多的精力投入到教师队伍建设和教学质量提高，从而也促进了教育软环境的改善。

改革义务教育师资队伍建设机制

王良东是重庆市最偏远的国家级贫困县巫溪县的一名小学数学教师。入选"国培计划"后，他换了3次车、花了近10个小时才赶到市里的培训点。因为珍惜这个难得的脱产学习机会，他入学后就没有回过家，还在指导教师的辅导下学习了资料检索、完成了课题设计和科研程序。"回到山区，我也可以申报自己的课题了。我还要告诉学校的其他老师，做科研并不是一件多么神秘的事。"王良东说。

针对农村中小学教师队伍建设中存在的问题，重庆市改革义务教育师资队伍建设机制，通过统一编制标准、健全补充机制、加强培养培训、改善教师待遇等措施，为农村中小学培养了一大批"用得上、留得下、靠得住"的"本土化"师资力量。像王良东一样，全市 20％的农村义务教育骨干教师已经参加了国家级的培训。

改革义务教育学生就学保障机制

重庆市江北区蜀都中学的 985 名初中生中，有 945 人是来自全国 8 个省市的农民工子女。为了解决一些学生的住宿问题，学校甚至将一些办公室都改造成了学生寝室。学生陈晓飞说："刚到学校时还怕别人另眼相看，但我们很快就感觉到了老师给予我们的关心，觉得老师都把我们当成自己的子女一样培养，所以大家都过得很开心。"

"十一五"期间，重庆进一步完善了义务教育学生资助政策，在全面免除农村义务教育学生学杂费的同时，每年为 50 余万寄宿生补助生活费，40 多万农村贫困女童享受"零学费"入学。近 5 年投入的义务教育经费保障机制改革专项资金达 83 亿元，每年惠及城乡义务教育阶段学生。全市还健全了进城农民工子女就学保障机制，将进城农民工子女纳入义务教育保障机制范围，将进城农民工子女就读学校由 2008 年的 406 所增加到 652 所。与此同时，重庆市委三届七次全委会还将培养照顾好农村留守儿童列入当前的十大民生工程之一，健全农村留守儿童培养关爱机制。根据重庆市政府出台的《关于推进中小学生营养促进工程的意见》，对寄宿制学生按照小学每人每天 2 元、初中每人每天 3 元的标准补助生活费，对非寄宿的困难学生免费提供"爱心午餐"，免费为全市贫困家庭中小学生提供学生饮用奶或鸡蛋。

（来源：http://www.jyb.cn/basc/xw/201103/t20110329_422472.html）

广西壮族自治区

一、广西壮族自治区与教育部签署的义务教育均衡发展备忘录

1.根据广西推进县域义务教育均衡发展规划，全区 110 个县（市、区），到 2012 年底 16 个县（市、区）实现县域义务教育初步均衡发展，其中 10 个县（市、区）实现县域义务教育基本均衡发展；2015 年底累计 95 个县（市、区）实现县域义务教育初步均衡发展，其中累计 37 个县（市、区）实现县域义务教育基本均衡发展；到 2020 年底全区所有县（市、区）全部实现县域义务教育基本均衡发展，并通过自治区人民政府认定。

2.在国家的大力支持下，采取有效保障措施，完成广西义务教育均衡发展规划和义务教育学校标准化建设规划中提出的目标、任务。将县域义务教育均衡发展和义务教育学校标准化建设工作列入考核各设区市、县（市、区）人民

政府及其主要负责人的重要内容。

3.实施义务教育教学改革和农村教师素质提升计划,创新教学模式,提高课堂教学质量,探索加强学校管理和促进义务教育持续健康发展的有效机制。

4.认真做好"凭祥市、龙胜各族自治县推进民族地区教育均衡发展"国家教育体制改革试点项目相关工作。

5.采取切实措施,进一步提高初中三年巩固率,逐步降低义务教育学校大班额比例。

向教育部提交如下正式文件:(1)广西实现县域义务教育均衡发展规划(含时间表);(2)广西义务教育学校办学基本标准;(3)广西义务教育学校标准化建设项目规划;(4)广西承担的国家教育体制改革有关试点项目实施方案。

二、媒体报道

链接 1

持续增强义务教育均衡发展活力努力解决"三个不均衡"

近年来,特别是"十一五"以来,在党中央、国务院的正确领导和教育部的大力支持下,在兄弟省区市的关心帮助下,广西采取有效措施,增加义务教育投入,积极推进全区义务教育均衡发展,逐步缩小了城乡之间、区域之间和校际之间教育差距。继 2007 年广西在全国五个少数民族自治区中率先实现"两基"目标之后,义务教育普及程度又有了新的提高,"两基"成果得到进一步巩固。当前,广西全面实现农村免费义务教育,全面免除城市义务教育阶段学校学生学杂费,义务教育办学条件明显改善,师资队伍建设不断加强,推进义务教育均衡发展取得了新的成效。

开展"三个年"增强义务教育均衡发展活力

实践证明,以"年"的活动形式来推进义务教育均衡发展是行之有效的工作方法。近年来,广西以扎实开展"三个年"活动为契机,持续增强义务教育均衡发展的基础和活力。

开展"教育项目建设年"活动,实施系列教育专项工程,改善农村尤其是贫困地区、民族地区和边境地区义务教育学校办学条件。2006 年以来,广西先后实施了中西部地区农村寄宿制学校建设工程、边境国门学校建设工程、桂西五县基础设施建设大会战教育项目、中西部农村初中校舍改造工程、中小学校舍安全工程、特殊教育学校建设工程、农村义务教育学校课桌椅更新工程、中西部贫困地区农村教师周转宿舍试点项目等基础教育专项工程,投入资金超过 100 亿元。这些教育专项工程都无一例外地向农村地区、贫困地区、少数民族地区和边境地区中小学校倾斜。特别是，广西党委、政府一直高度重视中小学校舍安全工作，2010 和 2011 年连续两年将中小学校舍安全工程作为为民办实事—教育惠民工程的重点项目来抓。自治区本级财政三年共安排超过 20 多亿元资金专项用于校舍的改造、加固、新建和迁移避险，三年统筹各项校安工程资金达到 82.70 亿元，规划建设面积 728.74 万平方米。"教育项目建设年"活动的开展，教育专项工程的实施，极大地改善了农村地区薄弱学校的办学条件，推进中小学校标准化建设，为缩小城乡之间、区域之间和校际之间办学条件差距奠定基础。

开展"义务教育学校常规管理年"活动，努力深化义务教育学校办学内涵建设。深化义务教育学校内涵建设，努力提高中小学管理水平和教育质量，是"两基"巩固提高的工作重点。为使各地义务教育工作重点切实转移到深化学校内涵建设上来，广西于 2009 年启动了"广西义务教育学校常规管理年"活动。为此，广西重新修订了义务教育学校常规管理规定，制定了开展义务教育学校常规管理达标县（市、区）评估工作方案、评估标准及评估办法。2010 年，自治区教育厅厅长高枫分别给全区 14 个县的县委书记、县长写信，得到书记、县长的积极响应，有力地促进了"义务教育学校常规管理年"活动的开展。自治区组织 11 批 112 个评估专家组，对全区所有县（市、区）进行了义务教育学校常规管理达标评估验收。经过为期两年的活动，全区义务教育学校特别是农村义务教育学校管理制度更加健全，教育教学行为更加规范，校容校貌更加整洁，办学理念、管理水平和办学效益得到了新的提升。

开展"农村中小学财务管理年"活动，农村学校财务管理进一步规范。近年来，广西积极开展财务管理示范县建设，评估确认宜州市等 11 个县（市、区）为"农村中小学财务管理规范示范县"。组织专家深入农村中小学校开展财务管理咨询、业务培训，帮助和指导农村中小学校健全了财务管理制度，规范了财务管理。"农村中小学财务管理年"活动的开展，探索创新了农村学校财务管理模式，为加强农村学校财务管理积累了有益的经验。

解决"三个不均衡"，实现教育公平

建设富裕文明和谐新广西，关键在人才，基础在教育。义务教育作为教育改革与发展的重中之重，均衡发展又是义务教育的重中之重。广西以签署义务教育均衡发展备忘录为契机，正在加紧制定《广西壮族自治区推进义务教育均衡发展规划（2010—2020 年）》，深入贯彻科学发展观，坚持以人为本，采取有效措施，在未来 10 年努力推进义务教育均衡发展，让更多学生享受高质量教育,让壮乡儿女共享教育改革发展成果。

教育均衡就是要合理配置教育资源,达到教育需求与教育供给的相对均衡,从而实现教育公平。广西推进义务教育均衡发展的政策措施,着重考虑以下3个方面:

针对城乡教育发展的不均衡

广西启动实施义务教育均衡发展改革试点。以龙胜各族自治县为试点,推进少数民族地区义务教育均衡发展机制改革。以凭祥市为试点,推进边境民族地区义务教育均衡发展改革。稳妥推进中小学布局调整。力争到"十二五"期末,义务教育学校实现校舍建设达标、配套设施完善、教学设备配置齐全、食宿条件明显改善、校园环境优美、教育质量明显提升的目标,消除校舍不安全因素,基本消除大班额现象。实施农村学校教师周转宿舍建设计划。到2015年,基本满足在农村义务教育阶段学校任教的特岗教师、支教和交流教师、离城镇较远的边远艰苦地区教师以及寄宿制学校管理教师住宿需求。大力实施农村教师提升计划。通过实施"国培计划"、"区培计划"等形式,采取集中培训、远程培训、送教下乡等模式,大规模、高效益开展农村教师培训,促进农村教师专业化发展。落实义务教育投入政策。进一步完善义务教育经费保障机制,将义务教育全面纳入公共财政的保障范围。依法落实义务教育经费"三个增长",足额安排并及时拨付义务教育经费。

针对区域教育发展的不均衡

充分整合教育资源。有条件的地区逐步实施"四个集中":高中向城市或县城集中,初中向城镇集中,小学向乡镇集中,教学点向行政村集中。努力构建以自治区合格初中、小学、寄宿制学校为中心,辐射管理周边小学或教学点管理模式,实现学校布局合理、教育集中投入、教师资源集约,并以此推动素质教育的全面实施。落实义务教育就近入学规定。合理划定义务教育学校服务网,按照公开透明、全面覆盖、相对稳定的原则,全面实行小学就近免试入学、初中电脑派位或对口入学。禁止义务教育公办学校"择校"行为和进行小学升初中选拔性招生考试。条件具备的地区可将优质普通高中部分招生名额直接分配到各初中学校,或由初中学校推荐优秀毕业生直接进入普通高中学校。建立健全监测评估机制。从2010年开始,对义务教育初步均衡发展县(市、区)和义务教育基本均衡发展县(市、区)进行评估验收。

针对校际之间教育发展的不均衡

坚持"以流入地政府管理为主,以全日制公办中小学就读为主"原则,解决进城务工人员随迁子女接受义务教育问题。把进城务工人员随迁子女接受义务教育纳入教育发展规划。保障特殊儿童少年接受义务教育。设区市和人口在30万以上、"三残"儿童少年较多的县（市、区）要按照国家规定，建设1所标准化特殊教育学校。全面改善特殊教育学校办学条件，完善普通教育学校接受残疾儿童少年随班就读办法。

（来源：http://jijiao.jyb.cn/xw/201104/t20110418_425876.html）

链接2

鹿寨县：撤点并校集中办学　让农村孩子读好书

整合资源集中办学

2010年12月26日下午5时，13岁的陈川川乘坐叔叔的摩托车，颠簸了近一个小时，从20多公里外的家里赶回拉沟小学，没有耽误星期日的晚修。对这名五年级的学生而言，新的一周寄宿生活又开始了。5年前，初入学堂的小川川刚好碰上鹿寨县启动撤点并校，一入校即成为拉沟小学一名寄宿新生。偏远的拉沟乡作为全县集中办学的试点，共有7个村级完小和两个教学点，近600名学生，2006年新学期全部撤并到乡中心小学寄宿念书。一夜之间，这个有着247平方公里1.1万多人口的瑶族乡，只保留了一所小学。

"初中进县城、小学进集镇。"广西柳州市鹿寨县以超前的眼光和非常的气魄，在广西率先启动撤点并校集中办学工程。鹿寨县多渠道筹资5亿元，在县城建设一个教育集中区。其中新建一所可容纳7000名学生的初中，全县乡镇初中届时将全部撤并到县城。小学则集中到乡镇所在地，各乡镇原则上只保留一所寄宿制小学。根据规划，到2012年，全县239所学校撤并后只保留33所，其中义务教育阶段学校30所。

拉沟乡村小合并后，中心小学新建了教学楼、学生公寓楼、学生食堂等，学生微机室、仪器室及自然实验室等一应俱全。各村教学点的设备全部集中到乡中心校，学校图书及各种配套教学仪器设备，均达到国家二级配备标准。此外，还配备了彩电、背投及电脑等教学设施，每个教室都装上了多媒体教学设备。鹿寨县集中财力，集中办学，使教育设施不断完善，缩小了城乡教育硬件的差距，为孩子们创造了良好的学习条件。

让农村孩子读上书、上好学，使城乡学子站在同一起跑线上。这是鹿寨县党委、政府一诺千金的民生承诺。截至2010年春季学期，全县已有拉沟、江口、导江等3个乡镇全面完成学校布局调整，由于县城教育集中区尚未建成，其初中暂时并入附近乡镇初中，各乡只保留一所寄宿制小学;另在人口相对集中的集市,建好了8所区域性寄宿制小学。全县目前已完成或基本完成建设的小学为17所,占22所拟保留小学的77%。

2007年,广西通过"两基"达标验收,成为全国第一个实现"两基"目标的少数民族自治区。在"后'两基'时代",义务教育均衡关键在于提高义务教育学校整体的教学质量。在义务教育学校布局方面,根据各地实际情况撤并规模小、办学质量不高的中小学,兴办一批寄宿制学校,集中资源发展中心学校,实现教育资源的集中优化配置。

优化师资,让教师"教好书"

鹿寨县拉沟小学一年级语文教师韦秀凤,原先在本乡大坪村小任教,身兼数科,一个班的语数图音几乎包完,还做班主任。全校除了黑板、粉笔和一台录音机,没有一件像样的教具。集中办学后,她进入拉沟小学,竞聘上语文教师后,上课的感觉不可同日而语。教学设施丰富,展台、课件及多媒体齐上阵,直观形象,生动活泼,学生兴趣盎然。

学校实施寄宿制以后,既需要上课教师又需要后勤岗位的教师,让谁去上课,让谁去管宿舍、谁去搞保卫呢?学校开展全员竞聘上岗,以各工作岗位职责和相关的规章制度作为教师竞聘上岗的基本条件和要求,让教师根据各自的工作能力和自身实际情况,报名参加相应岗位的竞聘。

撤点并校之前,鹿寨县一些村小及校点的老师,由于学生少且经费不足,缺乏外出学习机会,教育培训难以正常开展,无法更新教学观念和汲取先进的教学经验,平时上课只能凭老一套。很多老师甚至是包班上课,有的还是复式班,劳动强度大,身心疲惫。

集中办学使师资配置不足等问题得到有效解决。拉沟小学实施竞聘上岗,择优选择一批能力强、水平高的教师担任一线教学工作。英语、信息技术、美术、音乐及体育等课程,学校都能按国家规定开齐开足。师资水平的优化提升,为教育公平提供了保障。

为使教师安心工作,鹿寨县大力实施教师安居工程。在城南新区建好教师公寓208套,全部以成本价供应给教职工。近两年来,共投入500万元在边远山区寄宿制学校修建教师周转房。2010年起,鹿寨县继续加大投入,在县城教育集中区内划拨了280亩土地,将兴建1000套教职工保障性安居工程住房。此外,还计划投入资金2700万元,新建扩建教师周转房,力争在"十二五"期间,让全县2000多名教职工每人拥有一套安居房或周转房。

拉沟乡撤并之初,学校由于没有现成的模式和办法可学,如何解决"教"与"学"的问题,矛盾突出表现出来。教师来自不同的村校和教学点,工作思路、工作方法各异,面对第一次离开父母的孩子,该怎样进行管理,学校一时也拿不出一个规定的办法。

学校领导班子组织教师开展学习研究,共同出谋划策。最后按照常规管理即行政、教学、教师、学生、安全卫生、财务、后勤七大块,制定出各个工作岗位的职责。教师们明确了自己的工作职责,各项工作有章可循,在较短的时间内迅速扭转了学校管理的混乱局面,使学校逐步走上管理科学规范的轨道。

留守儿童有了温馨的"家"

初中进了县城,小学入了乡镇,原来村小是不是就完全空置荒废了呢?在鹿寨县寨沙镇大伦村,撤并后的小学现已变身为幼儿园,45名小班至大班天真活泼的孩子,在老师的带领下,正在校园里的草地上做游戏。寨沙中心小学负责人说:"利用空置小学校舍,以公办和民办两条腿走路,已先后办起龙江、拉章和大伦等数家幼儿园。"目前,全县乡村幼儿园已有22所。

据统计,鹿寨县3.6万名义教阶段学生中,"留守学生"有近1万人,撤点并校集中办学后,无数年幼的农村孩子从此过上了寄宿制生活。为使家长放心,鹿寨教育部门要求各中小学抓好精细管理,把寄宿制学校办成学生的温馨家园。

拉沟小学现有在校生487人,其中寄宿孩子达400名。超过半数以上属"留守儿童",父母常年外出打工。学校从撤并过来的村小老师中,通过竞聘上岗,挑选出8位阅历丰富、责任心强的老师,担当寄宿孩子们的生活老师。从日常点滴细节,引导孩子们养成良好的生活和学习习惯。

集中办学后,学校老师无微不至的关怀,使寄宿学生过上了其乐融融的集体生活,感到在学校就像在家里一样温馨。拉沟乡并校之后,中心小学不但没有一名孩子流失,相反还回流学生20多人。

到2012年,教育集中区建成后,鹿寨县各乡镇初中全部集中县城,寄宿制的中心小学迁入设施完善的初中旧址,空出的乡村两级小学校舍,将成为农村学前教育的主阵地,全县教育一盘棋将得到全面激活。

为使各校达到"自治区义务教育常规管理年达标学校"标准,鹿寨县在全县义务教育阶段学校全面实施精细化管理。集中办学后,实施精细化管理以追求学校工作管理的精致、精细、精品为目标,着力建立充满生机与活力的竞争、激励、约束机制,有效提高学校管理者的办学治校能力,改进教职员工的工作作风和服务水平。

截至2010年,广西小学学龄儿童净入学率和初中学生毛入学率已分别达到 99.32%、106.67%，广西在总体上解决了"有书读"的问题。但为了办好让人民满意的教育，作为西部欠发达地区，广西从推动义务教育"县域均衡"入手，促进师资流动，细化相关制度，提高各县农村义务教育发展水平，取得了明显的成效。

（来源：http://jijiao.jyb.cn/xw/201104/t20110418_425877.html）

链接 3

为了城乡孩子共享蓝天
——玉林市加快推进义务教育均衡发展侧记

教育的均衡发展，是大众的呼声，也是义务教育的战略性任务。近年来，广西玉林市统筹城乡教育发展，加快推进城乡教育一体化，在推进义务教育均衡发展上取得了较好的成绩。

"三个集中"优化资源

婷婷是陆川县乌石镇沙江小学原大城教学点的学生，在玉林市实施"教学点向村小集中"工程后，于去年来到沙江小学本部读书。对于这项措施，婷婷妈妈梁红表示支持，她说："虽然孩子要到 1.5 公里以外的学校上学，但看到孩子比以前更热爱学习，也更懂事了，作为家长，我很开心。"

随着"三个集中"工程的推进，陆川县马坡镇高完中撤并改建成马坡镇初中。初中学生人数由原来 1000 多人增加到现在 3000 多人，不但解决了当地义务教育学生的入学问题，教学质量也不断提高。该校校长杨猛介绍说："撤点兼并后，学校管理上更专注于 3 个年龄段的学生，比以前要管理 6 个年级更细致，经费投入、资源配置更集中、更科学了。"

今年，玉林市将继续实施优化学校布局"三个集中"工程，促进小学向行政村集中，初中向城镇集中，高中向县市城区集中，力争年内撤并 5 所初中、150 个村小教学点，进一步推进城乡教育一体化。

均衡条件缩小差距

"十一五"期间，该市按照统筹城乡发展，推进城乡一体化的战略部署，教育部门进一步完善中小学布局调整和学校建设规划，实现城乡学校科学布局。几年来，全市共撤并 860 个校点、37 所小学、30 所初中，进一步提高了办学效益。

玉林市通过改善薄弱学校的办学条件，狠抓城乡学校教学楼、综合楼建设，以及学生宿舍、食堂、厕所、饮水等设施建设，拆除 D 级危房校舍 44.8 万平方米，维修加固危房校舍 15.4 万平方米。目前全市中小学校舍建筑面积达 762.14 万平方米，比 2005 年增加 68.34 万平方米。同时，不断完善农村义务教育学校功能室建设、教学仪器设备配置,城乡办学条件均衡化进一步推进。2010 年,该市完成中小学校舍安全工程建设项目 395 个,投入资金 2.7 亿。教育工程项目的顺利实施,有力改善了农村中小学的办学条件,城乡教育一体步伐进一步加快。

此外,以市教育信息网和农村中小学现代远程教育工程为依托,促进教育现代化。至目前,全市共建成 63 所市级农村中小学现代远程教育示范学校和 27 所自治区农村中小学现代远程教育示范学校。全市所有中心小学以上的学校均配备了计算机教室,开通了教育信息平台,开设了信息技术课。

城乡互动谋求发展

玉州区城北初中 EEPO(Effective Education in Participatory Organizations)有效教育课堂,让学生转变角色,成为课堂主角,学生们通过自主、合作、探究性学习,开展讨论。七年级学生罗扬阳告诉记者:"这样不仅能学到课堂中的知识,还能扩展思维,更能培养我们的表达能力、沟通能力、交往能力。"

2001 年,玉林市被确定为国家级首批基础教育课程改革实验区,率先开展新课改。该市抓住这一契机,大力抓好中小学教育教学管理。其中,玉州区的"有效教育"课改实验,围绕素质教育开展教育教学研究工作,实现了校际互动、城乡联动,拉近了城乡教师之间的距离,缩小了城乡学生之间的差别。

在师资建设上,该市创新城乡教师定期交流机制,推动校长和教师在城乡之间、校际之间的合理流动。积极实施"三名"(名学校、名校长、名教师)工程,以农村教师为重点,实施城乡中小学教师素质提升行动计划,通过系统培训、专题教育、自我教育等形式,促进教师专业发展。

为更好地促进教育均衡,玉林市还实施教育帮扶工程,探索创新"名校＋新校"、"名校＋弱校"、"名校＋农校"办学模式,广泛开展优质学校帮扶薄弱学校的活动,带动薄弱学校发展。今年该市继续开展"百名优秀教师上讲坛"活动,启动区域内教师交流试点工作,继续安排落实城镇学校骨干教师到农村学校或薄弱学校顶岗上课和送教下乡,促进城乡教育均衡发展。

近年来,该市还坚持把开展捐资助学作为一项民心工程来抓,努力构建教育资助体系。近 3 年来,共筹措资金约 3.5 亿元补助全市义务教育阶段学校,筹措扶贫帮困资金约 1.7 亿元,资助家庭经济困难学生 22 万多人。2008 年秋季学期起,全市免除 2.976 万名城市义务教育阶段学生学杂费，接收1220名进城务工人员随迁子女入学并免除借读费。同时，各县（市、区）多方筹措扶贫帮困资金，积极开展捐资助学活动，贫困学生上学难问题得到了较好解决。其中，北流市以"参与捐资助教人数多、募集资金数额大、资助面广、规范有序、发放及时"5大亮点成为广西"捐资助教第一县（市）"。

（来源：http://jijiao.jyb.cn/xw/201104/t20110415_425552.html）

链接 4

蒙山县：打造边远山区教育均衡

蒙山学校办得好引爆"教育游"

贫困县该怎样实现教育的均衡发展？这是困扰很多县域的大难题。近年来，蒙山县另辟蹊径，改变以往重城轻农的做法，给农村教育发展以有力的政策支持，统一标准建设农村学校，提高农村教师待遇，确保县域内城乡教育发展一体化，更于2009年荣获"全国推进义务教育均衡发展工作先进地区"的殊荣。

2003年，广西梧州市蒙山县的学校也是像许多农村地区的学校一样：在校园里工作生活的人们，往往都是晴天一身灰，雨天一身泥。当时蒙山县城乡学校办学条件相当简陋，村级小学无校门、无围墙、无运动场（篮球场）的"三无"问题非常突出，师生无安全保障，学校环境脏、乱、差现象也相当严重，校园无绿化，校园设施完善率仅有32%。

为了改变这种状况，从2004年开始，蒙山县以义务教育"合格学校"建设为载体，先后投入资金4600多万元，实施"义教工程"、"农村寄宿制工程"等项目，还多方筹措资金4000多万元，投入农村中小学校园建设及校园文化打造，新建、改建了校门80个、围墙3万多平方米、篮球场（田径）场地75个、翻新校舍2万多平方米、新建乡村小学厕所45座、边远乡村小学师生宿舍0.5万平方米、绿化面积2万多平方米，校园景观数十个。

经过几年的倾力打造，如今，蒙山县学校的校园设施完善率达96%，从县城到乡镇，从农村到边远山区，无论是中学、中心小学，还是乡村小学，都成了花园式、书香式校园，为推进城乡教育均衡发展奠定了基础。

"教育游"成为广西旅游新亮点，这只是一个缩影。从2009年下半年开始，蒙山这座只有21.6万人的小县，不到半年就引来了广西12个地市60多个县（市、区）的200个考察团，10000多名"客人"蜂拥而入。这些"游客"来到蒙山，只有一个目的，为教育均衡发展"取经"。

2008年6月，广西教育厅决定在全区开展"义务教育学校常规管理年"活动，通过建立和实行义务教育学校常规管理达标县（市、区）评估制度，提高基础教育质量。广西大多数市、县纷纷在各自的教育门户网站开辟"义务教育学校常规管理年"专栏，编印《工作简报》，形成了上下互动、横向交流学习的良好态势。广大教职工积极投身"管理年"活动中，在统一思想中提高认识，在提高认识中主动实践，把规范管理真正变为一种自觉行动，营造出"人人学规范，个个行规范"的良好舆论氛围。

"管理年"活动得到了大多数管理者的赞赏与支持。一些基层中小学校长纷纷表示，这是"保本"工程，抓管理，事实证明能确保义务教育质量的提高。家长和学生看到学校面貌焕然一新，学校让校园每一寸土地、每一棵花草、每一处建筑，都能发挥育人功能，由衷赞成这一举措。

与此同时，广西教育厅积极探索新形势下教育管理新途径、新方法。由厅长高枫带队，在深入调研的基础上，分片区召开了蒙山县、覃塘区、武鸣县和鹿寨县4个义务教育学校常规管理现场会，及时推广上述4县（区）的先进经验，作为各地"比、学、赶、超"的样板。

通过一年多的创建示范和管理合格学校，全区农村学校发生了翻天覆地的变化，学校朝着美化、绿化、净化、文化"四化"迈进，不仅实现了"有学上"到"上好学"的过渡，部分学校还成了旅游新亮点。正如学生所说，"我们的学校像花园，似乐园，是学园，更是家园！"

科研先导塑造校园文化

蒙山县坚持"科研先导"理念，大胆创新，务实有效地开展教育科研与管理创新。

管理改革的科研。2003年，蒙山县教育局就把管理改革作为教育科研重点课题，卓有成效地实施学校布局调整，撤点并校，优化城乡办学资源。2007年剥离县第一中学初中部，创办第二所完全高中，扩大普通高中办学规模，形成普高办学竞争新格局。为构建多元办学体系，2005年引进优质精品民办蒙山文华实验学校，办学四年，成绩显著。低入高产出的"洋思式"的文华学校，不但激活了公办学校管理机制，而且补充了公办教育资源的不足，满足了不同学生就读层次的需要。

以课题为教学科研改革切入点，建立县、乡、校三级课题研究网络，采取以点带面和以奖促研等措施，推动全县科研工作向纵深方向发展。教育局领导深入学校作讲座、参与教学科研活动；依托于新课程改革，开展"学习实践洋思中学成功教育与杜郎口教学改革经验，深入推进教育教学改革"以及开展"蒙山文华现象"等管理科研课题研究与开发，对市级以上立项的课题,给予一次性 1000 元的奖励,充分调动了学校和教师参与科研的积极性。

蒙山县教育局以"校园环境美,艺术氛围浓,文化底蕴厚,人际关系和"为校园文化建设目标,出台了《蒙山县校园文化建设实施方案》、《文明校园评比方案》等措施,组织多次校园文化建设专题研讨会和考察活动,使教育管理者和教师们开阔了视野、深刻悟出了环境育人、文化塑造人的内涵。

同时,加大校舍校园建设力度,近十年来,投入资金 4600 多万元,实施"国家贫困地区义务教育工程"、"中西部地区农村寄宿制党校建设工工程"、"中小学校舍安全工程"等项目,还多方筹措资金 3500 多万元,投入校园基础设施建设及校园文化打造。

蒙山县强力推进边远瑶乡校园建设步伐。夏宜瑶族乡民族学校是该县唯一的一所小学和初中联办的学校,从 2004 年开始,县民族局、教育局等相关部门对学校建设给予政策倾斜,相继完成学校综合教学楼、食堂、宿舍改造,厕所、操场、大门建设,配套远程电脑教学,加强了校园绿化和文化宣传建设。

为了丰富和活跃校园文化,挖掘保护优秀少数民族文化,学校聘请了熟悉瑶族传统体育运动的村民,指导体育老师自制了大量的瑶族体育运动器材,在学校体育课中开展充满趣味的瑶族竞技体育运动,并不断加已完善特色体育教学,发展成为市、县少数民族竞技体育训练基地。

不仅如此,在学校食堂上,蒙山县很多学校也是花足了心思。蒙山县文圩镇陈塘中学学生家长比较了市区学校和蒙山乡镇初中的食堂后说:"乡镇初中食堂的硬件一点也不比市区的差,而且饭菜的花样多,注重营养搭配,干净卫生、味道鲜美,孩子爱吃,我们家长也放心。"

"蒙山全县人口只有 21.6 万人,是广西重点扶贫县,也是梧州市最偏远的山区县,但我们小县也能办大教育,财政实力不强也要办优质教育,我们做教育工作就是要让群众满意,让他们把孩子送到学校后,感到有希望。"说起近年来蒙山教育的变化,蒙山县教育局局长李世朝自豪地说,我们所有学校都是一个标准,哪所学校都可以参观,任何时候都可以检查。以前见到陌生人就躲藏的孩子,现在哪怕是偏远地区的少数民族学生,见到客人都是落落大方,主动问好。

四川省

一、政府文件

四川省人民政府办公厅
关于藏区免费职业教育的实施意见

川办函〔2009〕156 号

各市（州）人民政府，省直有关部门：

为贯彻落实省委"一条主线、三个加强、促进三个分离"的藏区工作总体思路，着力推进藏区"9＋3"免费教育计划，现就实施藏区免费职业教育提出如下意见。

一、重大意义

（一）实施藏区免费职业教育是藏区发展的现实需要。藏区自然条件差，经济基础弱，群众科学文化素质有待提高，受宗教影响较大。省委提出的藏区工作总体思路，把实施藏区免费职业教育放在重要位置，通过抓教育夯实藏区发展基础，以提升劳动者文化技能素质作为促进藏区和谐发展的根本。

（二）实施藏区免费职业教育是实现藏区长治久安的固本之策。四川藏区的稳定和发展，事关全省和全国稳定大局。保持藏区稳定，关键在人心；实现藏区长治久安，关键在发展。通过大力发展藏区免费职业教育，能更好地凝聚人心，能更有力促进藏区经济社会发展、改变藏区落后面貌，能更有效巩固党在藏区的执政基础，能更有利改善民生、确保藏区社会政治稳定。

（三）实施藏区免费职业教育是帮助藏区群众脱贫致富的重大惠民工程。加快职业教育发展，实施藏区免费职业教育，组织藏区学生到内地接受高质量职业教育，可以有效提高其就业和创业能力，对促进藏区就业和再就业，帮助广大农牧民群众脱贫致富具有重要意义。

（四）实施藏区免费职业教育是省委、省政府重大战略部署。积极组织藏区学生到内地免费接受职业教育是省委、省政府立足藏区实际，着眼未来发展作出的重大战略部署。今年春季，甘孜州率先试点，得到了藏区广大群众衷心拥护和热烈欢迎，产生了良好的社会影响。实践证明，省委、省政府的战略决策是完全正确的。

二、发展目标

实施藏区免费职业教育 5 年计划，主要通过积极组织藏区初中毕业生和未升学的高中毕业生到内地免费接受职业教育。从 2009 年至 2013 年，每年组织 1 万人，5 年组织 5 万人以上；同时支持藏区发展职业教育，办好中职学校，使藏区内中职学校年招生规模由现在的不到 3000 人，发展到 4000 人。到 2013 年，藏区初中毕业生升学率由现在的 70％提升到 95％，中职学校与普通高中的招生比由 2.6∶7.4 提升到 6∶4，基本普及高中阶段教育，为提高藏区人口的文化技能水平和实现藏区长治久安奠定坚实基础。

三、政策措施

（一）对到内地中职学校就读的藏区中职学生给予免除学费、补助生活费和杂费的资助。具体标准是：学制 3 年的免除学费 3 年，每生每年 2000 元；生活费补助 3 年，前两年每生每年 3000 元，第三年每生 1500 元，不足部分通过工学结合、顶岗实习获得报酬；交通、住宿、书本等杂费补助 3 年，每生每年 1500 元。对就读中职学校学制 1 年的高中毕业生免除学费，生活费补助、交通、住宿、书本等杂费补助，按前两年标准，补助时间 1 年。

（二）对在藏区内就读中职学校的学生给予免除学费、补助生活费的资助。具体标准是：学制 3 年的免除学费 3 年，每生每年 2000 元；生活费补助 3 年，前两年每生每年 1500 元，第三年每生 750 元，不足部分通过工学结合、顶岗实习获得报酬。对就读中职学校学制 1 年的高中毕业生免除学费，生活费补助按前两年标准，补助时间 1 年。

（三）以上免除学费、补助生活费和杂费所需资金，在中央财政补助基础上，由省财政负担。其中：生活费和杂费补助按标准和实际人数计算拨付；学费按物价部门和教育部门核定的各专业收费标准和实际人数据实结算。

（四）把到内地中职学校就读的藏区中职学生整体纳入当地"城镇居民基本医疗保险"范围，参保资金中的财政补助资金按现行政策执行，个人缴费部分由省财政补助。

四、工作要求

（一）加强领导。实施藏区免费职业教育的责任主体和实施主体是各级政府。藏区各级政府要按省委、省政府要求，落实"领导挂点、部门包村、干部帮户"的工作机制，负责组织教育、劳动保障、民委、新闻宣传、共青团、妇联等部门开展工作。内地各级政府要切实加强领导、统筹协调、指导有关部门和学校做好相关工作。省教育厅、省劳动保障厅、团省委、省妇联等部门要加强沟通配合，指导有关学校加强德育、提高质量、加强管理和就业指导。省政府新闻办、省发展改革委、省经委、省民委、省国资委、省财政厅、省劳务开发办等部门要结合职责分工,积极主动做好相关工作。

(二)有序组织。藏区各级教育部门要按藏区免费职业教育5年发展总体目标,制订本地区职业教育发展5年规划和组织学生到内地接受职业教育的年度计划。要做好招生宣传、生源组织、资格审查、健康体检、文化摸底、指导学生填报志愿、选派双语优秀教师到内地中职学校参与教育管理工作。原则上,每所接收学校要有1名藏区派出的双语教师。要积极配合招生部门和内地学校做好招生录取和学生管理工作。内地有关教育部门要对接收藏区学生的中职学校加强指导管理,确保省委、省政府战略部署在学校各项工作中落实到位。

(三)统一招生。省发展改革委、省教育厅下达内地中职学校招收藏区学生的年度招生计划。省教育考试院制订招生管理办法,组织内地公办省级以上的重点中职学校和重点技工学校做好招生录取工作。

(四)加强德育。省教育厅制订符合藏区学生实际的教育教学大纲,促进藏区学生德智体全面发展。有关中职学校要加强德育,提高藏区学生的思想政治和道德文明素质,积极引导学生追求进步;要对藏区学生在思想、学习、生活上全力帮助关心,管理上按学校规定同等对待,严格要求,尊重民族习俗;要因材施教,瞄准就业,加强技能培养,使藏区学生留得住、学得好、能就业。要加强安全教育,增强藏区学生的安全意识,教育学生恪守纪律,自觉规避安全风险。各级领导要经常到学校看望藏区学生,关心他们的思想、学习和生活。要成立藏区学生关心指导委员会,动员和组织教育、共青团、妇联、学校及全社会关心藏区学生健康成长。

(五)加强宣传。要充分认识做好藏区免费职业教育宣传工作的重大意义,把加强宣传作为落实省委、省政府战略部署的一项重要措施,高度重视,精心组织,形成全方位、立体化、多形式、有力度的宣传声势,使藏区免费职业教育的战略部署、有关政策在藏区家喻户晓、深入人心。

(六)帮助就业。藏区"9+3"教育计划成功的关键是到内地的藏区学生学成毕业后能够就业。劳动保障部门要提前介入。提前谋划,制定政策和工作方案帮助学生就业。相关市(州)要积极争取对口支援省(市)支持,拓展就业市场。要认真研究从"9+3"计划学生中选拔优秀人才担任乡村基层干部的政策,让党和政府培养的人才成为藏区工作的骨干。

二○○九年六月三十日

(来源:http://www.scedu.net/html/_info_3_001_/_C146JR_9729_8300_scedu_18_/2010-05-31/mfjyjh/zcwj/nr_2.html)

二、媒体报道

链接 1

四川省全面推进藏区"9＋3"免费教育计划

从 2009 年开始,四川省每年组织藏区初中毕业生和未升学高中毕业生到内地免费接受三年中等职业教育(简称"'9＋3'免费教育"计划),旨在普及高中阶段教育,为藏区培养技能型、实用型人才,推动跨越发展。计划取得初步成效后,进一步扩大到凉山州彝族地区和其他民族县,推行到秦巴山革命老区 28 个县,今年还要覆盖新扶贫标准以下地区的所有农村贫困家庭学生。

一、取得的成效

经过三年努力,"'9＋3'免费教育"计划已成为推动藏区跨越发展、长治久安和教育服务民生的典范,成效显著。

——形成了完善的工作机制和投入保障体系。四川省成立了由省委副书记、副省长担任正、副组长的领导小组,领导小组办公室设在教育厅,承担日常工作。"'9＋3'免费教育"计划对受益学生,每人每年免除学费 2000 元;第一、二学年每年提供生活补助 3000 元,第三年提供生活补助 1500 元;每年补助交通、住宿、书本等杂费 1500 元;新生每人给予一次性冬装补助 300 元;补助学校工作经费每生每年 500 元;学生在校期间享受与学校驻地城镇居民同等的医疗保障。三年来,中央、省投入计划的资金共 7.19 亿元,其中用于学生免除学费、补助生活费、工作经费 3.1 亿元,用于学校加强基础能力建设、补助学校配置教学仪器、图书资料及生活用具资金 4.09 亿元。

——探索出了一套适合藏区学生特点的教育培养管理制度和办法。各地各"9＋3"学校遵循"第一年注重养成教育,打牢学习基础;第二年注重技能培养,促进学有所长;第三年注重顶岗实习,推进学生就业"的培养思路,狠抓技能培养,量身定做培养方案,让每个学生"学有所获、学有所长",实现了从不适应到主动把握规律的转变。涌现出了一大批无私奉献、关爱学生的模范和典型。2011 年,2 名"9＋3"教育工作者被授予全省"民族团结进步模范个人"称号,2 名"9＋3"教师被追授"四川省优秀教师"称号。

——藏区学生面貌发生了积极变化。三年来,8000 多人次藏区学生受到各级各类表彰,涌现出一批见义勇为、热爱集体、舍己救人的先进典型和事迹。学生技能水平得到极大提升，在 2011 年全国职业院校技能大赛暨才艺展示系列活动中，获技能金牌 1 枚、汇演金奖 1 个，一位"9＋3"的班主任获全国育人先进奖。在 2011 年全省青工职业技能大赛中，1 人获"四川省青年岗位能手"称号。2009 级学生中有 8281 名落实顶岗实习岗位，占 96.7％。2009 春期的五所试点学校 70％以上毕业生已落实就业。

——推动了藏区教育事业加快发展。三年来，共招收藏区"9＋3"免费教育计划学生 29399 人。2009 年以来，藏区初中毕业生升学率、高中阶段招生职普比均大幅提高，与内地差距明显缩小。初中毕业生升学率由 2008 年的 70.0％提高到 2011 年的 91.5％(2011 年藏区 32 县初中毕业生 19788 人，升入高中阶段学校 18098 人)，提高 21.5 个百分点；高中阶段招生职普比由 2.6：7.4 提高到 2011 年 4.8：5.2，均达到全省平均水平。高中阶段毛入学率提高到 54％。接受"9＋3"教育的学生 85％都来自一般农牧民家庭。"9＋3"免费教育计划得到了藏区广大群众的衷心拥护和社会各界的高度赞誉。

二、主要工作及做法

——完善招生政策，调整专业设置，确保招生质量和数量。扩大生源渠道，确保应读尽读。在工作安排、工作流程上，优先满足"9＋3"录取，规范学生档案和录取过程，确保招生数量和生源质量。从 2010 年起，以满足藏区经济社会发展需要为重点，调整专业并适度扩大幼教、医护、企业管理、文化旅游、生态环境保护等专业招生规模。下移宣传重心，每年组织"9＋3"学校进州开展招生宣传，切实提高计划吸引力。

——突出重点环节，改进工作措施，确保教育管理成效。一是建立规章制度。努力实现学校教育管理水平适应"9＋3"工作需要。二是改进教学方式。努力探索"先会后懂"，"做中学，学中做"的有效方法，树立"尊重个体，注重基础，分层教学，突出技能"的教学理念，坚持"任课教师主导、藏区学生鼓励、内地学生帮扶"的教学思路。三是完善教育管理措施。抓好军训和入学教育，确保新生顺利度过适应期；做好"混班混住"、"一帮一、结对子"工作，促进民族团结融合和学业共同进步。四是强化督促指导，建立定点包片联系制和信息报送制，加强对"9＋3"学校的督查调研。

——强化顶岗实习和就业促进工作。一是加强就业观念教育，引导学生合理调整就业预期；细化岗位对接，加强学校与当地人社部门和企业的沟通联系，积极吸纳学生实习就业。二是建立健全专业实习、顶岗实习机制，大力推行"校企合作"、"校企共育"、"订单培养"等模式，2011 年起增设"9＋3"毕业班顶岗实习专项补助,并及时下拨 428 万元经费(每生500 元)支持顶岗实习工作。三是完善分片负责、定点包校制度。重点强化安全风险防范机制建设,健全顶岗实习台账,做到"一校一策、一生一账",随时掌握学生动态,对回流学生及时予以再安置。四是抓好岗位落实。从业资格考核、升学等政策向"9＋3"学生倾斜。加强就业创业扶持,将自主创业毕业生纳入小额担保贷款扶持对象,争取省级就业专项补助加大对"9＋3"学校的支持力度。

——扩大宣传影响效果。全方位宣传"9＋3"的惠民政策,提高藏区群众对"9＋3"的认同度。发挥四川日报、广播电视台等各级各类媒体的宣传作用,确保政策深入人心,家喻户晓。三年来,招生宣传组深入藏区开展招生宣传工作已形成制度。立体化展示学生成长进步,2011 年,优秀学生宣讲团到甘孜和阿坝两州进社区、到村镇现身说法,展示"9＋3"学生风采,在庆祝中国共产党成立 90 周年"9＋3"学生文艺汇演中,学生精彩的才艺表演和昂扬向上的精神风貌赢得一致赞誉。

(来源:http://www. moe. edu. cn/publicfiles/business/htmlfiles/moe/s5989/201203/132564. html)

链接 2

成都市深入推进城乡一体化促进全域教育均衡优质发展

成都市从 2003 年开始深入推进城乡教育一体化,实现教育均衡发展,形成了一系列好的经验和做法。

一、推进发展规划城乡一体化

进一步改革农村义务教育管理体制,将原属乡镇管理的中小学收归区教育局直管,对城乡学校统一规划、统一管理,从行政管理体制上打破了阻碍城乡教育均衡发展的"二元"管理格局。化政府职责,将全市农村初中、小学建设全部纳入城乡一体化发展规划。着眼"全域成都",制定《成都市普通中小学(公办)布点规划》(2006—2020),合理布局城乡中小学,统筹城乡各级各类教育的协调发展。"5·12"地震灾害后,按"幼儿园小学就近、初中进镇、高中进城"的原则,科学布局灾后城乡中小学校点。青羊区还提出"住宅小区建到哪里,教育服务就提供到哪里",温江区实现校点布局建设与其他公共基础设施建设同步规划、同时建设、同期交付使用。

二、推进办学条件城乡一体化

农村中小学标准化建设覆盖了全市 96％的乡镇,建成后的农村中小学校均规模提高 50% 以上，均按照现代教育的需要建设达标运动场地、配置了现代教学仪器，初中、小学人均标准校舍面积达到甚至超过成都市城市水平。推进"教育信息网络满覆盖、教育教学资源满覆盖和教育信息技术应用满覆盖"，为城乡教育优质均衡发展搭建基础平台。

三、推进教师配置城乡一体化

一是建立"区管校用"的教师管理制度。如温江区创建了教职工管理服务中心，确立了"行政干部能上能下、教职工能进能出、专业技术职务能升能降"的新型用人模式，实现教师由"单位人"向"系统人"的转变。

二是建立城乡干部交流制度。统一选拔城区学校校长到农村学校任职，市级财政单列经费，对考核合格的给予每人每年 1 万元的奖励，同时，选拔农村学校校长到城区学校挂职锻炼 1 年。2010 年，全市县域内交流干部 365 名，占应交流干部总数的 18.1%。

三是教师配置向农村倾斜。2009 年，统筹实施"成都市高校毕业生支教计划"，建立成都大学每年培养 100 名定向免费师范生制度。2010 年实施"常青树计划"，由市政府出资，面向全市招募名优退休教师，到远郊区(市)县义务教育阶段学校担任学监、导师、把关教师。

四是评优评先向农村倾斜。全市 20% 的评优名额在统一调配之外，再投向农村学校教师，全市彻底消除无高级教师、无学科带头人、无优秀青年教师的"三无学校"。

五是建立城乡教师交流制度。在全市选拔 7175 名师德高尚、业务精湛的骨干教师与 8819 名农村教师、青年教师结为师徒。武侯区规定城区教师晋升高一级职称必须有城郊支教经历，并先后选派、选聘了 16 名校长、70 余名副校长和校长助理、15 名特级教师、119 名学科带头人和省市青年优秀教师到城郊学校工作；温江区 2009 年在全市率先创建成立 32 个名师工作室，每个名师吸纳 2—3 名农村学校青年骨干教师为成员，师带徒牵手结对，充分发挥名优教师的示范、引领和辐射作用。

四、推进教育质量城乡一体化

为促进教育优质均衡发展，成都市实施城乡捆绑、教育集团等新体制。如武侯区将城区 12 所优质学校和城郊 12 所薄弱学校——"结对"、"联体"，实行"两个法人单位、一个法定代表人、一套领导班子，独立核算、独立核编"的办法统一管理，以好带差，以强帮弱。

成都市在实践中形成了各具特色的城乡教育"捆绑"发展路径：一是捆绑、松绑、脱绑的"线型"推进方式，相互捆绑发展两所学校，在同一领导班子管理下，实行"管理活动交互、品牌并行驱动"发展模式。一旦被捆绑学校具备较强的自主发展能力，则逐步松绑，直至脱绑实现独立。二是"行政互派、教师互动、学生互访"的"三互"合作方式，捆绑两校通过短期项目研修、长期定岗交流和校级干部易岗形式实施行政互派；通过大规模教学交流和教研活动推动教师培训和研讨互动；通过结对互助、结对互往实现学生融合。三是深度融合的"教育共同体"发展方式，即两校彻底"合二为一"，城区学校向捆绑学校全方位注入品牌文化，使其成为具有品牌标志的优质特色分校。

成都市积极探索教育集团化发展体制，辐射优质教育资源。共组建名校集团 148 个，促进名校进新区、进园区、进山区，提升新建学校、农村学校、薄弱学校的发展水平；整体推进五个中心城区、高新区与远郊 9 个区（市）县建立教育互动联盟，推进教育资源的跨区域流动。青羊区成立了 6 大教育集团，并建立了核心团队的激励保障机制，对集团核心学校校长每年划拨 10 万～20 万的专项工作经费，对从核心学校派到涉农集团分校的教师给予一定的补贴，并妥善解决好其子女的入学问题；建立灵活的教师管理机制，优化优秀教师选任和引进程序，扩大核心学校调动、引进和选任教师的自主权；建立教育集团成员预警和退出机制，促进教育集团健康有序发展。武侯区还将区域内的优质教育资源向互动发展对口地区进行了延伸，实现了区域间教育的协同发展。

五、推进教育评估城乡一体化

制定义务教育校际均衡发展监测和评估指标体系，建立义务教育校际均衡监测制度。结合成都实际，参照中等发达国家本世纪初教育发展水平和国内教育现代化先行省市的共同性、代表性指标，统筹制定成都市、区（市）县、各级各类学校实现教育现代化的指标体系和评估标准，设定了城乡教育一体化实现度、城乡教育均衡度、公平度等评估指标。创新学校办学绩效评估办法。如武侯区对"捆绑"学校实施"联体考评"，建立"基础＋发展"的学校评价体系，尊重不同学校的发展基础，调动了城乡各层次学校自主发展的积极性。青羊区根据评价显示的校际师资差距、设备差距、管理差距等，统筹调度师资、人力、财力，开展针对性的指导与帮助。

六、推进教育经费城乡一体化

按照"支持城区、补助近郊、扶持远郊"的原则，加大市级财政用于农村教育的转移支付力度和比例，新增教育经费主要用于农村。2008 年，全市统一城乡生均公用经费标准，并提前一年达到国家基准定额标准。农村小学和初中生均公用经费达到城市标准。2009 年全市教育经费总投入约 129.46 亿元，其中农村教育投入 74.4 亿元。市级财政用于农村教育转移支付资金 18.7 亿，占同年市本级教育投入的 59.52％。

七、推进教育机会城乡一体化

成都市坚持农民工子女入学由流入地政府负责的原则，将解决农民工子女入学作为"民心工程"、"德政工程"和"基础工程"，纳入政府目标考核，确保农民工子女与区内孩子享受同等就学待遇。2010 年，在成都市接受义务教育的外来流动人口子女约 26.9 万人，占全市义务教育阶段学生总数的 23.19％。其中，农村进城务工劳动者子女约有 19.4 万人在 613 所义务教育阶段公民办学校就读。如武侯区通过"惠民资助行动"，确保进城务工农村劳动者子女在区内学校 100％ 的入学率；温江区建立"全覆盖"资助体系，不让一个学生因病、因贫、因困失学，实施义务教育阶段"零学费"入学政策，全区免除了义务教育阶段学生课本费和作业本费，取消了义务教育阶段住校学生住宿费。

（来源：http://www.moe.gov.cn/publicfiles/business/htmlfiles/moe/s5989/201112/128886.html）

链接3

成都市多维度开展监测评价促进教育优质均衡发展

为深入贯彻落实《教育规划纲要》，深入推进城乡教育一体化、全面推进教育现代化，成都市坚持把评估标准作为统筹城乡教育均衡发展的重要手段和杠杆，2008 年研制了《成都市义务教育校际均衡监测指标体系》，2010 年研制了《成都市教育现代化评估指标体系》，2011 年研制了《成都市区（市）县教育现代化监测指标体系》，并不断改进方式方法，逐步把过去的达标性评估改变为动态性监测评价，以此检测校际之间、区域之间和城乡之间的动态差距，促进资源配置、制度建设、政策措施等的适时有效调整。

一、以促进校际均衡为重点，研制《成都市义务教育校际均衡监测指标体系》

为了有效缩小校际差距，2008 年成都市研制了《义务教育校际均衡监测指标体系》，并逐步完善，逐年开展监测。

一是强化针对性。重在对校际之间教育资源配置状况进行研究和监测，客观反映义务教育学校之间的差距以及差距发展变化的趋势，及时发现典型弱势学校及其弱势方面，以此做出预警、提出行政干预措施。

二是强化导向性。从教育公平内涵和义务教育均衡发展要求，选择了 13 个常规监测指标。同时,根据成都实际,将均衡监测的重点在资源配置和教育质量上,并根据不同时期社会关注的热点和教育难点问题,设计一些当年的特别关注指标,如学校信息化建设达标率、择校生比例等,通过监测一定时期内热点、难点问题的解决情况,回应人民群众关切。

三是强化科学性。通过研究,采用基尼系数分析测度区(市)县域内义务教育校际均衡的总体程度,同时运用差异系数分析法,与基尼系数分析法进行相互验证,提高监测结果的准确性。2011 年,借鉴联合国开发计划署关于人类发展指数的有关计算方法来计算义务教育均衡指数。

四是强化实效性。市政府教育督导团将监测报告印发给各区(市)县政府、教育行政部门,并通过区(市)县反馈到学校,为改进管理、调整资源配置、做出重大决策等提供依据。2009 年,首次形成《监测年度报告》。2010 年,首次公开出版《成都市义务教育校际均衡监测年度报告》,广泛接受社会的评价和督促。

2011 年 10 月 11 日,成都市长葛红林主持召开成都市义务教育均衡发展工作研究会议,就校际均衡监测中发现的问题进行专题研究,决定启动全市中小学标准化建设提升工程,推动成都基础教育新一轮发展。

二、以促进县域均衡为重点,研制《成都市区(市)县教育现代化监测指标体系》

从 2008 年起,成都市启动教育现代化建设工作。2010 年,研究制定了《成都市教育现代化评估指标体系(试行)》,并对 9 个区(市)县进行了试评估。

在总结研究的基础上,2011 年,成都市决定将对区(市)县教育现代化的达标评估,改为对区(市)县教育现代化发展水平的动态监测和阶段性评估相结合,促进区域教育现代化长久、持续、深入的推进。

在对国际教育发展共性指标和国内教育现代化共性指标分析的基础上,成都市遵循体现教育现代化内涵、简明易操作、具有客观性、指导性、体现动态性等系列原则,将国家基本实现教育现代化战略目标"实现更高水平的普及教育,形成惠及全民的公平教育,提供更加丰富的优质教育,构建体系完备的终身教育,健全充满活力的教育体制"五个方面的要求,分解落实在教育投入、师资队伍、校舍及教育技术装备、教育信息化、教育发展水平与教育公平、教育国际化等 6 个一级指标、25 个二级指标中,初步构建起了《成都市区(市)县教育现代化监测指标体系》。

目前,该指标体系正在进一步完善之中,并将于 2012 年用于实际监测。

三、以促进城乡均衡为重点,研制《成都市城乡教育一体化发展监测评价指标体系》

2011 年,成都市在国内率先研究制定了《成都市城乡教育一体化发展监测评价指标体系》,并首次开展监测。该指标体现了以下特点。

一是体现地方特色。指标体系立足特大中心城市、立足大城市带大农村的成都实际,科学界定了"城"与"乡"的范围,既抓住重点,又体现出"市域统筹"。紧紧围绕成都市"城乡教育一体化"开展监测评价,有助于科学总结 2003 年以来的"成都模式",科学、全面、客观反映成都市城乡教育一体化发展的进程。

二是承认城乡差异。指标体系充分承认城乡之间的历史差异和现实差异。成都市认为,通过八年来的倾斜化政策、手段和措施,在很大程度弥补了农村教育的短板,但差异仍然存在。承认差距,是研制指标体系的出发点,缩小差距,是研制指标体系的目的。

三是符合发展目的。成都市制定指标体系的依据,既有对过去八年工作的提炼和总结,又综合和适应了部、省、市统筹城乡教育综合改革试验区、国家教育体制改革试点项目的要求,以及《成都市中长期教育改革和发展规划纲要》的要求,充分体现了综合评价的目的。

四是具有可操作性。指标体系设定了教育机会、办学条件、教师队伍、教育经费、教育质量等五个方面城乡一体化的 5 个一级指标、17 个二级指标,涵盖了教育"起点公平、过程公平和结果公平"等核心环节。结合成都实际,设定了若干监测点。全部采用可量化指标,指标内涵明确、可量化、具有典型性,指标数量简化,具有很强的操作性。

五是导向作用明显。指标体系重点导向是"市域统筹"。2011 年,成都市启动了监测和评价,形成了《成都市 2010 年度城乡教育一体化发展监测与评价报告》,从整体阶段判断、发展水平综合评析、监测结果分值评析和监测数据分析等方面剖析评价城乡教育发展差距,为下一步推进城乡教育一体化、弥补教育发展短板、消除教育发展薄弱环节提供了客观科学的依据。

(来源:http://www. moe. edu. cn/publicfiles/business/htmlfiles/moe/s5989/201111/127276. html)

专题四 西部各省区中长期教育改革和发展规划纲要中关于义务教育均衡发展的相关内容

	内 容	来 源
陕西	10.推进义务教育学校标准化建设。把均衡发展作为义务教育的战略性任务,以县为主,分类指导,点面结合,整体推进。继续推进中小学校舍安全工程,确保到 2012 年中小学校舍全面达到安全标准。实施"义务教育学校标准化建设工程"。制定义务教育学校办学标准,建立与义务教育均衡发展相适应的财政拨款、教师配置、校舍建设、条件装备等保障机制。推进城乡、区域、校际之间对口支援,实行优质学校与薄弱学校结对帮扶和交流服务制度。建立和完善区域内教师和校长定期合理流动机制,促进薄弱学校建设。到 2015 年,全省义务教育学校 60% 达到省颁标准,到 2020 年全部达到省颁标准。 到 2015 年,全省 60% 的县(区)实现县域内义务教育均衡发展。到 2020 年,全面提高普及水平,全面提高教育质量,实现全省县域内义务教育均衡发展。	陕西省中长期教育改革和发展规划纲要(2010—2020)
甘肃	(十三)积极推进义务教育均衡发展。建立健全义务教育均衡发展保障机制,把实现义务教育均衡发展作为全省教育工作的重要战略任务。按照"四个集中"(即高中向城市集中、初中向城镇集中、小学向乡镇集中、教学点向行政村集中)的布局结构调整思路,科学规划学校布局,积极推进教育移民,努力缩小区域差距,加快缩小城乡差距,切实缩小校际差距。加快薄弱学校改造,推进义务教育学校标准化建设,尽快使农村义务教育学校教学设施设备的配备达到国家规定标准。着力提高农村学校师资水平,实行县市区域内教师、校长交流制度和集团化办学,均衡配置城乡、学校间优质师资、设施设备、图书、校舍等教育资源,实行优质普通高中和优质中等职业学校招生名额合理分配到区域内初中等办法,着力解决择校问题,逐步解决城乡和区域差距问题。	甘肃省中长期教育改革和发展规划纲要(2010—2020)

续表

	内　容	来　源
宁夏	(五)巩固提高九年义务教育。以办好每一所学校为宗旨,以推进县域内义务教育均衡发展为目标,以加强农村教育和城市薄弱学校为重点,均衡配置教育资源,缩小义务教育办学差距,率先在县域内实现城乡义务教育均衡发展。深入实施《宁夏义务教育均衡发展行动计划》和义务教育均衡发展示范县创建活动,合理调整学校布局,优化教育资源配置,实现县域内师资、办学条件、经费投入等教育资源均衡配置;建立和完善义务教育学校之间的协作机制,鼓励优质教育资源向农村延伸,推进城乡学校互助建设;加快城镇学校扩容改造,增加城镇义务教育资源,解决县城以上学校的"大班额"问题;进一步完善自治区普通高中示范学校和县(市、区)所属优质普通高中招生名额分配到薄弱初中学校制度;促进全区义务教育学校办学条件标准化、师资配置均衡化、教育管理精细化、课程教学规范化,全面提高教育质量。建立和完善反映义务教育均衡状况的监测体系和义务教育均衡发展督查制度。全面落实政府举办义务教育的责任,要在经费投入、管理机制、质量提升、公平竞争环境等方面提供充分、有效的制度保障,保证每一所学校的办学质量,确保每位适龄儿童少年公平接受义务教育,化解"择校"问题。建立义务教育阶段学生学籍电子档案管理及动态监管网络平台,建立"控辍保学"专项督查制度、通报制度和问责制度,确保义务教育阶段普及程度等指标稳中有升。坚持以流入地政府管理为主、以全日制公办中小学为主,确保进城务工人员随迁子女平等接受义务教育,建立健全政府主导、社会参与的农村留守儿童关爱服务体系。严格执行义务教育课程标准,保证每一所学校开齐开足国家和自治区规定的课程。建立义务教育质量评价和监测体系,形成推进素质教育的导向机制,到2017年实现基本均衡目标。	宁夏回族自治区中长期教育改革和发展规划纲要(2010—2020)
青海	7.义务教育。适应城乡发展需要,加大统筹力度,按照"适度集中、规模办学、提高效益、保证质量"原则,科学规划和推动中小学布局调整。加强中小学办学条件达标改造和寄宿制学校建设,按国家中小学办学标准配齐教学仪器、音体美设施、图书等资源。开展学校标准化建设试点。实行县域内校长教师交流和轮岗制度。有计划、分步骤推进区域内义务教育均衡发展,到2015年巩固和提高县域内初步均衡,2020年实现基本均衡,逐步在更大范围实现义务教育均衡发展目标。	青海省中长期教育改革和发展规划纲要(2010—2020)
内蒙古	(九)实施标准化建设工程,促进义务教育均衡发展。积极推进义务教育标准化学校建设,实施中小学校舍安全工程,实现中小学校舍安全目标。重视农村牧区学校建设,改造薄弱学校,缩小城乡义务教育学校发展差距。实行旗县(市区)区域内教师、校长交流制度。继续推行优质普通高中招生名额合理分配到区域内初中的办法,均衡义务教育阶段生源。到2015年实现旗县区域内义务教育办学条件基本均衡,到2020年全区整体实现义务教育办学条件基本均衡,义务教育学校之间教育教学质量、整体办学水平、师资水平、教学手段和教育质量相对均衡,实现全区义务教育阶段适龄儿童少年入学机会均等。建立义务教育均衡发展的政策和制度体系,强化政府督导评估,促进全区义务教育均衡发展。	内蒙古自治区中长期教育改革和发展规划纲要(2010—2020)

续表

	内　容	来　源
新疆	（二十）推进义务教育均衡发展。推进义务教育均衡发展是政府的责任，是考核各级政府的重要指标。建立以县为主的义务教育均衡发展目标责任制和保障机制，以试点推动区域内义务教育均衡发展。实施义务教育学校标准化建设工程，均衡配置教师、设备、图书、校舍等资源。 缩小校际差距。建立优质资源学校帮扶薄弱学校机制，进一步改善农牧区学校和薄弱学校办学条件，实行县（区）域内教师、校长交流机制。禁止在义务教育阶段设置重点学校、重点班。实行优质普通高中和优质中等职业学校招生名额合理分配到区域内初级中学的办法，着力解决择校问题。在保障适龄儿童少年就近进入公办学校的前提下，发展民办教育，提供选择机会。 加快缩小城乡差距。以县为单位，建立健全城乡一体化义务教育发展机制，落实新增教育经费、教师配置、学校建设向农牧区和边远贫困地区倾斜的政策，率先在县域内实现城乡均衡发展，逐步在全疆范围内推进。 逐步缩小区域差距。加大对南疆四地州以及边远贫困地区义务教育经费转移支付力度。实施好教育援疆项目，农村双语教师特设岗位招聘计划、城市学校教师支教和高校学生实习支教计划，逐步缩小南北疆之间、经济发达和欠发达地区之间的教育差距。	新疆维吾尔自治区中长期教育改革和发展规划纲要（2010—2020）
四川	（十）推进义务教育均衡发展。把义务教育均衡发展作为战略性任务，建立健全义务教育均衡发展保障机制，统筹规划、分类指导、分层推进。2012年，经济社会发达县和义务教育示范县率先实现县域内义务教育基本均衡。2015年，经济社会中等发达县实现县域内义务教育基本均衡。到2020年，全省所有县实现县域内义务教育基本均衡，经济社会发达地区实现本区域内义务教育基本均衡。 加大"义务教育示范县"推进力度，开展县域义务教育均衡发展改革试点，探索建立促进义务教育均衡发展的体制机制。建立完善对地方政府推进义务教育均衡发展的表彰奖励、督导评估和情况通报制度。 切实缩小校际差距，着力解决择校问题。推进义务教育学校标准化建设，加快薄弱学校改造，着力提高薄弱学校及学科师资水平。实行县域内教师、校长交流制度。实行优质普通高中和优质中等职业学校招生名额合理分配到区域内初中的办法。在保障适龄儿童少年就近入学公办学校的前提下，支持发展高质量民办学校，提供选择机会。建立城乡一体化义务教育发展机制，在财政拨款、学校建设、教师配置等方面向农村倾斜。加大对民族地区、革命老区、贫困地区义务教育的转移支付力度。建立健全省内发达地区与欠发达地区教育对口支援工作机制。	四川省中长期教育改革和发展规划纲要（2010—2020）

	内　容	来　源
重庆	9.建设国家统筹城乡教育综合改革试验区。贯彻落实国务院3号文件和部市教育战略合作协议,大力推进统筹城乡教育综合改革试验。破解城乡二元教育发展难题,解决高质量多样化人才需求与培养能力不足、人民群众期盼优质教育与资源相对短缺的矛盾。建立以城带乡、城乡一体、整体推进、均衡协调的教育发展机制,增强城市教育辐射能力,提升农村教育发展水平,实现城乡教育规划目标、布局结构、资源配置、政策措施、水平提升一体化。 10.加快农村教育发展。区县(自治县)政府要把农村中小学、幼儿园建设作为新农村建设的重要组成部分,同步规划,同步建设。完善城乡教育投入保障机制,新增教育经费优先用于农村教育发展,切实保障农村学校建设经费、生均公用经费和学生补助经费。完善农村中小学、幼儿园校舍的维护、改造和建设保障机制,加快农村中小学标准化、寄宿制学校和幼儿园规范化建设,加强学校食堂建设和管理,改善学校卫生条件。加强农村教师队伍建设,继续实施农村中小学、幼儿园教师特设岗位计划。加强农科教结合和"三教统筹",整合农村职业教育和成人教育资源,开展农村成人文化教育、实用技术培训和劳动力转移培训。 11.建立以城带乡良性互动机制。建立健全城市带动农村的教育发展机制,主城区对口帮扶边远区县(自治县)教育,城镇对口帮扶农村教育,推动城乡教育协同并进。建立健全市级扶贫集团带动扶贫开发重点县教育发展机制,将教育帮扶作为市级扶贫集团扶贫的重要内容,有效推进扶贫开发重点区县(自治县)教育事业与经济社会协调发展。建立健全"强校"带动"弱校"发展机制,推行和完善城乡学校"百校牵手""结对帮扶""捆绑发展""名校集团""领雁工程"等模式,探索城乡学校共同发展新途径。 22.推进义务教育均衡发展。均衡发展义务教育是统筹城乡教育发展的关键。建立健全义务教育均衡发展推进机制、保障机制、督导评估机制,率先实现区县域义务教育在教育投入、办学条件、师资队伍、管理水平、教育质量等方面基本均衡,逐步向更大范围推进。教育资源配置重点向贫困地区、民族地区、边远山区倾斜。推进义务教育标准化建设,缩小学校之间办学水平差距,有效化择校矛盾。全面加强乡镇中心校建设,充分发挥其指导、辐射作用,提升村小办学水平。	重庆市中长期城乡教育改革和发展规划纲要(2010—2020)

续表

	内　容	来　源
云南	（九）大力推进义务教育均衡发展 建立健全义务教育均衡发展保障机制，合理配置教育资源，因地制宜加快中小学区域布局调整步伐，积极推进区域内义务教育均衡发展。按照"省级统筹、以县为主，城乡一体、全面建设"的原则，加快推进义务教育学校标准化建设，均衡配置公共教育资源。实施中小学教育技术装备标准化建设工程，重点加强薄弱学校、农村寄宿制学校的改造。建立对各级政府推进义务教育均衡发展的监测评估、绩效考核和定期表彰制度。建立城乡一体化的义务教育发展机制，统一城乡资源配置和投入标准，在财政拨款、学校建设、教师配置等方面向农村倾斜。率先实现县（市、区）域内城乡义务教育均衡发展，逐步在更大范围内推进。建立和完善校长、教师有效交流机制，继续探索和创新农村中小学教师补充机制，实现县（市、区）域内教师队伍水平基本均衡。切实缩小校际差距，着力解决择校问题。探索实行优质普通高中和优质中等职业学校招生名额合理分配到区域内初中的办法。在保障适龄儿童少年就近入公办学校的前提下，发展民办教育，提供选择机会。	云南中长期教育改革和发展规划纲要（2010—2020）
贵州	（八）促进义务教育均衡发展 建立健全义务教育均衡发展保障机制，均衡配置教师、经费、校舍、设备等各种资源。加强薄弱学校办学条件达标建设，大力推进义务教育学校标准化建设。在23个县开展巩固提高义务教育水平试点，到2016年，23个试点县义务教育学校达到《贵州省义务教育阶段学校办学标准》要求，完成2000余所学校的新建和改扩建工程；到2020年，全省非试点县义务教育学校全部达到《贵州省义务教育阶段学校办学标准》要求，所有县（市、区、特区）基本实现县域内义务教育均衡发展。实施教育资源共享的学区化管理改革，大力拓展优质教育资源，缩小校际差距，积极探索解决"择校"问题的有效途径。	贵州省中长期教育改革和发展规划纲要（2010—2020）
广西	（十二）推进义务教育均衡发展。坚持与城镇化进程同步规划义务教育学校布局，分步实施义务教育布局调整。对城镇学校开展扩容改造建设，在城市新区合理布局中小学校，逐步解决义务教育"择校"问题。加大农村寄宿制学校建设力度，撤并部分农村教学点，提高办学质量与效益。扶持边境地区、少数民族聚居区、基础薄弱地区教育基础设施建设。建立城乡一体化发展机制，推进义务教育学校标准化建设，均衡配置教师、设备、图书、校舍等资源。支持和鼓励开展学校联盟、优质管理输出、师资互派等办学和管理机制创新，组织城镇学校与少数民族自治县（乡）农村学校开展结对帮扶，缩小学校之间办学水平差距。	广西壮族自治区中长期教育改革和发展规划纲要（2010—2020）

	内　容	来　源
西藏	巩固九年义务教育普及成果,稳步推进均衡发展。到 2020 年,全面提高普及水平,全面提高教育质量,基本实现区域内均衡发展。严格执行国家义务教育课程标准、教师资格标准、质量基本标准和监测制度,开足开好规定课程,保证义务教育质量。实施义务教育学校标准化建设,建立义务教育均衡发展保障机制,均衡配置教师、仪器设备、图书资料、远程教育等各项教育资源,统筹城乡发展,建立城乡一体化的义务教育发展机制,在财政拨款、学校建设、教师配置等方面重点向农牧区倾斜。加快薄弱学校改造,着力提高师资水平,努力缩小城乡、校际差距。根据学龄人口变化和社会主义新农村建设规划,合理调整义务教育学校布局,重点推进农牧区和边远地区集中办学,提高集中办学程度。制定寄宿制学校建设规划,加快寄宿制学校建设,提高寄宿制学校管理水平。	西藏自治区中长期教育改革和发展规划纲要（2010—2020）

后　记

　　本书是浙江大学"211工程"三期项目专题研究成果。课题组组长周谷平，课题组成员包括浙江大学教育学院吴华，中国西部发展研究院陈健，浙江大学教育学院胡伶、孙元涛、邓纯考，广西师范学院闻待。

　　浙江大学中国西部发展研究院长期关注西部地区的教育发展，特别是对于政府在教育发展中的制度创新活动有极大的研究兴趣，本书的研究基于近五年来由西部院承担和组织的对西部地区教育发展状况的多次专题调研（民办教育、教育移民、留守儿童与流动人口子女教育、学校合作等）和广泛的实地考察，足迹遍及西部地区除西藏以外的其余省区。我们在调研活动中得到国家发展改革委西部司的大力支持，得到了西部十一个省区发展改革委的协调安排和地方教育部门的积极配合，没有他们的支持与协助，我们的研究不可能完成，在此一并致谢。

　　西部地区城乡、区域和学校之间仍然存在广泛的教育发展差距，从本书所做的观察和研究可以发现，导致这些差距的原因大部分还依然存在，如教育投入不足、城乡师资严重失衡和城乡社会发展差距扩大等，而削弱和消除这些差距的政策措施，如"两为主"、"寄宿制学校"、"教师流动"、"学校合作"等，虽然已经发挥了积极作用，但其长期效应还需要观察。因此，在西部地区继续加大反差距政策力度，积极鼓励地方政府因地制宜开展制度创新，充分发挥政府在资源统筹中的主导作用和引导作用，依然是一个需要长期坚持的教育发展战略。在这个意义上，本书也是对浙江大学中国西部发展研究院长期关注西部教育发展的阶段性工作总结。

　　本书是课题组集体合作的成果。全书由周谷平确定内容框架，然后分工完成。其中导论由孙元涛撰写；第一章、第五章、第六章和附录中的专题一由吴华撰写，附录中的专题三、专题四也由吴华编撰；第二章由胡伶撰写；第三章由闻待撰写；第四章的教育移民部分由陈健撰写，其余两节和附录中的专题二由邓纯考撰写，全书最后由周谷平和吴华统稿。

　　本书的研究主要是梳理西部地区各级政府、学校和社会各界为推进教育均衡发展而开展的实践探索,并基于这种实践观察进行理论概括。从本书最终呈现的结果来看,研究的第一个目标完成得比较好。我们通过广泛的实地考察、大量的数据统计、深入的个案访谈,在本书中以资源统筹为政策线索基本反映了西部地区推进教育均衡发展主要的制度创新实践。但是,研究的第二个目标没能很好地实现。一是对西部地区推进教育均衡发展的资源统筹政策缺乏系统规范的政策评估,本书的相关研究还是以定性分析为主,分析结论的客观性受影响;二是制度分析不够深入,对具体的资源统筹政策的政策机制还缺乏深入讨论,这些都有待于在今后的研究中进一步深化。

本书的内容主要涉及基础教育,没有讨论高等教育的相关问题,对职业教育也基本不涉及,但由于本书体现的政策思想其价值并不限于基础教育领域,故在书名中未刻意加以限定,在此也作说明。

目前国内有大量的西部教育研究者,希望我们的研究能够得到相关专家学者的批评指正。

作 者

2012 年 8 月

参考文献

一、政策文件

1. 中华人民共和国教育法
2. 中华人民共和国义务教育法
3. 中华人民共和国民办教育促进法
4. 国家中长期教育改革和发展规划纲要(2010—2020)
5. 教育部.全国教育事业发展统计公报(2001—2010)
6. 教育部,财政部,国家统计局.全国教育经费执行情况统计公告(2001—2010)
7. 国家西部地区"两基"攻坚计划(国办发〔2004〕020号)
8. 国务院关于深化农村义务教育经费保障机制改革的通知(国发〔2005〕43号)
9. 教育部.关于大力推进城镇教师支援农村教育工作的意见(教人〔2006〕2号)
10. 教育部.关于印发《县城义务教育均衡发展督导评估暂行办法》的通知(教督〔2012〕3号)
11. 国务院关于深入推进义务教育均衡发展的意见(国发〔2012〕48号)
12. 国务院办公厅关于规范农村义务教育学校布局调整的意见(国办发〔2012〕48号)

二、著作

1. 约翰·罗尔斯著,何怀宏等译.正义论.北京:中国社会科学出版社,1988
2. 布坎南著,吴良健等译.自由、市场和国家.北京:北京经济学院出版社,1989

308

3.戴维·奥斯本,特德·盖布勒著.改革政府.上海:上海译文出版社,1996

4.青木昌彦等.政府在东亚经济发展中的作用.北京:中国经济出版社,1998

5.米尔顿·弗里德曼著,张瑞玉译.资本主义与自由.北京:商务印书馆,1999

6.米尔顿·弗里德曼著,胡骑等译.自由选择.北京:商务印书馆,1999

7.袁振国.论中国教育政策的转变.广州:广东教育出版社,1999

8.陈向明.质的研究方法与社会科学研究.北京:教育科学出版社,2000

9.方福前.公共选择理论.北京:中国人民大学出版社,2000

10.杜育红.教育发展不平衡研究.北京:北京师范大学出版社,2000

11.青木昌彦著,周黎安译.比较制度分析.上海:上海远东出版社,2001

12.阿马蒂亚·森著,任赜,于真译.以自由看待发展.北京:中国人民大学出版社,2002

13.萨瓦斯ES著,周志忍等译.民营化与公私部门的伙伴关系.北京:中国人民大学出版社,2002

14.柯武刚,史漫飞著,韩朝华译.制度经济学——社会秩序与公共政策.北京:商务印书馆,2002

15.张学敏.贫困与义务.重庆:西南师范大学出版社,2002

16.彭世华.发展区域教育学.北京:教育科学出版社,2003

17.中国教育与人力资源问题报告课题组.从人口大国迈向人力资源强国.北京:高等教育出版社,2003

18.朱家存.教育均衡发展政策研究.北京:中国社会科学出版社,2003

19.翁文艳.教育公平与学校选择制度.北京:北京师范大学出版社,2003

20.卢现祥.西方新制度经济学.北京:中国发展出版社,2003

21.丘伯JE等著,蒋衡译.政治、市场和学校.北京:教育科学出版社,2003

22.杰夫,惠迪等著,马忠虎译.教育中的放权与择校.北京:教育科学出版社,2003

23.迈克尔·富兰.变革的力量——深度变革.北京:教育科学出版社,2004

24.迈克尔·富兰.变革的力量——透视教育改革.北京:教育科学出版社,2004

25.迈克尔·富兰.变革的力量——透视教育改革(续集).北京:教育科学

出版社,2004

26.转型期中国重大教育政策案例研究课题组.缩小差距——中国教育政策的重大命题.北京:人民教育出版社,2005

27.周金玲.义务教育及其财政制度研究.北京:经济科学出版社,2005

28.杨军.西北少数民族地区基础教育均衡发展研究.北京:民族出版社,2006

29.李春玲.理想的现实建构:政府主导型学校变革研究.杭州:浙江大学出版社,2007

30.柳海明,周霖.义务教育均衡发展的理论与对策研究.长春:东北师范大学出版社,2007

31.翟博.教育均衡论.北京:人民教育出版社,2008

32.华东师范大学教育学系教育政策研究项目组.促进教育均衡发展的政策分析与制度创新.载:范国睿.教育政策观察(第1辑).上海:华东师范大学出版社,2009

33.吴华,吴长平,闻待.从"差距合作"到"差异合作".济南:山东教育出版社,2010

34.顾佳峰.中国教育资源非均衡配置研究:空间计量分析.北京:光明日报出版社,2010

三、期刊论文

1.沈百福,俞诗秋.中国省级地方教育投资的区域比较研究.教育与经济,1994(4)

2.马培芳.优先发展西部教育的战略意义及其投资对策研究.教育研究,1995(12)

3.魏后凯,杨大利.地方分权与中国地区教育差异.中国社会科学,1997(1)

4.王善迈,杜育红,刘远新.中国教育发展不平衡的实证分析.教育研究,1998(6)

5.吴华.让市场机制在教育资源配置中发挥基础性作用.教育发展研究,1999(11)

6.潘天舒.我国县级义务教育投资的地区差异及其影响因素分析.教育与经济,2000(4)

7.吴华.发展教育产业的理论与政策研究.浙江大学学报,2001(1)

8.洪成文.美国独立学校及其办学特色.外国教育研究,2001(1)

9.高如峰.义务教育投资的国际比较与政策建设.教育研究,2001(5)

10. 文东茅. 义务教育师资配置均衡化的政策选择. 教育理论与实践, 2001(11)

11. 韩嘉玲, 北京市流动儿童义务教育状况调查报告. 青年研究, 2001(8、9)

12. 吴华. 在全球教育体系中定位. 人民教育, 2002(6)

13. 吴华, 陈文干. "教育民营"的理念与制度创新设计. 浙江大学学报, 2002(6)

14. 王善迈, 袁连生. 建立规范的义务教育财政转移支付制度. 教育研究, 2002(6)

15. 袁振国. 发展我国教育产业的观念创新与政策创新. 教育研究, 2002(4)

16. 刘复兴. 我国教育政策的公平性与公平机制. 教育研究, 2002(10)

17. 高如峰. 义务教育公共投资水平和效益的国际比较. 教育研究, 2002(6)

18. 王蓉. 我国义务教育投入之公平性研究. 经济学(季刊), 2003(2)

19. 赵宏斌, 教育券: 基础教育财政资源配置的制度性创新. 教育理论与实践, 2003(5)

20. 王琼芝. 义务教育财政转移支付理论与实证研究. 中国教育学刊, 2003(7)

21. 吴华. 转变公共教育资源配置路径的意义. 全球教育展望, 2003(7)

22. 吴华, 蒋新峰等. 民办教育的事实与立场. 教育发展研究, 2003(12)

23. 张万朋, 试论政策性金融手段在教育融资中的作用. 教育研究, 2003(3)

24. 王红. 论公共财政框架下教育财政制度的变革. 广东社会科学, 2003(3)

25. 刘复兴. 教育民营化与教育的准市场制度. 北京师范大学学报, 2003(5)

26. 商丽浩, 田正平. 中国教育财政近代化研究. 教育研究, 2003(10)

27. 叶玉华. 教育均衡化的国际比较与政策研究. 教育研究, 2003(11)

28. 祝梅娟. 我国省际间教育投入公平状况的实证研究. 经济问题探索, 2003(2)

29. 谈松华. 民办教育的发展模式与制度选择. 教育研究, 2003(10)

30. 杨东平, 周金燕. 我国教育公平评价指标初探. 教育研究, 2003(11)

31. 袁振国. 建立教育发展均衡系数切实推进教育均衡发展. 人民教育, 2003(6)

32. 郑新蓉. 我国公共教育制度与教育均衡发展. 北京教育学院学报, 2003(2)

33. 张玉林. 分级办学制度下的教育资源分配与城乡教育差距. 中国农村观察, 2003(1)

34. 张德元. "以民为主"、"以县为主"与"以国为主"——论我国农村义务教育体制的变迁与现实选择. 重庆工商大学学报, 2003(4)

35. 朱家存. 论我国义务教育发展不均衡的成因及其矫正对策. 教育理论与实践, 2003(12)

36. 高如峰. 中国农村义务教育财政体制的实证分析. 教育研究,2004(5)

37. 杨东平. 教育公平是一个独立的发展目标. 教育研究,2004(7)

38. 许杰. 教育分权:公共教育体制范式的转变. 教育研究,2004(2)

39. 王蓉. 教育水平的差异与公共教育资源分配的不平等. 北大教育经济研究,2004(3)

40. 高如峰. 重构中国农村义务教育财政体制的政策建议. 教育研究,2004(7)

41. 商丽浩. 审视美国学区教育筹资制度. 比较教育研究,2004(5)

42. 薛海平,胡咏梅. 我国基础教育区域非均衡发展研究. 教育理论与实践,2004(1)

43. 沈百福,李芙蓉. 我国部分省(区)义务教育财政投入缺口分析. 教育发展研究,2004(7,8)

44. 曾满超,丁延庆. 中国义务教育资源利用及配置不均衡研究. 教育与经济,2005(2)

45. 鲍传友. 中国城乡义务教育差距的政策审视. 北京师范大学学报(社会科学版),2005(3)

46. 段成荣,梁宏. 关于流动儿童义务教育问题的调查研究. 人口与经济,2005(1)

47. 汪明. 义务教育均衡发展与若干保障机制——部分地区的政策及实践分析. 教育发展研究,2005(5)

48. 杜鹏. 基于基尼系数对中国学校教育差距状况的研究. 教育与经济,2005(3)

49. 张志勇. 教育的区域差距与政策选择. 北京师范大学出版社(社会科学版),2005(3)

50. 江文涛,刘秀梅. 中国农村义务教育公共投资地区差异分析. 中国农村观察,2005(2)

51. 翟博. 教育均衡发展:理论、指标及测算方法. 教育研究,2006(3)

52. 聂江. 以基尼系数衡量的教育不平等与中国的实证研究. 市场与人口分析,2006(4)

53. 范先佐. 构建"以省为主"的农村义务教育财政体制. 华中师范大学学报(人文社会科学版),2006(2)

54. 黄祖辉,许昆鹏. 农民工及其子女的教育问题与对策. 浙江大学学报(人文社会科学版),2006(4)

55. 江文涛. 农村义务教育投资的地区差异. 财经科学,2006(3)

56. 曾五一,李海涛. 中国区域间教育平等状况的统计考察. 统计研究,

2007(7)

57.吴宏超.义务教育均衡发展的现状与政府效能改进——基于湖北省的数据分析.教育发展研究,2007(12A)

58.胡咏梅,杜育红.中国西部农村小学教育生产函数的实证研究.教育研究,2009(7)

59.张海清,张林秀,罗仁福等.中国农村小学教育资源对教育成果的影响研究.教育与经济,2009(4)

60.王定华.关于我国义务教育均衡发展之审视.中国教育学刊,2010(4)

61.杨启亮.底线均衡:义务教育优质均衡发展的解释.教育理论与实践,2010(1)

62.姚继军,张新平.新中国教育均衡发展的测度.华东师范大学学报(教育科学版),2010(2)

63.张力.从国际国内两个视角看义务教育均衡发展.人民教育,2010(1)

64.张天雪.区域教育均衡发展的实践模式、路径与政策理路.教育发展研究,2010(15、16)

65.翟博.均衡发展:我国义务教育发展的战略选择.教育研究,2010(1)

66.褚宏启,高莉.义务教育均衡发展评估指标与标准的制订.教育发展研究,2010(6)

67.苏娜,黄葳.区域义务教育校际均衡发展的现状与改进——基于广州市的调研分析.教育发展研究,2010(2)

68.孙玉丽,张永久.区域内校际均衡的公平逻辑与路径选择.教育研究,2011(5)

69.温丽萍.教育均衡与教育发展之间的悖论——对教育均衡问题的一种解读.教育发展研究,2011(23)

70.李宜江.义务教育均衡发展研究 10 年:回顾与展望.宁波大学学报(教育科学版)2012(1)

四、学位论文

1.朱家存.走向均衡.华东师范大学,2002

2.田芬.基础教育均衡发展研究.苏州大学,2004

3.向小辉.教育券制度——基础教育均衡发展的新视角.浙江大学,2004

4.张璇.美国公共教育券的案例研究.浙江大学.,2004

5.刘晓蔓.对浙江长兴县"教育券"制度的调研报告.北京大学,2004

6.丁金泉.我国义务教育均衡发展问题研究.华东师范大学,2004

7. 于发友. 县域义务教育均衡发展研究. 山东师范大学,2005

8. 周金玲. 义务教育及其财政研究. 浙江大学,2005

9. 陈维青. 我国农村义务教育中的转移支付问题研究. 中国农业大学,2005

10. 杜洪琳. 美国促进基础教育均衡化研究. 四川师范大学,2006

11. 曾以禹. 农村义务教育财政投入研究. 中国农业科学院,2006

12. 金莲. 中国西部农村的教育费用与教育成就研究. 中国农业科学院,2006

13. 吴宏超. 我国义务教育有效供给研究. 华中师范大学,2007

14. 石绍宾. 城乡基础教育均等化供给研究. 山东大学,2007

15. 朱永坤. 教育政策公平性研究—基于义务教育公平问题的分析. 东北师范大学,2008

16. 魏真. 我国公共教育财政政策评估研究. 北京师范大学,2008

17. 吕书奇, 中国农村扶贫政策及成效研究[D], 中国农业科学院,2008

18. 朱永坤. 教育政策公平性研究. 东北师范大学,2008

19. 汪希成. 西部地区农村公共品投入保障机制研究. 西南财经大学,2008

20. 安晓敏. 教育公平指标体系研究—基于义务教育校际差距的实证分析. 东北师范大学,2008.

21. 孔祥娜. 县域义务教育均衡发展政策执行研究. 首都师范大学,2009

22. 邢天添. 中国农村义务教育财政支出绩效评估与优化. 南开大学,2009

23. 张金英. 城乡教育一体化的动力机制及战略研究. 天津大学,2010

24. 卢晓旭. 基于空间视角的县域义务教育发展均衡性测评研究. 南京师范大学,2011

25. 赖秀龙. 区域性义务教育师资均衡配置的政策研究. 华东师范大学,2011

26. 张源源. 义务教育教师职业城乡分层问题研究. 东北师范大学,2011

五、外文文献

1. Levin Henry. Privatizing Education：Can the Marketplace Deliver Choice，Efficiency，Equity，and Social Cohesion?. Boulder：Westview Press，2001

2. Belfield Clive, Levin Henry. The Effects of Competition on Education Outcomes：A Review of US Evidence. National Center for the Study of Privatization in Education. Columbia University：Occasional Paper No35

(www. ncspe. org.),September 2001

3. John Witte. The Milwaukee Voucher Experiment. Educational Evaluation and Policy Analysis,1998,20(4):229－251

4. West Edwin. Education Vouchers in Principle and Practice: A Survey. The World Bank Research Observer, 1997,12(1):83－103

5. Levin Henry. A Comparative Framework for Evaluating Educational Vouchers. National Center for the Study of Privatization in Education, Columbia University: Occasional Paper No. 5(www. ncspe. org), March 2000

6. Danny Cohen-Zada, Moshe Justman . The Political Economy of School Choice: Linking Theory and Evidence. http://ncspe. org/publications_files/756_OP57. pdf